NOUVEAU

MANUEL COMPLET

DES ASPIRANS

AU BACCALAURÉAT ÈS-LETTRES.

NOUVEAU

MANUEL COMPLET

DES ASPIRANS

AU BACCALAURÉAT ÈS-LETTRES,

RENFERMANT

LES RÉPONSES A TOUTES LES QUESTIONS DE RHÉTORIQUE, D'HISTOIRE ANCIENNE, ROMAINE, DU MOYEN AGE, ET MODERNE; DE GÉOGRAPHIE, DE LOGIQUE MÉTAPHYSIQUE ET MORALE, DE MATHÉMATIQUES ÉLÉMENTAIRES, ETC., CONTENUES DANS LE MANUEL PUBLIÉ PAR L'ACADÉMIE DE PARIS;

PAR M. EDME PONELLE.

Paris,

MANSUT FILS, ÉDITEUR,
RUE DE L'ÉCOLE DE MÉDECINE, n° 4.

1826.

AVERTISSEMENT.

Les nombreux ouvrages publiés jusqu'à ce jour, dans le but de faciliter aux élèves l'examen de bachelier ès-lettres, ont été loin de répondre aux espérances de l'estimable classe à laquelle ils étaient destinés. Les uns, trop longs et trop diffus, obligent le jeune étudiant de recommencer en entier le travail qu'on lui a fait subir pendant le long cours de ses études ; les autres, trop arides et hérissés de termes scientifiques n'offrent qu'une nomenclature infidèle des objets sur lesquels roule l'examen du baccalauréat. Ils ne sauraient être compris sans l'aide d'un professeur, tandis qu'ils devraient suppléer à ses leçons.

Une autre condition, condition secondaire, sans doute, mais qui n'est pas pour cela toujours à dédaigner, a rendu à peu près nul l'effet de ces récentes publications. La plupart de ces dissertations si longues, ou de ces résumés si secs, s'élèvent à un prix trop exorbitant pour que les étudians puissent en approcher. Autant leur vaut, en effet, recourir à la masse de leurs livres scolastiques, que d'échapper au chaos pour tomber dans un autre, en dépensant une partie de leurs revenus, souvent très-bornés.

Nous avons également évité tous ces inconvéniens en réunissant en un seul volume des réponses toujours directes, toujours claires et aussi étendues que l'espace dans lequel nous avons voulu nous renfermer, a pu le permettre, à toutes les questions contenues dans le *Manuel pour le Baccalauréat*, et sur lesquelles seront interrogés les aspirans au premier grade de la faculté des lettres. Par leur secours le jeune élève évitera de perdre un temps précieux, sans craindre de trouver des lacunes comme celles qui déparent les autres ouvrages. En outre, le prix de ce volume sera trois fois moins élevé que celui des recueils incomplets que nous avons signalés.

Mais en préparant les élèves à l'examen de Bachelier, notre travail peut encore donner une instruction suffisante aux jeunes gens qui veulent acquérir une teinture première des connaissances sur lesquelles repose toute la science humaine. Indispensable à l'étudiant, il sera consulté avec fruit par toutes les classes de la société. Le savant y trouvera méthodiquement classées les données, d'où il faut nécessairement partir pour arriver aux plus hautes spéculations. L'ignorant y puisera des connaissances suffisantes pour prendre rang parmi les érudits.

Notre but a surtout été d'être utile à cette jeunesse studieuse à laquelle naguère encore nous tenions à honneur d'appartenir. Nous nous rappelons les difficultés que nous avons éprouvées, et c'est à les lui faire surmonter que tendent tous nos efforts. C'est encore dans un semblable dessein que nous ferons paraître prochainement un ouvrage dont l'utilité ne saurait être contestée. Il contiendra les divers morceaux latins dont l'explication est demandée lors de l'examen, et que l'on ne peut trouver que dans une foule de livres; nous y joindrons une traduction simple, sans prétention, que nous tâcherons cependant de ne pas rendre entièrement dépourvue d'élégance. Nous donnerons, en outre, quelques notes explicatives sur la construction des passages les plus difficiles à entendre.

Nous ne terminerons pas cet avertissement sans témoigner hautement notre reconnaissance au laborieux et modeste savant, M. Chevalier, qui a bien voulu nous seconder dans la partie chimique de notre manuel. Son nom seul et le souvenir des excellens ouvrages qu'il a mis au jour, présentent une garantie au public et à nous-mêmes. Heureux si aux dépens de nos veilles, nous avons épargné quelques peines aux étudians, et si nous leur avons aplani la carrière de la science. Notre seul désir sera rempli et nous aurons recueilli le digne fruit de nos travaux.

RHÉTORIQUE.

La Rhétorique est l'art de bien dire, ou de s'exprimer d'une manière convenable sur chaque sujet. Son but est d'enseigner les moyens de parvenir à l'éloquence. La rhétorique est l'art, l'éloquence est le talent. On cherche à l'aide de l'éloquence à convaincre et à persuader ; l'autre ne fait qu'indiquer les préceptes qui peuvent en faciliter les moyens. L'éloquence, fille de la nature, se sert seulement de la rhétorique comme d'un utile appui, mais elle trouve d'abord sa source dans le génie. La rhétorique, fille de l'art, vient tout entière de l'étude. Les règles dirigent le génie même, quoique l'éloquence et le génie aient devancé les règles ; car tous les arts sont susceptibles de perfectibilité, et les derniers venus dans la carrière ne peuvent s'élancer plus loin que leurs devanciers qu'en profitant de l'expérience acquise pour suivre la noble route qu'ils se sont ouverte, et éviter les écueils dans lesquels ils sont tombés. La rhétorique n'est autre chose que l'analyse des beautés et des défauts des grands maîtres. Néanmoins les règles seules ne sauraient jamais produire un orateur ; c'est le feu vivifiant des facultés de notre âme, qui donne l'impulsion première : les règles ne peuvent servir qu'à réformer les défauts, sans pouvoir faire trouver aucune beauté. Quelques écrivains en ont conclu à tort qu'elles étaient inutiles. Le génie abandonné à lui-même, sans connaissance des travaux des autres hommes, tomberait toujours dans les mêmes erreurs ; jamais les lettres et les arts ne sortiraient de la barbarie, parce que tout perfectionnement est le fruit de l'étude et de l'expérience.

II. *Des trois genres. — Démonstratif, délibératif, et judiciaire.*

Quoique le domaine de l'éloquence soit infini, on peut rapporter tous les sujets dont elle s'occupe à trois classes, appelées par les anciens *genres de causes :* le démonstratif, le délibératif et le judiciaire.

Dans le *genre démonstratif*, on loue, on blâme soit les personnes, soit les choses, soit les actions. De ce genre sont les anciennes mercuriales, les satires, les oraisons funèbres, les discours académiques, les panégyriques, les remercîmens ou actions de grâces, les complimens de félicitation et de condoléance.

Dans le *genre délibératif*, on conseille, on exhorte ceux qui délibèrent à prendre un parti sur la paix, sur la guerre, sur l'administration publique. A ce genre appartiennent les discours qui retentissent à la tribune, et les sermons qui sont prononcés dans nos temples.

Dans le *genre judiciaire*, on accuse ou on défend, on discute le juste et l'injuste. Ce genre, qui est spécialement celui du barreau, traite toutes les questions de fait, de droit ou de nom portés devant les tribunaux. Milon a-t-il tué Clodius, voilà une question de fait; Milon avoue qu'il a tué Clodius, mais il soutient qu'il en avait le droit; c'est une question de droit. Paul commet un homicide; cet homicide est-il un meurtre ou un assassinat; c'est une question de nom.

Il ne faut pas croire que les trois genres soient tellement séparés qu'ils ne se réunissent jamais : le contraire arrive presque dans tous les discours. Un sujet peut embrasser deux de ces genres, et quelquefois les réunir tous trois.

III. *Division de la rhétorique en trois parties, l'invention, la disposition, l'élocution. L'orateur y joindra l'action.*

Quelque sujet que traite l'orateur, dit le *chevalier de Jaucourt*, il a nécessairement trois fonctions à remplir :

la première est de trouver les choses qu'il doit dire, la seconde de les mettre dans un ordre convenable, la troisième de les exprimer avec éloquence : c'est ce qu'on appelle invention, disposition, élocution ou expression.

La seconde opération tient presque à la première, parce que le génie lorsqu'il enfante, étant mené par la nature, va d'une chose à celle qui doit la suivre. L'élocution est l'effet de l'art et du goût.

Cette division que les rhéteurs ont adoptée, n'est nullement fondée sur l'arbitraire, elle est l'expression de la nature elle-même. Avant tout il faut des idées qui soient comme les matériaux de l'édifice que nous voulons construire ; ces idées demandent à être disposées d'une manière judicieuse pour qu'il n'y ait point de confusion, enfin, nous devons les traiter dans un style adapté au caractère du discours, si nous désirons arriver jusqu'au cœur et parvenir à éclairer et à persuader.

À ces trois parties de l'art oratoire on en ajoute une quatrième, l'*action*, qui consiste à régler la prononciation et le geste sur les affections de l'âme.

PREMIÈRE PARTIE.

L'INVENTION.

IV. *Invention. — Qu'est ce que les argumens ? — Syllogisme, enthymème, épichérème, sorite, dilemme, exemple, induction, argument personnel.*

L'*invention* fait découvrir à l'orateur les raisons les plus propres à persuader : pour arriver à ce but, il faut prouver, plaire, toucher. On prouve par *les argumens*, on plaît par *les mœurs*, on touche par *les passions*.

L'*argument* est une forme quelconque de raisonnement ; on distingue principalement le syllogisme, l'enthymème, l'épichérème, le sorite, le dilemme, l'exemple, l'induction et l'argument personnel.

Le *syllogisme* est un argument composé de trois propositions tellement liées entre elles que la troisième est nécessairement déduite des deux autres.

La munificence est une vertu ;

Or , toute vertu est louable :

Donc la munificence est louable.

La première proposition se nomme majeure, la seconde mineure, et la troisième conclusion. On appelle aussi les deux premières prémisses, parce qu'elles sont mises avant la conclusion.

L'*enthymème* est un argument composé de deux propositions , dont l'une est déduite de l'autre. C'est un syllogisme tronqué dans lequel on sous–entend toujours la proposition majeure ou la proposition mineure.

Tout bien doit être aimé :

Donc Dieu doit être aimé.

La première proposition s'appelle *antécédent* , la seconde *conséquent*.

L'*épichérème* est un argument dans lequel chaque preuve est placée à côté de sa proposition.

On peut réduire le plaidoyer que fit Cicéron pour Milon à l'épichérème suivant :

Il est permis de tuer quiconque nous dresse des embûches ; la loi naturelle , le droit des gens , les exemples , tout le prouve.

Or, Clodius a dressé des embûches à Milon ; ses armes, ses soldats , ses manœuvres et d'autres circonstances le témoignent assez :

Donc Milon a eu le droit de tuer Clodius.

Voyez , pour le sorite , le n° 20 de la Philosophie.

Le *dilemme* est un argument qui contient deux propositions différentes ou contraires, dont on laisse le choix à l'adversaire pour le convaincre également , soit qu'il adopte l'une ou l'autre. C'est pour cette raison qu'on l'appelle argument cornu.

« On ne peut vivre ici-bas qu'en combattant ses passions , ou en s'y abandonnant. Si on s'y abandonne , on est continuellement tourmenté par le ver rongeur de la conscience , outre qu'on se prépare un malheur éternel ; si l'on veut y résister , c'est un combat perpétuel qu'il faut sans cesse se livrer à soi-même. Donc il est impossible qu'on puisse jouir en cette vie d'un solide et véritable bonheur qu'on ne trouvera que dans l'autre. »

L'*exemple* est un argument par lequel on montre qu'une chose arrivera ou se fera d'une telle manière, en apportant pour preuve un ou plusieurs événemens semblables arrivés en pareille occasion.

« Si je voulais montrer, dit Aristote, que Denis de Syracuse ne demande des gardes que pour devenir le tyran de sa patrie, je dirais que Pisistrate demanda des gardes, et que dès qu'on lui en eut accordé, il s'empara du gouvernement d'Athènes ; j'ajouterais que Théagène fit la même chose à Mégare : j'alléguerais ensuite les autres exemples de ceux qui sont parvenus à la tyrannie par cette voie ; et j'en conclurais que quiconque demande des gardes en veut à la liberté de sa patrie. »

On résout ces argumens en montrant la disparité qui existe entre les exemples et la chose à laquelle on veut les appliquer.

L'*induction* est une réunion de plusieurs faits, de plusieurs traits historiques, de plusieurs raisons, qui ayant rapport au sujet que l'on traite fournissent la conclusion et les conséquences qu'on en veut tirer.

« Esaü a gémi, et ses larmes ont été inutiles, Saül a demandé pardon, et ne l'a pas obtenu : Pharaon a reconnu son crime, et il est damné : Antiochus fit pénitence, et Dieu ne l'écouta pas : Judas est mort de désespoir d'avoir trahi son maître, et il est dans les enfers ; après cela, pécheur, espère, si tu peux, et demande si tu veux une grâce qui te sauve et te convertisse à la mort. »

L'*argument personnel* est un raisonnement par lequel on se sert des propres armes de l'adversaire pour le vaincre, et où l'on emploie ses propres paroles pour le confondre, en faisant voir clairement qu'il se contredit ou qu'il est lui-même coupable de ce dont il nous accuse.

Cicéron justifie pleinement Ligarius accusé d'avoir porté les armes en Afrique contre César, par la conduite de l'accusateur.

«Sed hoc quæro, quis putet esse crimen, fuisse in Africâ Ligarium? nempè is, qui et ipse in eâdem Africâ esse voluit, et prohibitum se à Ligario queritur, et certè contrà ipsum Cæsarem est congressus armatus? quid enim, Tubero, districtus ille tuus in acie pharsalicâ gladius agebat? cujus latus ille mucro petebat? qui sensus erat armorum tuorum? quæ tua mens? oculi? manus? ardor animi? quid cupiebas? quid optabas? »

V. *Lieux communs intrinsèques.* — *Définition.* — *Enumération des parties, etc.*

Les *lieux communs* sont des espèces d'arsenaux d'où l'orateur tire toutes les armes dont il peut avoir besoin. On distingue deux sortes de lieux : les lieux *intrinsèques* et les lieux *extrinsèques*; les premiers sont pris dans le sujet même, tandis que les seconds existent hors du sujet.

Les principaux lieux *intrinsèques* sont : la définition, l'énumération des parties, le genre et l'espèce, la comparaison, les contraires, les choses qui répugnent entre elles, les circonstances, les antécédens et les conséquens, la cause et les effets.

La *définition* est un argument par lequel on s'appuie de la nature même de la chose dont on parle, pour persuader ce que l'on avance.

Voici comme Fléchier définit une armée, afin de montrer combien il est difficile de la conduire : «C'est un corps animé d'une infinité de passions différentes, qu'un homme habile fait mouvoir pour la défense de sa patrie. C'est une troupe d'hommes armés qui suivent aveuglément les ordres d'un général dont ils ne connaissent pas les intentions : c'est une multitude d'âmes pour la plupart viles ou mercenaires, qui, sans songer à leur propre réputation, travaillent à celle des rois et des conquérans : c'est un assemblage confus de libertins qu'il faut assujettir à l'obéissance, de lâches qu'il faut mener au combat, de téméraires qu'il faut retenir, d'impatiens qu'il faut accoutumer à la constance. »

L'*énumération des parties* consiste à parcourir les différentes parties d'un tout, les principales circonstances d'un fait.

« Où brillent avec plus d'éclat, dit *Fléchier*, les effets glorieux de la vertu militaire *que dans M. de Turenne?* Conduite d'armées, siéges de places, prises de villes, passages de rivières, attaques hardies, retraites honorables, campemens bien ordonnés, combats soutenus, batailles gagnées, ennemis vaincus par la force, dissipés par l'adresse, consumés par une noble patience. Où trouve-t-on de plus beaux exemples que dans cet homme sage, modeste, libéral, désintéressé, dévoué au service du prince et de la patrie? »

Le *genre et l'espèce* sont des idées corrélatives, qui se prêtent du jour mutuellement, et dont l'une ne peut être entendue sans l'autre.

On entend par *genre*, ce qui convient, ce qui est commun à plusieurs choses, et qui en même temps renferme plusieurs espèces; ainsi, la vertu est genre, par rapport à la prudence, la justice, la tempérance, qui sont des espèces de vertu. Il suit de là que l'espèce est une proposition contenue dans le genre.

On emploie le genre et l'espèce, lorsqu'on prouve qu'il faut haïr le mensonge, parce qu'il faut haïr le vice, qui est genre, par rapport au mensonge, et réciproquement qu'on doit haïr le vice, parce qu'il faut haïr le mensonge, qui est une des espèces du vice.

La *comparaison* consiste en un certain rapport, qui se trouve entre les objets que l'on compare ensemble. Elle renferme l'argument d'égalité, l'argument du plus au moins, l'argument du moins au plus. On peut voir un exemple d'égal à égal, dans le songe de Patris :

Je songeais cette nuit que, de mal consumé,
Côte à côte d'un gueux, on m'avait inhumé;
Et que, n'en pouvant point souffrir le voisinage,
En mort de qualité je lui tins ce langage :
Retire-toi, coquin, va pourrir loin d'ici;
Il ne t'appartient pas de m'approcher ainsi.

Coquin, ce me dit-il, d'une arrogance extrême,
Va chercher tes coquins ailleurs, coquin toi-même :
Ici tous sont égaux, je ne te dois plus rien ;
Je suis sur mon fumier, comme toi sur le tien.

Les *contraires* sont des objets opposés entre eux, comme le vice et la vertu, la sagesse et la folie. On en tire un argument en disant par exemple : si le luxe est un mal, la frugalité est donc un bien.

On veut prouver qu'un homme est exempt d'un vice dont on l'accuse, il faut faire voir en lui la vertu ou le vice opposés. Vous prétendez que Paul est avare et emporté, il est facile de prouver au contraire que c'est un prodigue, et que jamais personne n'a montré plus de douceur et de modération.

Les *choses qui répugnent entre elles* servent à prouver l'impossibilité d'un fait. Vous accusez Pierre d'avoir tué Paul, mais il était son ami, il n'avait nul intérêt à sa mort, il était absent : il répugne qu'il ait commis ce meurtre.

Les *circonstances* comprennent ce qui accompagne un fait, et toutes les idées accessoires à la cause : elles sont toutes renfermées dans un vers latin qui exprime la personne, la chose, le lieu, les facilités, les motifs, la manière et le temps :

Quis, quid, ubi, quibus auxiliis, cur, quomodo, quando?

Annibal, étant entré en Italie, après avoir traversé les Alpes, se sert des circonstances du lieu où ses troupes étaient enfermées pour les exciter à combattre vaillamment, en leur faisant voir que c'est pour eux une indispensable nécessité.

Les *antécédens* et les *conséquens* sont des preuves tirées de ce qui a précédé ou suivi le fait dont il s'agit. Vous aviez eu des démêlés avec Clodius, vous l'aviez menacé : voilà des antécédens; il est tué, vous disparaissez; vous vous défiez de ses amis : voilà des conséquens.

La *cause* et l'*effet*, deux idées très-différentes si on les considère en elles-mêmes, mais qui se réunissent par rapport à l'usage qu'en fait l'éloquence, sont très-utiles pour louer ou blâmer une action, pour conseiller une entreprise ou en détourner.

Fléchier indique dans le morceau suivant les causes de l'amour, de la crainte et du respect, que les soldats de Turenne avaient pour lui, ainsi que de l'empressement avec lequel ils lui obéissaient dans toutes les occasions.

« Il s'attacha par des nœuds de respect et d'amitié ceux qu'on ne retient ordinairement que par la crainte des supplices, et se fit rendre par sa modération une obéissance aisée et volontaire. Il parle, chacun écoute ses oracles. Il commande, chacun suit ses ordres avec joie. Il marche, chacun croit courir à la gloire... Que pouvaient-ils refuser à un capitaine, qui renonçait à ses commodités pour les faire vivre en abondance ; qui pour leur procurer du repos, perdait le sien propre : qui, soulageait leurs fatigues et ne s'en épargnait aucune : qui prodiguait son sang et ne ménageait que le leur ? Par quels invisibles liens enchaînait-il ainsi les volontés ? Par cette bonté avec laquelle il encourageait les uns, excusait les autres, et donnait à tous les moyens de s'avancer, de vaincre leur malheur ou de réparer leurs fautes ; par le désintéressement qui le portait à préférer ce qui était le plus utile à l'état à ce qui pouvait être plus glorieux pour lui-même : par cette justice qui, dans la distribution des emplois, ne lui permettait pas de suivre son inclination au préjudice du mérite : par cette noblesse de cœur et de sentimens qui l'élevait au-dessus de sa propre grandeur, et par tant d'autres qualités qui lui attiraient l'estime et le respect de tout le monde. »

Le même orateur décrit ainsi les effets de la victoire :

« Qu'il est difficile, Messieurs, d'être victorieux et d'être humble tout ensemble ! les prospérités militaires laissent dans l'âme je ne sais quel plaisir touchant qui la remplit et l'occupe tout entière. On s'attribue une supériorité de puissance et de force ; on se couronne de ses propres mains ; on se dresse un triomphe secret à soi-même; on regarde comme son propre bien ces lauriers que l'on cueille avec peine, et qu'on arrose souvent de son sang; et lors même qu'on rend à Dieu de solennelles actions de grâces, et qu'on pend aux voûtes sacrées de ses temples des drapeaux déchirés et sanglans, qu'on a pris sur les ennemis; qu'il est dangereux que la vanité n'étouffe une partie de la reconnaissance; qu'on ne mêle aux vœux qu'on rend au Seigneur des applaudissemens qu'on croit se devoir à soi-même, et qu'on ne retienne au moins quelques grains de cet encens qu'on va brûler sur ses autels. »

VI. *Lieux communs extrinsèques. — Les titres, la renommée, les témoins, etc. — Quel peut être, en général, l'usage des lieux communs? — Comment y suppléer.*

Les lieux *extrinsèques* sont ceux, comme nous l'avons déjà dit, qui ne naissent point du sujet même.

On en compte principalement six, la loi, les titres, la renommée, le serment, la question, les témoins.

La *loi* et les *titres* regardent aujourd'hui plutôt la jurisprudence que l'art oratoire.

La *renommée* est, selon les intérêts différens, le cri de la vérité ou du mensonge; c'est un vain bruit, ou un oracle de Dieu même. Si le bruit public nous est favorable, nous faisons valoir le proverbe *vox populi, vox Dei;* si au contraire il est contre nous, nous invoquons l'adage *fallax vulgi judicium*, en montrant la malignité du peuple, plutôt porté à croire le mal que le bien.

Le *serment* est traité de parjure s'il est contre nous, tandis que s'il est en notre faveur, nous devons faire voir que rien n'est plus sacré, plus respectable, plus inviolable.

L'aveu tiré par *la question* est l'aveu tiré de la douleur plutôt que celui de la conscience.

« Les témoins ont été subornés, corrompus, etc. » (Cicer. *pro Flacco*, F. 5; *pro Cœlio*, C. 26.)

Quoique les rhéteurs aient donné de très-grands éloges aux lieux communs, quoiqu'on puisse rapporter à quelqu'un de ces lieux, tous les argumens dont on fait usage, nous ne croyons pas qu'on puisse les trouver par cette méthode. Assurément Démosthènes, Cicéron, Bossuet et d'autres orateurs célèbres, n'ont pas été frapper à la porte de chaque lieu pour construire leurs preuves. Et si on pouvait les interroger l'un après l'autre, il n'en est peut-être aucun qui ne répondît que son âme et son génie sont les seules sources où il a puisé. Une pareille méthode serait propre à ralentir le feu de la composition, et à accoutumer les jeunes gens à se contenter de preuves communes et insignifiantes. La meilleure manière de trouver celles qui sont uniquement applicables à la matière qu'on traite, est d'approfondir son sujet, de le méditer, d'en étudier toutes les parties et de le considérer sous toutes ses faces. Alors on obtiendra les résultats heureux prédits par Horace :

> Cui lecta potenter erit res,
> Nec facundia deseret hunc nec lucidus ordo.

Quintilien partage le même avis, et cependant il témoigne assez d'estime pour l'art des sophistes.

VII. *Qu'est-ce que les mœurs dans l'art oratoire ? — Influence des mœurs dans tous les genres de composition.*

Les *mœurs* sont au discours ce que le sang est au corps, c'est d'elles qu'il tire son coloris et sa vie. Elles consistent dans le talent qu'a l'orateur de se concilier les esprits, en donnant une idée avantageuse de lui-même. Quiconque veut persuader les hommes et mériter leur confiance, doit établir son autorité sur la probité, la modestie, le zèle et la prudence. Il n'annonce pas qu'il possède ces vertus ; mais elles se peignent d'elles-mêmes dans toutes ses paroles ; aussi les anciens ont défini l'orateur : *vir bonus dicendi peritus.*

On trouve un très-bel exemple de l'expression des

mœurs dans le discours de Burrhus à Néron, pour le faire renoncer au projet d'empoisonner Britannicus.

Ah ! de vos premiers ans l'heureuse expérience
Vous fait-elle, Seigneur, haïr votre innocence ?
Songez-vous au bonheur qui les a signalés ?
Dans quel repos, ô ciel ! les avez-vous coulés !
Quel plaisir de penser et de dire en vous-même :
Partout, en ce moment, on me bénit, on m'aime ;
Je ne vois point le peuple à mon nom s'alarmer ;
Le ciel, dans tous leurs pleurs, ne m'entend point nommer ;
Leur sombre inimitié ne fuit point mon visage ;
Je vois voler partout les cœurs à mon passage !

L'orateur, l'écrivain, ne peuvent que retirer les plus grands avantages à inspirer de la confiance, de l'estime et de l'amitié.

Dans le genre délibératif, il est très-important pour celui qui conseille de se montrer digne de la confiance de celui qui l'écoute.

Dans le genre démonstratif, l'orateur a le plus grand intérêt à faire croire à sa sincérité, qui donnera tant de prix à ses éloges, et augmentera le poids de sa censure par le respect qu'inspirent pour sa personne l'amour de la justice et une exacte impartialité.

Dans le genre judiciaire, il est très-utile pour l'avocat de montrer des mœurs douces et aimables, et de donner une idée avantageuse du caractère et de la conduite de ses cliens.

En général, dans tous les genres de compositions littéraires, un écrivain doit avant tout tremper ses *pinceaux dans les couleurs de la vertu.*

Que votre âme et vos mœurs, peintes dans vos ouvrages,
N'offrent jamais de vous que de nobles images :
Je ne puis estimer ces dangereux auteurs,
Qui de l'honneur, en vers infâmes déserteurs,
Trahissant la vertu sur un papier coupable,
Aux yeux de leurs lecteurs rendent le vice aimable.
Un auteur vertueux, dans ses vers innocens,
Ne corrompt point les mœurs en chatouillant les sens.

Son feu n'allume point de criminelle flamme.
Aimez donc la vertu, nourrissez-en votre âme :
En vain l'esprit est plein d'une noble vigueur,
Le vers se sent toujours des bassesses du cœur.

(BOILEAU, *Art poét.*)

VIII. *Qu'est-ce que les passions ? — Le pathétique convient-il à tous les sujets ? — Parties du discours propres au pathétique.*

Les *passions* sont ces mouvemens vifs et irrésistibles qui nous entraînent vers un objet, ou nous en détournent. C'est par les passions que l'éloquence triomphe, qu'elle règne sur les cœurs ; quiconque sait exciter les passions à propos maîtrise à son gré les esprits : il les fait passer de la tristesse à la joie, de la pitié à la colère. Aussi véhément que l'orage, aussi pénétrant que la foudre, aussi rapide que les torrens, il emporte, il renverse tout par les flots de sa vive éloquence. C'est par-là que Démosthènes a régné dans l'Aréopage, Cicéron à la tribune, et Massillon dans nos temples.

L'amour et la haine sont le fond de toutes les autres passions, parce qu'elles comprennent les deux rapports de notre âme avec le bien et le mal.

On excite la première de ces passions en peignant l'objet avec des qualités agréables et utiles à ceux à qui l'on s'adresse. La haine est produite par des moyens opposés. Andromaque, pour rendre Pyrrhus odieux, rappelle les fureurs qu'il avait exercées au siége de Troie :

Songe, songe, Céphise, à cette nuit cruelle,
Qui fut pour tout un peuple une nuit éternelle ;
Figure-toi Pyrrhus, les yeux étincelans,
Entrant, à la lueur de nos palais brûlans,
Sur tous mes frères morts se faisant un passage,
Et de sang tout couvert, échauffant le carnage :
Songe aux cris des vainqueurs, songe aux cris des mourans,
Dans la flamme étouffés, sous le fer expirans ;
Peins-toi, dans ces horreurs, Andromaque éperdue :
Voilà comme Pyrrhus vint s'offrir à ma vue.

Pour exciter les passions, il faut les éprouver soi-même, soit par un sentiment réel et profond, soit par une imagination vive, qui supplée au sentiment.

1°. La première attention de l'orateur est de voir si le pathétique convient à la matière; car autrement, dit Quintilien, ce serait chausser le cothurne à un enfant et lui mettre en main la massue d'Hercule.

2°. L'orateur ne doit pas se jeter brusquement et sans préparation dans les mouvemens passionnés lors même que la nature du sujet se prêterait au pathétique.

3°. Il ne faut pas insister trop long-temps sur les passions oratoires. Cette règle est puisée dans la nature elle-même. Rien ne tarit si aisément que les larmes et celui qui ne sait pas s'arrêter à propos fatigue au lieu de toucher.

4°. C'est surtout dans la péroraison qu'on doit employer le puissant ressort des passions. Comme toutes les preuves ont été traitées, et que la disposition où l'orateur va laisser les juges est celle dans laquelle ils donneront leurs suffrages, il doit redoubler ses efforts et employer le pathétique si la cause en est susceptible.

5°. Enfin, l'orateur qui veut toucher les esprits doit étudier les dispositions de ses auditeurs ou de ses juges, sans quoi il risque de produire un effet contraire à celui qu'il désire. Si vous entreprenez d'inspirer subitement de la joie à celui qui est dans l'affliction, vous le rebuterez, vous l'offenserez. Soyez d'abord triste comme lui, et vous parviendrez à trouver accès dans son cœur. C'est l'art d'Horace lorsqu'il entreprend de consoler Virgile de la perte de son ami Quintilius. On doit de même avoir égard à la différence des âges, des conditions, des mœurs, des caractères.

Nous finirons cette première partie par quelques exemples du pathétique.

Le prince des orateurs romains décrit ainsi le supplice que Verrès fit souffrir à Gavius sur la place de Messine.

« Cædebatur virgis in medio foro Messanæ civis romanus, judices; cùm intereà nullus gemitus, nulla vox alia istius miseri inter dolorem crepitumque plagarum audiretur, nisi hæc : civis romanus sum. Hâcce commemoratione civitatis omnia verbera depulsurum cruciatumque à corpore dejecturum, arbitrabatur. Is non modò hoc non perfecit ut virgarum vim deprecaretur : sed cùm imploraret sæpiùs, usurparetque nomen civitatis, crux, crux, inquam, infelici et ærumnoso qui nunquàm istam potestatem viderat, comparabatur. »

Camille, dans les Horaces de Corneille, ayant appris la mort de son amant, s'écrie :

Rome, l'unique objet de mon ressentiment !
Rome, à qui vient ton bras d'immoler mon amant !
Rome, qui t'a vu naître, et que ton cœur adore !
Rome enfin que je hais parce qu'elle t'honore !
Puissent tous ses voisins, ensemble conjurés,
Saper ses fondemens, encor mal assurés !
Et, si ce n'est assez de toute l'Italie,
Que l'orient contre elle à l'occident s'allie ;
Que cent peuples unis, des bouts de l'univers,
Passent, pour la détruire, et les monts et les mers ;
Qu'elle-même sur soi renverse ses murailles,
Et de ses propres mains déchire ses entrailles ;
Que le courroux du ciel, allumé par mes vœux,
Fasse pleuvoir sur elle un déluge de feux !
Puissé-je de mes yeux y voir tomber la foudre,
Voir ses maisons en cendre, et tes lauriers en poudre,
Voir le dernier Romain à son dernier soupir ;
Moi seule en être cause, et mourir de plaisir !

Satan chassé du ciel, et précipité dans l'abîme, relève le courage abattu de ses compagnons.

« Hélas ! la misère nous unit aujourd'hui ; dans quel abîme, et de quelle hauteur sommes-nous tombés ! la foudre a rompu nos légions ! Cruelle armée dont la force nous était inconnue ! cependant ces malheurs et mon supplice ne m'arracheront aucun repentir ; rien ne saurait me changer ; si mon éclat extérieur est effacé, mon courage et mon esprit demeurent inébranlables : j'ai toujours le même cœur qui n'a pas craint pour ennemi le Tout-Puissant. J'ai pour moi des milliers d'anges engagés dans ma querelle ; ils ont brisé son joug, ils m'ont mis à leur tête ; notre puissance a tenu contre la sienne , et par un combat douteux dans les plaines du ciel , nous avons ébranlé son trône. Eh quoi ! pour avoir perdu le champ de bataille , tout est-il perdu ? une volonté fière nous reste encore , un désir ardent de vengeance , une haine immortelle , et un courage indomptable. Sommes-nous donc vaincus ! non , malgré sa colère , malgré sa toute-puissance , il ne me verra point fléchir le genou pour lui demander grâce. Notre substance est immortelle , nos âmes sont les mêmes , nos lumières sont agrandies ; que nous faut-il davantage pour combattre notre ennemi , qui triomphe seul maintenant dans le ciel , et s'applaudit de notre défaite ? Saisissons les momens que nous laissent ses mépris ; marchons , et qu'il gémisse bientôt lui-même en voyant ses desseins renversés.

« Ainsi parla l'ange des ténèbres au milieu des tour-mens. Il se parait de constance au dehors ; mais il était intérieurement tourmenté d'un profond désespoir. »

SECONDE PARTIE.

LA DISPOSITION.

IX. *Disposition. — Combien le discours doit-il avoir de parties ? — Deux sortes de dispositions.*

La *disposition* est cette partie de la rhétorique qui consiste à placer et à ranger avec ordre et justesse les pen-sées et les preuves fournies par l'invention.

On sent de quelle utilité est la disposition dans l'art oratoire ; car il ne suffit pas d'avoir trouvé des argumens et des raisons , il faut encore savoir les amener , les dis-poser dans l'ordre le plus propre à faire impression sur l'esprit des auditeurs. Toutes les parties d'un discours doivent avoir entre elles un juste rapport pour former un tout qui soit bien lié et bien assorti. Ce qu'Horace a dit du poëme est exactement applicable aux productions de l'éloquence :

Singula quæque locum teneant sortita decenter.

On compte ordinairement six parties du discours : *l'exorde* ou le *début*, la *proposition* ou *division*, la *narration*, la *preuve* ou *confirmation*, la *réfutation*, et la *péroraison*, qui sont exprimées par le vers technique :

Exorsus, narro, seco, firmo, refello, peroro.

La *disposition* est naturelle ou artificielle ; la première est celle dans laquelle on vient de ranger toutes les parties du discours ; la disposition artificielle est celle où, pour quelque raison particulière, on s'écarte de l'ordre naturel en mettant une partie à la place de l'autre. Quelquefois on commence par réfuter son adversaire, quand on s'aperçoit qu'il a fait une vive impression sur l'esprit de ses auditeurs, et que les preuves seraient mal reçues, si la prévention n'était dissipée.

X. *Exorde et style de l'exorde. — Proposition et division. — Combien de sortes de propositions ? — Règles de la division.*

L'*exorde* est cette partie du discours qui sert à préparer l'auditoire et à l'instruire de l'état de la question, ou du moins à la lui faire envisager en général.

L'objet de l'orateur dans l'exorde est de se concilier l'attention et la bienveillance de ceux qui l'écoutent.

On distingue deux sortes d'exordes : l'un modéré, où l'orateur prend, pour ainsi dire, son tour de loin ; l'autre véhément, où il entre brusquement et tout à coup en matière : dans le premier, on prépare et l'on conduit les auditeurs par degrés, et comme insensiblement, aux choses qu'on va leur proposer ; dans le second, l'orateur étonne son auditoire en paraissant lui-même transporté de quelque passion subite. Tel est ce début d'Isaïe, imité par Racine dans Athalie :

Cieux, écoutez ; Terre, prête l'oreille :

Ou celui de Cicéron contre Catilina :

Quousque tandem abutere, Catilina, patientiâ nostrâ ?

Le style de l'exorde doit être périodique, noble, grave, mesuré; c'est la partie du discours qui demande à être le plus travaillée, parce qu'étant écoutée la première, elle est aussi plus exposée à la critique. Aussi Cicéron a-t-il dit : *Vestibula aditusque ad causam facias illustres.*

Les Athéniens ont toujours regardé l'exorde comme une partie essentielle du discours ; cependant autrefois, devant l'Aréopage, on était tenu de parler sans exorde, sans mouvemens oratoires, sans péroraison. Mais nous ne devons pas regarder ce tribunal, d'ailleurs très-respectable, comme un juge sans appel sur le bon goût et les règles de l'éloquence.

La *proposition*, est l'exposition claire, simple et précise du sujet que l'on va traiter.

On distingue les *propositions simples* et les *propositions composées*.

Les *propositions simples* ne renferment qu'un seul objet à prouver.

Les *propositions composées* renferment plusieurs objets qui demandent chacun leurs preuves à part.

Les *propositions simples*, étant appuyées sur deux ou trois preuves principales, présentent par là même plusieurs aspects, sous lesquels on peut les considérer ; de là les *divisions*.

La *division* est le partage du discours en plusieurs points, que l'orateur traitera successivement. Les principales règles de la division sont : 1° qu'elle soit entière, c'est-à-dire que les membres divers qui la composent annoncent toute l'étendue du sujet ;

2°. Qu'un membre ne rentre pas dans l'autre, et ne la rende pas inutile, en ne présentant que la même idée sous différens termes ;

3°. Que le premier soit, s'il est possible, un degré pour monter au second, et que celui-ci enchérisse sur l'autre ;

4°. Que la division soit naturelle et exprimée en termes clairs et précis.

Les différens points du discours pouvant être prouvés

de plusieurs manières, ils peuvent aussi se diviser; ce qui donne lieu aux *subdivisions*.

XI. *Narration. — Elle doit être claire, courte, vraie ou vraisemblable.*

La *narration* est l'exposition du fait assortie à l'utilité de la cause; on l'appelle simplement *fait*, dans les mémoires des avocats.

L'orateur doit arranger toutes les circonstances de son récit, de manière qu'elles soient non-seulement favorables à sa cause, mais encore qu'elles préparent l'esprit des juges aux preuves employées dans la suite.

Trois qualités sont principalement nécessaires à la narration, la clarté, la brièveté, la vraisemblance.

D'abord elle doit être *claire*, parce que c'est de là que doit partir la lumière qui se répandra sur tout ce que l'orateur pourra dire dans la suite. Si le fait a été mal exposé, s'il y reste de l'obscurité et de l'embarras, les raisonnemens et les preuves ne se feront pas apercevoir distinctement, et le travail de l'avocat sera entièrement perdu, *narratio obscura totam obcæcat orationem.*

En second lieu la narration doit être *vraisemblable*, c'est-à-dire, elle doit présenter les choses telles qu'elles existent dans la nature, observer les convenances relatives au caractère, aux mœurs, à la qualité des personnes, et faire accorder le récit avec les circonstances de lieu, de temps, de moyens, qui expliquent les causes, les effets, et rendent un événement naturel. Il ne faut pas négliger la vraisemblance même en disant la vérité, et se conformer au précepte de Boileau :

Le vrai peut quelquefois n'être pas vraisemblable.

Enfin, la narration doit être *brève*; ici la brièveté ne consiste pas à se renfermer dans peu de mots, mais à ne rien dire de superflu. Un récit de dix pages est court, s'il ne contient que ce qui est rigoureusement nécessaire, tandis qu'un autre de dix lignes est trop long, s'il peut être exposé en six. La brièveté, dit Quintilien, consiste , non à dire moins qu'il ne faut, mais à dire tout ce qu'il faut et rien de plus. Boileau critique avec juste raison les auteurs qui entrent dans des détails tout-à-fait inutiles , et disent peu en beaucoup de paroles.

> Un auteur, quelquefois trop plein de son objet,
> Jamais, sans l'épuiser, n'abandonne un sujet ;
> S'il rencontre un palais , il m'en dépeint la face ;
> Il me promène après de terrasse en terrasse.
> Ici s'offre un perron , là règne un corridor :
> Là, ce balcon s'enfonce en un balustre d'or.
> Il compte des plafonds les ronds et les ovales ;
> Ce ne sont que festons, ce ne sont qu'astragales.
> Je saute vingt feuillets pour en trouver la fin ,
> Et je me sauve à peine au travers du jardin.
> Fuyez de ces auteurs l'abondance stérile ,
> Et ne vous chargez point d'un détail inutile :
> Tout ce qu'on dit de trop est fade et rebutant :
> L'esprit rassasié le rejette à l'instant.

On ne doit pas toutefois rejeter des ornemens placés à propos et distribués avec goût. Si les grâces sont bannies de la narration , elle cause de l'ennui, et paraît d'une longueur insupportable.

XII. *Confirmation. — Choix et ordre des preuves. — Manière de traiter les preuves , ou amplification oratoire.*

La *confirmation* consiste à établir nos moyens , à prouver la vérité annoncée dans la proposition. C'est ici que l'orateur a plus que jamais besoin du secours de la logique , et tout à la fois de cette étendue et de cette justesse d'esprit qui embrasse d'un seul coup d'œil les différentes faces sous lesquelles le sujet peut se présenter. Toute l'adresse et toute la force de l'art oratoire sont renfermées dans la confirmation ; le reste n'en est que l'accessoire , et n'a de prix qu'autant qu'il sert à faire valoir et ressortir les preuves.

On doit rejeter les preuves les plus légères et les moins concluantes , parce qu'on donnerait lieu de penser qu'on n'en a pas de fortes et de frappantes : il faut également laisser à l'écart des preuves mêlées de bien et de mal, de façon que le mal qui en résulterait surpasserait le bien qu'on en pourrait espérer.

Quant à l'ordre à observer dans la distribution des preuves, il est difficile à cet égard de donner des règles fixes à l'orateur.

Les uns veulent que les plus fortes preuves précèdent les moins convainquantes, d'autres au contraire qu'elles les suivent, d'autres enfin qu'on débute par des moyens puissans pour s'emparer tout d'un coup des esprits, qu'on réserve pour la fin ce qu'il y a de plus frappant et de plus décisif, et qu'on place dans le milieu les preuves médiocres. Cette disposition est appelée homérique par Quintilien, parce que tel est l'ordre de bataille que nous voyons dans Homère.

Cet ordre peut être juste dans la spéculation, mais en pratique les choses demandent quelquefois un autre arrangement. L'orateur devra donc peser ses preuves, les comparer, les mêler habilement pour faire valoir l'une par l'autre ; les placer selon la nature et le besoin de la cause, de manière, toutefois, qu'il n'aille jamais en déclinant, et ne finisse par des raisons minces et faibles, après avoir commencé par les plus fortes.

Pour bien traiter les preuves, il faut insister sur celles qui sont fortes et convainquantes, les montrer séparément, de peur qu'elles ne soient obscurcies et confondues dans la foule : on doit au contraire réunir les plus faibles et les entasser, afin qu'elles se prêtent un mutuel secours, et qu'elles suppléent à la force par le nombre.

Chacune de ces preuves, dit Quintilien, n'a pas un grand poids ; mais toutes prises ensemble elles ne laissent pas de nuire, sinon comme la foudre qui renverse, du moins comme la grêle qui frappe à coups redoublés. *Singulæ levia sunt et communia, universæ verò nocent, etiamsi non ut fulmine, tamen ut grandine.*

Le développement des preuves fortes et solides, lorsqu'on veut en faire sentir tout le poids et en tirer tout l'avantage possible, se nomme *amplification oratoire.*

C'est, d'après Cicéron, une affirmation grave et énergique qui persuade en remuant les passions. « *Est amplificatio gravior quædam affirmatio, quæ motu animorum conciliet in dicendo fidem.*

Isocrate la définit : une manière de s'exprimer qui agrandit les objets ou qui les diminue.

L'amplification la meilleure, dit l'abbé Girard, n'est pas celle où il y a le plus de paroles, mais celle où il y a le plus de choses. Amplifier n'est donc pas accumuler des mots sur des mots, ni des phrases sur des phrases ; mais c'est insister sur ses pensées, en leur donnant des développemens pleins de raison, et qui ajoutent toujours à ce que l'on a déjà dit.

Le même rhéteur indique ainsi les moyens d'amplifier : « Ayez recours à toutes les ressources qu'une méditation profonde pourra vous suggérer. Tantôt il suffira d'examiner les choses en elles-mêmes ; tantôt il faudra les rapprocher de quelques objets et établir des oppositions ou des comparaisons. Ici vous chercherez la naissance, les principes, l'origine des choses ; là vous vous appuierez sur leurs usages, sur leurs bons et leurs mauvais effets : ailleurs vous amplifierez ou par supposition, ou par induction, ou par exagération, ou par un amas de termes expressifs, qui semblent donner plus de force au discours que les termes simples, quoique dans le fond ils signifient la même chose. »

Les preuves demandent à être liées entre elles par des transitions justes et agréables, afin d'acquérir plus d'ornement et d'éclat ; car, dit Rollin, l'art de l'orateur consiste à savoir, par de certains tours et de certaines pensées ménagées adroitement, mettre entre les différentes preuves une union si naturelle, qu'elles semblent faites les unes pour les autres, et que toutes ensemble elles forment, non des membres et des morceaux détachés, mais un corps et un tout continu.

XIII. *Réfutation.* — *Différentes manières de réfuter.* — *De la plaisanterie, des sophismes.* — *Abus de l'ambiguité des mots.*

La *réfutation* consiste à répondre aux objections de la partie adverse, et à détruire les preuves qu'elle a alléguées.

La réfutation demande beaucoup d'art, parce qu'il est plus difficile de guérir une blessure que de la faire. On la place quelquefois avant la confirmation, quand l'adversaire a produit beaucoup d'effet. Souvent on peut les faire marcher ensemble, et certains rhéteurs n'en ont point fait deux parties distinctes.

On réfute son adversaire soit en détruisant les principes sur lesquels il a fondé ses preuves, soit en montrant que de bons principes il a tiré de fausses conséquences. Si l'on ne peut nier le fait, on se rejettera sur le droit, on attaquera les formes, on montrera que ce que dit l'adversaire est étranger à la cause. Enfin quand nous irons au-devant des objections, nous aurons un grand soin de ne rien proposer que nous ne soyons en état de réfuter, et de ne pas fournir de nouvelles armes à la partie adverse, en découvrant des difficultés auxquelles peut-être elle ne s'attendait pas.

Après avoir opposé aux objections les plus fortes de solides raisons, l'orateur, afin de combattre les plus faibles, pourra manier l'arme de l'ironie, pourvu qu'il le fasse avec finesse et modération; car on doit user, en ce genre, de la plus grande circonspection, et craindre de tomber dans le bas et le ridicule.

Quelquefois on rétorque l'argument de son adversaire. Protogore, philosophe, sophiste et rhéteur, était convenu avec Énathlus son disciple, d'une somme qui lui serait payée par celui-ci lorsqu'il aurait gagné une cause. Le temps paraissant trop long au maître, il lui fit un procès, et voici son argument : « Ou vous perdrez votre cause ou vous la gagnerez ; si vous la perdez, il faudra payer par sentence des juges ; si vous la gagnez, il fau-

dra payer en vertu de notre convention. » Le disciple répondit : « Ou je perdrai ma cause ou je la gagnerai ; si je
la perds , je ne vous dois rien en vertu de notre convention ; si je la gagne , je ne vous dois rien en vertu de la
sentence des juges. »

Il ne sera pas inutile en traitant de la réfutation de
passer en revue les principales sources des mauvais raisonnemens qu'on appelle *sophismes* ou *paralogismes.* On
apprendra à en démêler les subtilités.

Le premier consiste à prouver autre chose que ce qui
est en question. Ce sophisme est appelé par Aristote
ignoratio elenchi , c'est-à-dire *l'ignorance du sujet ;*
c'est un vice très ordinaire dans les contestations des
hommes. On dispute avec chaleur, et souvent on ne s'entend pas l'un l'autre.

Le second suppose pour vrai ce qui est en question : c'est
ce qu'on appelle *pétition de principe.* On peut rapporter
à ce sophisme tous les raisonnemens où l'on prouve une
chose inconnue par une qui est autant ou plus inconnue ;
ou une chose incertaine par une autre qui est autant ou
plus incertaine.

Le troisième prend pour cause ce qui n'est pas cause,
et s'appelle *non causa pro causâ ;* il est très-commun
parmi les hommes, et l'on y tombe de plusieurs manières.
C'est ainsi que les philosophes ont attribué mille effets
à la crainte du vide , qu'on a prouvé par des expériences
ingénieuses , n'avoir pour cause que la pesanteur de l'air.
On tombe dans le même sophisme quand on se sert de
causes éloignées et qui ne prouvent rien , pour démontrer
des choses ou assez claires d'elles-mêmes , ou fausses , ou
du moins douteuses.

Le quatrième consiste dans un *dénombrement impar-
fait.* C'est le défaut le plus ordinaire des personnes inha-
biles que de faire des dénombremens imparfaits , et de
ne pas considérer assez toutes les manières dont une
chose peut être ou peut arriver ; d'où ils concluent té-
mérairement , ou qu'elle n'est pas , parce qu'elle n'est
pas d'une certaine manière , quoiqu'elle puisse être d'une
autre ; ou qu'elle est de telle ou telle façon , quoiqu'elle

puisse encore être d'une autre manière qu'ils n'ont pas considérée.

Le cinquième fait juger d'une chose par ce qui ne lui convient que par accident. Ce sophisme est appelé *fallacia accidentis* : il consiste à tirer une conclusion absolue, simple et sans restriction de ce qui n'est vrai que par accident. C'est ce que font tant de gens qui attribuent à l'éloquence tous les mauvais effets qu'elle produit quand on en abuse, ou à la médecine les fautes de quelques ignorans.

Le sixième passe du sens divisé au sens composé, ou du sens composé au sens divisé; l'un de ces sophismes s'appelle *fallacia compositionis* et l'autre *fallacia divisionis*.

Nous lisons dans l'évangile : Les aveugles voient, les boiteux marchent, les sourds entendent. C'est qu'ici par les *aveugles*, on entend ceux qui étaient aveugles. Il en est de même de ce vers de Lamotte, le seul qu'on ait retenu de son poëme des Apôtres :

Le muet parle au sourd étonné de l'entendre.

Voilà le sens divisé. Au contraire, dans cette proposition : *Les aveugles ne voient point*; il est évident qu'on veut parler des aveugles en tant qu'aveugles : voilà le *sens composé*.

Le septième passe de ce qui est vrai, à quelque égard, à ce qui est vrai simplement; c'est ce qu'on appelle dans l'école, *a dicto secundum quid ad dictum simpliciter*. En voici un exemple. Les épicuriens voulaient prouver que les dieux avaient la forme humaine, parce qu'il n'y en a pas de plus belle que celle-là. Ils raisonnaient mal; car cette supériorité n'est pas absolue, mais relative.

Le huitième enfin se réduit à abuser de l'ambiguité des mots. On peut rapporter à cette espèce de sophisme tous les syllogismes vicieux. En voici un exemple : *L'homme pense; or, l'homme est composé de corps et d'âme, donc le corps et l'âme pensent*. Ce raisonnement est faux, car il suffit pour qu'on puisse attribuer la pensée à l'homme entier, qu'il pense selon l'une de ces parties; mais il ne s'ensuit nullement qu'il pense selon l'autre.

Nous terminerons par un bel exemple de réfutation oratoire tiré de Tite-Live. Un tribun du peuple accusait Scipion d'avoir mal administré le trésor public ; ce grand homme dédaignant de répondre à cette imputation calomnieuse, monta dans la tribune aux harangues, et dit :

« Hoc die, tribuni plebis, vosque, Quirites, cum Annibale et Carthaginiensibus, signis collatis in Africâ benè ac feliciter pugnavi. Itaque quùm hodiè litibus et jurgiis supersederi æquum sit, ego hinc extemplò in Capitolium ad Jovem optimum, maximum, Junonemque et Minervam, cæterosque Deos, qui Capitolio atque arci præsident, salutandos iboæ : hisque gratias agam, quód mihi et hoc ipso die et sæpè aliàs egregiè reipublicæ gerendæ mentem facultatemque dederunt. »

XIV. *Péroraison. — Deux devoirs de la péroraison. — De la péroraison dans l'éloquence judiciaire et dans l'éloquence délibérative.*

La *péroraison* a deux objets à remplir : elle doit premièrement résumer les principales preuves développées dans le courant du discours, et en second lieu, achever de persuader, en excitant dans l'âme les émotions propres au sujet que l'orateur a traité.

La récapitulation est absolument nécessaire dans les questions qui, par l'étendue et la variété des objets et des moyens qu'elles embrassent, pourraient laisser quelque confusion et quelque embarras dans l'esprit. Elle doit être courte pour ne pas ajouter un discours au premier ; elle doit contenir ce que la cause offre de plus favorable, parce que c'est le dernier moment qui nous reste, et que nous ne saurions trop bien l'employer ; elle doit encore paraître sous une nouvelle face ; car si nous répétions les mêmes argumens avec les mêmes termes, ce serait désagréable pour les juges, et ils auraient droit de s'en offenser.

L'autre partie, qui se rapporte aux sentimens et aux passions, était d'un grand usage chez les Romains. Réservez pour la péroraison, dit Quintilien, les plus vives émotions du sentiment. C'est alors ou jamais que nous devons faire tous nos efforts pour parler d'une manière qui aille droit au cœur, qui soit capable de le toucher et de l'attendrir ; c'est là principalement qu'il est permis à l'orateur de déployer toutes les ressources de l'art, style figuré, tours séduisans, mouvemens impétueux, en un mot, tout ce qui peut remuer l'âme et l'entraîner. Cicéron possédait ce talent au suprême degré ; presque toutes ses péroraisons sont des chefs-d'œuvre.

Quoique notre barreau soit plus austère que celui de Rome, les péroraisons touchantes n'en sont pas absolument bannies ; mais c'est surtout dans la chaire qu'elles sont remarquables, parce que l'orateur a plus de liberté dans l'usage des passions. La péroraison de l'oraison funèbre du prince de *Condé* par *Bossuet*, est regardée comme un des morceaux les plus sublimes qui soient sortis de sa plume.

« Venez, peuples, venez maintenant ; mais venez plu-
« tôt, princes et seigneurs, et vous qui jugez la terre, et
« vous qui ouvrez aux hommes les portes du ciel,
« et vous, plus que tous les autres princes et princesses,
« nobles rejetons de tant de rois, lumières de la France,
« mais aujourd'hui obscurcies et couvertes de votre
« douleur comme d'un nuage ; venez voir le peu qui
« nous reste d'une si auguste naissance, de tant de
« grandeur, de tant de gloire ; jetez les yeux de toutes
« parts : voilà tout ce qu'a pu faire la magnificence et la
« piété pour honorer un héros ! des titres, des inscrip-
« tions, vaines marques de ce qui n'est plus ; des figures
« qui semblent pleurer autour d'un tombeau, et de fra-
« giles images d'une douleur que le temps emporte avec
« tout le reste ; des colonnes qui semblent vouloir porter
« jusqu'au ciel le magnifique témoignage de notre néant ;
« et rien enfin ne manque dans tous ces honneurs que
« celui à qui on les rend. Pleurez donc sur ces faibles
« restes de la vie humaine, pleurez sur cette triste im-
« mortalité que nous donnons aux héros. Mais approchez
« en particulier, ô vous qui courez avec tant d'ardeur
« dans la carrière de la gloire, âmes guerrières et intré-

« pides ! quel autre fut plus digne de vous commander ?
« Mais dans quel autre avez vous trouvé le commande-
« ment plus honnête ? pleurez donc ce grand capitaine,
« et dites en gémissant : Voilà celui qui nous menait
« dans les hasards ; sous lui se sont formés tant de re-
« nommés capitaines, que ses exemples ont élevés aux pre-
« miers honneurs de la guerre ; son ombre eût pu encore
« gagner des batailles, et voilà que dans son silence son
« nom même nous anime... Et vous, ne viendrez-vous pas
« à ce triste monument, vous, dis-je, qu'il a bien voulu
« mettre au rang de ses amis ? tous ensemble, en quel-
« que degré de confiance qu'il vous ait reçus, environ-
« nez ce tombeau, versez des larmes avec des prières,
« et, admirant dans un si grand prince une amitié si com-
« mode et un commerce si doux, conservez le souvenir
« d'un héros dont la bonté avait égalé le courage. Ainsi
« puisse-t-il toujours vous être un cher entretien ! Ainsi
« puissiez-vous profiter de ses vertus ; et que sa mort,
« que vous déplorez, vous serve à la fois de consolation
« et d'exemple ! Pour moi, s'il m'est permis, après tous
« les autres, de venir rendre les derniers devoirs à ce tom-
« beau, ô prince, le digne sujet de nos louanges et de
« nos regrets ! vous vivrez éternellement dans ma mé-
« moire ; votre image y sera tracée, non point avec cette
« audace qui promettait la victoire ; non, je ne veux rien
« voir en vous de ce que la mort y efface, vous aurez
« dans cette image des traits immortels ; je vous y ver-
« rai tel que vous étiez à ce dernier jour sous la main de
« Dieu, lorsque sa gloire sembla commencer à vous ap-
« paraître. C'est là que je vous verrai plus triomphant
« qu'à Fribourg et à Rocroy ; et, ravi d'un si beau triom-
« phe, je dirai en actions de grâces ces belles paroles
« du bien-aimé disciple : *La véritable victoire, celle*
« *qui met sous nos pieds le monde entier, c'est notre*
« *foi.* Jouissez, prince, de cette victoire, jouissez-en
« éternellement par l'immortelle vertu de ce sacrifice ;
« agréez ces derniers efforts d'une voix qui vous fut
« connue : vous mettrez fin à tous ces discours. Au lieu
« de déplorer la mort des autres, je veux apprendre de

« vous à rendre la mienne sainte, heureux si, averti
« par ces cheveux blancs du compte que je dois rendre
« de mon administration, je réserve au troupeau que je
« dois nourrir de la parole de vie, les restes d'une voix
« qui tombe et d'une ardeur qui s'éteint ! »

TROISIÈME PARTIE.

L'ÉLOCUTION.

XV. *Elocution. — Qualités générales du style. — Pureté, clarté, précision, naturel, noblesse. — Harmonie du style.*

L'*élocution en général* est l'expression de la pensée par la parole. Dans un sens plus vulgaire on entend par élocution cette partie de la rhétorique qui traite du style. Cicéron la définit ainsi : *Elocutio est idonea verborum et sententiarum ad inventionem accommodatio.* L'élocution qui est à l'éloquence ce que le coloris est à la peinture, achève l'ouvrage de l'invention et de la disposition et lui donne l'âme et la vie, la grâce et la vigueur. Les choses dépendent tellement des paroles que souvent la même idée est reçue ou rejetée, plaît ou déplaît selon la manière dont on l'exprime. Aussi un poète a-t-il dit :

> Si Minerve, même ici bas,
> Venait enseigner la sagesse,
> Il faudrait bien que la déesse,
> A son profond savoir joignît quelques appas ;
> Le genre humain est sourd quand on ne lui plaît pas.

Le *style*, dit Buffon, n'est que l'ordre et le mouvement qu'on met dans les pensées. Si on les enchaîne étroitement, si on les serre, le style devient ferme, nerveux et concis ; si on les laisse se succéder lentement et ne se joindre qu'à la faveur des mots, quelque élégans qu'ils soient, le style sera diffus, lâche et traînant.

Les *qualités générales du style* sont la pureté, la clarté, la précision, le naturel et la noblesse.

La *pureté* consiste à s'exprimer correctement, c'est-à-dire, à bannir tous les termes qui ne sont pas admis par l'usage, et à n'employer que des constructions autorisées par les règles.

> Surtout qu'en vos écrits la langue révérée,
> Dans vos plus grands excès vous soit toujours sacrée :
> En vain vous me frappez d'un son mélodieux,
> Si le terme est impropre, ou le tour vicieux ;
> Mon esprit n'admet point un pompeux barbarisme,
> Ni d'un vers ampoulé l'orgueilleux solécisme :
> Sans la langue, en un mot, l'auteur le plus divin
> Est toujours, quoi qu'il fasse, un méchant écrivain.
>
> BOILEAU, *Art poët.*, *chant* I.

La *clarté* consiste non seulement à éviter les termes vagues et équivoques, mais encore les inversions forcées, les constructions louches et les phrases surchargées d'idées accessoires. La clarté de l'expression doit-être telle, dit Quintilien, que la pensée frappe les esprits comme le soleil frappe la vue : *Ut in animum audientis oratio sicut sol in oculos incurrat.*

La *clarté* est une qualité que nos grands maîtres ont le plus recommandée à ceux qui aspirent à la gloire de l'éloquence. Despréaux, après leur avoir proposé l'exemple de Malherbes, ajoute :

> Marchez donc sur ses pas, aimez sa pureté,
> Et de son tour heureux imitez la clarté ;
> Si le sens de vos vers tarde à se faire entendre,
> Mon esprit aussitôt commence à se détendre ;
> Et de vos vains discours, prompt à se détacher,
> Ne suit point un auteur qu'il faut toujours chercher.
> Il est certains esprits, dont les sombres pensées
> Sont d'un nuage épais toujours embarrassées ;
> Le jour de la raison ne les saurait percer :
> Avant donc que d'écrire, apprenez à penser.
> Selon que notre idée est plus ou moins obscure,
> L'expression la suit, ou moins nette, ou plus pure ;
> Ce que l'on conçoit bien s'énonce clairement,
> Et les mots, pour le dire, arrivent aisément.

Le style a de la précision, lorsque la pensée est exprimée avec le moins de termes que l'on peut, et avec les termes les plus justes. L'esprit veut connaître très-promptement, et plus les moyens qu'on lui offre pour arriver sont aisés et courts, plus il est satisfait. Le style précis a le premier de tous les mérites, celui de rendre la marche du discours semblable à celle de l'esprit.

Le *naturel du style* consiste à rendre une idée, une image, un sentiment, sans effort et sans apprêt. L'expression la plus brillante perd de son mérite, si la recherche s'y fait sentir. On doit placer à la tête des auteurs qui peuvent servir de modèles dans le genre naturel, l'inimitable La Fontaine.

Le style est noble quand il joint l'élévation à la fécondité des expressions et des pensées : il consiste également à éviter les idées populaires et les termes bas.

Quoi que vous écriviez, évitez la bassesse.

Il est, dit Crévier, un art de dire noblement les plus petites choses.

Racine se sert avec succès des mots *voiles* et *cheveux*, qui ne semblent rien moins que poétiques :

Laissez-moi relever ces voiles détachés,
Et ces cheveux épars, dont vos yeux sont cachés ;
Souffrez que de vos pleurs je répare l'outrage,

Le même poète, auquel on peut appliquer ce vers de Boileau,

Il dit, sans s'avilir, les plus petites choses.

a su ennoblir, dans Athalie, les termes *bouc* et *chien :*

Ai-je besoin du sang des *boucs* et des génisses ?
Dans son sang inhumain les *chiens* désaltérés.

L'*harmonie du style* comprend le choix et le mérite des sons, leurs intonations, leur durée, le discernement et l'emploi du nombre, la nature des périodes, leur coupe, leur enchaînement, enfin toute l'économie du discours, relativement à l'oreille et l'art de disposer les mots, soit dans la prose, soit dans les vers, de la manière la plus convenable au caractère des idées, des images et des sentimens que l'on veut exprimer.

Boileau, dans ces vers de l'Art poétique, nous a donné
à la fois le précepte et l'exemple :

Il est un heureux choix de mots harmonieux :
Fuyez des mauvais sons le concours odieux ;
Le vers le mieux rempli, la plus noble pensée
Ne peut plaire à l'esprit, quand l'oreille est blessée.

Dans ces beaux vers de Racine, on sent combien la
mélodie des paroles ajoute au mérite des pensées :

L'Eternel est son nom, le monde est son ouvrage ;
Il entend les soupirs de l'humble qu'on outrage,
Juge tous les mortels avec d'égales lois,
Et du haut de son trône interroge les rois.

XVI. *Qualités particulières du style. — Style simple.
— Style tempéré. — Style sublime. — Variétés et
Convenances du style.*

Les qualités générales du style sont invariables. Toujours il doit être correct, clair, précis, naturel, noble,
harmonieux. Mais les qualités particulières varient suivant
la différence des sujets. Après avoir observé la nature,
les anciens ont distingué trois espèces générales de style,
le simple, le tempéré, le sublime.

Le *style simple* consiste à exprimer sa pensée avec
ordre, clarté, précision ; il n'admet point les tours am-
bitieux, les ornemens recherchés et étudiés, les périodes longues et nombreuses ; on l'emploie dans les en-
tretiens familiers, dans les lettres, et dans les fables,
dans les mémoires des avocats, dans les parties du plaidoyer où il s'agit d'instruire et de préparer les esprits,
dans les causes peu importantes.

Les dialogues de Fontenelle, les lettres de Cicéron,
de Pline, les fables de Lafontaine, sont des modèles de
style simple.

La simplicité d'expression n'enlève rien à la grandeur
des pensées, et peut renfermer, sous un air négligé, de
très-grandes beautés :

Heureux qui se nourrit du lait de ses brebis,
Et qui de leur toison voit filer ses habits.

Qui ne sait d'autre mer que la Marne ou la Seine,
Et croit que tout finit où finit son domaine !

Le *style tempéré*, qui tient le milieu entre les deux autres , est surtout propre aux sujets agréables. Il a toute la
netteté du style simple , et reçoit tous les ornemens et
tout le coloris de l'élocution. Les qualités qui semblent
convenir plus spécialement à ce genre sout l'élégance , la
richesse , la finesse , la délicatesse , la naïveté.

L'*élégance du style* consiste à donner à la pensée un
tour noble et poli et à la rendre par des expressions châ-
tiées, coulantes et gracieuses à l'oreille ; c'est la réunion
de la justesse et de l'agrément. L'élégance est un des
principaux mérites de Virgile et de Racine.

La *richesse du style* se reconnaît à l'affluence ménagée
des brillantes pensées , des images capables de faire une
forte impression, des figures hardies , des tours nombreux.
On ne doit jamais dans la distribution des ornemens s'é-
carter de cette sage sobriété, de cette noble simplicité dont
les plus grands écrivains nous ont donné l'exemple : « Il
faut , dit Cicéron , dans l'éloquence comme dans la peinture , des ombres pour donner du relief, et tout ne doit
pas être lumière. » (*De Orat.* III , 101.)

La *finesse* est l'art de ne pas exprimer directement sa
pensée , mais de la laisser aisément apercevoir. Lorsqu'elle est employée avec discernement , elle est d'autant plus agréable qu'elle exerce et fait valoir l'esprit des
autres. Louis XIV faisant observer , sur la carte , à l'un
de ses courtisans , quel petit espace la France occupait
dans le monde : *Vraiment , sire , lui dit le courtisan ,
tant vaut l'homme , tant vaut sa terre.*

Hyppolite , dans Racine , s'exprime avec finesse , lorsqu'il dit en parlant d'Aricie :

Si je la haïssais, je ne la fuirais pas.

La *délicatesse* est la finesse du sentiment , comme la
finesse est la délicatesse de l'esprit. Le style délicat a
son demi-jour, et c'est surtout dans le secret de rendre

les ombres diaphanes que consiste l'art d'être délicat, sans être obscur.

Virgile raconte ainsi les jeux d'une bergère :

Malo me Galatea petit, lasciva puella,
Et fugit ad salices et se cupit ante videri.

(*Eclog.* III, 64.)

Quelle délicatesse et en même temps quelle magnanimité dans ce mot de Louis XIV à Villeroy après la bataille de Ramillies : *Monsieur le maréchal, on n'est plus heureux à notre âge.*

La *naïveté* consiste dans l'emploi de certaines expressions simples et ingénues qui semblent n'avoir rien de réfléchi ; dans certaines constructions faites comme par hasard ; dans certains tours rajeunis, qui conservent cependant un air de vieille mode.

La naïveté est le caractère dominant de La Fontaine qui raconte avec tant d'ingénuité, de candeur et de bonne foi, qu'il intéresse même dans les choses les plus communes.

Un lapin et une belette prennent-ils un chat pour arbitre de leur démêlé, voici comment il peint son portrait :

C'était un chat vivant comme un dévot ermite,
    Un chat faisant la chate-mite,
Un saint homme de chat, bien fourré, gros et gras,
    Arbitre expert sur tous les cas.

Le *style sublime* est celui qui fait régner la noblesse, la dignité, la majesté, dans un ouvrage. Toutes les pensées y sont nobles et élevées, toutes les expressions graves, sonores, harmonieuses. Ce style ne doit se trouver que dans les grands sujets ; les qualités qui lui conviennent sont l'énergie, la véhémence, la magnificence, et ce qu'on nomme proprement le sublime.

L'*énergie du style* consiste à serrer l'expression, afin de donner plus de ressort au sentiment ou à la pensée. Tel est ce vers de Néron dans Britannicus :

J'embrasse mon rival, mais c'est pour l'étouffer.

Souvent l'énergie est dans le mot simple :

Summum crede *nefas* animam præferre pudori....
Virtutem videant *intabescant* que relictâ

Le grand Condé, à Rocroi, sur le champ de bataille jonché de morts, demande à un officier espagnol quel était le nombre de leur infanterie. L'Espagnol lui répond : *Comptez, ils y sont tous.*

Catilina dit en sortant du sénat, où il venait d'être dénoncé : *Incendium meum ruinâ restinguam.* Rien de plus beau, rien de plus énergique que cette image.

La *véhémence* dépend moins de la force des termes que du tour et du mouvement impétueux de l'expression : c'est l'impulsion que le style reçoit des sentimens qui naissent en foule et se pressent dans l'âme, impatiens de se répandre et de passer dans l'âme d'autrui. La conviction est pressante, énergique ; elle fait violence à l'entendement : la persuasion seule est véhémente, elle entraîne la volonté.

La *véhémence* est le caractère de l'éloquence poétique et le langage des passions.

Je ne t'écoute plus, va-t-en, monstre exécrable ;
Va, laisse-moi le soin de mon sort déplorable.
Puisse le juste ciel dignement te payer !
Et puisse ton supplice à jamais effrayer
Tous ceux qui, comme toi, par de lâches adresses,
Des princes malheureux nourrissent les faiblesses,
Les poussent au penchant où leur cœur est enclin,
Et leur osent du crime aplanir le chemin !
Détestables flatteurs, présent le plus funeste
Que puisse faire aux rois la colère céleste !

La *magnificence* est la richesse unie à la grandeur, comme dans cette image de David : « L'Éternel a abaissé les cieux, et il est descendu : les nuages étaient sous ses pieds. Assis sur les chérubins, il a pris son vol ; et son vol a devancé les ailes des vents. »

Le *sublime*, suivant Marmontel est tout ce qui porte une idée au plus haut degré possible d'étendue et d'élévation, tout ce qui se saisit de notre âme et l'affecte si vivement, que sa sensibilité, réunie en un point, laisse toutes ses facultés comme interdites et suspendues.

On distingue deux sortes de sublimes, le *sublime de pensée* et le *sublime de sentiment*.

Le *sublime de pensée* consiste dans une idée grande, noble, qui élève l'âme en lui présentant un objet digne de son admiration. Elle n'a besoin pour produire cet effet que d'être présentée naturellement et sans pompe.

On cite comme sublime de pensée le fameux trait de Moïse : « Dieu dit : que la lumière soit, et la lumière fut. »

Cette maxime d'Aristote, « pour n'avoir pas besoin de société il faut être un Dieu ou une brute, » est encore sublime dans la pensée, quoique très-simple dans l'expression.

Dans le Macbeth de Shakespeare, on annonce à Macduff que son château a été pris, et que Macbeth a fait massacrer sa femme et ses enfans. Macduff tombe dans une douleur morne ; son ami veut le consoler ; il ne l'écoute point, et méditant sur le moyen de se venger de Macbeth, il ne dit que ces mots terribles : *Il n'a point d'enfans !*

Le *sublime de sentiment* prend sa source dans ces sentimens nobles et grands, dans cette fierté héroïque, dans cette fermeté toujours égale, ce mépris courageux de la vie et tout ce qui caractérise un homme élevé au-dessus du vulgaire. La brièveté d'expression qui ajoute tant à la sublimité d'idée, convient particulièrement au sublime de sentiment ; l'âme est alors plus fortement frappée, parce que la vitesse du trait égale celle du sentiment qui l'a lancé. De ce genre sont le *qu'il mourût* du vieil Horace dans Corneille, le *moi* de Médée, et ce mot de Porus à Alexandre, qui, lui demandant comment il voulait être traité, répond : *en roi.*

Il ne suffit pas de connaître les qualités des différens styles ; il faut encore les varier, les modifier, les tempérer l'un par l'autre, les assortir d'une manière convenable au sujet, et enfin se conformer au précepte de Boileau :

Voulez-vous du public mériter les amours ?

Sans cesse en écrivant variez vos discours.
Un style trop égal et toujours uniforme,
En vain brille à nos yeux : il faut qu'il nous endorme.
On lit peu ces auteurs nés pour nous ennuyer,
Qui toujours sur un ton semblent psalmodier.
Heureux qui dans ses vers, sait d'une voix légère,
Passer du grave au doux, du plaisant au sévère !
Son livre aimé du ciel, et chéri des lecteurs,
Est souvent chez Barbin entouré d'acheteurs.

Le parfait orateur, dit Cicéron, est celui qui sait s'exprimer en style simple sur les sujets ordinaires, traiter avec dignité les grands sujets, et ne s'élever qu'à une hauteur convenable dans les sujets d'une faible importance. *Is est eloquens, qui humilia subtiliter, et magna graviter, et medioeria temperatè dicere potest.*

XVII. *Figures. — Tropes. — Métaphore, Allégorie, Catachrèse, etc.*

Les *figures* sont des manières de parler qui, par l'usage ingénieux des mots, et par certains tours remarquables, relèvent le style, et ajoutent à la pensée de la force, de l'éclat, de la noblesse et de la grâce : elles sont dans le discours ce que sont les attitudes dans la sculpture et la peinture.

Il y a des figures qui changent la signification des mots, et que l'on appelle *tropes*, d'un verbe grec qui signifie changer : ainsi on dit *cent voiles*, pour *cent vaisseaux* ; d'autres au contraire laissent aux mots leur vraie signification, et conservent le nom générique de figures. On divise ces dernières en deux espèces, *figures de mots et figures de pensées.*

La figure de mot disparaît si on change le mot, tandis que la figure de pensée subsiste malgré le changement des termes, pourvu toutefois que le sens reste le même.

Les principaux tropes sont :

La *métaphore*, par laquelle on transporte un mot de sa signification propre à une signification nouvelle, qui ne lui convient qu'en vertu d'une comparaison qui est dans l'esprit ; comme lorsque Phèdre, parlant à Enone du jeune Hyppolite, lui dit :

> Ce tigre que jamais je n'abordais sans crainte,
> Soumis, apprivoisé, reconnaît un vainqueur.

La métaphore est le plus riche, le plus beau, et le plus fréquemment employé de tous les tropes, qui ne sont, à proprement parler, que des métaphores ; car tous sont des mots dont la signification propre a été changée pour leur en donner une qui est empruntée. C'est par elle que le style s'embellit et se colore ; c'est par elle que tout est vivant dans la poésie et l'éloquence.

Pour que cette figure puisse plaire, il faut qu'elle n'ait rien de bas, de forcé, ni de prosaïque ; n'employez que celles autorisées par l'usage, et ne les empruntez jamais d'objets inconnus ou de sciences trop élevées. On ne doit donc pas dire avec Tertullien que le déluge fut la lessive de la nature, ni avec Théophile que la charrue écorche la terre.

L'*allégorie*, espèce de métaphore continuée, discours qui, sous un sens propre, présente à l'esprit un sens étranger, comme dans cet exemple de Boileau :

> Pour moi, sur cette mer qu'ici bas nous courons,
> Je songe à me pourvoir d'esquifs et d'avirons,
> A régler mes désirs, à prévenir l'orage,
> A sauver, s'il se peut, ma raison du naufrage.

La *catachrèse*, qui est encore une espèce de métaphore à laquelle on a recours par nécessité, quand on ne trouve point de mot propre dans sa langue pour exprimer sa pensée ; ainsi on dit : une feuille de papier, une feuille d'or, une feuille de carton, aller à cheval sur un bâton.

La *métonymie*, qui signifie *changement de nom* et emploie :

1° La cause pour l'effet :

> Implentur veteris bacchi....
> Tum Cererem corruptam undis cerealiaque arma,
> Expediunt fessi rerum.
>
> VIRGILE.

Bacchus est pris pour le vin , *Cérès* pour le pain :

2° L'effet pour la cause :

> .....Nec habebat Pelion umbras.

Les ombres sont prises pour les arbres qui sont la cause de l'ombre

La triste vieillesse, parce que la vieillesse rend triste.

3° Le contenant pour le contenu :

> Ille impiger hausit,
> *Spumantem pateram* et pleno se proluit *auro*.
>
> VIRGILE.

Il but le vin qui était dans la coupe , et non pas la coupe ; il savoura, non de l'or, mais la liqueur qu'il contenait.

4° Le signe pour la chose signifiée ; l'épée se prend pour l'état militaire, et la robe pour la magistrature. *Cedant arma togæ*, a dit Cicéron.

5° Le possesseur, pour la chose même qu'il possède. *Jam proximus ardet Ucalegon*, a dit Virgile, pour : la flamme dévore le palais d'Ucalégon.

6° Le nom du lieu où la chose se fait, pour la chose même : un Louviers, un Sédan, pour un drap de Louviers, de Sédan.

7° Le nom de l'ouvrier pour l'ouvrage : un Stradivarius, pour un violon de Stradivarius.

8° Le nombre abstrait pour le concret.

Phèdre a dit de la grue qui enfonce son cou dans la gueule du loup, qu'elle lui confie la longueur de son cou, *colli longitudinem*.

La *synecdoque*, par laquelle on prend :

1° Le genre pour l'espèce : *Prædicate evangelium omni creaturæ ;* prêchez l'évangile *à toute créature*, c'est-à-dire à tout homme, qui est une espèce de créature.

2° L'espèce pour le genre :

> Non ita Carpathiæ fervent aquilonibus undæ.

Carpathiæ est pris pour la mer en général, et *aquilonibus* pour toutes sortes de vents.

3° La partie pour le tout : une flotte , composée de cent voiles , c'est-à-dire de cent vaisseaux ; une tête si chère , pour une personne si précieuse ; après quelques printemps , pour après quelques années.

4° Le tout pour la partie , comme dans ce vers de Virgile :

Aut *Ararim* parthus bibet , aut germania *tigrim*.

Les poètes prennent souvent l'eau , la terre , le feu pour une partie de ces élémens.

5° Le singulier pour le pluriel : le Français est heureux sous un si bon roi , c'est-à-dire les Français sont heureux.

6° Le pluriel pour le singulier :

.....Ludunt jubæ per colla , per armos.

Colla est mis ici pour *collum*.

Un auteur dans sa préface , et souvent dans le corps de l'ouvrage , se met au pluriel , quoiqu'il parle seul.

7° Le nom de la matière pour la chose qui en est faite : le fer pour l'épée , un castor pour un chapeau.

8° Un nombre certain pour un nombre incertain :

Mille personnes vous assureront le fait , comme en ayant été témoins.

Mille , nombre certain et déterminé , est pris ici pour un nombre incertain , indéterminé , c'est-à-dire pour un grand nombre.

L'*antonomase* , espèce de synecdoque par laquelle on met un nom commun pour un nom propre , et un nom propre pour un nom commun : l'orateur d'Athènes pour Démosthène , l'orateur romain pour Cicéron , un Néron pour un prince cruel , un Sardanapale pour un prince voluptueux.

La *métalepse* , espèce de métonymie par laquelle on entend autre chose que ce qui est indiqué par le sens propre : *desideror* pour *absum*.

L'*antiphrase* , qui a toujours pour but de faire comprendre le contraire de ce qu'elle dit : ainsi les Euménides ou déesses bienfaisantes sont prises pour les Furies.

XVIII. *Figures de mots.* — *Ellipse*, *Pléonasme*, *Hyperbate*.

Parmi les figures de mots, il en est qui sont plus grammaticales qu'oratoires, et qui ne laissent pas de faire un très-bel effet dans le discours ; les principales sont :

1° L'*ellipse*, qui supprime par goût des mots dont la construction grammaticale aurait besoin.

Je l'aimais inconstant, qu'aurais-je fait fidèle ?

Cette figure a surtout l'avantage de donner un tour plus vif à l'expression : « Le bon esprit, dit Labruyère, nous découvre notre devoir, notre engagement à le faire, et s'il y a du péril, avec péril. »

2° Le *pléonasme*, qui ajoute ce que la grammaire rejette comme superflu :

Je l'ai vu, dis-je, vu de mes propres yeux, vu,
    Ce qu'on appelle vu.

3° L'*hyperbate*, qui transporte l'ordre ordinaire de la syntaxe : *Et les hautes vertus que de vous il hérite*, pour *qu'il hérite de vous*. Cette figure est employée avec un peu trop de profusion dans les œuvres de M. le vicomte d'Arlincourt.

4° L'*hypallage* qui attribue à certains mots d'une phrase ce qui appartient à d'autres mots de cette même phrase, sans toutefois qu'on puisse se tromper sur le sens. C'est ainsi qu'on dit *dare classibus austros*, pour *classes austris.* — *Ibant obscuri solâ sub nocte*, pour *ibant obscurâ soli sub nocte*.

5° La *syllepse*, qui fait figurer le mot avec l'idée, plutôt qu'avec le mot auquel il se rapporte :

Entre le pauvre et vous, vous prendrez Dieu pour juge,
Vous souvenant, mon fils, que caché sous le lin,
Comme eux vous fûtes pauvre, et comme eux orphelin.

6° La *répétition*, par laquelle on emploie plusieurs fois les mêmes termes avec grâce et dignité pour donner au discours plus de force, d'énergie, de grandeur, de majesté. On se sert surtout de cette figure pour insister sur quelque preuve ou sur quelque vérité.

> Que le Seigneur est bon, que son joug est aimable !
> Il s'apaise, il pardonne ;
> Du cœur ingrat qui l'abandonne
> *Il* attend le retour ;
> *Il* excuse notre faiblesse :
> A nous chercher même *il* s'empresse.
> *Que* son nom soit béni, *que* son nom soit chanté,
> *Que* l'on célèbre ses ouvrages,
> *Au-delà* des temps et des âges,
> *Au-delà* de l'éternité.

7° La *disjonction*, qui ôte les particules conjonctives pour donner plus de liberté et de rapidité au style ; comme dans cet exemple où Oreste dit à Hermione :

> Si je vous aime ! ô dieux ! mes sermens, mes parjures,
> Ma fuite, mon retour, mon respect, mes injures,
> Mon désespoir, mes yeux de pleurs toujours noyés,
> Quels témoins croirez-vous, si vous ne les croyez ?

8° L'*apposition*, qui met en usage des substantifs pour épithètes.

> C'est dans un *faible objet*, *imperceptible ouvrage*,
> Que l'art de l'ouvrier me frappe davantage.
>
> (Louis Racine.)

Imperceptible ouvrage est joint à *faible objet* par apposition.

9° La *gradation*, par laquelle on s'élève ou on descend comme par degrés, en se servant de mots plus forts et plus expressifs, de sorte qu'ils enchérissent les uns sur les autres. Cornélie en présence de César, s'écrie :

> César, car le destin que dans les fers je brave,
> M'a fait ta prisonnière et non pas ton esclave ;
> Et tu ne prétends point qu'il m'abatte le cœur,
> Jusqu'à te rendre hommage et te nommer seigneur.
> De quelque rude coup qu'il m'ose avoir frappée,
> Souviens-toi que je suis *veuve du grand Pompée*,

Fille de Scipion ; et pour dire encore plus,
Romaine,... mon courage est encore au-dessus.

10° La *synonymie* qui a lieu, lorsqu'on entasse, pour ainsi dire, les uns sur les autres, plusieurs mots qui signifient la même chose, afin que le discours devienne plus expressif et produise une plus vive impression.

Andromaque demandant à Énée ce qu'était devenu Ascagne, lui dit :

Quid puer Ascanius ? vivitne et vescitur aurâ
Æthereâ ? nec adhuc crudelibus occubat umbris.

XIX. *Figures de pensées.—Interrogation, Subjection, Apostrophe, Exclamation, Prosopopée. — Périphrase, Antithèse, etc.*

Les *figures de pensées,* qu'on peut véritablement appeler les attitudes du discours, sont des tours adroits et variés, qui empêchent le discours de languir, lui donnent de la vigueur, de la grâce et de la noblesse. On en compte un très-grand nombre parmi lesquelles on distingue principalement, l'*interrogation*, la *subjection*, l'*apostrophe*, l'*exclamation*, la *prosopopée*, l'*obsécration*, l'*imprécation*, l'*hypotypose*, l'*éthopée*, la *topographie*, l'*ironie* ou *contre-vérité*, l'*hyperbole*, la *litote*, la *périphrase*, l'*antithèse*, la *comparaison*, l'*allusion*, la *prolepse*, la *suspension*, la *prétérition*, la *réticence*, la *communication*, la *dubitation*, la *correction*, la *licence*, la *concession*, la *permission*, et l'*épiphonème.*

L'*interrogation* a lieu toutes les fois que l'orateur paraît interroger l'adversaire ou l'auditeur, moins pour en obtenir une réponse, que pour presser, convaincre ou confondre ceux qu'on veut persuader. Cette figure est très-propre à émouvoir les esprits et à donner de l'âme et de l'énergie au discours.

Racine fait tenir ce langage à Joad indigné de voir Josabet s'entretenir avec Mathan :

Où suis-je ? de Baal ne vois-je pas le prêtre ?
Quoi ! fille de David, vous parlez à ce traître ?

Vous souffrez qu'il vous parle ? et vous ne craignez pas
Que du fond de l'abîme entr'ouvert sous ses pas,
Il ne sorte à l'instant des feux qui vous embrasent,
Ou qu'en tombant sur lui ces murs ne vous écrasent ?
Que veut-il ? de quel front cet ennemi de Dieu
Vient-il infecter l'air qu'on respire en ce lieu ?

La *subjection* est une figure par laquelle l'orateur s'interroge lui-même ou interroge son adversaire ou son auditeur, et joint la réponse à la demande.

Cicéron assure que les ennemis même de Gracchus ne purent retenir leurs larmes lorsqu'ils l'entendirent prononcer ces paroles :

« Malheureux, où irai-je ? quel asile me reste-t-il ? le Capitole ? il est inondé du sang de mon frère. Ma maison, j'aurais devant les yeux le spectacle de ma mère fondant en larmes et expirant de douleur. »

L'*apostrophe* est une figure par laquelle l'orateur interrompt le discours qu'il tenait à l'auditoire, pour s'adresser directement et nommément à quelque personne, soit aux dieux, soit aux hommes, aux vivans ou aux morts, même aux choses inanimées, ou à des êtres de pure abstraction, et qu'on est en usage de personnifier.

Un célèbre orateur apostrophe ainsi les villes de France :

« Villes, que nos ennemis s'étaient déjà partagées, vous êtes encore dans l'enceinte de notre empire. Provinces, qu'ils avaient déjà ravagées dans le désir et dans la pensée, vous avez encore recueilli vos moissons. Vous vivez encore, places que la nature et l'art ont fortifiées, et qu'ils avaient dessein de démolir ; et vous n'avez tremblé que sur des projets frivoles d'un vainqueur en idée qui comptait le nombre de nos soldats et ne songeait pas à la valeur de nos capitaines. »

L'*exclamation* est une figure par laquelle l'orateur élève tout-à-coup la voix pour exprimer, de la manière la plus vive, l'indignation, la tristesse, la joie, l'admiration, l'amour et tous les sentimens qui l'animent, et pour exciter plus puissamment toutes les passions dans le cœur de ceux à qui il parle. Elle éclate ordinairement par des interjections.

Cicéron témoigne son indignation contre Catilina en ces termes :

« O tempora ! ô mores ! Senatus hæc intelligit , consul videt : hic tamen vivit , vivit ! imò verò etiam in Senatum venit. »

Dans Esther , Aman , après avoir conduit Mardochée en triomphe , s'écrie :

O douleur, ô supplice affreux à la pensée !
O honte qui jamais ne peut être effacée !
Un exécrable juif, l'opprobre des humains,
S'est donc vu de la pourpre habillé par mes mains !
C'est peu qu'il ait sur moi remporté la victoire,
Malheureux ! j'ai servi de hérault à sa gloire.

La *prosopopée*, l'une des plus brillantes figures de l'éloquence, prête du mouvement aux choses inanimées, ouvre les tombeaux , en évoque les mânes , ressuscite les morts, fait parler les dieux , le ciel , la terre , les peuples , les villes , en un mot, tous les êtres réels , abstraits, imaginaires. C'est ainsi qu'un orateur s'écrie :

« Justes dieux , protecteurs de l'innocence ! permettez que l'ordre de la nature soit interrompu pour un moment, et que ce cadavre, déliant sa langue , prenne l'usage de la voix. »

Nous trouvons un bel exemple de prosopopée dans les vers suivans de Racine fils :

La voix de l'univers à ce Dieu me rappelle ;
La terre le publie : est-ce moi , me dit-elle ,
Est-ce moi qui produis mes riches ornemens ?
C'est celui dont la main posa mes fondemens,
Si je sers tes besoins , c'est lui qui me l'ordonne ;
Les présens qu'il me fait, c'est à toi qu'il les donne :
Je me pare des fleurs qui tombent de sa main ;
Il ne fait que l'ouvrir et m'en remplit le sein.
Pour consoler l'espoir du laboureur avide,
C'est lui qui , dans l'Egypte, où je suis trop aride,
Veut qu'au moment prescrit, le Nil, loin de ses bords,
Répandu sur la plaine, y porte ses trésors.

L'*obsécration* est une prière ardente que nous adressons à Dieu ou aux hommes, pour qu'ils nous délivrent de quelque malheur ou pour en obtenir quelque faveur d'un grand prix.

Josabet, dans Racine, conjure le Seigneur de prendre le jeune Joas sous sa protection et de le soustraire aux fureurs de la cruelle Athalie.

> Puissant maître des cieux,
> Remets-lui le bandeau dont tu couvris ses yeux,
> Lorsque lui dérobant tout le fruit de son crime,
> Tu cachas dans mon sein cette tendre victime.

L'*imprécation*, est une figure par laquelle on invoque le ciel, les enfers, ou quelque puissance supérieure contre son adversaire. Elle a encore lieu lorsque dans le désespoir on fait des vœux contre soi-même.

« *Dii te perdant*, disait Cicéron à un esclave qui s'était porté accusateur de Déjotare, à la sollicitation du petit-fils de ce roi. *Dii te perdant*, qui non modò nequam et improbus es, sed fatuus, et amens. *Quin tu ab is*, disait-il à Antoine, in malam crucem, malum que cruciatum. »

L'*hypotypose* est une figure qui peint les choses si vivement qu'on croit les voir ou les entendre; comme dans cet exemple où le Soleil indique à Phaéton la route qu'il doit tenir en conduisant son char :

> Anssitôt devant toi s'offriront sept étoiles :
> Dresse par là ta course et suis le droit chemin.
> Phaëton à ces mots prend les rênes en main,
> De ses chevaux ailés il bat les flancs agiles ;
> Les coursiers du Soleil à sa voix sont dociles :
> Ils vont, le char s'éloigne, et plus prompt qu'un éclair,
> Pénètre en un moment les vastes champs de l'air.
> Le père cependant, plein d'un trouble funeste,
> Le voit rouler de loin sur la plaine céleste,
> Lui montre encore sa route, et, du plus haut des cieux,
> Le suit autant qu'il peut de la voix et des yeux.
> Va par là, lui dit-il, reviens, détourne, arrête.

On peut voir encore un bel exemple d'hypotypose dans la description que fait Virgile au premier livre de l'Enéïde , de la première tempête qu'éprouvèrent les Troyens.

L'éthopée exprime les mœurs et le caractère en général ou en particulier. Molière dans son Misantrope s'en sert pour peindre l'homme mystérieux.

> C'est de la tête aux pieds un homme tout mystère,
> Qui vous jette en passant un coup-d'œil égaré,
> Et sans aucune affaire est toujours affairé.
> De la moindre vétille il fait une merveille',
> Et, jusques au bonjour, il dit tout à l'oreille.

La *topographie* est une figure qui décrit les lieux. Telle est la description du lit du prélat dans le Lutrin :

> Dans le réduit obscur d'une alcove enfoncée,
> S'élève un lit de plume, à grands frais amassée ;
> Quatre rideaux pompeux, par un double contour,
> En défendent l'entrée à la clarté du jour.

L'ironie ou contre-vérité, est une figure qui, sous des paroles équivoques et trompeuses , cache un sens directement opposé à celui dont on se sert.

Rien de plus énergique dans la bouche d'Oreste que cette apostrophe ironique :

> Grâce aux Dieux , mon malheur passe mon espérance ;
> Et *je te loue*, ô ciel, de ta persévérance.

L'hyperbole, dont on doit user sobrement , consiste à exagérer les choses , soit en bien , soit en mal ; soit en augmentant, soit en diminuant. Nous en avons un exemple dans les deux beaux vers de *la Henriade* qui terminent le second chant.

> Et des fleuves français les eaux ensanglantées
> Ne portaient que des morts aux mers épouvantées.

La *litote*, ou diminution , emploie , par modestie ou par égard , une expression qui dit le moins pour faire entendre le plus. Tite-Live est appelé par Polybe , *non spernendus auctor ;* et Pythagore par Horace , *non sordidus auctor naturæ verique.*

La *périphrase* relève et enrichit par les paroles une idée que l'on ne pourrait exprimer simplement et en peu de mots. Boileau tire parti de cette figure pour dire qu'il a cinquante-huit ans :

> Mais aujourd'hui qu'enfin la vieillesse chenue,
> Sous mes faux cheveux blancs déjà toute venue,
> A jeté sur ma tête, avec ses doigts pesans,
> Onze lustres complets, surchargés de trois ans.

L'*antithèse* oppose les mots aux mots, les pensées *aux pensées*.

> Ver impur de la terre, et roi de l'univers,
> Riche et vide de biens, libre et chargé de fers.

La comparaison consiste à rapprocher deux objets qui se ressemblent, soit par un seul côté, soit par plusieurs.

Lucain veut exprimer le respect qu'avait Rome pour la vieillesse de Pompée : il le compare à un vieux chêne chargé d'offrandes et de trophées. « Il ne tient plus à la terre que par de faibles racines : c'est de son bois, non de son feuillage, qu'il couvre les lieux d'alentour ; mais quoiqu'il soit prêt à tomber sous le premier effort des vents, quoiqu'il s'élève autour de lui des forêts d'arbres dont la jeunesse a toute sa vigueur, c'est encore lui seul qu'on révère. »

Henri IV répondit à ceux qui lui conseillaient de prendre Paris d'assaut : « Je suis le vrai père de mon peuple : je ressemble à cette vraie mère de Salomon ; j'aimerais mieux n'avoir point de Paris que l'avoir tout ruiné. »

L'*allusion* est une figure par laquelle on dit une chose qui a du rapport à une autre, sans faire une mention expresse de celle-ci, quoiqu'on ait le dessein d'en réveiller l'idée. Ainsi, *subir le joug*, est une allusion à l'usage des anciens de faire passer leurs ennemis vaincus sous une traverse de bois qui portait sur deux montans, et qu'on appelait *jugum*.

On parlait de généalogie devant M. de Catinat. « Pour

moi, dit-il en souriant, je descends de Catilina. — De *Caton*, monseigneur, » lui répondit quelqu'un.

Des chasseurs n'avaient à leur dîner que des côtelettes fort dures. *C'est ici*, dit l'un d'eux, *le combat des voraces contre les coriaces.*

La *prolepse* ou *antéoccupation* est une figure par laquelle l'orateur prévient les objections de son adversaire pour les réfuter d'avance.

« Vous m'objecterez sans doute, riches de la terre, que vous êtes les maîtres de vos biens; que vous les tenez de vos ancêtres, à qui ils appartenaient légitimement, ou que vous les avez amassés par votre industrie et par votre travail; et moi, je vous répondrai que Dieu seul étant le souverain maître de toutes choses, vous ne pouvez être que les dépositaires des biens qu'il ne vous a confiés que pour que vous en fassiez part aux pauvres, à qui le superflu appartient de droit, comme vous en convenez vous-mêmes. »

Dans l'éloquence du barreau surtout, cette figure a de très-grands avantages.

La *suspension* tient l'esprit des auditeurs en suspens et dans l'incertitude de ce que va dire l'orateur. Bossuet s'exprime ainsi dans l'oraison funèbre de la reine d'Angleterre :

« Elle remercia Dieu de deux grâces, l'une de l'avoir fait chrétienne, l'autre..... Messieurs, qu'attendez-vous? peut-être d'avoir rétabli les affaires du roi son fils ? non; c'est de l'avoir faite reine malheureuse. »

Voici un exemple de suspension enjouée, tirée de Panard :

> Tout passe, amis, tout passe sur la terre;
> Ce sont du ciel les ordres absolus :
> Tel qui voit du vin dans mon verre,
> Dans un moment n'en verra plus.

La *prétérition* ou *prétermission* est une figure par laquelle on dit une chose en assurant qu'on se gardera bien de la dire.

> Je ne vous peindrai point le tumulte et les cris,
> Le sang de tous côtés ruisselant dans Paris;

> Le fils, assassiné sur le corps de son père,
> Le frère avec la sœur, la fille avec la mère,
> Les époux expirans sous leurs toits embrasés,
> Les enfans au berceau sous la pierre écrasés.

La *réticence* ou *aposiopèse* est une figure mystérieuse dont le silence affecté en dit plus que les expressions les plus fortes et les plus énergiques. Telle est celle d'Aricie parlant à Thésée prévenu contre Hyppolite par Phèdre.

> Prenez garde, Seigneur, vos invincibles mains
> Ont de monstres sans nombre affranchi les humains;
> Mais tout n'est pas détruit, et vous en laissez vivre :
> Un,.... votre fils, Seigneur, me défend de poursuivre.

La *communication* est une figure par laquelle l'orateur, plein de confiance dans le bon droit de sa cause, semble s'en rapporter à la décision de ses auditeurs, de ses juges et même de ses adversaires.

Cicéron adresse ces paroles à Verrès :

« Si tu apud Persas in extremâ Indiâ deprehensus, Verres, ad supplicium ducerere, quid faceres? quò tu verteres? quid aliud clamares, nisi te esse civem romanum. »

Corneille dans la tragédie des Horaces nous offre un bel exemple de communication :

> Dis, Valère, dis-nous, puisqu'il faut qu'il périsse,
> Où penses-tu choisir un lieu pour son supplice?
> Sera-ce entre ces murs, que mille et mille voix
> Font raisonner encor du bruit de ses exploits?
> Sera-ce hors des murs, au milieu de ces places
> Qu'on voit fumer encor du sang des Curiaces?

Cette figure est très-propre à concilier la bienveillance et la faveur; parce que nous sommes très-flattés de voir l'orateur soumettre ses raisons à notre jugement.

La *dubitation* est une figure par laquelle l'orateur paraît incertain sur ce qu'il doit faire, ou ce qu'il doit dire.

Germanicus, haranguant ses soldats révoltés, s'exprime ainsi dans Tacite :

« Quel nom donnerai-je à cette foule séditieuse? Vous appellerai-je soldats, vous qui avez assiégé dans son camp le fils de votre empereur en le menaçant de vos armes? Citoyens, vous qui foulez aux pieds avec tant de mépris l'autorité du sénat? ennemis même? Non, vous avez violé les droits de la guerre, et ceux des ambassadeurs, et ceux de l'humanité. »

La *correction* ou *épanorthose* est une figure par laquelle l'orateur se reprend lui-même, comme s'il était mécontent de ce qu'il a avancé. Ce tour est très-propre à réveiller l'attention de l'auditeur.

Térence fait dire au vieillard Ménédème : « J'ai un fils qui est encore jeune; ah! Crémès, que dis-je, j'ai un fils, ou plutôt je l'ai eu, car je doute que je l'aie encore. »

La *licence* est une figure par laquelle l'orateur s'exprime avec un ton de liberté qui semble porté à l'excès, mais avec l'intention de plaire. On en voit un exemple dans le plaidoyer de Cicéron pour Ligarius : « Suscepto bello, Cæsar, gesto etiam ex magnâ parte, nullâ vi coactus, judicio ac voluntate ad ea arma profectus sum, quæ erant sumpta contrà te. »

La *concession* a lieu lorsqu'on accorde quelque chose à son adversaire pour en tirer sur-le-champ avantage contre lui.

Saint Paulin ayant renoncé au monde, composa des vers latins, dont voici le sens, pour répondre à ses amis qui censuraient sa conduite.

J'ai choisi Jésus-Christ pour mon maître et mon roi;
Sa vie est mon modèle, et ses ordres, ma loi.
Qu'on m'appelle insensé pour le suivre et le croire,
Ce reproche me plaît, cette injure est ma gloire;
Je consens de passer pour malade d'esprit,
Pourvu que je sois sage aux yeux de Jésus-Christ.

Fléchier adresse ces paroles aux pécheurs qui diffèrent leur conversion:

« Mais je veux que le temps vous soit accordé, et que le ministre du Seigneur ait le loisir de venir vous

dire, comme autrefois le prophète Isaïe, au roi Ezé-
chias : *réglez votre maison, car vous mourrez.* L'ac-
cablement où vous serez alors pourra-t-il vous permettre
de chercher Jésus-Christ. »

Bossuet, dans l'oraison funèbre de la reine d'Angleterre, s'exprime ainsi : « Je veux bien avouer de lui ce
qu'un auteur célèbre a dit de César, qu'il a été clément
jusqu'à être obligé de s'en repentir. Que ce soit donc
là, si l'on veut, l'illustre défaut de Charles, aussi bien
que de César ; mais que ceux qui veulent croire que tout
est faible dans les malheureux et dans les vaillans, ne
pensent pas, pour cela, nous persuader que la force
ait manqué à son courage, ni la vigueur à ses conseils.
Poursuivi à toute outrance par l'implacable malignité
de l'infortune, trahi des siens, il ne s'est pas manqué à
lui-même. »

Dans la tragédie d'Iphigénie en Aulide, Ulysse, pour
engager Agamemnon à consentir au sacrifice de sa fille,
lui dit :

Je suis père, Seigneur, et faible comme un autre ;
Mon cœur se met sans peine à la place du vôtre ;
Et frémissant du coup qui vous fait soupirer,
Loin de blâmer vos pleurs, je suis prêt de pleurer.
Mais votre amour n'a pas d'excuse légitime :
Les dieux ont à Calchas amené leur victime ;
Il le sait, il l'attend, et s'il la voit tarder,
Lui-même à haute voix viendra la demander.
Nous sommes seuls encor, hâtez-vous de répandre
Les pleurs que vous arrache un intérêt si tendre ;
Pleurez le sang, pleurez, ou plutôt, sans pâlir,
Considérez l'honneur qui doit en rejaillir.

La *permission* est une espèce de concession remplie
d'ironie, de raillerie, d'amertume, par laquelle on feint
d'accorder quelque chose à son adversaire ou à son
auditeur, pour dévoiler la dureté de son cœur ou l'aveu-
glement de son esprit. Didon adresse ces paroles à Énée
qu'elle désirait avec ardeur retenir à Carthage :

Neque te teneo, neque dicta refello,
I, sequere Italiam ventis, pete regna per undas !

Spero equidem mediis, si quid pia numina possunt,
Supplicia hausurum scopulis, et nomine Dido
Sæpe vocaturum.....

L'*épiphonème* est une réflexion vive ou profonde qui, le plus souvent, s'énonce par une exclamation. Tel est ce vers de Virgile :

....Tantæ ne animis cœlestibus iræ.

Boileau a dit :

Tant de fiel entre-t-il *dans l'âme des dévots ?*

« Notre chair, *dit Bossuet, en parlant des suites de la mort*, change bientôt de nature : notre corps prend un autre nom : même celui de cadavre ne lui reste pas long-temps ; il devient un je ne sais quoi, qui n'a plus de nom dans aucune langue, *tant il est vrai que tout meurt avec lui, jusqu'à ces termes funèbres par lesquels on exprime ses malheureux restes !* »

XX. *De l'action. — De la voix. — Du geste. — De la mémoire.*

L'*action* est l'éloquence du corps : elle produit des effets si puissans qu'on ne saurait trop la cultiver. Souvent des orateurs médiocres, par le seul mérite de l'action, ont recueilli tous les fruits de l'éloquence, tandis que d'autres, d'ailleurs très-habiles, ont passé pour ignorans parce qu'ils ne possédaient pas ce talent. Démosthène avait donc raison de donner à l'action le premier, le second et le troisième rang.

L'*action* renferme la prononciation ou la voix, le geste et la mémoire.

La *prononciation* est la manière de rendre par les sons de la voix les mots du discours.

On exige qu'elle soit claire et distincte, égale, variée ; qu'elle ne soit ni trop lente ni trop rapide ; qu'on lui ménage des intervalles pour le soulagement de l'orateur et le plaisir de l'auditeur.

Le *geste* est l'expression des pensées par les mouvemens du corps.

Les règles du geste regardent les mouvemens de la
tête, du visage, des yeux, du front, des épaules, des
bras, des mains et du corps entier. Mais un précepte
qu'il faut établir avant tout, c'est que le geste oratoire
n'est que l'émanation de la nature, et qu'on ne parvient
à la perfection qu'autant qu'on sait s'abandonner à ses
mouvemens.

La *mémoire* est cette faculté par laquelle l'âme conserve le souvenir des choses. Comme on demandait à
Massillon quel était son meilleur sermon, il répondit :
« C'est celui que je sais le mieux. » Paroles d'un très-
grand sens et qui font concevoir tout le prix de la mémoire. Elle s'augmente et se perfectionne par l'exercice
et la liaison des idées.

FIN DE LA RHÉTORIQUE.

HISTOIRE.

HISTOIRE ANCIENNE.

---

1. *Histoire du monde, depuis la création jusqu'au déluge inclusivement.*

QUATRE mille ans environ avant la naissance de Jé- An 1er du monde 4004, av. J.-C.
sus-Christ, Dieu tira notre monde du néant dans l'es-
pace de six jours, le féconda, et le peupla de toutes
les espèces d'animaux. Il plaça ensuite sur la terre un
homme, qu'il avait créé à son image, et lui donna une
compagne tirée de sa propre substance.

Adam et Eve, nos premiers parens, reçurent de lui
une âme et un corps immortels ; il leur donna la faculté
de jouir de tout ce que fournit la terre. Leur demeure
fut une des plus belles contrées de l'Asie, appelée depuis le Paradis, situé sans doute dans la Perse moderne. Il ne leur prescrivit qu'un commandement facile
à garder, celui de s'abstenir de manger d'un seul fruit ;
mais ils se laissèrent séduire par un ange déchu, qui,
jaloux de leur bonheur, leur apparut sous la forme d'un
serpent, et les poussa à transgresser le commandement
de leur créateur. Alors ils furent chassés du Paradis, et
Dieu leur annonça que leur vie serait remplie de peines
et de malheurs.

Ils se mirent après leur chûte à cultiver la terre. Caïn
et Abel furent leurs enfans. Caïn, le premier né des
hommes, devint aussi le premier criminel : il tua son frère
par une odieuse jalousie.

Adam eut un autre fils, nommé Seth, dont la postérité conserva pendant long-temps sa pureté première au milieu de la perversité de la race de Caïn. Les principaux de ses descendans furent Énoch, que Dieu préserva de la mort, et Mathusalem, celui des hommes qui resta le plus long-temps sur la terre.

En peu de temps les fils d'Adam, doués alors d'une grande longévité, multiplièrent prodigieusement. Ils peuplèrent une partie de l'Asie. Leurs principales occupations furent l'agriculture et l'entretien du bétail. Ils inventèrent quelques arts pour la commodité et les agrémens de la vie, tels que la musique instrumentale et l'art de forger les métaux. Ils bâtirent même plusieurs villes, où les chefs de famille seuls maintenaient l'ordre et la justice.

Mais bientôt la corruption fut portée à son comble : ceux des enfans d'Adam qui jusque-là s'étaient distingués par leur piété, furent séduits et corrompus par les autres. Dieu résolut de les exterminer, à l'exception d'un petit nombre de ses fidèles adorateurs. Ces hommes privilégiés furent Noé, ses trois fils, sa femme et les femmes de ses fils. Ils se renfermèrent, d'après l'ordre exprès de Dieu, dans un grand vaisseau qui devait les préserver de l'inondation. Tout ce qui avait existence sur la terre périt, hors cette pieuse famille et les animaux qu'elle avait renfermés dans l'arche.

Au du m.
1656,
av. J.-C.
2348.

II. *Dispersion des enfans de Noé, et principaux peuples dont ils sont la souche.*

Noé étant sorti de l'*Arche*, descendit du mont Ararat dans les plaines de la Mésopotamie : là sa postérité devint bientôt très-nombreuse. Pour ne pas trop s'éloigner les uns des autres, en menant paître leurs troupeaux, ces hommes nouveaux résolurent de bâtir une ville avec une haute tour, à la vue de laquelle ils pussent se rassembler. Mais Dieu, voulant qu'ils se répandissent et peuplassent la terre, changea la langue qu'ils avaient parlée jusque-là en différens dialectes. Ils furent obligés de cesser l'édifice commencé. Les enfans des trois fils de Noé,

Au du m.
1800,
av. J.-C.
2204.

Sem, Cham, Japhet, s'établirent en diverses contrées. Sem resta en orient, et de lui sortirent les peuples orientaux, les Hébreux, etc.

Assur, fils de Sem, posa les fondemens de l'empire d'Assyrie, et bâtit la ville de Ninive sur le Tigre.

Cham, maudit par Noé, fut le père des Philistins, des Egyptiens, des peuples d'Afrique, etc.

Japhet peupla la plus grande partie de l'occident, le nord de l'Asie et l'Europe, où il est demeuré célèbre sous le nom de Japet.

Dans les plaines de la Chaldée, la ville que les enfans de Noé avaient commencée fut achevée sous le nom de Babylone. Elle devint le siége du premier état. Nemrod, arrière-petit-fils de Cham, fut le fondateur de ce royaume, qui comprenait, outre sa capitale sur l'Euphrate, trois autres villes considérables.

Dans le même temps, Ménès, descendant également de Cham, fonda le royaume d'Egypte. Sa capitale fut long-temps Thèbes, et dans la suite Memphis.

Les Phéniciens, de la race de Cham, demeurèrent d'abord près de la mer Rouge, et s'établirent ensuite sur les côtes de la mer Méditerranée, dans la Syrie, vers le mont Liban, dans le pays de Canaan. Un de leurs compatriotes, nommé Theut, ou Toth (Cadmus), inventa l'art d'écrire ou les lettres alphabétiques. Les Egyptiens les reçurent de lui, et ces deux peuples les transmirent aux autres nations.

Les plus célèbres des enfans de Japhet furent les Grecs. Ils demeurèrent d'abord dans l'Asie mineure, où Javan, autrement dit Ion, descendant de Japhet, fut le père de leur race. C'est de là que leur vient le nom de Ioniens. De ces contrées, ils passèrent dans les îles de l'Asie occidentale et de l'Europe ; ils s'établirent bientôt sous le nom de Pélasges dans la presqu'île de l'Europe appelée depuis le Péloponèse, et aujourd'hui la Morée : là, ils fondèrent de petits royaumes ; les principaux furent celui d'Argos, sous Inachus, père des Pélasges, et celui de Sicyone. Ils pénétrèrent en Arcadie. Une de leurs colonies s'établit même en Italie ; ils envahi rent également toutes les autres parties de la Grèce, qui reçut son nom de Grécus, chef de l'une de leurs tribus.

Ils s'étendirent ensuite dans la Thessalie. Dans les pays voisins de l'Attique et de la Béotie régna Ogygès, sous lequel arriva une grande inondation qui termine les temps inconnus de l'histoire grecque.

L'Asie, qui avait été le berceau du genre humain, fut aussi celui des arts et des sciences : les Phéniciens furent les premiers commerçans. La Chaldée vit naître les premiers savans et les premiers artistes ; mais la religion dégénéra chez tous ces peuples, à mesure que le luxe et l'ambition s'introduisirent parmi eux.

III. *Ancien empire d'Assyrie, depuis Nemrod jusqu'à Sardanapale.—Empire des Mèdes, depuis Déjocès jusqu'à Astyage. — Second empire d'Assyrie ou de Babylone, jusqu'à sa destruction par Cyrus. — Religion des Mèdes et des Assyriens. — Sciences des Chaldéens. —Monumens de Babylone.*

An du m. 1800, av. J.-C. 2204.

On attribue à *Nemrod*, arrière petit-fils de Cham, que l'écriture sainte appelle un *vaillant chasseur devant le Seigneur*, la fondation de Babylone, sur l'Euphrate, non loin de la fameuse Tour de Babel. Ses successeurs sont peu connus, leur règne est couvert d'une obscurité impénétrable jusqu'à la réunion de Babylone à l'empire des Assyriens. Assur fut le premier souverain de ce puissant empire. Il éleva sur le Tigre la ville de Ninive. Bélus, l'un de ses descendans, se rendit maître de Babylone. *Ninus*, fils de Bélus conquit la Susiane, la Perse, la Médie, l'Hircanie, la Bactriane. Il épousa la célèbre Sémiramis, issue d'un sang obscur, et fut empoisonné par elle. Sémiramis, après la mort de Ninus, occupa le trône avec splendeur. Elle embellit Babylone, agrandit l'empire, honora les arts et les sciences. C'est à son règne que remontent les découvertes astronomiques des Chaldéens. Ninias son fils conspira contre elle, et la remplaça dans le gouvernement de l'Assyrie.

Xercès, Sethos, Atossa, Eupalès, régnèrent après lui avec
peu d'éclat. Sardanapale, fils d'Eupalès, prince dissolu
et tyran cruel suscita par ses crimes une révolte sanglante. Arbacès, gouverneur de Médie, et Bélésis, gouverneur de Babylone, se déclarèrent contre lui. Après une
guerre de trois ans, Sardanapale succomba. Il se préci-
pita dans les flammes avec ses femmes et ses trésors.
L'empire d'Assyrie fut démembré et forma trois grands
royaumes.

La Médie reconquit son indépendance qu'elle avait
perdue sous Ninias. Elle reconnut pour roi Arbacès, chef
de la révolte contre Sardanapale. Après lui, Déjocés, fondateur d'Ecbatane, gouverna avec sagesse et avec éclat.
Phraorte son fils soumit les Perses et Cyaxarès, son
petit-fils les Assyriens. Mais sous Astyagès, les Perses firent à leur tour la conquête de toute la Médie.

L'Assyrie, à la chute de Sardanapale, avait reconnu pour
roi Phul, dont le fils, Teglath-Phalasar, fut un monarque
puissant; il eut pour héritiers Salmanazar et l'impie Sennachérib. Ce dernier fut assassiné par ses propres fils qui
cédèrent la couronne au célèbre Asarrhadon. Ce prince
réunit la monarchie de Babylone à celle de Ninive et rétablit ainsi l'ancien empire d'Assyrie.

Bélésis ou Nabonassar avait succédé à Sardanapale
dans Babylone. Soixante ans après lui l'empire qu'il avait
fondé fut détruit par les Assyriens sous Asarrhadon. Mais
Nabopalassar, soutenu par les Mèdes, affranchit bientôt
Babylone de ce joug honteux, et partagea même l'Assyrie
avec ses alliés, après avoir fait périr son roi, l'efféminé
Sarac-Sardanapale. Nabuchodonosor II, fils de Nabopalassar, conquit le royaume de Juda, emmena les Juifs
prisonniers à Babylone, prit Tyr et ravagea l'Égypte. Mais
il eut à souffrir d'une maladie mentale que l'on regarda
comme une punition de son orgueil. Il fut le dernier roi
de Babylone qui régna avec quelque éclat. Après lui Na-
bonide ou Balthasar vit envahir ses états par Cyrus, roi
des Perses; en vain il réunit ses efforts à ceux d'une
puissante ligue formée de presque tous les rois de l'Asie.

An du m.
3257,
av. J.-C.
747.

An du m
3468,
av J.-C.
536.

Babylone fut prise d'assaut, et saccagée par les soldats de Cyrus. Balthasar fut égorgé et son empire détruit.

Les Assyriens et les Mèdes professaient le sabéisme ou le culte des astres. On regardait Sabius, fils de Sem, comme l'inventeur de cette religion. Les *Chaldéens* prêtres de Babylone firent les premiers d'heureuses découvertes dans les sciences et dans les arts. Ils furent les premiers géomètres et les premiers astronomes. On leur doit l'invention du cadran solaire et le calcul de la durée de l'année. Cependant leur science était mêlée de beaucoup de jongleries et de pratiques superstitieuses.

Les arts étaient cultivés à Babylone. S'il faut en croire les anciens historiens grecs, cette ville avait acquis une splendeur qui indiquerait une civilisation avancée. Ses plus célèbres monumens, presque tous gigantesques, étaient : *les remparts*, sur lesquels pouvaient courir plusieurs chars de front ; *le pont sur l'Euphrate*, les deux palais que séparait ce pont ; la voûte qui passait sous les eaux du fleuve ; *les jardins suspendus de Sémiramis*, et la statue colossale de cette princesse, taillée dans un immense rocher.

IV. *Histoire du peuple de Dieu. — Son séjour en Egypte.—Etablissement des Israélites dans la terre de Canaan. — Leurs différens gouvernemens. — Histoire des royaumes d'Israël et de Juda, jusqu'au retour de la captivité sous Cyrus.*

An du m.
2083,
av. J.-C.
1921.

Abraham, fils de Tharé, de la race de Sem, quitta, par ordre exprès de Dieu, la Chaldée sa patrie, où régnaient la corruption et l'idolâtrie, pour aller s'établir dans la terre de Canaan ou Palestine. Il emmena avec lui son neveu Lot et Sara sa femme et sa sœur. Après une longue stérilité, Sara mit au monde Isaac qui fut le père du peuple juif. Abraham laissa encore deux autres fils, Ismaël, dont les tribus arabes prétendent descendre, et Madian, d'où sortirent les madianites. Jacob, second fils d'Isaac, substitué à son aîné Esaü comme héritier de son père, eut douze fils de ses quatre épouses. L'un d'eux, Joseph, fut vendu par ses frères qui étaient jaloux de l'affection particulière que lui témoignait son père. Emmené esclave en Égypte, il obtint la confiance de *Pharaon* et devint son premier ministre. Une grande famine attira en Égypte toute la famille de Jacob ; elle obtint, par la faveur dont jouissait Joseph, des établissemens considérables dans la terre de Gessen. La postérité de Jacob se partagea en douze tribus , d'après le nombre de ses fils. Après la mort de Joseph, ces tribus furent persécutées par les Égyptiens ; les Pharaons les employèrent à la construction des célèbres Pyramides. On les accabla d'impôts, on voulut enfin éteindre leur race en faisant périr sous les eaux tous leurs enfans mâles. Moïse, fils d'Amram, fut sauvé par la fille du roi d'Égypte. Ce grand homme , à peine sorti de l'enfance, entreprit de délivrer ses compatriotes , Dieu même le seconda dans son noble projet ; il effraya par des miracles le despote égyptien, et après avoir institué *la Pâque*, sortit d'Égypte à la tête de trois millions d'Israélites. Moïse et les Hébreux se dirigèrent par ordre de Dieu vers la terre de Canaan, séjour de leurs ancêtres : ils errèrent quarante ans dans le désert, nourris miraculeusement par Moïse ; c'est là qu'ils reçurent *la loi* sur le Mont Sinaï, au milieu de la foudre et des éclairs. Moïse mourut sans avoir touché la terre promise. Josué le remplaça ; il combattit contre les peuples qui habitaient la Palestine et y établit les douze tribus qui se la partagèrent. Le gouvernement du peuple juif était alors une espèce de république gouvernée par les anciens et les *juges* presque toujours suscités par Dieu même. Les principaux juges furent Aod , Gédéon , Jephté , Samson et Samuel. Pendant le règne de ces juges , les Israélites étaient toujours en guerre avec leurs voisins ; souvent la protection du ciel les faisait triompher , mais l'oubli de leurs devoirs les replongeait bientôt dans une servitude cruelle. Ils se dégoûtèrent du gouvernement des anciens du peuple et demandèrent un roi. Samuel résista long-temps , mais d'après leurs instances réitérées , il consulta le Seigneur et choisit Saül, fils de Cis, de la tribu de Benjamin, pour être le roi d'Israël : Saül , après quelques années d'un règne assez

An du m. 2513, av. J.-C. 1491.

glorieux, désobéit aux ordres de Dieu que lui transmettait le prophète Samuël ; alors il fut rejeté par le Seigneur. David fut sacré à sa place par le prophète, mais il ne fut reconnu par les douze tribus qu'après la mort de Saül. Ce prince fut le plus grand roi des Juifs ; son fils Salomon en fut le plus puissant et le plus sage. Sous Roboam son successeur, dix tribus se révoltèrent et proclamèrent pour roi Jéroboam de la tribu d'Ephraïm ; deux tribus seulement, Juda et Benjamin continuèrent à suivre les lois du petit-fils de David. Les Juifs se séparèrent en deux royaumes rivaux, Israël, dont la capitale est Samarie, formé des dix tribus rebelles, Juda, dont la capitale est Jérusalem, formé des deux tribus fidèles. Les principaux rois de Juda furent, après Roboam, Josaphat, Joas, échappé au massacre de la cruelle Athalie, le sage Joathan, l'impie Achaz, Ézéchias, vainqueur de Sennachérib, et l'infortuné Sédécias, qui fut emmené prisonnier par Nabuchodonosor. Le règne de cette foule de princes de la maison de David avait été à chaque instant troublé par des guerres contre Israël et contre les puissans monarques de l'Assyrie. Nabuchodonosor termina cette sanglante querelle de plusieurs siècles en détruisant Jérusalem et en réduisant les Juifs en captivité. Israël avait déjà deux siècles plutôt subi le même sort. Son histoire n'est qu'un long tissu de dissensions intestines et d'assassinats. Jéhu et Achab furent les plus célèbres de ses rois. Sous le règne d'Ozée, le roi d'Assyrie Salmanazar attaqua Samarie, la prit d'assaut, la réduisit en cendres et emmena les dix tribus d'Israël captives en Assyrie. Jusqu'au règne de Cyrus les deux peuples juifs se trouvèrent confondus avec les Assyriens, et leur nom disparut de l'histoire. Ce conquérant leur rendit leurs villes et leurs terres, leur permit de rebâtir le temple de Salomon et mit fin à leur longue et pénible servitude. C'est au temps de l'esclavage de Babylone que se rapportent l'histoire d'Esther, les prophéties de Daniel et la touchante guérison de Tobie.

An de m.
3417,
av. J.-C.
587.

V. *Royaume de Lydie, depuis son origine jusqu'à Crésus inclusivement. — Différentes dynasties de ses princes. — Principaux événemens de leurs règnes.*

La Lydie entre la Carie, la Mysie, la Phrygie et l'Ionie, était une nation commerçante et agricole, l'une des plus riches de l'antiquité. Sardes, sur le Pactole si souvent célébré par les poètes, était la capitale de ce petit royaume. C'était une belle ville, l'une des plus importantes de l'Asie mineure. C'est le berceau de la plupart des fables des Grecs. Omphale, Marsias, Pélops y ont pris naissance.

Trois dynasties se sont succédé sur le trône de Lydie. La première, des *Atyades*, fondée par Mœon ou par Manès, est toute fabuleuse, on n'y trouve qu'alliances surnaturelles avec les dieux. Ses principaux princes sont Asias, qui donna son nom à l'Asie; Lydus, qui donna son nom à la Lydie; Atys, amant de Cybèle, et la célèbre Omphale dont les charmes réduisirent Hercule lui-même en esclavage.

Un fils d'Hercule, Alcée, est le chef de la deuxième dynastie, appelée dynastie des *Héraclides*. On y trouve encore peu de faits et beaucoup de fables. Candaule, le dernier des princes de cette race, est le seul dont le nom ait acquis quelque célébrité. Sa femme, dont il avait fait voir les charmes dépouillés de voiles à son favori Gygès, se lia avec ce dernier pour faire périr son époux. Gygès, après la mort de Candaule, épousa sa veuve et monta avec elle sur le trône. Il donna ainsi naissance à la dynastie des *Mermnades*, la troisième de l'histoire lydienne. Elle prétendait descendre des deux autres par Archélaüs, fils d'Hercule, et par Omphale.

Les successeurs de Gygès furent, comme lui, des princes belliqueux. Ils étendirent les bornes de leur petit empire. Alyatte eut à soutenir à la fois deux guerres sanglantes contre les Mèdes et contre les Scythes. Une éclipse de soleil, survenue au milieu d'une grande bataille, mit fin à la guerre en effrayant et en dispersant tous les combattans.

Le fils et le successeur d'Alyatte II fut Crésus , célèbre par ses richesses et par ses malheurs. Ce prince fut conquérant comme ses ancêtres. Il obtint d'abord de grands succès et porta ses armes victorieuses dans toute l'Asie occidentale. Sa puissance balança même celle des empereurs babyloniens. Il attira auprès de lui les savans de toutes les parties du monde connu. Solon passa quelque temps à sa cour et lui prédit l'instabilité de son bonheur. Effectivement, ses succès n'eurent pas une longue durée. Etant entré dans une ligue formée contre Cyrus par tous les princes de l'Asie, sur la foi d'un oracle à double sens, il fut vaincu, assiégé, pris dans sa capitale et condamné à périr dans les flammes. En montant sur le bûcher, il se souvint des maximes du législateur d'Athènes et s'écria douloureusement *, Solon! Solon!* Cyrus désira connaître l'explication de cette étrange exclamation. Crésus lui raconta les prédictions de Solon. Le conquérant fut touché de cet exemple frappant de l'inconstance du sort. Il fit grâce à Crésus , mais sans lui rendre sa couronne. Le royaume de Lydie fut détruit et s'engloutit dans le grand empire des Perses.

VI. *Histoire succincte de l'empire des Perses , depuis Cyrus jusqu'à Darius Codoman inclusivement. — Etendue de la monarchie des Perses. — Coutumes et religion des Perses.*

La Perse fut peuplée par la postérité d'Elam , fils de Sem. Ses commencemens sont couverts d'une obscurité profonde : sauf un roi Chodorlahomor , qui se battit contre Lot et Abraham , il n'en est presque point question dans l'histoire avant Cyrus ; mais depuis le règne de ce grand prince , elle devint l'empire le plus puissant de l'Asie.

Cyrus était fils d'un roi de Perse nommé Cambyse , tributaire des Mèdes , et de Mandane , fille d'Astyagès , roi des Mèdes. Il se révolta contre son beau-père et conquit la Médie et la plupart des provinces de l'Asie. Son règne est l'époque la plus brillante de la monar-

chie persique. Son fils Cambyse ajouta l'Egypte à ses
vastes possessions. Ce prince était un monstre de cruauté.
Il entraîna son pays dans de folles conquêtes, au milieu
desquelles les Ethiopiens l'arrêtèrent. Il périt par accident, et un fantôme de roi, le mage Smerdis, qui avait
usurpé le nom d'un fils de Cyrus, assassiné par Cambyse, le remplaça sur le trône. Mais bientôt, chassé par
les grands, le mage eut pour successeur Darius Ier, fils
d'Hystaspe, l'un des chefs de la conjuration. Sous ce
règne l'Inde fut conquise par les Perses; mais ils échouèrent
dans leurs tentatives contre les Scythes et contre les
Grecs. C'est dans cette seconde guerre que les généreux
Hellènes commencèrent à briller de tout leur éclat.
Xercès renouvela contre eux les entreprises de son
père, et fut encore plus malheureux. L'Egypte se révolta
en même temps et ne fut pacifiée que sous Artaxercès Ier,
Longuemain qui termina aussi, par un traité avec
Cimon, la guerre contre les Grecs, connue dans l'histoire sous le nom de guerre médique. Xerxès II, Sogdien,
Ochus Ier, furent, tout le temps qu'ils portèrent le dia-
dème, occupés de dissensions intestines. Artaxercès II,
Memnon, eut à combattre son propre frère Cyrus, qui
avait appelé quelques Grecs à son secours. Il fut vainqueur, mais les troupes auxiliaires du jeune Cyrus se
couvrirent de gloire. La célèbre retraite des dix mille,
commandée par Xénophon, est un des plus beaux faits
d'armes de l'antiquité. Après Artaxercès *Memnon*, parut
sur le trône une ombre de roi, Arsès, couronné et tué
par l'eunuque Bagoas.

Le dernier des puissans monarques qui régnèrent sur
la Perse fut Darius III Codoman, si célèbre dans l'histoire
par la douceur de son gouvernement, par son luxe, par
ses malheurs et par les conquêtes d'Alexandre le Grand.
Après lui, le plus grand empire de l'Orient fut détruit,
et devint une province de la Macédoine, royaume peu
vaste, presque inconnu un siècle plutôt. Tel est le ré-
sumé succinct de l'histoire des Perses, sur laquelle nous
allons nous étendre dans les paragraphes suivans.

Cette puissante monarchie comprenait la plus grande

An du m.
3474,
av. J.-C.
530.

An du m.
3483,
av. J.-C.
521.

An du m.
3519,
av. J.-C.
485.

An du m.
3600,
av. J.-C.
404.

An du m.
3667,
av. J.-C.
537.

partie de l'Asie connue des anciens, l'Egypte et une partie
de l'Inde, c'est-à-dire environ la moitié du monde.
La civilisation y avait fait de grands progrès, Persé-
polis, sa capitale, était une ville puissante et magnifique; après vingt siècles, ses ruines réclament encore
l'admiration. Les lois étaient sages et embrassaient un
grand nombre d'objets, mais la puissance absolue que
possédaient les souverains en annulait trop souvent l'ef-
ficacité. La religion jusqu'à Darius, fils d'Hystaspe,
avait été le sabéisme. Sous le règne de ce prince, parut
le législateur Zoroastre, qui établit une religion plus raf-
finée; il conserva bien extérieurement le culte du feu
et des astres, et la hiérarchie des prêtres ou mages, mais
il renferma sous ces emblèmes une doctrine à la fois
spirituelle et philosophique. La base de ce système
est l'existence d'un être suprême, éternel, incréé,
maître de l'univers. Sous lui, deux génies gouvernent
le monde; l'un, Oromaze, est la source du bien; Arimane est le mauvais principe : tous deux se combattent
chaque jour, mais à la fin des siècles, Oromaze doit
triompher; alors il récompensera les bons qui auront
suivi ses lois et leur ouvrira le paradis. Il jetera dans
l'enfer avec Arimane, les méchans qui se seront éloignés
des principes de l'éternelle justice.

VII. *Règnes de Cyrus en particulier, de Cambyse et de
Smerdis le mage. — Expéditions de Cyrus et de
Cambyse.*

Cyrus fut le fondateur de la vaste monarchie des Perses; il laissa dans toute l'Asie des traces de son passage.
Cependant beaucoup de fables ont été mêlées à son histoire, sur laquelle règne une grande incertitude. Suivant Herodote, il détrôna son aïeul Astiagès, ainsi que
l'avait prédit un oracle. Suivant Xénophon, il ne succéda pas à Astiagès, mais à Cyaxare II, son oncle, duquel il fut toujours le fidèle allié. Ce qu'il y a de certain, c'est que Cyrus, à la tête de toutes les forces de la
Médie et de la Perse, attaqua par trois fois les Babylo-

niens, et toujours avec succès. Dans la dernière guerre,
Nabonadius ou Balthasar appela Crésus à son secours,
et l'entraîna ainsi dans sa ruine. La bataille de Timbrée
mit la Lydie et l'Assyrie sous le joug du conquérant.
Cyrus entra dans Babylone, délivra les Juifs de leur longue captivité, et réunit à ses états la première ville du
monde.

An du m.
3466,
av. J.-C.
538.

Après ces vastes conquêtes, qui changèrent la face de
l'Asie, de nouvelles incertitudes reparaissent dans l'histoire de Cyrus : Xénophon lui fait gouverner ses états
avec sagesse au milieu d'une profonde paix ; Hérodote
nous le montre entraîné dans de nouvelles guerres, et
allant échouer devant les sauvages Scythes. Suivant cette
version, il périt dans un combat contre les Massagètes, et
leur reine, Tomyris, plongea la tête du grand homme
dans une outre pleine de sang.

Cambyse, fils et successeur de Cyrus, était un despote cruel. Le principal événement de son règne fut
la conquête de l'Egypte ; on prétend que la première
cause de cette guerre, si fatale aux Egyptiens, fut le refus fait par Amasis leur roi de donner sa fille au tyran
perse. La guerre ne fut pas longue, les Egyptiens n'é-
prouvèrent que des revers. Péluse, ville forte, regardée
comme la clef de l'Egypte, se rendit de crainte de
tuer les dieux qu'elle adorait, les chats, etc. , que Cambyse avait fait mettre à la tête de son armée. Le reste
de l'Egypte se soumit en peu de temps ; Cambyse abusa
de sa victoire avec l'atrocité la plus inouïe ; il fit périr
le malheureux roi Psamminite et presque toute sa famille, ainsi que les principaux Egyptiens.

An du m
3474,
av. J.-C.
530.

Cambyse voulut ensuite tourner ses armes contre les
Ethiopiens, mais ces peuples belliqueux se défendirent
avec autant de succès que de courage ; il perdit aussi
une grande partie de son armée dans les sables, en allant piller le temple de Jupiter Ammon. Ces revers ai-
grirent encore son caractère féroce ; il se baigna également dans le sang de ses sujets et dans celui des
peuples conquis. Une révolte ne tarda pas à s'organiser
contre lui ; le chef des mages, Parisithe, en était le

chef; il profita de la ressemblance de son frère avec Smerdis, fils de Cyrus, tué par ordre de Cambyse pour soulever le peuple contre le tyran. Cambyse quitta l'Egypte pour aller combattre les révoltés, mais un accident mit fin à ses jours, et délivra la Perse et l'Afrique de ses exécrables cruautés.

Le faux Smerdis fut reconnu pour roi; mais comme Cambyse, en mourant, avait laissé sa couronne à l'élection, des conjurations ne tardèrent pas à s'ourdir contre l'usurpateur. On découvrit, par le moyen de l'une de ses femmes, qu'il portait la marque d'une mutilation que Cyrus avait ordonnée contre le frère de Parisithe, et dès lors, tout doute était dissipé, on s'éleva publiquement contre lui. Préxaspe jura avoir mis à mort le véritable Smerdis par ordre de son frère Cambyse: ce témoignage acheva la conviction. Une révolte ouverte éclata contre l'imposteur; il fut mis à mort ainsi que son frère et un grand nombre de mages.

VIII. *Règnes de Darius, fils d'Hystaspe, et de Xercès.* — *Expéditions de ces princes et règnes de leurs successeurs jusqu'à Darius Codoman inclusivement.*

Sept chefs principaux avaient participé à la chute du mage. C'est entre eux que fut réglé le destin futur de la Perse. Otane voulait fonder une république; les autres se décidèrent pour le gouvernement monarchique; ils convinrent de remettre au sort, à décider qui d'eux monterait sur le trône. Darius, fils d'Hystaspe, dont la famille descendait des prédécesseurs de Cyrus, fut désigné.

La première guerre du nouveau roi (l'Assuérus de l'écriture) fut contre les Babyloniens révoltés; il assiégea longtemps leur capitale sans pouvoir y entrer. Le zèle extraordinaire d'un de ses courtisans, Zopyre, lui facilita enfin la victoire. Ce héros de fidélité se mutila de la manière la plus terrible, et se présenta ainsi aux assiégés en accusant Darius de cet affreux traitement: son horrible état lui attira la confiance des Babyloniens, dont il se servit pour livrer Babylone à son maître. Darius étendit ensuite sa domination sur l'Inde, mais il échoua dans deux autres expéditions auxquelles, sans doute, il attachait plus d'importance. Son armée fut forcée de reculer devant les sauvages de la Scythie européenne, et bientôt devant les Grecs, peuplades peu considérables en comparaison de son vaste et puissant empire. Les Athéniens donnèrent des secours aux Lydiens et aux autres peuples helléniques de l'Asie mineure révoltée. Darius les attaqua et fut vaincu. Cependant il parvint, à force d'argent, à dissoudre la coalition des rebelles; il s'empara aussi de la suzeraineté de la Macédoine; il n'en sentait pas moins vivement le revers que lui avaient fait éprouver les Athéniens; furieux de cette défaite, il se faisait répéter tous les jours, à ses repas, ces paroles, présages de vengeance : *O roi, souviens-toi des Athéniens.* Il lança, en effet, contre ses ennemis une armée nombreuse, mais elle fut encore vaincue, et les plaines de Marathon furent illustrées par la gloire de Miltiade et la grandeur d'âme d'Aristide.

Darius fit de grands préparatifs de guerre, mais il mourut avant d'avoir pu accomplir ses vastes projets. Xercès, son fils et son successeur, accepta ce noble héritage; mais il n'était pas capable de diriger une telle entreprise. Après avoir soumis les Egyptiens révoltés, il fit, pendant trois années, de formidables préparatifs de guerre contre les Grecs. Les historiens font monter à deux millions le nombre des combattans qu'il traînait à sa suite. Il fit construire sur l'Hellespont un gigantesque pont de bateau pour y faire passer cette armée non moins gigantesque; mais une tempête rompit le pont. Xercès eut la démence ridicule de vouloir punir la mer de cette rébellion. Il pénétra enfin dans la Grèce; la Macédoine, la Thessalie, furent envahies; les autres peuplades tremblèrent, mais les Athéniens et les Lacédémoniens firent tête à l'orage. Trois cents Spartiates arrêtèrent l'armée des Perses au défilé des Thermopiles, et s'ils périrent tous, ce fut du moins en jonchant la terre d'un nombre considérable d'ennemis. Les Athé-

An du m.
3519,
av. J.-C.
485.

uiens abandonnèrent leur ville à la fureur des assaillans, et se retirèrent sur leurs vaisseaux ; ils battirent la flotte perse à Salamine où commandait Thémistocle. La défaite fut si complète que Xercès craignant de ne plus trouver un seul vaisseau pour retourner dans son pays, s'embarqua honteusement et fit une retraite précipitée. Après sa fuite, la flotte des Perses fut encore battue à Mycale, et leur armée de terre à Platée en Béotie. Cependant le *grand roi* conserva toujours, par l'influence de son or, quelques alliés en Grèce qui lui donnaient l'espoir d'être plus heureux dans de nouvelles tentatives.

Xercès périt assassiné par Artabane, l'un de ses favoris. Son troisième fils, Artaxercès, imputant le crime d'Artabane à son frère aîné, Darius, le fit périr à son tour, et s'empara de la couronne. Pendant le règne de ce prince l'Egypte se révolta de nouveau, et les Grecs, commandés par Cimon, obtinrent un traité de paix qui affranchissait leurs frères d'Asie.

Des assassinats, des guerres intestines occupèrent la plus grande partie de l'histoire des successeurs d'Artaxercès Longuemain. Son fils, Xercès II, fut assassiné par Sogdien, son frère naturel, qui lui-même périt sous les coups d'un autre de ses frères, Ochus Ier. Ce prince entretint la guerre qui déchirait Sparte et Athènes, et aida Sparte de ses trésors.

Ses deux fils, Artaxercès II (Memnon), et Cyrus se disputèrent la couronne. Cyrus fut vaincu et tué ; ses alliés grecs s'illustrèrent par la fameuse retraite des dix mille. Artaxercès soutint une longue guerre contre Lacédémone ; il fut battu par Agésilas, mais la guerre se termina à la honte de Sparte qui abandonna les cités grecques de l'Asie au joug du *grand roi*.

Ochus II, nouveau Cambyse, fit périr toute sa famille en montant sur le trône ; il corrompit les Grecs, et attira leurs troupes mercenaires dans ses armées. Sous lui se termina la longue révolte des Egyptiens qu'il traita avec la plus grande cruauté. L'eunuque Bagoas l'assassina, et mit sur le trône *Arsès*, qu'il remplaça bientôt par *Darius Codoman*.

A peine parvenu au trône de Cyrus, l'infortuné Darius fut attaqué par Alexandre. Vaincu dans plusieurs batailles rangées où il combattit en personne, trahi de toutes parts, il prit la fuite vers les confins de ses vastes états, et fut assassiné dans sa retraite. Avec lui s'écroula l'empire des Perses qui avait régné sur toute l'Asie. Les successeurs d'Alexandre s'emparèrent de ses riches dépouilles.

IX. *Histoire de l'Egypte, depuis l'origine de la monarchie égyptienne jusqu'à la conquête de ce pays par Cambyse.—Religion, gouvernement, arts et monumens de l'Egypte.*

La postérité de Cham peupla l'Egypte. Cette nation comme beaucoup d'autres, prétendait remonter à la plus haute antiquité ; aussi ses commencemens sont-ils obscurcis par une foule de fables. Nous ne parlerons pas d'Osiris ressuscitant après son assassinat, ni d'Isis, sa fidèle épouse. Le premier roi sur lequel on ait des notions historiques, est Menès, qui dessécha la partie basse de l'Egypte et la rendit habitable. Après lui, régnèrent cinquante rois de sa race dont les noms mêmes sont inconnus. Des hordes sauvages, sans doute venues de l'Arabie, gouvernèrent ensuite l'Egypte, sous le nom de rois pasteurs, pendant plus de trois siècles. Les Egyptiens chassèrent enfin ces étrangers, et obéirent à des monarques de leur nation. On remarque, dans le nombre de ces princes l'infâme Busiris, fondateur de Thèbes, le puissant Osymandias et une femme nommée Nitocris, aussi cruelle que la plupart de ses prédécesseurs ; elle éleva une des pyramides. Après plusieurs générations, régna Mœris, qui se rendit utile à ses compatriotes en creusant le fameux lac qui porte son nom. Il fut, dit-on, le père de Sésostris, le héros de l'Egypte. Ce grand roi envahit, avec une armée prodigieuse, l'Asie par mer et par terre, jusqu'au delà du Gange, prit ou pilla beaucoup de pays, et pénétra même en Europe. Il rapporta dans ses états d'immenses richesses, et traîna à sa

suite un grand nombre de prisonniers. Après cette expédition insensée et destructive qui avait duré neuf ans,
il commença à devenir un prince sage et bienfaisant; il
congédia ses soldats et les récompensa ; entreprit d'immenses travaux ; fortifia ses frontières par une très-longue muraille, fit creuser, depuis Memphis, jusqu'à la mer
un grand nombre de canaux qui servirent d'un côté à
faciliter le commerce, de l'autre à rendre le pays moins
accessible aux ennemis ; dans ses vieux jours, il devint
aveugle et se fit mourir lui-même. Ses successeurs, dont
les principaux furent Sésostris II, son fils, l'Éthiopien
Actisanès, Mendès, Chéops, Anysis et Sethos furent
peu remarquables ; ils bâtirent ces grandes pyramides
dont on admire encore quelques restes, monumens
fastueux élevés par leur orgueil, et qui ne servirent
pas même à immortaliser leur nom. La plupart de
ces *Pharaons* d'Egypte furent des princes cruels et indignes du trône, mais il y eut aussi parmi eux quelques
sages législateurs. L'Egypte tomba ensuite dans un
grand désordre par l'invasion des Ethiopiens ; bientôt
après elle fut divisée entre douze rois. Psamminique,
l'un d'eux, vainquit les autres, et resta seul maître du
royaume ; il étendit le commerce maritime que les
Egyptiens faisaient avec les autres peuples, surtout avec
les Grecs. Ce n'est qu'à son règne que l'histoire de l'Egypte commence à avoir plus de certitude ; Néchao, son
fils, qui étendit encore davantage la navigation, fit
même entreprendre le tour de l'Afrique par des navigateurs phéniciens qui partirent de la mer Rouge, et revinrent par la mer Méditerranée. Psammis, Apriès et
Ophra régnèrent sans gloire. Amasis, qui était monté sur
le trône par une révolte, essaya de lutter contre les
Perses, et hâta ainsi la perte de son royaume, préparée
par des troubles domestiques. Ce prince s'était attiré la
haine de Cambyse, roi des Perses, en lui refusant sa
fille en mariage, mais il ne fut pas témoin des entreprises de son ennemi. Sous Psamminite, son fils et son successeur, le cruel Cambyse envahit l'Egypte, tua le roi
et les principaux citoyens, exerça partout une égale fu-

An du m.
3348,
av. J.-C.
656.

An du m.
3479,
av. J.-C.
525.

d'Agnès-L. ét que je n'ai conue qu'après mon funeste mariage. Elle pensa nous venir joindre à Paris ; mais le mal qu'On debitait d'Agnès-L. l'en-
empecha: elle en fut effrayée ! Elle avait épousé
Un Musicien, nomé Gauterin.

12 MARIANE, cadette des 4 Filles de cette
maison Gendot, très-jolie, mais moins grande que la Précedente, l'ainée des Sœurs.
Come elle embellissait tout ce qu'elle portait! c'était un Bijou que cette Fille, et le
pendant de Manon Leger. On se rapelle
qu'un-jour on me mit ses Habits : je tref-
faillais d'aise, en songeant que j'avais son
corpset, sa robe, ses jupes; mais l'air de
Gourgandine que je me trouvai fous sa parure, me convainquit biéntôt que Mariane
feule y donait tout le charme : je fentis que
j'étais fait pour les Femmes, parceque j'é-
tais leur parfait oposé, come la Vifle l'eft
de l'Ecrou. Mariane était femme en tout,
par les graces, la mignardise, la taille....

13 Mad. DUMINI, jolie parisienne, femme d'un
Peintre, & peintreffe elle-même, amie de Josefine, de Mariane-Gendot & de leur Bellesœur.
C'eft elle qui m'a fait naître l'idée de rendre le
Páysan-perverti eleve d'un Peintre. J'ai eú,
avec elle, 2 converfacions interefſantes : & cependant je n'en fus pas goûté ; je ne reffemblais
pas affez aux Jeunes-gens de Paris. Je lui ai l'obli-
gacion de m'avoir rendu modefte; car je le devins, en lui entendant dire à d'Autres, que je
manquais de ce qu'elle nomait des qualités; j'en
fus tout-honteux... Hô! fi j'avais fu que ces pré-
tendues qualites n'etaient que des defauts!... Qu'
importe ? Honorons ma jolie Correctrice.

14 Mad. GENDOT, bellesœur des deux Dlles
Gendot; jolie-femme, aimant fon Mari :
amie de la Précedente, qui lui confia ce
qu'elle penfait fur mon compte: ce qui n'em-

1755
Mai.

pécha pas la bone-volonté de ma Bellecou-
sine. Toutes-deux étaient amies de Jeanette Demailli, qui me les a rendues sacrées ;
mais ma Cousine a plusieurs droits à ma
reconaissance, entr'autres celui qui doit le
plûs faire respecter Une Femme.

15 DOROTÉE-TANGIS, cousine de Mariane-Tangis,
ét de Rose-Lambelin, amie de Jeanette *Demailli*,
la même qui accompagna Rose au rendevous de la
laiterie de Saintmarién, en 1755.

16 La grande LACOUR aînée ; amie de Mar.-Tangis.

17 SUZON-LACOUR, sœur-cadète, épouse de Tangis
frère de Mariane, J'honore ces 2 Sœurs, qui me
rapélent des momens heureux, mal-appréciés.

1760 18 CLODON, ét MARIANE-ROULLOT, 2
charmantes Sœurs, amies d'Agnès-L.,
puis les miénnes, les 1res qui àient a-
douci la douleur que je ressentais de
mon funeste mariage. Je conaissais la
jeune ét jolie Mariane dès le temps de
mon aprentissage, parcequ'elle venait
souvent s'asseoir sur la porte de ses Tâ-
tes Cuisin ; je l'admirais ; mais elle
elle était trop jeune, pour que je lui
parlasse. Ce ne fut donc qu'en 1760,
que je fis sa conaissance ét celle de sa
Sœur-aînée, que je n'avais jamais vue.
On fait come j'adorai Celle-ci... J'honore aujourdhui ces 2 excellentes Sœurs
reünies dans une même fête, avec une
fenfibilité, dont Clôdon elle-même ne
fe doute pas, n'ayant point eú de ses
nouvelles depuis 3o ans (1767).

1754 19 EDMÉE-JULIÉN ; grande & jolie fille, qu'effa-
ça Mariane-Tangis, dont elle avait le caractère

& le genre de beauté. Ce ne fut qu'une passion
septimaire, come On le voit par le caractère que
j'y emploie : car le caractère fait ici tableau.

20 MANON-JULIEN, sœur aînée, qui favorisait mon
inclinacion naissante pour sa Cadette. Leur Père
était Menuisiér ; ses 3 Filles étaient Lingères.

21 CECILE-RAVET : Jolie Ouvriére de la ruë *des-Cor-*
nes, que j'ai depuis revue Paris, ruë *des Grand-*
degrés, chéz Un Vitriér son Oncle. Elle venait àux
salles-de-danse, étj'eûs un jour une violente querelle avec les Jeunes-gens de Rivière, parcenu'elle
m'avait préféré pour danser une contredanse. Elle
était amie de la Suivante , sa voisine.

22 MARIE-BELIER, que Tout le monde apelait *la*
Maitreſſe a Bouzon le Mariniér. Jolie blonde, grosse
doudon, qui nous fit batre Colombat, Gaudét,
Rigaud ét moi , sans le vouloir, par les Gens-de-
Rivière. Borne de Ouaîne, Cousin ét clérc de celui d'Aucerre, étant à danser chéz Mad. Mâris, prit
une liberté sur la gorge de Marie , qui l'avait trés-
proéminente. Elle ala se plaindre aux Mariniérs ;
mais ne sachant pas le nom de Borne, elle le montra. Il était au-milieu de nous, les Bourgeois ne se
mélant pas avec les Gens-de-rivière. Bouzon entra , ét Borne, à qui la Société ne convenait pas,
sortit heureusement. Moutré-Point-d'âme, camarade de Bouzon, rentra, ét me voyant à la place de-
signée, m'apela ? Je sortis sans defiance , ét 6 Mariniérs, come On les nome , me tombèrent sur le
corps. Je me debarassai neanmoins. Les Scelerats
eûrent pitié de Colombat : Gaudét rendit les coups;
mais Rigaud fut si maltraité , qu'il en mourut.....
Perſone de nous ne rendit plainte, nos Aggresseurs
étant tous partis le lendemain-matin sur leurs bateaux... Dés que Cecile-Ravet sut notre mesavan-
ture, elle ala trouver Marie-Beliér , ét lui fit les
reproches les plus vifs. Celle ci fut au-desespoir
du quiproquo, ét d'avoir confié sa vengeance à des
Brutes, qui s'embarrassaient peu sur quel Etre ils fra-
passent, pourvu qu'ils batissent : ils avaient assomé
Rigaud, ils lui avaient enfoncé le scôtes a coups-de-
pied par-terre ét sans defense , uniquement pour
se venger de ce que Gaudét avait terrassé l'Un d'eux
ét avait emporté un bras de sa chemise. On me fit

apeler par la Cour *des-Cordeliérs* ; ét voyant Cecile, je descendis. Marie-Beliér me fit des excuses,
ét me jura qu'elle donerait le congé à Bouzon. » Je
ne l'aime pas (ajouta-t-elle) ; mais il a menacé
de casser la mâchoire à Quiconque me ferait l'a-
mour. Et voila come il s'est emparé de moi »....
De mon côté, j'étais ami d'un Maitre-de-bateau,
apelé Joffier, fils de Patagon : Il parut, ét nous dit
que Moutié Point-d'âme, employé par son Père,
perdait la conduite de son bateau. Marie-Beliér
m'offrit, tout-bas, de punir autrement Bouzon...
Me voyant prêt à être si bién vengé, je me montrai
genereux, en priant pour les Coupables (j'ignorais que Rigaud dût mourir des coups reçus). J'obtins leur grâce a-moitié. Marie me sauta au cou,
ét je fus depuis content d'elle. Auffi me dit-elle :
» A-présent, vous pouvez le reconcilier avec sa
Maitresse dès l'enfance, puisque je l'ai puni, ét je
ne l'ai pas encore voulu revoir depuis son retour ».
Quelque-temps après Lenclos me fit trouver avec
ces Sacripands assassins, qui m'honorérent, me
fêtérent, rendus honteux par Cecile ét par Marie.
A la Fête de ces Filles, je rememorie ces temps
de ma jeunesse, ou la Beauté me favorisait.

 23 SUZON-DUCHAMPS: Grande ét jolie Vignerone
du Grandcaire, fort-pauvre. Elle vendait du sablon.

24 AURETTE, ou MENESTRELLE, sœur-cadette
de la Précedente. Elle etait plûs jolie que Suzon, & plûs jeune de 4 ans : elle en avait 14,
quand je la conus chevrière, la Mère vendant
du lait. Elle fesait paitre ses chevres aux environs
de la Ville, surtout derrière l'Hôpital ; car elle
demeurait tout-près de la Porte de Paris. Je
la trouvais très-jolie. Un Dimanche d'hivêr, par
un beau temps, je m'avisæ de la suivre, dans l'a-
présdinée : je l'abordæ ; je lui parlæ bonement,
& elle me repondit de-même. Sa grande Sœur
survint : —Ha ! Menestrelle ! (dit Suzon), te
voila donc avec le Libraire ?... Mais tu ne rif-
ques rien, va ; ce n'est pas un poliçon, il est de la
conaissance de Naonette-Chindé. C'est un bon
garson, & s'il a de la monaie, il nous va pâyer

à

à goûter? —Volontiérs (repondis-je-). Et je
courus à la Ville, où j'achetái un pain de 2 liv.
un pâté de 5 fous, un cervelas de 3 , & une pinte
de vin-blanc de 2 fous: Total 13 fous ; ce qui
était une fome pour moi... Je revins en courant ;
je mangeái pour femblant ; je bus de-même , &
les 2 Sœurs furent fi bién regalées, qu'elles fe
trouverent prefque grises. L'Aînée fe dona....
J'ai retrouvé ces 2 Filles à Paris. La Cadette,
Meneftrelle, était jolie audelà de toute imaginacion. Elle me parut entretenue. Je ne croyais
pas devoir lui parler. Elle vint à moi. —Hé!
mon chër Compatriote , vous ne nous remettez
pas? —Pardonéz-moi; vous êtes Mlles Duchamps de la Porte de Paris , que j'ai touj^{rs} in-
finim^s eftimées-. La jolie Meneftrelle me preffa
la main , tandis que les Domeftiqs qui fuivaient
les 2 Sœurs fur le Boulevard, ouvraient de grands
ïeux pour me confiderer ; car j'étais bién mis en
noir, avec mon joli manchon tigré , fait par De-
varénne, ami de Gaudet... Meneftrelle me dona , bién-bas , un rendevous ; & elle eft la feule
Femme que j'áye eùe , pendant ma liaìson avec
ma vertueuse Sœur Jeannette-Demâilli. J'entendis Aurette-Meneftrelle-Duchamps dire aux
2 Laquaìs, au moment où je me retiræ: —Voila mon prétendu d'Aucerre ; maîs fes Parens ne
l'ont pas voulu-!... Je ceffæ de voir Meneftrelle , dès que fon Monfieur fut jaloux de moi , encore que je paffaffe pour l'Amant de Suzon-Duchamps, qui avait une Fille de moi... Je chome
la Fête de ces 2 Sœurs, & parceque je les ai trouvées charmantes ; & parcequ'elles me rapel-
lent un temps qui ne reviéndra plus , durant
la Revolucion préfente ; maîs qui fûrem^t fera le
même dans une Revolucion prochaine , où toutes choses recomenceront , & feront les mêmes
que dans celle-ci ; atendu que ce qui eft , étant

XIII Partie.   e e

1756
Mai.

le mieux poſſible, cela doit être éternel. *Voyéz*
ma FYSIQUE, imprimée chéz *Boneville...*
Je n'y ai pas exprimé cette opinion; mais je la
place ici, les 2 Ouvrages n'en fesant qu'un; &
telle eſt la veritable inmortalité de l'Home, non
celle inventée par les Gréqs, préconisée par l'ab-
ſurde C'riſtianiſme, & par tous les Sots.

1755
Mai.

25 EVE-DALIS, fille du Beaupere de Baras-Dâlis.
C'était une grande et groſſe Doudon de bone-mi-
ne, que le Beaupere voulait faire épouser au Fils
de sa Femme. Mais Baras aimait Mlle Doüi, ou
Manon-Legér, on ne savait trop laquelle; il se
plaisait égalemt avec toutes-deux. Un-jour, mad.
Dâlis me dit: »Mr-Nicolas; vous êtes ami de mon
Fils; car il ne jure que par vous: Tâchéz donc de
lui faire entendre raison, au-sujet de ma Bellefille?
C'est un bon-sujet, ét elle l'aime. Je repondis,
que j'y ferais ce que je pourrais. En-consequen-
ce, je me mis à rechercher Eve, à lui faire ma cour.
Baras crut que j'aimais sa Future. Il en fut comblé! Ce fut alors qu'il m'avoua, qu'il ne voulait
épouser ni Sofie-Doüi, devenue coquette, ni Manon-Legér, mais Ferdinande-Dhall, ét qu'il serait enchanté que j'obtinsse Eve-Dalis. Je m'informai pourlors des disposicions de Ferdinaude-A-
glaé par son Frere? Elle ne voulait pas être à Baras. Sûr de ce coté, je continuai tous les ſoirs à
voir Eve, à l'égayer, à lui faire des complímens.
Elle devint enjouée, charmante! Son Destiné,
dans un moment de depit, apiès avoir apris les
sentímens de Ferdinande, vint nous trouver, pour
nous demander oùs nous en étions?... Je lui dis
la vérité. Baras demanda la main d'Eve, l'obtint,
ét je continuai d'en paraître amoureux. J'excitai
ainſi l'appétit d'aimer dans mon Camarade, ét je
me fis une ſincére Amie de son Epouse, voisine
d'Edmée-Servigné... Temps heureux, où tout était
plaisir, je vous reverrai, dans une autre Revolucion!

1752

26 NANNETTE-CHINDÉ: Grande Vigneroñe, parente
de M. Parangon, ét voisine des Sœurs Duchamps.
Elle venait souvent à la maison, ét nous folatri-
ons: Nannette me préferait à tout Autre.

1756

Commemoracion de mon Avanture avec Septimanie. Je la fais, en beuiſſant noṭe rille.

27 CATERINE-LOINTRON : Jeune Couturière d'Aucerre, dont le Père était de Nitri, et mon parent. Je la liai avec Edmée-Servigné, qui, sans le vouloir, la rendit amoureuse de moi. Un-jour Caterine Lointron demandait à Edmée, D'où-vient je ne l'avais pas épousée ? » C'est que je l'aurais embarassé. » Hah ! il a épousé qui l'embarassera bién davantage ! (repondit Caterine avec douleur).

28 MANON-CHAUVOT : Jeune niéce d'une Devote d'Aucerre, qui se trouvant un-jour pressée de se rendre, me dit brusquement : » Je le veux bién », Surpris, effrayé même, je voulus savoir ses raisons ? » Ho ! ça lui aprendra à me grouder sans sujet ! je veux lui en doner un bon » !.., Aulieu de profiter de son depit, je la préchai. Je reüffis pour le moment : mais dans la suite à Paris, Manon-Chauvot ne s'est que trop vengée de sa Tante la devote ; et je reüffis encore à la faire revenir au bién.

29 MANON-JULIÉN, cousine d'Edmée Julién : Grande Nicette, qui me demanda un-jour, devant sa porte, ruë *de-la-Cloche-bleue*, Coment se fesaient les Enfans ? Je n'entendais pas bien sa question : Je lui dis de s'adresser à une Sagefemme. » Je veux dire, coment ils se comencent (reprit Manon). Je la crus alors une forte de Tonton-Lenclos. Je lui montrai… Mais je m'aperçus bientôt, que c'était naïveté pure. Elle devait se marier sous 3 semaines. Etoné d'une telle fimplicité sans libertinage, je lui recomandai bién de ne pas avouer à son Futur la science infuse que je venais de lui doner : je lui en fis fentir toutes les confequences, qui l'effrayèrent… Elle a été honéte-femme.

30 MANON-DUVET : Jeune et aimable Perfone, parente des jeunes Morillon. Gonnët voulait me la doner pour maîtresse, et il me présenta. Mais j'avais alors Mlle Fanchette, et il ne me falait qu'un amusement. Je le dis à Mlle Trébuchet, amie de la jolie Duvët ! cette Fille gronda son Amant. Un-soir, la Future de Gonnet dit à son Amie : » Ne te laisse pas tromper ! Mr. Nicolas ne t'épousera jamais. » Je le sais, et je l'éprouve » (repondit la jolie Duvët). Je ne me compromis pas, et la Jeuneperfone m'en estima. Je la fis remarquer à Dhall, qui s'en éprit, et je les ai vu heureux. Mais moi !…

8 1 AGNÊS-MORILLON, 2de des 3 Sœurs. Elle était charmante, et amie d'Urfule-Meslot, ainfi que de ma Consine Edmée-Servigné. J'ai regret de n'avoir pas pris cette Agnês, aulieu de Celle qui m'a rendu fi malheureux. Une Fille elevée en Dlle est toujours mauvaise épouse, furtout fi elle a de l'efprit. Commemoracion avec gemisemens, du parjure de Sara-Debée, que Perfone ne remplacera !

JUIN.

1755 1 ROSE-LAMBELIN ; Grande Fille, fpirituelle, aimable, mais manquant de la conaiffance du cœur-humain, qui ne f'aquiert que par l'experience. On a vu mon avanture avec elle, longuement contée : car celle de Sara, qui tiént 3-fois autāt de pages, eft beaucoup plüs courte. Je celèbre la memoire de Rose le 1 Juin, jour de notre entretién le plüs delicieux. Je pleure, non cette Fille, mais les temps heureux que fon fouvenir me retrace. O Colète ! ô Madelon !...

2 ADELAÏDE-POULET, Mad. CHOUIN : Sa commemoracion m'arache des larmes... Que d'Êtres bons, obligeans j'aí conus dans ma jeuneffe !

3 HELÊNÉ-LUIDIVINE : Cette belle Fille ne me rencontrait pas une-fois, qu'elle ne recomandât le repos de fon Amie, qu'avait époufée le Frère de Tonton-Lenclos. Ce fut ce qui forma notre liaison, bién jaloufée de Treisignies : mais je n'étais plus Aprentif, il n'avait rien à me defendre, ni à me comander. Helêne était cherie d'Un Prêtre fort riche ét très-pieux (M. Clement frère du Confeiller au Parlement de Paris), ét il l'aimait purement ; mais il en était horriblement jaloux ! il falait qu' elle eût toujours un double fichu... Un-foir que je lui parlais, sa respectueuse était un-peu derangée, deforte qu'On entrevoyait un beau sein :

le Chanoine s'en aperçut, et il envoya une Duè-
gne l'arranger. Hélène rougit, et me dedomagea
le Dimanche suivant chez Madt. Lenclos.

4 COLETTE-COLLET : C'est ici
la 2de fête de cette Femme, qui
n'était pas une Mortelle, mais
un Ange, devenu visible ét
Femme, pour me rendre heureux. Je ne la meritais pas, et
mes crimes l'obligèrent à quiter
la Terre. Alors je me trouvai
sans apui, sans reffource ; je
fus come abandoné de toute
la Nature. Je comence sa fête dès la veille. Je ne faurais
exprimer la fituacion où je me
trouve la nuit, ét toute cette
journée... Mais ce n'est pas
la feule où je rende un culte
à la celefte Colette : elle a plusieurs fêtes ; celle de fa 1 revue, en 1743 ; celle de fon
retour de Paris, en 1751 ; celle
de l'Attentat, en 1754 ; celle
de nos Adieux le 31 Augufte
1755 ; et le funeste, l'horible

1755
Juin.

7
Portrait

1755
Juin.

13 Mars 1757, recommemoré le 27, jour où je conus mon malheur.... Honorée ſoyiéz-vous, ô Colète, à-jamais!

8
Portrait

Et vous, ô Fanchette, ma veritable Epouse, puis-je honorer notre comune Deeſſe, sans vous honorer auſſi?.... Benie ſoyiéz-vous, ô Fanchette!

1755 eſt la plus longue année de ma vie. Je quite Aucerre; je ſuis à Paris (auſſi n'en fais-je la commemoracion que le 1 7bre); maîs je dois nomer par ordre cronologiq toutes les Femmes de cette Capitale à placer dans mon KALENDRIÉR.

14
Portrait

5 VICTOIRE-SCOFON, ou Mad. GRÊSLOT: Jeune ét charmante Femme, qui me fit m'oublier moi-même, ét mes ſermens à ma Deesse-protectrice, à mon arrivée à Paris. J'honorerai ſa memoire, tant que j'aurai un ſouffle de vie.

6 CHARLOTE-MEREJ: jeune ét jolie Briaſſone, que je voulus employer à oublier Victoire Scofon, & pour adoucir l'attente de Mlle Fanchette: nous comencions à nous aimer; maîs la Maîtreſſe d'Armand nous ayant ſurpris, & ſachant que je ne pouvais épouser, la fit rapeler par ſes Parens, honetes & bons Fermiérs.

7 LOUISE-LEMAIRE, fille d'un Rubaniér, & que la Maîtreſſe d'Armand ſubſtitua à Charlote. Elle n'avait pas 17 ans, était jeune & jolie, maîs haute, imperieuse, come Rose-Lambelin Il eſt certain que je me ſerais ataché a cette Jeunepe-

fone, qui était un bon parti, quand elle eût ex-
pulfé mon Rival, & qu'elle parut difposée à s'a-
tacher à moi, fans l'affurance d'avoir Fanchette.

8 Mad. LALLEMANT, & Mad. BEUGNET, 2 jeunes & jolies Femmes: La 1ʳᵉ était mon hôteffe:
La 2ᵈᵉ occupait la boutique de Limonadiere du
coin de la ruë *Jacinte*. J'avais un rendevous avec
Mad. Lallemant. je devançaî l'heure, & je trouvaî
ma Belle lefbisant avec la Limonadiere, plüs jolie
qu'elle encore! Que faire, à 21 an, brûlé par la
vue & par tous les autres fens? Patiser ces deux
Lefbiennes. Ce fut ce que je fis. Je fuis encore dans le doute, fi Virginie n'eft pas la fille
de Mad. Beugnet la Limonadière. *Voyéz* le
Drame de la Vie, fcène de l'*Eglise à Bicètre*.

9 JEANNETTE-DEMAILLI: Jeune, jolie, & vertueuse Fille d'Aucerre, qui
me tint lieu de fœur, dans un temps
où je ne devais aimer que purement, à
raison de mes engajemens avec Mᶫᵉ
Fanchette. J'honore & je cheris fa memoire à l'égal de celle de Madelon-
Baròn, de Colombe, de Mariane Tangis, de Toinette, & d'Edmée-Servigné: Je ne mets audeffus d'elle que 3
Perfones, la Celefte FEMME, Jeanète-
Rouffeau, & ma Zefire.. O mon aimable Sœur! dans une autre Revolucion generale, nous nous aimérons encore fraternellement!

10 SERAFINE-JOLON, & AGATE-FAGARD: La 1ʳᵉ
était la jolie Gouvernante d'un Pĉintre de la ruë
des-Poulies: La 2ᵈᵉ, geminee, la Compagne de
ma Sœur Marie-Genovéfe. On fait come je les
eûs, dans un accès d'érotifme, caufé par la lecture d'un mauvais Livre. Elles devinrent meres.

1756
Juin.

15
Portrait

1756
Juin.

11 Mad. LEPRINCE: jeune femme en fuite d'un méchant Mari, notre voisine & qui nous aima bién Jeannette-Démailli & moi : l'exemple & les avis de ma jolie Compagne la remirent avec son Mari, qu'elle subjugua. Cette jeune Voisine me fait celebrer 2-fois la fête de Jeanette.

12 SEPTIMANIE : C'est cette Belle de la ruë *des-Prêtres-St-Severin*, que je re-conus chez la Malfe, à fa petite mule verte. Son Mari, qui ne l'aimait pas, quoiqu'elle fût charmante, la reduisit à le tromper, pour le faire coucher avec elle, enfuite du bal où elle ala en me quitant. Cela n'ayant point reuffi, elle fut obligee de cacher fa groffeffe et la naiffance de notre Fille. Je n'avais pas eté pris au-hazard? j'avais eté designé come fain et come un feseur d'Enfans... J'eus quelques lumiéres en 1767. On a vu coment. On me conut à la publicaeion de mo 2d Ouvrage, LUCILE ; mais la crainte de fe compromettre empêcha de me proteger. On fait come elle s'empara de mon Eleonore, et come j'ai vû Reine-Septimanete dans le côche de Senf... Septimanie n'est plus.

1758

13 Mad. BEUGNET-POINÇOT, ou la Belle-boulangère de la raë *Galande*, belleſœur de la Limonadière, & come elle amante de Mad. L. Je lui fis en 1758 une chanfon, fous le nom de *Piſtriſ*, & je la donaî à Mad. Lallemant, qui la lui montra. Mon ancienne Hôteff m'accorda une nuit peu de temps après... En 1776, ayant prêté *le Pa-*

ysan-perverti à la Belle-Boulangère, elle le fit 1776
lire à une Fille de 16 ans, qu'elle avait alors. Juin.
J'en fus surpris! —Si son Pere ne lui avait pas
fait honeur (me repondit-elle), jamais elle ne
l'aurait conu: mais elle le conaitra. C'est avec
moi, non avec Mad. Lallemant, que vous eûtes
la nuit aux draps de mousseline, en 1758-.... Je
me jetai à son cou, & je fus heureux par repor-
té; car jamais on ne desira Femme, come j'a-
vais convoité Celle-là. Elle dit à Pistris, notre
Fille: —Cet Ouvrage est de votre Pere-. Et
elle me l'atribua des que je fus sorti.

14 Mlle GUEANT, des *Français*, la plûs 1759
belle et la plûs interessante des Femmes. Je l'adorais au Teatre, et je venais l'en voir sortir. Le hazard me fit
la rencontrer dans un Hôtel de la *Vieille-ruë-du-Temple*, depuis ocupé par
le cit. Beaumarchais. On sait le reste...
J'ai toujours cheri cette belle Actrice,
et à mon depart de Paris, en 1759, je
me disais : ,, *Gueant n'est plus! jë te
quite, ô Paris! avec un regret de moins!*

15 SIBYLLE-ARGEVILLE, *ou* LARGEVILLE, 1755
ruë des-Poulies : La 1*re Fille que j'aie
connue, et dont j'aie joui. Ma commemoracion n'est pas pour honorer sa memoire; mais pour m'affliger d'avoir alors
donné dans un nouveau genre de libertinage. Cependant la nature ne fut pas
outragée, puisque Sibylle partagea le
plaisir qu'elle procurait, et qu'elle devint
mére. Elle était decente, et elle me don-*

na d'utils conseils, pour la conservacion de ma santé. Elle me fit voir sur Une de ses Compagnes les symptômes de la variole, et elle se donna pour exemple des Filles ensanté.... Ainsi, après avoir gémi de mon 1ér acte de libertinage, je me félicite de ma paternité.

1758
Juin.

16 EDMÉE-GIRAUD, fille-aînée d'Un Ouvriér à la Presse, que j'apelais *mon Beaupère :* Edmée était très-jolie, & je me fusse ataché à cette aimable Enfant, après la perte de ma Zefire, & la fuite d'Henriette, si je n'avais pas été trop pauvre p^{our} nourir une F. me. Son Père m'adorait, ét voulait absolument que je l'eusse. Il nous le dit clairemêt. Aussi, dans une partie de promenade, où le Père avait grisé sa Fille, en mêlant son vin-rouge de blanc, aulieu d'eau, me la fit-il posséder, malgré l'aveu qu'elle nous fit, qu'elle en aimait Un-autre. —C'est justem^{t} p^{our} cela (dit le Père, d'une voix terrible) que je veux que mon Ami ait ta fleur-! Elle ceda, me caressa même... Le lendemain, j'étais au-desespoir! Edmée-Giraud, avec laquelle j'avais couché, me dit : —Je vois que vous êtes honête garson : mais vous pouvéz tout reparer, par votre discrecion, & en me fesant épouser mon Amant, qui est Un M^{tre}.

chaircuitiér veuf bién établi. Il m'aimait avant fon mariage, & il reviént
à moi-. Je promis à Edmée de la feconder, & je le fis efficacem.ᵗ, en promettant d'épouser Reine fa cadette. Edmée, fûre du confentement de fon Père, engaja fon Amant à fe preffier, depeur qu'il ne vînt à changer de fentiment, & le mariage fe fit, Huit mois
après, elle eût Une Fille. C'eft Vic-
toire-Londó, coñue fi tard !

17 REINE, fœur d'Edmée-Giraud : No- 1759
tre liaison ne fut intime que durant Juin.
mon court fejour à Paris, à mon retour de Dijon, après la perte de Zoé,
ét de Sofronie. Elle était encore plüs
jolie que fa Sœur, & j'étais reellemēt
resolu à l'épouser, quand je reçus la
Lettre qui m'apelait à Aucerre. Je la
poffedæ par ordre de fon Père, qui me
dit, que c'était des arrhes de mariage.
Je ne me paidoneræ jamais d'avoir oublié cette Fille, p.ᵒᵘʳ épouser Agnès-L.
J'avais présenté Reine à M.ˡˡᵉ Gueant,
peu de temps avāt la mort de cette belle
Actrice ; elle l'avait trouvée charmante, & m'avait promis de la former, a-
fin que je l'époufaffe avec une place &
du talent. Mais la mort m'enleva cᵉᵗᵗᵉ
nouvelle Parangon, auffi belle, áyant
une auffi belle âme que la 1ʳᵉ. On voit

par-là pourquoi la belle Gueaut eſt ſi
ſouvent citée dans mes Ouvrages....
On aura, au 6 Juillet, la ſuite de Reine.

1758. 18. JULIE-DU-RUMIN: Grande & belle Fille, à
Juin. laquelle j'écrivais des Billets-doux, ſous le nom
de *Salſbury*, anglais: Elle les montrait à Clô-
de-Heriſſant, dont j'avais la confiance, mais qui
n'avait pas la mienne, & il me chargeait d'y faire
les Reponſes. C'eſt une des ſingularités de ma vie;
car je penetrais admirablem.t le ſens des Lettres, &
la belle Julie croyait l'avoir elle-meme penetré.
Les brouillons que je remettais à Clôde, étaient
de la main de mon Commenſal Richecœurs.

19 SOFIE-DU-RUMIN, encore plus belle que ſon
Aînée: Je lui ecrivais egalem.t des Billets-doux,
en deguiſant mon ecriture Ce qu'il y a de ſin-
gulier, c'eſt que ceux-ci étaient ſous le nom de
Carlin (Arlequin), dont j'etais alors idolatre:
je croyais que tout le monde devait avoir les
memes Yeux que moi pour cet Acteur, encore
garſon. Un certain Ducajù, autre commenſal,
copiait les Lettres ſous le nom de Carlin. Sofie
était adorée de Clôde: elle lui montra mes Epî-
tres, qui me revinrent par lui, pour y repondre. Mais il ſe chargea de voir Carlin, & de le
preſſentir adroitem.t. Il n'en fit rien neanmoins.
Je le compris, à certains diſcours, inintelligibles
pour d'Autres que moi... On ne devinerait pas
ce que devint cette double intrigue! Julie ſourit à
un Anglais, qu'elle crut ſon Amant: Il vint à la
maiſon,... & il epouſa Sofie... Celle-ci, dans
l'interval, fit au bal un Amant, qu'elle prit pour
Carlin. C'était un 1.r Comis. Elle eût l'art de le
ceder à ſa Sœur, qu'il vit avant elle, & qu'il prit
pour ſa Belle du bal On ſut alors que j'avais écrit
les Lettres, les Reponſes & Clôde decouvrit que j'
avais adoré Sofie. Les 2 Belles me firent un preſent,
& Clôde, deja brouillé, ne me le pardona pas.

19 MANON-LAVERGNE : jeune & jolie fille de 6756
la ruë *Notredamè*, dont la fenétre était à-côté Juin.
de ma place, chéz Clôde, desorte que je la voyais à tous les inftans. Après l'avoir longtemps
admirée, & m'etre exalte l'imaginacion à fon fu-
jet, je lui parlæ. Elle fe ratira vivem^t, & fa Mère vint me prier de ne rién dire à fa Fille. Je re-
ponlis par des regrets, de ne pas mériter de causer quelquefois avec ma jolie Voisine. Je demandæ à la Mère la permiffion de lui parler à
elle-même ? Mon langaje, qui n'était pas celui de mon Prédeceffeur, ivrogne libertin, me
fit écouter. J'adreffæ donc la parole à la Maman
plusieurs-fois le jour, jamais à Manon. Aubout d'environ 2 mois, un-jour que Celle-ci é-
tait feule à fa fenétre, je la faluæ. Elle me fourit. Je m'informæ de fa Mère ? —Elle eft for-
tie-. Je me hâtæ de parler d'amour ; & je crois
qu'il me vint fubitement. La D^{lle} repondit mo-
deftem^r, que j'etais bién bon. Je fesais des pro-
teftacions, quand tout-à-coup la Mere parut à
la fenétre, & me reprocha de ne pas tenir ma
parole. Elle me défendit de parler à fa Fille, ni
à elle-même, que je n'euffe un état. Je la faluæ,
& me retiræ. Je trouvæ un Dimanche la Fille à
Notredame, & je l'abordæ. Elle me dit, que
fa Mère était rentrée, fans qu'elle l'eût entendue.
due. Elle me dona un fignal pour lui parler. Je
manquæ pas d'en profiter ; jufque-là qu'un-jour,
à-l'inftant de la fortie de la Mère, j'eûs la permiffion de venir à la maison. Mlle Lavergne
était feule. Je fus très-tendre, très-audacieux,
& j'alais triomfer, quand On m'apliqua fur les
reins un coup de talon de mule de Femme. C'é-
tait la Mere, qui n'était pas fortie, qui agiffait
de-concert avec fa Fille, & qui me dona mon
congé, come à un Libertin. Depuîs, j'æ fu que
c'était une très-honéte-femme, à fon aise, une
bone mere, & que fi j'avais eû des mœurf, elle

XIII Partie.   ff

m'aurait donné fa Fille ; fuposé que j'euſſe filé
l'amour juſqu'après le malheur du 13 Marſ 1757.
Cependant la jeune Lavergne n'était pas entiére-
ment du ſentiment de ſa Mère, à mon égard.
Un-jour, elle me dona un rendevous reel. Maîs
outre les Elèves de ſa Mère, il ſe trouvait auprès d'elle un Voiſine âgée. Cependant Manon
m'agaça. Je voulus lui rendre un baiſér, pour
un coup. Elle f'enfuit dans une autre pièce : je
l'y pourſuivis : Elle ſe defendait avec ſon aigüille, qui lui tomba des doigts : je vis l'heure du
Bergér... Tandis que je mettais l'aigüille,
la jolie Mlle Lavergne, en ſe demenant, criait:
— *Mon aigüille! mon aigüille-!* deſorte qu'
On ne ſe douta de rièm dans l'autre piece... Hâ!
fi j'avais ſu que je ne devais pas avoir Mlle Fanchette, je n'aurais pas été chéz Knapén me cacher, ſous le nom de *Jean-Jaque-Siflavio*...
Manon-Lavergne mit au monde une Fille.

20 ROSE-VIGNON : Blonde de la plüs charmante
figure, qui ſucceda ſans interrupcion à la Précedente : Elle voulait le mariage, & rién autre
choſe: je pouvais tout doner, hors le mariage,
& malgré quelques arrhes eſcamotés, elle me remercia... Je celèbre, à ſa fète, des temps d'ivreſſe.

21 ROSALIE-LEVASSEUR. Un-jour que j'errais
dans le quartiér de *la Comedie-Italiénne*, j'a-
perçus une jolie Perſone, miſe d'un goût exquis.
Je la ſuivis paciemment dans le dedale de ſes de-
tours ; j'entræ chéz elle par altuce, & j'agis ſans
façon. Il eſt ſûr qu'elle me prit pour Un-autre,
de ſa conaiſſance, & auquel je reſſemblais ; car
elle fut d'un étonement extrème, pendant & a-
près mon *bonheur*, en voyant ma façon-d'agir!
Elle parut très empreſſée de me renvoyer Je
ſus qu'elle f'apelait Rosalie, parcequ'en ſortant,
j'entendis une Voiſine qui lui diſait: — Maîs,
Mlle Rosalie, je n'avais jamais vu ce Jeuneho-

me-là chéz vous? —C'eſt une ataque: je lui avais
repondu, le prenant pour *Velaine*. — Ha! quelle
difference! *Velaine* eſt plûs grand. — Je ne vois
pas cela. Mais j'æ trouvé une autre difference-!
Je n'en pus entendre davantage. Cependant Ro-
salie-Levaſſeur dona un Enfant à *Velaine* 9 mois
après jour pour jour. Cette jolie Enfant a été
ſur le *Teatre d'Audinot*: *Je ne la nomerai
pas ici ; mais elle a nos ïeux à nous-au-
tres Reſtifs. Elle ne fut pas élevée par ſa
Mère. (On ſent que ce doit être Terinèche).* ⁓

22 TERÈSE, filledechambre de la Belle-
Pâtiſſière Sofie-Grandjean, épouse de
M. De-Courbuiſſon, Gentilhome Pi-
card : Bonne fille, dont l'hiſtoire eſt
aſſéz detaillée dans le texte. Elle a fait
3 Filles : elle m'en donait Une ; la 2^{de}
à Richecœurs ; la 3 à Môlét, mes
commenſaux. Elle les a élevées, fans
aucu un fecours qu'elle-même. Dans
la ſuite, ſon Maître, qui n'avait pas
d'Enfans de la Belle-Pâtiſſière, voulut
en faire Un à Terèse. Cette Enfant
vint, mais elle mourut, ét Terèse fut
aſſéz adroite, pour lui fubſtituer la
miénne, qu'elle aimait le mieux......
Courbuiſſon étant mort, Terèse cha-
ſſée par ſa Maîtreſſe, ſe trouva dans
la detreſſe : *Elle ſe proſtitua, pour é-
lever ſes Enfanſ: Elle plaida, ét obtint
une penſion alimentaire de 2,000 livreſ
pour ſa Terèse (la ſubſtituée). Et cette
Terèse, connue depuiſ ſa mort, eſt celle*

qui m'a été si chère !... Terèse-mère ne prostitua pas ses Filles, come Nannete, mais elle les fit entretenir : Ma Fille Ai- monde-Dartois en conaissait Une.

1757
Juin.

23 BONE-SELLIÉR, femme de Compagnon-Imprimeur, qui tenait des Pensionaires du même état. Pour nous conserver sages, & préserv[er] notre santé, elle nous acordait à Tous ses faveu[rs]; & Persone n'en abusa jamais, que le brigand Môlèt, ancién compagnon de Mandrin. C'était une excellen[te] Femme ! & j'ai souvent admiré depuis, combién son caractère ressemblait à celui de Mad. De Varéns !

1759

24 SOFRONIE-FRANÇOISE-SELLIÉR, sœur du Mari de la Précedente : Fille charmante, qui fut sur le point d'être mon épouse, & qui m'eût préservé de tous mes malheurs. On a vu dans l'Histoire, come elle a peri. J'avoue que de pareils malheurs ne me semblent faits que pour moi... Son Frère Laurent son assassin, fut tué peu de temps après, par Un de ses Complices. Elle était fille d'un Maître-Imprimeur de Soissons... J'honore Bone & Sofronie avec la plüs grande sensibilité : elles voulurent mon bonh[r].

25 PELERINE-EBRET , native d'Aucerre , depuis é-   1756
pouse du Chapeliér Willaume , qui s'est enrichi ,   Juin.
dans cette même Ville , sous le nom de *Tonopmar*
nôt. Elle était a Paris, logée avec ses Parens au 6e,
dans la même maison que Bone-Selliér. J'en fis
peu de cas dabord ; elle était maigre ét foneuse :
mais infensiblement elle fe developa , ét devint jolie, provoquante; elle eût une marche voluptueuse,
sa gorge aquit une blancheur apetissante.. Elle
est non la 1re Femme qui m'aìt inspiré le desir de
la posseder , mais qui m'aìt doné une idée delicieuse du plaisir d'étre couché dans le même lit ,
de l'y presser dans mes bras, de m'y entrelacer a-
vec elle. Il n'y avait qu'un vaste grabat pour la
Famille , Père , Mère , grand Frère , petit Frère , ét
Pelerine. J'obtins du Frère sa place pour 24 sous,
ét il coucha dans mon lit. La place de Pelerine é-
tait a-côté de sa Mère, enfuite le petit Frère, puis le
Grand sur le bord oposé à celui du Père. Il n'y a-
vait pas de ruelle. Quand je mê couchai , sans lu-
miere , suivant l'usage de la maison, je passai sur
le petit Frère endormi , ét j'enlaçai Pelerine. Le
plaisir fut inexprimable... Mais enfin, l'heure de la
crise étant arrivé, des soupirs , quelques gemisse-
mens étouffés se firent entendre. Le Père fut éveillé.
„ Qu'est-ce donc ? Qu'as-tu, Pelerine ? „ C'est
que je réve, mon Père „. La Mère se reveilla. „ Qu'
y a-t-il donc „? Et elle tàta. Je feignis de dormir.
„ C'est ce grand Vilain qui est à-côté de sa Sœur !
Il l'aura touchée, tenéz !.. Où est-ce qu'il t'a touchée , Pelerine ? „ Hó ! je dormais. Nulle-part...
„ Si votre Fille réve ça (dit le Père), c'est que
Quéqu'un l'a deja kalibistrée , ou voulu kalibis-
trer. „ Hó ! avec vos mots ! (dit Pelerine), vous
croyéz qu'On ne vous entend pas ! Et quand vous
kalibistréz ma Mère , tout contre moi , est-ce que
ce n'est pas asséz pour en faire réver ? „ Elle a raison ! (dit le Père): voila ce que c'est que de n'avoir
qu'un lit. Neanmoins il kalibistra sa Femme ; je
rekalibistrai la Fille , qui ne put s'empêcher de
soupirer. „ Ça lui fait trop d'impreffion (dit le
Père); il faudra tàcher que M. le Curé de *Stétiénne-*
du-Mont nous done un petit lit pour elle „... Ce-

ſ ſ 3

pendant Bone·Selliér s'était aperçue que Ebret·fils
m'avait remplacé dans mon lit. Elle se douta de
quelque·chose, ét tira de la Mère un recit detaillé,
en disant, qu'elle avait entendu come du bruit à
leur étage pendant la nuit. La Mère bavarde con-
ta tout ce qu'elle savait, ét Bone devina le reste.
Ce fut Bone qui ala demander le petit lit au Curé.
Le Pasteur, effrayé du demi·recit, le fit doner le
même jour. De son côte, Bone ferma nos portes.
Les Parens de Pelerine firent alors la conaissance
du Chapeliér Willaume, qui devint amoureux de
leur Fille, ét qui les logea ruë *dè-la-Bûcherie*, au
2d. C'est-là que j'ai vu Pelerine charmante. L'A-
mant alá s'établir à Aucerre, sous la maitrise de
fon futur Beaupère, ét il y épousa Pelerine.

26 ELIZABEH·LERICHE, fille de Mad. Deschamps,
petitefille du maître Marechal Leriche, mais élevée
aux Enfans-trouvés, où son Grandpère l'avait fait
porter. Je la voyais de ma fenétre de travail, a-
près les avantures de Manon·Lavergne ét de Rose·
Vignon. Je lui fesais des fignes. L'Enfant, qui a-
vait environ 9 ans, me remarqua, me sourit. Je
lui envoyais un baisér tous les matins; ét Babet
me le rendait. A la fin, Une Sœur·grise s'en aperçut, ét me fit des ïeux terribles! Elle ne s'en tint
pas·là; elle se plaignit. Un Exempt vint chéz Clo-
de·Herissant s'informer de moi. Sur le bon temoi-
gnage de cet Imprimeur, On se contenta dé m'interroger. Sans connaître la Mère de l'Enfant, je
repondis, qu'elle était ma fille; que la Dlle était
morte, ét que je retirerais un·jour ma chère Babet.
On me crut. La Sœur, depuis ce moment, ne trou·
va plus mauvais que je fisse des fignes, ét que j'en·
voyasse des baisérs à ma Jolie Manette·Elizabeth;
(car elle portait les 2 noms). Elle n'a été reconue
de sa Mére, la belle Deschamps, que 6 ans après,
la 4e du decès de ma Zefire, ét pendant que je me
mariais à Aucerre... Quel a dû être mon étonemt,
au decès de Mad. Deschamps, en 1775, d'apren-
dre par Renaud, que la Defunte ét moi, nous a-
vions une Fille comune! Ce fut un beau moment!
surtout quand je reconus mon Enfant-trouvee.

27 ARMIDE·CAMARGO, 1re *Danfeuse aux Français:*

J'avais fait sa conaiſſance, en guêttant le ſoir, à la ſortie du Spectacle, mlle Gueant. Un-ſoir, je reconduiſis la Danſeuſe: Elle était ſi voluptueuſement habillée, ſous un coſtume de Griſette, qu'elle aimait fort, que je fus audacieux... Coment, avec tant de grâces, peut-on avoir la variole?... Elle me dona une galanterie cruelle, qui ne ſe declara que 17 jours après, celui de l'execucion de Damiens, par un flux ſanguinolant. Je ne ſavais ce que c'était; car ce même ſoir, j'alai à l'Opera-comiq de la foire S. G. tandis que nos Jolies.femm s étaient atentives à voir tirailler le Regicide, qui eût peutêtre ſauvé la France, s'il n'eût pas manqué ſon coup; vu que c'est depuis ce temps que Louis-XV a bouleverſé les finances... Ce fut plûtot la negligence du Chirurgien Lacan, qui envenima le mal, que ſa grâvité. Je ſentis alors l'horrible ſituaçion, de voir une jolie Fille, ſans oſer y toucher! Je ne gueris qu'avec peine, par la force et la bonté de mon temperament. Bone-Sellier me prodigua ſes ſoins... Armide quita le Teâtre à cette époque. Ce qu'il y a d'étonant, c'est que cette conjonçgion ſi malheureuſe pour moi, produiſit une Fille ſaine et jolie, qui a depuis été mariée a un Libraire... Je l'ai vue en 1772 chez Louiſe, ſous le nom de Timonette.... Elle a été celebre depuis. C'est mad. L'J...M.-D.P.C. Elle-ſeule fait mettre ſa Mère au Kalendrier.

28 ADELAÏDE-DESMARAIS: Jeuneperſone d'Amiéns, jolie, et qui avait de la fortune: Ma Sœur Margot voulait me la faire épouſer, et je trouvais mlle Adelaïde ce qu'il me falait, atraits, qualités, fortune: Mais une maladie de poitrine me l'enleva. Elle fut bien regrettée! car je n'avais plus Fanchéte.

29 CECILE-DECOUGI, autre compagne de ma Sœur Margot: C'était une jolie Blonde, dout On a vu un trait effronté de ma part, dans le texte, *p.* 2169.

30 SERAFINE-DESROCHES: jeune & raiſonable Perſone de Senſ, encore Une des Compagnes de ma Sœur Margot: La riaſon me portait à m'y atacher, encore qu'elle ne fût pas jolie. Mais

fa Sœur Madelon était ſi jolie, que je fis come le chién de la Fable. Sѐrafine piquée voulut retourner à Senſ, Madelon avait un autre Amant, & moi, je n'eûs plus de Maîtreſſe... Hâ! que je l'ai regrettée! Elle m'eût préservé du malheur!

JUILLET.

1757 1 Madelon-Destroches, ſœur de la Précecedente: jolie coquette, qui me rendit volage pour Serafine ſon Aînée. J'æ paſſe avec elle un apresdinée delicieuse, que je ne me rapelle jamaîs ſans atendriſſement. O temps d'ivreſſe!

2 Agate-Fagard: jolie brune, compagne de ma Sœur Genѐfe, rüe *Denis*, près *Stſauveur.* Quoique deja celebrée le 10 Juin, avec Mlle *Jolon*, je l'honore ſeule aujourdhui, à-cause de la prodigieuse impreſſion qu'elle fit ſur moi, le jour où elle m'anonça que ma jeune Puînée n'était plus chéz la même Maîtreſſe. Que je la trouvæ jolie! je verſæ des larmes d'atendriſſement avec elle, come ſi j'eûſſe prévu le ſort de ma pauvre Cadette!.. O belle Brune! j'hono e ta memoire!

3 Leonor-*Ebor-Poupart*, de la rüe *des-Cinq-diamans*: Nouvelle compagne de Genѐfe, chéz les Devotes où l'avait mise Margôt, en l'ôtant d'avec Fagard, Devotes chéz leſquelles l'Infortunee ſ'eſt perdue par un Confeſſeur. Avec moins d'étourderie, j'aurais pu réüſſir auprés de cette charmante Blonde, dont je m'etais aſſéz fait aimer, pour la rendre mère: Trop de petulance me fit remarquer des Devotes, je fos econduit come un Libertin, que Dieu ne bénirait pas. On a vu coment je retrouvæ notre Fille aubout de 30 ans, m^de vis-à-vis l'*Ortr.*

4 Annette, fille d'un Epiciér de la *Place-Maubert*: Une des Elèves de Mlle Zoé, ét la Cadéte de 2 Sœurs: On l'employa dans ma maladie, de la mort de Mad. Parangon, pour me diſtraire. Ses caresses étaient vives, ét même voluptueuses, ſans-doute parceque

je lui plaisais. J'étais araché à ma douleur par ses baisers sur la bouche (elle avait 11 ans); elle était brune ét charmante : en 1765 , elle était établie en face de la ruë *des-Rats* , ét elle était admirée de tout le monde. Ce fut elle qui me reconut. 1757 Juillet.

5 SUZETTE , sœur de la Précedente : Mais Celle-ci avait 12 ans , ét elle était plüs reservée ; cependant elle imitait quelquefois sa Cadéte; ét come sa gorge était naissante , Suzette excitait bién autrement les sens qu'Annette ! Je me surpris un-jour prêt à la posseder. J'en rougis , car j'étais encore honête. 10 ans plûtard , l'Enfant eût sauté le pas.

6 FILLETTE ét STANISLETTE-THEVENET , filles d'un Violon de l'Opéra , qui , avec la Suivante , formerent le joli Trio qui acheva de me guerir. On les substitua aux 2 jeunes Epiciéres, dont On s'etait aperçu que les caresses étaient trop sensuelles. Ces 5 aimables Enfans , ét surtout la 5e , devièrent ma douleur; elles l'attendrirent , ét je pus pleurer..... Stanislette a été danseuse à l'Opéra.

7 ELEONORE , qui venait avec les 2 Précedentes , ét que je croyais leur sœur. Ce fut elle qui me sauva la vie , par l'impression qu'elle fit sur moi , ét l'atachement qu'elle m'inspira. Je ne sus que longtemps après , que c'était la fille de Marguerite-Pâris et la miénne... Dans la suite , ét avant d'être mieux instruit , je la crus Une autre de mes Filles, que par cette raison , j'honorerai demain.

8 LEONORE-GIRAUD , ou Mad. GIGOT-DE-GLANCÉ , sœur de la Précedente , ét fille de Reine-Giraud...; On a vu dans l'Histoire , coment j'eûs cette Fille , en 1759 ; coment j'en fus épris , en la trouvant belle ét mariée à un riche Avocat en 1781 : ce fut plûtôt de la tendresse que de l'amour , quoique je ne la conusse pas encore. On a vu , *p.* 2993 , coment je fus instruit Il ne me reste plus à raconter que l'avanture de Xuorel , que j'ai promise :

On sait que j'avais formé la resolucio̅ de ne plus voir MAD. De-Glancé , après le mauvais succés de la Lettre que je lui avais écrite à Morsan. Pouvais-je savoir que je boudais ma Fille ! Hé ! dans quel 1781
23
portrait temps l'abandonais-je? Lorſqu'un Mari haïſſable lui donait pour ſociété un Jeunehome ſentimenteux, intereſſant. Senſibiliſée par moi-même, qui eût toujours une âme brûlante, et qui là fuyais, ſa chute fut hâtée par ma tendresse, trop vraie, pour ne pas être penetrante. Le Mari fut abſent 18 mois. Au moment de ſon retour, qu'il n'avait pas écrit, Leonore était enceinte de 7 à 8 mois. Elle fut ſurprise, desolée! mais elle ne chercha ni excuses, ni ſubterfuges. A la queſtion : „ Mais vous êtes groſſe, ᴍadame„? elle repondit, en baiſſant la vue: „Oui, ᴍonſieur; et je ſuis doublement coupable, puiſque je vous ai rendu pére.... Je n'allegueræ point que vous avez eû tort de me laiſſer avec Un Home aimable, votre ami, notre commenſal: cela ne me juſtifierait pas. Je vous ai offenſé; je me mets à votre diſcrecion. Seulement n'áyéz pas recours aux Tribunaux! je me ſoumets à tout ce qu'ils ordonerait: Je vous demande pardon, et une peine qui ne rejailliſſe, ni ſur vous, ni ſur notre Fille„? Elle ſe tut. Le Mari reflechit: Xuorel, en coupable, était diſparu; il n'avait oſé ſe préſenter devant ſon Ami outragé. Il ſavait qu'en ce cas, la Fême fait beaucoup mieux ſa paix toute-ſeule. Glancé le demanda.

Xuorel vint. Glancé fe jeta dans ses bras : ,,Que je ne perde pas auffi mon Ami ! (s'écria-t-il). ,,Cette conduite noble et genereuse me prefcrit la miénne (repondit Xuorel). ,,Madame (reprit l'Epoux), c'est en vivant tous-trois en bone intelligence, que nous conferverons notre honeur. Laiffons croire que j'ai fait un voyage fecret, à l'époque convenable,,. On ne parla plus de la faute des 2 Amans. Ils étaīt confondus de ce qu'un Home très-ordinaire, fe mötrait fi fage ét fi genereux !... Leonore acoucha. Ce fut encore une Fille. Xuorel de-concert avec elle, avait pris les moyéns pour la fouftraire aux regards du Mari. Mais l'Avocat Glancé voulut que cette Enfant fût traitée come l'Aînée l'avait éte, ét il jura qu'elle jouirait de tous fes droits de Fille, née en legitime mariage : ,,Il le faut, pour notre honeur à tous,, (ajouta-t-il). ¶ Il en a été ainfi. J'ai rencontré ces 2 Filles avec leur Mère, en 1788. M. De-Glancé ne s'en tint pas-là : il continua de recevoir fon Ami à tous les femestres ; il fouffrit tout ce qu'il voulut faire, pour indemniser l'Aînée, du partage avec Une Cadète qu'elle n'aurait pas eúe fans lui... ¶ J'ignorerais tous ces detâils, fans A.-L. qui les tenait des Domestiques, ét qui me les aprit par bavardage.

9 ZOÉ-DELAPORTE, Petitefille du celèbre Martin, qui aporta de la Chi-
ne le fecret du vernis : C'était l'amie
de mon digne Ami Loiseau, & la
miénne : je les honorerai jufqu'à
mon derniér foupir, elle & lui !

10 *SPIRETTI-LAVAL: Grande & fuperbe Fille
qui me prit le bras dans la rue Galande,
parcequ'un vilain Home la pourfuivait. Je
la reconduisis. Elle était à la Maffé. C'eft
la même qui avait remplacé Septimanie,
après le départ de cette Dame : mais je ne
l'avais pas reconue dans la rue... Je n'honore pas cette Fille, non-plus que toutes-
celles en italiq : mais j'en jouis : c'eft la
feule Femme qui m'ait dit : » Que vous êtes
fort «!... J'en eus un Fils. « Mais elle était
difparue groffe, avant que j'en fuffe inftruit.
En 1776, je vis Spirette fur l'Ile St-louis,
donant le bras à un Home décoré de la ci-
oix-de-filouis. Je la reconus parfaitement,
quoiqu'elle fût en grande Dame ; mais la
Maffé n'était plus, pour m'inftuire. Je venais de faire conaiffance avec Mad. Fro-
ment, amie des Limonadières Beugnet &
Mâris, qui avaient fucceffivement logé la
Maffé. J'alai lui montrer la Dame : puis
je lui fis un long recit, la priant de m'aider de fes lumières ? La Limonadière repondit ; Que la Maffé était conue pour n'avoir
jamais chéz elle de Filles-publiques ; elle
n'employait que des Femmes-honétes, qui
venaient y apaiser des feux trop violens,
ou f'y faire feconder, foit pour éteindre
un Mari deteflé, foit pour mettre au-desefpoir les Collatéraux d'un vieux Mari. Elle
fe rapela la Dame que je venais de lui montrer,*

erer, pour lui avoir un-jour ouvert la por-
te-de-coté de l'alée de son Amie Beugnet,
pour la faire sortir par l'arrière-boutique.
La Dame avait découvert, qu'un Valet-de-
chambre de son Mari l'obfervait: En entrant déguisée, elle l'avait aperçu: Elle
jeta son déguisement sur une autre Femme,
descendit par l'escaliér interieur destiné à
Ceux qui ocupent la boutique & le premiér,
puis s'éfquiva par la porte sur la rue Jacinte Le Valet de chambre entra, fouilla toute
la maison & trouva cachée la Femme qui a-
vait le déguisement. Il fut bien surpris de
trouver Une-autre que sa Maitresse, sous l'
habit qu'il lui avait vu! Le Mari arriva, &
vit la confusion de son Valet: il n'en prit
que plus de confiance en sa Femme: Celle-ci
fit chasser le Valet de chambre, qui dona dans
un piége par elle tendu. — La Dame a eu,
continua la Limonadiere, une Fille qu'elle
dit sœur paternelle de celle d' ne Princeffe-.
Elle la noma... Voila pourquoi je donne une
Fête à Spirette-Laval, qui me rapelle d'ailleurs une foule de circonstances interessan-
tes de ma vie; enfin, j'honore ma Fille.

11 AURORE: Voici encore une Fille, dont
j'h nore la memoire: c'est qu'elle me rappelle Zefire, que je l'ai rendue mère, & qu'
elle m'a doné Batilde. J'ai retrouvé notre
Fille en 1788, rue Poupée-de-la-Harpe;
chéz la Limonadière: elle est comedièone,
& elle debutait aux Italiens. Elle avait une
Nièce de 15 ans, d'une figure si touchante e
qu'elle a fait sa fortane, sous un nom conu.
12 PICTRICE-DARQ, autrement la POTELEE:
Elle demeurait au Jeu-de-boule de l'anciéne Porte-Buffi. Je commemore cette Femme, parceque je l'ai rendue mère, que notre Fille, mde-bijoutière sous le quai de

XIII Partie.   g g

Gévres, m'a fait honeur par ses mœurf &
sa beauté : c'était une superbe BRUNE , qui
refusa 12-mille francs de penfion d'un Lord.

13 *Mad.* DOUBLETON (nom controuvé) : c'eft
à cette Dame que Victrice me ceda, j'ignore
par quel motif, ce fut elle qui me proposa de
m'entretenir, qui me musela, & que je quitai
par cette raison. J'ignorais alorf que ce n'é-
taitpasunpaim'avilissantqu'elle m'offrait,
mais une penfion alimentaire au Père de
l'Enfant qu'elle esperait de moi. Elle mefit
chercher, quand elle se vit groffe...... Cette
Dame était l'Epouse d'un Home portant
robe, fort-riche, fort-devot, auquel j'ai doné un HERITIÉR. Elle demeurait près Merri.

14 ZÉFIRE-RESTIF ! A ce nom sacré, mon cœur treffaille !... Zefire ! tu fus la plüs aimable , la
plüs tendre, la plüs touchante des
Filles ! Zefire ! la fille de la 1ʳᵉ
Femme que j'aie convoitée en home , et de ma précocité ! Zefire !
à laquelle tout ce qui peut atacher
me lia fi delicieusement ! ô Zefire !
quel jour doux et cruel que celui
de ta fête ! il me rapelle toutes
mes pertes , toutes mes douleurs !

Commemoracion de mon arrivée à Aucerre , en
1751 : De l'abandon de mon logement de la
rue de Bièvre , en 1781 , à-cause de S.-Debée.
15 SOFIE-VAN-WOLXÉM, fille-publique,
maitreffe de mon camarade van-Wolxém,

& que j'aí rendue mère d'une Fille. Cette
Sofie, avait le genre de figure de Mlle
Doui, c'est-à-dire, ce teint bilieux, anonce
d'un grand temperament, & qui rend les
Homes fréneriqs, non d'amour, mais de
desir : toujours propre, bién-mise, bién-
chauffée, elle m'affecta vivement. Je lui
marquais de grands égards, quand elle venait à l'imprimerie demander Wolxém, surtout lorsque Celui-ci ne s'y trouvait pas.
J'obtins ainsi la permission de la reconduí-
re ; puis de rendre des visites. J'y alai un
Dimanche en Fevriér 1759, peu de temps
avant mon depart pour Saci : Je la trouvaí
seule. Elle s'habillait : je la laçai, assise
sur mes genoux. Insensiblement, je me di-
sposaí : alors la pressant sur les hanches,
je m'en trouvaí possesseur. Elle poussa un
grand soupir, en me donant sa bouche : —
Há ! si Wolxém savait-! Elle sentit ensuite
certaines contractions finissantes qui m'é-
taient particulières, & qui ravissaient Mad.
Doubleton; elle m'apela, come Celle-ci, son
Ange ! le Roi des Homes ! son Dieu !... Un
instant après, elle me dit : —Há ! Monsieur-
Nicolas ! je suis au-desespoir ! je l'aí trahi
complettement avec vous ! Ne revenéz plus !
... Je lui dis que je m'en retournais en Bourgogne, & elle en parut desolée !... Elle a eú
de moi une charmante Fille, très conue aujourdhui au principal Spectacle du Boulevard.

16 SIDONIE-MENTELLE , Actrice de l'Opera-
comiq Amante de mon Ami Boudàrd , mon A-
mie & celle de Zefire. Excellente fille !

17 JULIE-PRUDHOME, 1re Danseuse de l'Opera-
comiq en cette même année, compagne de la
Précedente & de la Suivante. *Voyéz* l'histoir.

18 JAQUETTE-BATISTE, Double des rôles de Mlle
Mentelle, pour les Amoureuses: même temps.

 Le même jour, je célèbre la Fête de Ma-
rie-Elize-Leriche reconue (MAD. Deschamps), amie de mon ami Renaud,
la miénne, ét celle de ma Zefire, que
la belle Dame crut un inftant fa Fille
(depuis retrouvée dans notre Petite
Babet des Enfans-Trouvés, 26 juin).

19 AMÉLIE SUADÈLE GUISLAND, fille de
la Marchande de ma Zefire, fon amie,
la miénne, ét prefque mon épouse...
Je célèbre fa Fête avec des fanglots,
des larmes ét des cris !

20 *MARIE-SAQUART, ou MANON, cousine
de Zefire, par fa Mère, depuis épouse de
de mon Ami Louis-Gaudét. Je n'ai à lui re-
procher que de m'avoir caché ma Zefirette,
avec laquelle elle femblait craindre de me
voir me lier trop intimement.*

 21 HENRIETTE-KIRCHER, anglaise, ma
2de épouse, mère d HENRIETTE, fille
charmante que j'ai en Angleterre. On
a vu coment fe fit ét s'est diffout ce
mariage. Mais je perfifte à croire que
Macbell feule fut coupable : Ainfi,
j'honore Henriette, ét furtout fa Fille.

 22 BATILDE, Alsaciénne, *qu Aurore me
fit poffeder, ét que j'ai rendue mere. Elle
a depuis épousé un Baron allemand, qui
l'avait entretenue. Il eft vrai, qu'en vivant avec cette Fille-publique, On ne pouvait f'empêcher de l'aimer ét de l'eftimer.
Il en eft peu de ce genre. On fait come elle*

*m'était atachée , et comblèn elle aurait
fait pour moi , si j'eûsse été libre. Auſſi,
je l'honore come honête , et come mère.*

23 JOCONDE-SAILLI, *jeune folle , qui depuis a fait ſon chemin , proſtituée encore impubère chéz la Dupont : Batilde a-
vait voulu que j'eûſſe la fleur de Jocon-
de , ,, Afin (disait-elle) , que nous ſoyions
ſœurs , et que les Gueux n'ayent que les
reſtes d'un Joli-garſon ,, ... Je ſaillis
de le payer chér ! come on l'a vu. Nous
eûmes 2 Filles , Sailli et moi , car je l'ai
repoſſedée en 1767. Elle a ü l'adreſſe
de doner ces 2 Enfansà ſes Entretenêurs,
malgré les anac'ronifmes. Elle a été riche , et danſeuse aux Français : ſes 2 Filles ſont comediénnes . et ont du ſucçès.*

24 VICTOIREE, de Verſailles, femme dechambre de l'Epouſe de Knapen. Elle était aimée d'un Jeunehome alors éléve : je ſurpris ſes Lettres, ſorties de la poche de ſon Amant, & je les lui montraí. Elle crut qu'il eſ̧avait livrées: mais je fus aſſéz honête, pour la detromper le lendemain. Cependant le coup était porté : L'Amant congedié venait de s'engajer de deseſpoir. Je táchæ de conſoler Victoire. Nous étions ſeuls. Tout-à-coup cette Jeune-fille ſe jète en pleuraut dans mes bras : — Vous m'avéz perdue ! (me dit-elle), & vous n'avéz qu'un moyén de me conſoler-.... Je compris qu'il falait que je l'aimaſſe. Alors, j'eús mauvaise opinion d'elle , & je la menageaí ſi peu, que je la poſſedaí. Elle parut très-inquiette de l'idée que j'alais prendre d'elle ! Je diſſimulaí mon mépris , & je voulus la ceder à Heraut, mon camarade , depuis Comedién , ſous je

ne fais quel nom ; mais Victoire, en s'y refusant, me fit voir que je m'etais trompé fur fon
compte. Elle devint enceinte. Me voyant fans
état, fans moyens, prêt à retourner ch z mes
Parens, elle me dit, que ce n'était pas là le moment de m'embaraffer d'une Femme. Elle s'en
retourna donc à Versailles, où elle acoucha d'un
Fils. A mon retour à Paris, en 1761, je la rencontrai rue *de la Draperie:* Elle vint à moi :
—A-present (me dit-elle), nous pouvons nous
marier; j'ai de quoi me paffer de votre travail-.
J'etais ... mal marié, moi !... Je l'embraffai la
larme à l'œil, fans lui repondre, & je m'enfuis...
Agnès-L. m'a perdu !

25 CLAIRÆ-MORIZOT, d'Angérs, qni remplaça Victoire. Elle était de bone famille. On avait voulu La marier à un Vieillard : quoiqu'elle n'aimât
rién, Clæræ s'y était refusée, s'était enfuie, éts'en
était venue se cacher à Paris. Ce fut en se mettant
femmedechambre dans une maison obscure. Je lui
fis ma cour. Sa figure, son éducation m'enchan-
tèrent, et je m'y atachais: deja même j'avais gâgné
son cœur; ce qui acheva de me faire oublier Victoire de Versailles : Nous projetions notre mariaçe,
Clæræ étmoi : Pour me prouver sa fincerité, étant
plüs riche que moi, nous ocupames le même lit,
tandis que mon Confrere Herant couchait à 3 pieds
de nous avec EDMÉE, assez jolie Cuisinière. J'etais
heureux. Mais ce ne fut qu'une lueur trompeuse!
Un-matin, au moment où nous alions dejeûner
enfemble, On vint demander Clæræ. » Hâ ! (me
dit-elle), peutêtre suis-je perdue »!... Elle descendit : uu carosse atendait : On l'y monta ; les
portières se levèrent, au moment où j'arivais. La
triste Clæræ me vit, et ne me fit auqu'un figne. Le
carosse partit, sans prendre sa cassette, sans dire
un mot à sa Maîtresse. La penfée de suivre la voiture ne me vint qu'aprés qu'elle fut disparue... Je
n'ai jamais eü de ses nouvelles. . C'est la derniere
Femme honète que j'aie possedée à Paris, durant
mon 2d sejour. † *Je ne place pas ici les Filles-per-
dues de passade, que nous vimes crapuleusement Gaudét
et moi.*

26 MARIE-JEHANIN : Jolie Comtoise, servante d'Auberge, *porte Guillaume*, à l'imge *Stnicolas*. Je me rapelle cette jolie Fille avec un fentiment douloureux ! elle meritait un meilleur fort ! Cependātoù en ferais-je, fi j'étais Curé !

27 MARIANE-MILAN : fille de fervice d' une vieille Dame fur la *place Stétiéne* à Dijon. Je l'ai rendue mère, et Mlle Onfale a pris foin de l'Enfant C'était une Fille jolie, fage et naïve.

28 LYDIE ét CLÆRÆTE-VALSUZON ; 2 fœurs, filles d'un riche Perruquiér, vis-à-vis 'a *Chambre des Comptes*, a Dijon : Je leur fis la cour sous le le nom d'un Cousin de meme nom, élevé à Paris, fesant son tour-de-France, ét alors malade à Toulouse, de la gale, a ce que m'avait dit *Sandis*, autre Garfon-Perruquiér passant. Ce qui m'avait enhardi, c'est que Treisigniés le Reliéur, frère-aîné de Celui d'Aucerre, m'avait assuré que j'avais de l'air de Valfuzon neveu. C'était un mauvais-sujet, auquel neanmoins On destinait Une de ses jolies Cousines, a-cause du nom. Je partis de-là. On a vu dans l'Histoire, coment je m'introduisis, ét ce qui en resulta, (p. 2447). Je fus le peré de l'Aî- né des Enfans de Lydie-Valtuzon ét du Cousin.

29 MANETTE-TEINTURIÉR : Grande & jolie Fille, dont la conaiffance me confola de la perte que je venais de faire de la belle Lydie. C'eft Une des Femmes que je regrète & que j' honore ; c'eft Une de Celles qui m' euffent rendu heureux. J'en ai une Fille, & j'ai toujours apelé Manette Teinturiér ma 3ᵉ épouse. C'eft en

songeant à elle, que je m'écrie, dans mes chagrins : » Remettez - moi à 1759, & que je sache ce que je fais »! Mlle Teinturiér était fille d'un Chirurgién-Barbiér, Cl. des Perruquiérs.

30 MANON-DUVEAU, jeune Parisiénne, fille d'un Musicién de la Catédrale, amie inséparable de Manette-Teinturier. J'ai touj^rs honoré deux Filles qui l'aimaient tendrement ; c'est la marque d'une belle âme. Après avoir celebré la fête de Manette, mon coeur se repose, en commemorant son Amie. Je ne songe alors qu'au doux charme de l'amitié, depuis bien plus actif dans Louise & Terèse.   ☞ *C'est ici le milieu de ma Vie : A dater de mon séjour à Dijon, tout va changer : je n'avais eu que des malheurs d'inercie : je vais en avoir d'actifs : Tout va tourner contremoi, les choses et les femmes.*

31 OMFALE-JULIE: HYPSIPILE: La Mère & la Fille.. On a vu dans l'Histoire, coment G.-D'Arras me fit avoir la 1re, pour procreer la 2de. Lorsque je la vis à Dijon, sans la conaître, c'était une belle Fille, plus âgée que moi de quelques années, & mère d'une Jeune persone charmante, qui fesait l'admiracion & l'étonement de toute la Ville. Omfale était Tutrice d'Edmée-Colette... J'ai de violens soupçons qu'elle était Julie-Barbiér, quoiqu'elle fût Coeurderoì, nom qu'On trouvait ridicule à Joux : Mais coment elle & sa Mère alèrent-elles à Dijon, après la mort de M.

Barbiér ? je l'ignore... ¶ Je célèbre la fête d'Hypſipile avec celle de ſa ſa Mère, & je leur adjoint Une Inconue, qui, je crois, ſe nomait OM-FALETTE, 1re fille d'Omſale, ſecrètement élevée, & née en 1746 ; à-moins que Celle-ci ne fût Hypſipile. Puiſſe-t-elle voir ce Kalendrier ! car elle exiſte encore, étant plús jeune que moi de 12 ans aumoins...

AUGUSTE.

1 EDMÉE-COLETTE, fille cherie d'une Femme adorée : Je l'honore, à ce titre, je la cheris, à celui qui lui repond. On ſe rapelle que je l'ai entre-vue, à l'un de mes voyages par eau. 1759

2 CRISTINE-VITEAUZ : On a vu la maniére dont j'ai rea lu mère cette aimable Fille : je declare que je n'aurai jamais de remords d'avoir fait un Enfant. Omſale a protegé Criſtine.

3 YONE-BELLECOUR : jeune Lionnéſe, que j'empèchai de ſuivre à Paris une fauſſe Tante, qui n'avait pas d'autre deſſein que de l'y proſtituer. Elle fut gardée à Dijon par Omſale ; preuve que cette D^{lle} avait conſervé de la bone-volonté pour moi. Hélas ! mon ſort était trace par l'inflexible Deſtin, & rien ne pouvai le changer !

4 BRIGITE-SALINS, de Vermenton : Riche ét laide Fille, que ma Mère aimait beaucoup, ét voulait me doner, quand je parlai d'Omſale ét de Manète-Teinturiér. J'alai la voir : Je lui trouvai du mérite ; mais ſi elle était bién laide, elle était ſenſible. Brigite avait un Amant, qui ſe desolait : Je portai cette nouvelle à ma Mère, qui propoſa la Suivte.

5 MICHELLE-GABRIELLE-GUENEAU, ſœur-cadète

de MICHELLE-Edmée, dont j'ai parlé. CELLE-ci n'avait pas la beauté de ſon Aînée. Elle me dit, quand je l'alai voir, pour complaire à ma Mere: » Je ſais que ma Sœur Edmée ne vous a pas haï, ét que nos Parens avaient envie de s'allier à vous, à·cause de votre Famile; ils vous auraient préferé à Morodon, par cette raison. Quant a moi, je vous prefererais aussi, n'était que vous avéz été l'Amoureux de ma Sœur. Elle ne parlait que de vous, avant de mourir, ét vous étiéz ce qu'elle regretait le plûs au monde. Je vous prie donc de ne pas me demander; car mon Pére m'acorderait, ét je ſerais donc la femme de mon Beaufrere». Ces expressions me parurent ſingulières! ét je comprıs qu'On avait trop étendu l'interprétacion des discours d'Une Malade. Je ne repondis pas: je laissai agir ma Mere, qui obtint l'aveu du Pére de GABRIELLE... Mais dans cè même temps, je fus pris de la fiévre, ét quand elle fut passée, une Lettre de Zoé m'appela imperativement à Paris. J'y courus. M. Gueneau s'en formalisa, ét maria ſa Fille avant xbre de la même année. J'honore ma Presqu'épouse.

6 ISABELLE-LEFAUCHEUS: Jolie Bouchère, qui demeurait dans la maison de Bone-Se·lier, & qui m'acorda des faveurs par principe de filoso- fie: Elle n'avait confiance ni dans l'*eſprificacion*, ni dans la *jolificacion* de ſon Futur. Elle voulut un Fils ſe moi, & j'honore ſa memoire.

7 LAURENCE: *Grande ét ſuperbe Blonde, compagne de Batilde, qui me voyant miserable en 1759, offrit de m'epouser, ét de faire le metier de R vendeuse-a-la-toi-lette. Je fus tenté d'accepter. Sâilli, dont j'avais une Fille, m'en empêcha. J'ai souvent depuis revu Laurence, qui m'a toujours dit: » Sâili a empêché notre comun bonheur: Elle est dans le grand-monde, et elle vous oublie». Cette Fille aimait beaucoup Batilde! elle eût de la bone-volonté pour moi, et je la commemore.*

 8 LOUISON-DURAND; *fille d'un Comis des Coches par eau, la première Fille-proſti-tuée que j'aie vue, ſans le ſavoir. Elle é-tait d'Aucerre, & ouvriere en linge. Elle venait en journée à la maison, où M. Pa-*

rangon la libertina : mais il ne put la posséder. On a vu l'avanture orgiaque, qu'elle
& ses 2 Sœurs terminèrent un Dimanche,
dans l'imprimerie-basse. Mais une-autre
fois, que M. Parangon l'avait immodère-
ment tourmentée, elle vint me trouver dans
mon rang, disant qu'On avait à me parler? Je la suivis au grenier. Là, elle se jète
à moi. Je paraissais hesiter. Elle me dit en
fureur des injures atroces... Je la satisfis.
Elle devint enceinte. — Ne crains rien (me
dit-elle, dès qu'elle s'en aperçut) ; ne sais-
je pas que je t'ai violé-? En-effet, lors de
sa declaracion, elle chargea le vieux Mou-
tré, maître de bateau, auquel sa Mère l'a-
vait effectivement donné à louage pour trois
mois. Je commemore cette Fille, parceque
je l'ai rendue mère, & qu'elle eût un procedé.

9 AGNÈS-LEBÉGUE, fille de René, 1760
apotiquaire à Aucerre, & d'Ag-   Auguſt.
nès-Couillard : Quoiqu'elle m'ait
fait beaucoup de mal, je la com- 18
memore, come mère de nos filles Portrait
Agnès & Marion ; come cousine
de Maîne-Lebègue, amante demon
ami Loiseau, & come ma 4e femme.

10 AGNÈS-RESTIF, ma fille-aî- 1761
née, dabord mariée à LEchiné,
puis à M. VIGNON, employé. Elle 19
a été d'une beauté frapante.   Portrait

11 MARION-R. ma fille-cadette de 4
ans: Elle a été mignone. Mariée à 1764
mon Neveu Edmond, fils de Pierre,
elle a 3 Filles ; sa Sœur a 2 Fils. Je

recomande mes 2 infortunées Filles,
dont la Cadète eſt veuve, à Ceux qui
m'auront voulu du bien.

1761
Auguſt.

12 CLODON-ROULLOT, ſœur de Mariane, & commemorée avec elle le 18
Mai; mais qui me fut trop chère, p^{our}
ne pas lui doner une Fête particulière.
Elle a été Mad. Symonòt. C'était la
1re amie d'Agnès-L. & elle devint la
miénne, come On l'a vu. Excellente
fille, elle n'a pas été heureuse feme : Il
eſt des Maris d'un caraĉtère dur, égoïſ-
te, joueurs, gourmands, qui ne peu-
vêt rendre Perſone heureux. Elle ſe
tint ſur une grande reserve avec Agnès-
L. quand Celle-ci fit ſes excurſions.
J'honore derechef MARIANE, ſa ſœur,
& MAINE-BLONDE leur amie, ce même jour; leur fête m'atendrit.

1762

13 ELISABETH - DESIRÉE - DIDIER, jolie
brune, ma comère, que j'honore pour
elle-même, ſi boue à mon egard, et
come amie d'Adelaïde-Nicard-Stleu.

MIMI-EDMET, élève de Desirée, qui me dona ſa
rose, à moi, pauvre miserable, pour le plaisir
de me la doner. Je lui dois une inmortelle reconaiſſance, & je l'honore avec Desirée.

1761

14 Mad. CARAQUA : Petite Femme, avec laquelle On a vu mes relacions en 1761. C'eſt
mal-à-propos qu'elle eſt nomée *Chereau* dans
l'hiſtoire, come me l'aptit la Suivante

LAMBERTINE DEBÉE, cameriſte de la Prece-
dente, & mére de Sara, que j'ai reconue trop
tard. Je commemore la maternite des 2 Femmes.

15

15 ADELAÏDE-NÉCARD : Charmante 1762
Fille, dont j'honorerai la memoire ju- Augu₭.
squ'à mon derniér soupir.   Elle fit le
rôle de ma Feme, durant quelques semaines. Ce fut un éclair de félicité,
sorti de l'épais nuage de malheur dont
j'étais envelopé... Adelaïde! ma chère
Adelaïde! qui me conservates votre
amitié, longtemps après avoir rompu
avec Agnès-L. je vous benis! sans
vous, hêlas, avili, je fucombais à mõ
triste fort! Vous relevates mon âme,
par vos précieuses faveurs, & en m'ho-
norant du beau titre de père! Je la reverrai en 1779, 24 9bre.

Commemoracion de mon fonge, où j'ai 1753
vu ma 1re Epoufe Madelon-Baron...
Je la pleure, mêlant ces regrets avec
ceux de ma 5e Epoufe Adelaïde.

16 HÉLÈNE-BROCARD, fille de la Maîtreffe-cou- 1762
turière de ma SŒur Margòt, & compagne d'A-
delaïde-Nicard. Nous fimes une partie delicieuse, avec ces 2 Belles, Agnès-L. mon Ami Renaud, & le Boiseleur : c'est peutêtre le feul jour
de bonheur dont ait joui Helène-Brocard ; car
elle a toujᵣˢ été malheureuse. Mais quelles a-
greables chimères de bonheur elle m'avait fait
faire, lors du petit bal que donèrent Margòt & 1758
Bizet, peu de temps avant leur mariage! je l'y
avais vivemᵗ careffée, & je lui fis une Chanfon le
lendemain... Si je l'avais épousée alors, elle aurait été heureuse, & moi auffi.
Commemoracion de la partie Hô-hê! mr l'Abbé! en 1758.
17 *GERTRUDE-SAINTCYR: En partant pour*

1764
Auguſt.

l'Allemagne, Batilde me dit : — Si tu ne t'ataches pas à Laurence ; car les goûts ſont libres ; voit quelquefois la belle Gertrude-Saintcyr : je l'ai prévenue pour toi ; elle eſt bone fille. Mais defie-toi de Victoire ſa camarade—! Je ſuivis les conſeils de mon Amie. Dans les momens les plüs cruels de ma vie, j'avais recours à Gertrude, & je la trouvais toujours bone, obligeante, ſenſible, desintereſſée. C'était la plüs belle Brune qu'On puiſſe voir. Quand elle fut entretenue, rue Sthicaiſe, elle voulut etre fidelle, & me dona Victoire ſa compagne, en me disant : — Il faut ètre honéte dans ſon état—.... J'honore la bonté de ſon cœur.

18 *VICTOIRE, qui remplaça Saintcyr : Elle fut ma conſolacion jusqu'à ſon mariage. Elle épousa un vieux Domeſtiq retiré, fort-riche, dont elle était la Dubarri... Auſſitôt Victoire fut sage. Quelque-temps après ſon mariage, je la rencontrai ruë Honoré aubout de celle du-Four. Elle me dona rendevous pour le jeudi ſuivant, à 9 heures. J'étais prote alors. Son Mari était avec elle. Nous déjeûnames. Apres quoi, le Bonhome me dit, Qu'étant le plüs honéte des anciéns Amis de ſon Epouse, il me priait de lui faire un Enfant ?... Je fus très-étoné !... Mais enfin, il falut ſe rendre... J'ignore ſi Victoire me dona des Subſtituts : mais elle devint enceinte, et le vieux Laquais üt un fils. Je ne l'ai pas revue depuis ses couches. Elle changea de demeure, et ne m'a rien fait dire... On voit à quel titre je la place dans mon Kalendrier ; encore qu'On m'ait dit qu'elle avait redoné dans le plüs affreux libertinage.*

1765 19 ROSE-BOURGEOIS : Ce leſte, adorable Fille, qui m'a rendu Auteur (come Jeanette-Rouſſeau m'a fait étudier). J'étais dans un état de mort, vegetant auprès de Femmes peu delicates : la misère &

le travail m'abrutiſſaient : je vis
la belle Rose, & je fus échauffé
du feu divin qu'y avaient autrefois alumé Mad. Parangon. Ce fut
le mênie genre d'amour. Il m'eſt
impoſſible d'exprimer combién
je dois à c^{ette} paſſion muette, qui
me rapela entièrem^t à l'honeur &
à mes anciéns principes. Sans
elle, je m'habituais à la ſociété de quelques *Filles-publïques*
d'un bon caractère, & peutêtre
en ſerais-je venu à vivre avec Une
de celles que j'avais rendues mères, come tant d'autres, que j'ai
vu ſe perdre par-là. J'aimai Rose
au-milieu de ma 29e année : mon
jugement ſ'était formé : mais j'é-
tais devenu timide par le malh^r,
l'aviliſſem^t, un mariage qui mettait entr'elle & moi une inſurmon-
table barrière : Rose ne me rendit pas heureux ; mais elle m'éleva l'âme, & 2 mots que me dit ſon
Père, firent de moi un Home nouveau, ou plûtôt l'Home qui était
arivé en 1751 chéz M. Parangon ;
mais éprouvé par le malheur, &

1764
Auguſt

1764
Auguſt.

ayant aquis de l'experience. Combién de fois, depuis 1764, n'ai-je
pas été devant la maison, anciéne
demeure de Rose-Bourjois, m'é-
crier : *Salve, ô Domus ! quœ me
fecifti auctorem !...* Je benis Rose,
je l'adore.... & ſa Sœur Eugenie.

20 EUGÉNIE-BOURJOIS, ſœur de Rose,
éveillée charmante, auſſi jolie que ſa
Sœur était belle. Elle fut mariée 3 ans
après Rose, & eút la maison-paternelle. Son Mari s'eſt ruiné : J'ai rencontré Eugenie à cette époque : elle
était logée ruë *des-Poulies*, à ce mé-
me Hôtel-Stesprit, où nous avions demeuré en 1755, Boudard, Chambon,
& moi. Elle ocupait le 4e. J'ai placé
dans la *Semaine-Nocturne*, une HIS-
toire, LES 2 N'EN FONT QU'UNE, dont
Eugenie & ſa Sœur ſont les HÉROÏNES.
O touchante Eugenie ! veuille le Ciel
vous doner le bonheur, & un Ami,
tel que je ferais pour vous !

1765 21 JULIE-TALON, *fille-entretenue, depuis
femme du Greffier Pidanſat : C'était ma
voiſine de vis-à-vis, ruë de-la-Harpe :
Elle calma l'eſſervefcence trop vive qu'excitait mlle Rofe, par les faveurs d'une Femme prefqu'auſſi belle, ét les ſiénnes.*

21 JOVIÉNNE-BRULÉE (CHOUCHOU): *la
compagne de Julie-Talon, qui me la fit*

avoir, et qui la remplaça quelquefois.
Chouchou m'a cependant fait un-peu de
mal : mais le bien l'emporte.

22 HUMAINE-TALON (mad. DESVIGNES), sœur de Julie,
entretenue dabord, puis épousée par un Horloger. Sa Sœur
Julie la voyant triste un-jour, lui dit : » Il est un
moyen de te rendre chère a ton Mari. Tu n'as pas d'
Enfans ; il voudrait en avoir ; ta sterilité pourrait le
detacher de toi ! Je conais un Home qui t'en fera Un,
si tu en as dans le ventre «? Humaine fit des difficultes,
jusqu'au momeat ou Chouchou fut devenue enceinte.
Alors, elle se decida. Ce n'est pas tout qu'un Enfant
(lui dit la petite Brulée), c'est qu'il a des préludes
charmans, quand rien ne le gêne ! Ceci tenta la Dame.
Je fus seduit par les avances d'Humaine, la plûs ap-
pétissantes des Femmes : La partie fut arrangée ; et come j'étais fort pauvre, il fut convenu que la Paidoma-
ne me donerait 10 loüis. Julie-Talon les reçut en de-
pôt. Je vins donc au jour marqué, et je trouvai une
grasse Maman, qui pour plûs de facilité, se mit au lit.
Elle me dit, que c'etait par pudeur... Il falut m'y
mettre aussi... Il ne fut jamais de pareils rafnemens...
Nous restames ensembles 4 heures... Sorti de ses bras,
je m'habillai, et je regâgnai mon logement. Julie-Talon, Jovienne-Brulée-Chouchou avaient écouté. La 1re
me dit : » Mon Ami, tu fouilléras dans tes poches.
» Hâ ! (dit la Desvignes), ce n'est pas assez : En-voi-
la 5 encore«. Et elle ajouta 5 loüis, qu'on mit avec les
10 autres.... Cela vint fort a-propos, car nous decions,
par mon insouciance, et la mauvaise administracion
d'Agnes-L. Je payai, sans lui rien dire, un habit que
je devais, le Boucher, le Boulanger, le Md-de-vin,
et je recomandai de ne plus nous faire credit. Mais on
ne tint compte de ma prière... Voila come j'eûs la belle
Horlogère, ou plûtôt come elle m'eût. Elle devint mère.
Son Mari fut transporté-de-joie (come l'était le Medecin Brulé, depuis que j'avais secondé sa Chouchou).
Ce furent encore 2 Filles. J'ai vu ces Enfans gran-
dies, en 1780, au temps où je conus Sara. On leur dit
que j'étais leur Père. Mais deja entretenues toutes-2,
elles me regardèrent froidement, en me disant : » Bièn-
obligées de la vie, Monsieur notre Père ! Mais sûrement
vous ne pensiez pas à nous, en nous fesant «... Je celebre la fête de leurs Mères.   h h 3

1765
August.

1765
Auguſt.

23 SARA-KRAMMER : *Grande ét belle Ge-*
nevoise, ſœur d'un Genovefain de ma
conaiſſance, ét que je retirai en 1765 de
la proſtitucion, où l'avait plongée, aprés
l'avoir ſeduite, le Prêtre qni l'avait in-
ſtruite, pour faire ſon abjuracion. On
voulait en faire la Gouvernante des En-
fans d'un m. De-Chapote, aſſéz peu de-
licat, pour faire ſervir ces Gouvernantes
à 2 fins. C'était une bone fille, mais trop
temperamenteuse : Elle mourut en 1766
ou 7, de chagrin de n'être pas épouſée par
un Architecte, qui l'avait recherchée lor-
ſqu'elle avait ſejourné chéz nous, ſous le
nom de ma Sœur… Le Prêtre de toutes
les Religions eſt un monſtre.

24 AGATE-LAMÈLE : Jolie brune de la ruë *des-Rats*,
qui me dit un ſoir dans l'obſcurité : „Est-ce vous,
Augustin„? Come j'avais porté ce nom, je repondis, „Oui„, à-demi-bas… Un baiſér sur les
lèvres me fut doné. Je n'étais pas home à le garder… On manifeſta, par des ſignes certains, qu'
On ne voulait pas être cruelle : Devais-je l'être,
moi? Oui, en bone morale. Mais je ne le fus pas.
… Le lendemain, je vis Agaté fort triste. Je n'eüs
garde de me decouvrir !… Il lui falut enfin s'ab-
ſenter, ét je compris pourquoi, au-fait come je
l'étais. Notre Fils a eü du bonheur : L'Enfant d'u-
ne Italiénne abſente mourut. Le Petit Naturel,
deja sevré, lui fut substitué, ét il jouit du ſort
le plûs beau. Sa Mère seule, que j'ai revue, a ſu
l'échange. Et moi, j'honore Agate.

1763 25 Mad. HOLLIÉR, horlogère de la Place-*dau-*
fine ou *Tionville* : C'eſt le propre jour où cette
Dame, dans le temps où j'étais avili, m'offrit les
conſolacions de l'amour. Quoiqu'elle m'ait enſuite fait injure, je lui dois de la reconaiſſance

& pour le temps, & pour la manière dont elle
m'a confolé. Elle n'avait pas d'Enfans, depuis
10 ans de mariage; elle était dans l'aisance : Elle
me rechercha (car je n'aurais pas fongé à elle),
& elle devint mere aubout de 10 mois de con-
naiffance, le 15 Mai 1763... J'honore une Femme qui m'a choifi, pour fe doner le plüs beau
des titres, & faire le bonheur de fon Mari.

26 JULiE-D'Ovérgne: jeune & charmante
Bourfière de la rue *de-l'Arbre-fec*, que j'avais
remarquée dès 9b^re 1761. En revenant du Louvre, j'entrais toujours dans fon alée, & j'alais regarder par une fente à la porte fur la cour : Le
26 Augufte, je l'aperçus demi-nue, dans l'arrière falle : La curiosite me tetint jufqu'à 11 heures, qu'un Amant vint par l'entrée de la rue. Il
prit des libertés fur la gorge. Je brûlais... Soudain un bruit fe fit entendre. L'Amant fuit par
la porte à laquelle j'étais. Je me jetaí fous une
entrée de cave. Aulieu de prendre l'efcaliér,
come je m'y attendais, l'Amant fortit par la porte de l'alée. J'alaí la fermer au vetrouil, & je me
mis à regarder. La Belle avait parlé à la Perfone qui avait frapé: Elle revint ouvrir la porte.
Je me jetai dans l'efcaliér. Elle monta au 1er
fans lumières, fans-doute pour caufe. Je me
trouvaí fous fa main : Elle me pouffa devant elle,
fans parler: Pouvais-je refifter? Elle ouvre;
me pouffe encore: J'entre : Elle m'embraffe.
Je le lui rens. Elle fe deshabille : Je lui aide.
J'eús auffitôt fait qu'elle. Nous nous couchons,
& nous fomes heureux.... A minuit, 3 quarts-
d'heure après, on heurte à la porte de l'alée:
C'était un Home de la maison, un-peu ivrogne,
qui jurait fort de ce que les verroux étaient mis.
Quelqu'un fe leva, & ala lui ouvrir. Nous fumes
enfuite tranquils jufqu'au matin. Je ne crus pas
devoir attendre le grand jour. Nous n'avions
pas dit le mot, C'était l'étiquette. Je me glif-

ſe hors du lit, & je m'habille. Je veux ſortir.
Julie m'entend, ſe lève, gronde le chat, qui n'y
était pas, m'ouvre, & je m'évade. Je trouvai
les verroux non-fermés: j'eús de la peine à faire
jouer le pêne, mais enfin, j'en vins à-bout, &
je ſortis. Ce fut alors que je ſentis le dangér.
J'eprouvai une joie d'en être échapé, auſſi vive
que le plaiſir de la poſſeſſion de la Belle. J'arrivai
chez moi, où je dis, que j'avais paſſé la nuit au
travail. Le ſoir, je voulus revoir Julie-D'O-
vérgue: Mais je pris garde à moi. Et je fis bién.
On me guettait. J'avais laiſſé tomber un petit
Almanach collé de ma main, à des feuillets
blancs, où j'écrivais mes *Memoranda*: Je l'a-
perçus auprés de Julie, en paſſant: Mais obſer-
vé, je ne le regardai pas. Le lendemain-ſoir,
ce même Almanach était en-dehors, ſur l'avance de la boutique, et retenu par une petite ficelle.
Je vis encore le piége. Mais je voulais le ravoir.
Le jour ſuivant, je vins avec 3 de mes Camarades, Mangér, Date, & Ruffiér, devant la porte
de m^lle D'Ovérgue; & ſans leur confier mon ſecret je les priai de feindre de ſe quereller, même de ſe batre. On ſortit ſur les portes, Julie elle-même: un écart la repouſſa; et pendant que
tous les ïeux étaient fixés ſur les Combatans, j'a-
rachai l'*Agendum*, ſans être vu, & je m'en a-
lai. Mes Camarades me ſuivirent... Ce fut ainſi que j'eús une piéce, qui ſous la Police *Sartine*, au ait pu me faire decouvrir: Julie a été mariée à un Parfumeur, autre que ſon Amant,
ruë de *Grénelle Sthonoré*. Elle a une Fille de
18 ans en 1784. J'honore ſa memoire depuis
que je vois cette Fille auprès de ſa Mère: car
elle n'y a paru que fort grande.

 27 M LOUIÈRE: *Fille délicate, jolie, charmante, ressemblant beaucoup à Zefire, si ce n'est qu'elle était plûs
grande: je la trouvai un dimanche-ſoir, dans un mauvais lieu de la ruë du Chantre. Surpris de rencontrer*

tant de charmes et de fraicheur, dans un lieu pareil,
je temoignai ma surprise et mon regret à la Jeunefille.
Elle pleura. « J'ai quitté la Piron où je vous ai vu,
retirant Clairmont, et je vis feule, recevant le mains d'
Homes que je puis. Je traitai cette jolie Fille avec des
égards, et promis de la voir. Elle m'en pria vivément.
Le lendemain, j'étais aux Français : je parlai de Melquière avec douleur, à un Inconu, qui voulait avoir
fon adreffe. Le dimanche fuivant, j'alai pour la voir.
Elle avait quitté l'endroit. Je n'y fongeai plus. Six
mois après, paffant fur le Pontneuf, j'aperçus Melquière, élégamment parée, dans un cabriolet, empêché par
un embarras, avec un beau jeunehome : je m'arête : elle
me découvre, faute-à-terre, et vient m'embraffer, en m'a-
pelant fon Pere. On me fit monter. L'honorable Affis-
tance fut très-touchée du bon cœur de ma Fille et de
mon Gendre ; car j'étais affez mal mis. Nous alames
ruë des-Prouvaires. Là, j'apris que le jeunehome auquel
j'avais parlé aux Français, avait été le foir même trouver Melquière ; qu'il l'avait enmenée ; qu'il en était é-
perdûment amoureux, et qu'il la voulait époufer. Elle
me remercia de fon bonheur, qu'elle me devait : « Ce
qui me touche surtout (ajouta-t-elle), c'est que je vois
que tout ce que vous me dites était fincère : voila ce qui
ajoute à mes obligacions ». Melquière parlait correctement, et paraiffait bien élevée. Elle n'avait pas encore
dit à fon Amant, qui elle était. Il me fembla qu'il le
falait. Ce fut alors que je fus qu'elle etait née à Ouaine près Aucerre : Son hiftoire me dona tous les détails
de ma paffion pour Emilie. Melquière (nom-de-batême,
derivé de Melchior prononcé Melquior), était ma fille....

28 ZOA : PSYQUÉ : Deux petites filles également jolies, 1766
que je trouvai un-foir à l'entrée de l'impaffe de-l'Ora-   Auguft.
toire. Elles me firent St ! St !... Etoné, je m'aproch°
à leur portée. Elles étaient fi bien mises toutes-2, qu°
je les avais prises pour les Filles de quelque Bijoutiér.
Elles me conduisirent chéz Une Matrulle. Auffitôt qu°
je fus entré avec elles, j'entendis fermer toutes les portes, et un grand bruit dans la maison. Une Marcheus°
entra auprès de nous, et demanda aux 2 Enfans, Coment elles étaient sorties ? et si elles avaient des chauffures, or, argent et soie, pour aler dans la bouë ?...
« Nous somes sorties, à-cause des Princes, qui nous

font souffrir le martyre, ét faire toutes fortes de vilainies par leurs Iockeys. » Ils ne vous ont pas demandées: ils n'ont pas autant de plaisir à vous tourmenter que les Grandes ». En achevant ces mots, elle nous laiffa... Nous nous enfermames. Les 2 Pétites començaient à me caresser, quand nous entendimes parler dans une chambre voisine. Nous écoutames. Il était question des inquiétudes de la Matrullé, pour ces 2 Enfans, qui lui étaient confiées par Un riche Vieillard, qui n'aimait que les Filles limées, pour les lui ftyler à la debauche: Elles préfumaient que j'étais Un de ses Espions: Ce qui donait de moi cette idée, c'est que je me comportais decemment. On se propofait de les rendre des libertines rafinées; ét On leur cria de me secouer... Instruit par-là, j'offris aux 2 Enfans, de les doner à Une Chapelière de la ruë Honoré, qui avait mis en modes une moitié de la boutique, pour coifer les 2 Sexes, ét qui desirait avoir un ou 2 Eléves jolies? Pfyché refusa de quiter le Vieillard et le mauvais-lieu: Mais Zoa confentit à me suivre, sans se cacher de sa Compagne, qui en parut bien-aise: On fit le paquet de Zoa, ét On me le jeta par la fenêtre. L'Enfant descendit aussitôt, ét je la conduisis chez la Chapeliere, à qui elle convint. Mais la Matrullé nous avait suivis. je la fis retirer, en la menaçant: elle me supposa du credit... Zoa-Demerup est devenue honête, ét elle a été mariée en 1772. avec Un Chapelier près du cloître Honoré. Pfyché a brillé quelque-temps; elle est aujourdhui vile et malheureuse.

1763
Auguft. 29 EMILIE-RÔNAIT, fille d'un M^d de-vin de la ruë *Honoré*, coin *Champfleuri*: Jeune ét jolie Perfone, qui avait perdu fa Mère, en 1763, à l'âge de 11 ans. Je la regardais avec plaisir, toutes les fois que je paffais, en revenant du *Louvre*: En 1767 elle avait 15 ans; elle etait finon belle, dumoins la plûs interessante Fille qu'on pût voir, par fon air-de-douceur ét fon goût exquis. Un-foir, que je me donais le plaisir

de l'examiner par une porte-vîtrée,
sur la ruë *Champfleuri*, je vis un cabriolet, couvert et maffif, raser la porte où j'etais : Forcé de me retirer,
j'alai fur la porte vis-à-vis, et je me
tins coît. L'Home du cabriolet dit à
fon Domeftiq : ,, Tu entreras ; nos
Gens feront tapage, et quand elle
viendra fur cette porte, ou fur l'autre ,
pour regarder, tu la pousseras dehors,
on la jetera dans la chaise , et tu t'é-
chaperas du côté du *Louvre* ,,. Je ne
dis mot : Je fortis de ma retraite, et
j'entrai auprès d'Emilie, à laquelle je
demandai à dire un mot : Elle me prêta l'oreille. Je l'inftruisis. Elle aver-
tit fon Père et les 3 Garfons : Nous
nous tinmes tous-4 autour d'elle. Il
y eût une rixe dans la ruë *Champfleuri* ; mais Emilie refta au-milieu de
nous , jufqu'au moment où le cabriolet partit. Un des Garfons avait a-
verti la Garde. On l'arrêta. Je ne fais
ce que dit le Maître ; mais le Sergent
le laiffa s'eloigner. Deux mois aprés,
Emilie fut enlevée, en revenant de la
meffe d'une heure, à l'*Oratoire*. On
la retint 8 jours, puis on la ramena au
pont-tournant. Elle traverfa le jardin,
et je la rencontrai à l'entrée de la ruë
de-l'Echelle. Elle était pâle et trem-

blante. Je lui demandai la permiſ-
ſion de l'accompagner juſque chez ſon
Père. Elle me prit le bras, et nous
marchames. Ce fut en chemin, que
J'apris les detâils de ce qui s'était paſſé pendant les 8 jours de ſon rapt: Il
paraît qu'elle avait été deſtinée aux
plaisirs d'un grand Perſonage: Son
Père la revit avec ſaisiſſement: Elle
pleura, et ils mêlèrent leurs larmes.
Le lendemain, On remit à la boutique, une ſome de mille loüis, en pa-
piérs valables, et tandis que le Père
l'examinait, le Comiſſionaire s'éloigna. Je parus le ſoir: Le M^d me propoſa d'épouſer ſa Fille. Je repondis,
que j'étais marié. L'aurais-je épousée? Oui,... je le lui jurai: Je l'adorais... J'obtins... Ce fut un Cousin-ger-
main de la Jeuneperſone, qui devint
ſon Mari. Elle demeure à la *Hâlle*.

1764
Auguſt.

30 ADELAÏDE - NAZANJE ou MAZANGE :
Jolie fille de Md-de-vin dé la rue *de
l'Arbre-ſec*. Je conaiſſais de-vue cette
belle Fille, depuis 1762, et je me trouvais heureux, quand je l'apercevais ſur
ſa porte. Je conaiſſais Un de ſes Cousins, qui me fit lui parler. Elle vit
que je l'adorais, et nous nous liames.
J'étais dans l'ivreſſe. Cependant elle
ne me releva pas l'âme : ce prodige
était

était reservé à la celeste Rose-Bourjois…
En 1766, au-moyen de l'énergie que Rose m'avait donée, ét de la honte que je
reffentais, qu'une Exblanchiffeuse come la Liönèse *Benoit* fit des Romans que
je n'aurais pas faits, je me mis à compo-
ser *la Famille-Vertueuse*, que je publiai
en 1766. *Lucile, le Piéd-de-Fanchette, la
Confidence-Neceffaire* la fuivirent… Un
foir, que j'étais à l'entrée du *Pontneuf*,
près la *Samaritaine*, fous mon coftume
de travail, j'achetai deux crêpes, de 2
liards pièce, pour mon foupér, ét je les
mangeai en chemin. Je bus de l'eau à
la fontaine du *Trahoir*. J'étais fuivi:
je l'étais par Mlle Mazange, qui rentra
chéz elle, quand elle me vit m'élancer
du côté du *Palais-royal*. Le Dimanche
fuivant, je parus habillé. Elle me fit
des queftions fur ma fituacion. Au
fein de la mifère, j'étais content alors,
plein de l'efperance, que j'avais conçue
de me faire un nom. Je parus heureux.
Adelaïde me regarda, en fouriant, ét
me dit: ,,Il ferait poffible de faire quelque-chose pour vous. Ne vous manque t-il rien ,,? A ce mot, je rentrai
dans mon neant ; mes ieux fe couvrirent
d'un nüage: Je fongeai à Rose-Bourgeois, à Celle qui me parlait. . Je lui
pris la main, ét je lui dis: ,, Mon pré-

1764
Auguft.

tendu bonheur n'est qu'une chimère,
que vous venéz de detruire. ,, Et coment cela? ,, Vous me montréz ce qui
me manque. ,, Si on voulait vous le
doner? ,, A quel titre?... Ignoréz-
vous que je suis marié? ,, Marié ,,!
(Adelaïde pâlit; oui, je la vis pâlir).
O Infortuné! c'est donc vous, qui ,,...
Elle s'arrêta.... ,, N'importe (reprit-
elle); j'aurai un moyén de vous rendre moins à plaindre. Je renonce au
mariage: Soyons amis ,,? J'acceptai
avec transport. Adelaïde quitta la
maison-paternelle, de l'aveu de son
Père, prit un Bureau de loterie, ruë
d'*Orleans*, s'y mit avec une Fille-do-
mestique, qui lui était attachée, ét il
fut arrêté que sa maison serait aussi la
miénne.... Ce bonheur ne dura que
2 mois: Adelaïde me fut enlevée: Je
n'ai jamais su par quî... Je ne l'ái
jamais revue.

1763
Augut.
31 Mad. MEUNOT: Belle femme, morte aux environs de 1790, temps où elle est disparue. Son
nom est mal écrit *Meuneau*, dans le texte. J'en
devins amoureux, dans le temps où jeune encore, & áyant un vigoureux temperament, j'é-
tais avili par ma situacion & ma pauvreté On se
rapelle coment j'éprouvaí sa vertu; le même essai est entré dans les avantures du *Paysan-per-
verti*, à celle qui a pour Estampe, *Edmond co-
missionaire de lu -mème.* Dans une Lettre, fort
plaisante & fort gáie, je me disais amoureux de

Batilde , & rendu infidèle par Celle à qui j'écrivais. En veste de travail, en gros souliers blancs
des *Invalides* , j'alái porter ma Lettre , en qualité de Savoyard. J'en vis faire la lecture : je fus
temoin des éclats-de-rire, des marques de surprise de la Belle : je l'entendis se dire à elle-
même —Há! que c'est plaisant! que c'est singuliér!... & j'en conclus, qu'avec l'état de Mou-
squetaire, que je m'étais suposé, de Comte , de
Jeunehome riche , j'aurais eû du succès. Rose-
Bourjois ne m'avait pas encore elevé l'âme; posseder une aussi belle Femme *per fas et per nefas*,
me paraissait le bonheur suprême. Il me passa
par la tête de louer un habit superbe : mais je
n'avais pas de quoi páyer le loyér. Je m'adressái
à mon Ami Renaud , qui était bién mis. Il me
prêta, come pour un batème , un habit de soie,
une veste brodée , une chemise à manchettes de
dentelle, &c. Je me fis coïfer, et j'osaí me présenter... Je fus bién reçu. On me favorisa d'un
entretién dans l'apartem^t au 1er. Je n'obtins que
des legérs arrhes, indices d'une boune-volonté
plus étendue. On m'acorda une pièce de l'ajuste-
ment ; parceque je dis à la Dame , que c'était
cela qui m'avait rendu amoureux d'elle. On sent,
d'après mon goût , quelle chose ce devait être.
Je sortis à 11 heures-et-demie , et je remontaí
dans mon fiacre. On me suivit : mais je m'y é-
tais atendu. Arrivé chéz Renaud , je me deshabillaí, je me défrisaí, puis je m'en retournai d'
une course si rapide , qu'il aurait été impossible
aux Suiveurs de m'ateindre... En 1763, 5 ans
après, je fus reconu par la Dame , en passant devant sa porte. Elle me fit remarquer aux Gens
de la maison. Je m'esquivai... Taisons le reste... ∾

Commemoracion de mon depart pour Paris en 1755
  1755, et de mes Adieux à mad. Parangon , et August.
  à m^lle Fanchette : elle ocupe presque toute la
  journée.   i i 2

SEPTEMBRE.

1766 1 HELÈNE-SENLAUR, fille de la belle-
Bijoutière: jolie blonde, quoique fa Mère fût une belle brune. Un Dimanche, j'
errais aux environs de la ruë d'*Orleans*,
regrettant ma chère *Mazange*: J'entrai
dans l'alée du Bijoutiér Senlaur, veuf
alors, pour voir monter une Femme à
jolie jambe: parvenu au 1ᵉʳ, j'entrevis
Mˡˡᵉ Senlaur. J'abandonai Celle que je
fuivais, & je me tins tranquil. J'entendis alors le bruit de quelques careffes. Je
me hiffai à une grille, doublée en plan-
ches par-dedans la cour. Je parvins ainfi
a voir les *Careffeurs*... Hà! qu'ils étaït
aimables! J'oubliai mes regrets, & je ne
fongeai plus qu'au fpectacle que j'avais
fous les ïeux.... Il falut pourtant le
quitter, depeur d'être furpris. J'alai me
mettre en embufcade de l'autre côté de
la ruë, obfervant tout. Je vis fortir le
Jeunehome: Je le fuivis: Je vis fa demeure; je fus fon nom; je conpris qu'il alait
fur les Boulevards. Je n'avais auqu'un ef-
poir de tirer parti de cette avanture, quãd
le hasard me favorisa. En tirant fa Montre, pour regarder l'heure, il laiffa tomber un petit roulot de papiér, que je ra-
maffai avidement. C'était un Billet de
fa Maîtreffe: —*Je ferai feule Dimanche,
dans l'aprés-dînée, j'ai prétexté un def-*

*sein à faire, qui est fait, mais caché;
je le montrerai à mon Père au retour.
Il part ce soir, en chaise, pour Versailles, afin d'y être demain au levér d'un
Seigneur qui veut des bijoux: Je t'ou-
vrirai à 12 heures, la porte de la grille
de l'escaliér. Je t'écris ce detáil, afin
que tu le saches, si tu ne pouvais pas
venir—....* J'ignorais si le but du rendevous avait été rempli: j'ignorais, si l'
Amant se présenterait, &c. Neanmoins,
excité par ce que j'avais vu, je resolus
d'exposer ma vie, pour une aussi belle
avanture. Je me tins dans la ruë, observant, si l'Amant venait. Je vis partir le Père: J'entrai, avant qu'on fer-
mât l'alée, après avoir eú la précaucion
de mettre des odeurs dans mon mou-
choir, parceque l'Amant en avait. J'eús
soin, lorsque je fus entré, de me tenir
colé contre la porte-grillée, dans un petit
enfoncement, me promettant de sortir
sans affectacion, si l'Amant paraissait. Il
vint effectivem^t, & il se glissa dans l'alée.
Mais un Voisin qui rentra aussitôt, lui demande rudem^t ce qu'il voulait. Mlle Senlaur entendant du bruit, ouvrit doucement la grille contre laquelle j'étais ap-
puyé, tandis que l'Amant repondait:
—Je lâche de l'eau, & qu'il sortait—. Je
fus pris par la main, & enmené par la

Belle. Je n'aí jamais eú peur des Jeu-
nesfilles, depuis que j'ai ceffé de m'enfuir
d'elles, à l'âge de 10 ans: Je fuivis ma
jolie Conductrice, qui me mit dans fa
chambre, fans lumières; il n'en falait pas,
à-cause des Voisins; & me fit toucher
un Poulet-rôti, une bouteille, du pain,
& quelques fruits. Elle ala fouper à table devant la Cuifinière. Je foupaí: Je
cherchaí enfuite, en tâtonant: je trouvaí
un bonet-de-nuit, ou ferre-tête, & je m'
en affublaí; je me deshabillaí, je me cou-
chaí. Heureusement! car auffitôt Helène Senlaur vint avec de la lumière:
Elle renvoya la Fille, difant qu'elle fe
coucherait feule, & ne dit mot, regarda
par la chambre, fi rién ne traînait: J'a-
vais eú la précaucion de cacher les debris
de mon foupér fous le lit. La Belle ne
prononça pas une parole. Elle tâta le lit,
me pinça legèrem' : je lui baisaí la main,
elle me repouffa un-peu, & fe mit au lit.
Le refte eft *lettres-closes.* J'obfervaí
qu'elle ne me parla pas ; qu'elle ralentif-
fait le bruit de mes careffes, & qu'elle
n'en fefait aucun: Toutes les Jeunesfil-
les ont la même prudence. A 4 heures
du matin, elle me baisa, me pouffa: Je
fortis du lit. Elle me dona une groffe
cléf: retint ma bouche preffée contre fon
fein, plûs de fix à fept minutes, puis elle

me repouſſa legèrem^t. Je ſortis, parceq’qu'elle ſe leva nue pour m'ouvrir ſa porte. Je deſcendis: Je ne pus ouvrir la grille: Elle s'en aperçut, & vint l'ouvrir elle-même: Je me tenais collé contre la grille dans un coin, depeur qu'elle n'entrevît mes formes. Je ſortis: Elle fut obligée de venir auſſi à la porte de l'alée, pour m'ouvrir. Forçé de ſortir devant elle, je l'embraſſai, en la plaçant derrière la porte, que je voulais tirer: Je ne ſais quoi l'arreta, & Helène me vit à la lumière du reverbère. J'ignore ce qu'elle penſa; ce qu'elle fit: Je m'éloignai come un trait, juſqu'au coin de la ruë *des-Poulies.* Là, je m'arrêtai, écoutant: je revins ſur mes pas, & levai les ïeux: Je vis Hélène à ſa fenètre. Ce qui me tranquilisa. J'affectai même de me montrer; mais par un ſentiment de generosité: Je ne voulais pas qu'elle comît d'imprudence avec ſon Amant. Elle fit un geſte de douleur Je fis celui du plûs profond ſecret: Je me mis à-genoux. Je lui tendis les bras, en ſupliant!... & je m'éloignai. Le même-jour, je compoſai cette Lettre, que j'ai mise depuis dans l'*Ecole-de-la-Jeuneſſe,* qui comence par ces mots: *Jeune & belle Senlaur...* (J'ai imprimé *Hélène,* aulieu de *Senlaur*); je prête cette Lettre au Marquis de-T***;

mais elle fut écrite à la belle *Senlaur*, & je la remis moi-même le foir, dans un moment où Mlle Senlaur était feule, affectant de me laiffer voir. Hélène était pâle, & paraiffait avoir pleuré. Mais qu'elle était touchante!... Je lui vis lire ma Lettre, & je crois que les fentimens de refpect qu'elle contiént, la remirent un-peu. Son air me parut plûs ferein. Je paffaí tous les foirs pour l'admirer, & je n'étais content, que lorfqu'elle m'avait vu ... Lecteur, je n'avais qu'une paffion: tout entiér aux Femes, je ne voyais qu'elles, je ne cherchais qu'elles, & je trouvais des avantures infolites : On fait toujouis bién, ce qu'on fait uniquement. Voila pourquoi ma vie eft ⁓ fi remplie d'évènemens érotiqs.

1766 *2 APOLLINE-CANAPÉ. Un Dimanche-foir,*
septemb *je me trouvais rue Montmartre, près celle Tiquetone, par une pluie d'orage, qui avait gonflé tous les ruiffeaux. Celui de la rue Montmartre était un fleuve. Deux Femmes, Une jeune & Une vieille, arrétées fur la porte du Parfumeur, gemiffaient de ne pouvoir paffer. Je m'aproche. La Jeune était Une brune charmante, un-peu louche, mais qui n'en était que plûs jolie. Nous causames. Elles me montrèrent leur porte tout-vis-à-vie. Alors je faisis preftò la Vieille, je la fouléve, malgré fon ampleur, & la paffe. Je reviéns à la Jeune, & malgré fa resiftance, je l'enlève fur mon épaule, & la mets auprès de fa Tante. Les 2 Femmes me preffent de monter, pour me fecher. Je cède un-peu malgré moi ; car j'aime à ren-*

dre un service gratuitement. On alume un feu 1766
préparé ; l'On me fait deshabiller ; On me do-septemb
ne une chemise de femme (l'eau était entrée
dans mes culotes), & l'On me fait mettre au lit.
La pluie continuait. On soupe. La Tante &
la Nièce veulent coucher ensemble dans un
petit lit. J'offie de le prendre... A-moins que
la Tante, assez vieille & fort-laide, ne préfè-
re d'ocuper avec moi le grand lit?... Elle y
consent, & nous nous endormons. Je m'é-
veille. Mille pensées m'agitent, surtout celle
d'aler auprès de la Nièce. J'y cède, & je me
glisse dans le petit lit. Ma surprise fut extrême, au tacler, de la maigreur, de la flasqueur,
d'une Fille que j'avais trouvée si jolie !... Je
possède neanmoins. Une bouche... peu frai-
che... me rend mes baisers... Mais aidé de l'illusion, je pensai que peutêtre la Nièce n'était
pas encore formée... Tout achevé, je revins
au grand lit, où je dormis jusqu'au jour. Je
me levai, que la Tante dormait encore. La
Nièce était debout. Quoiqu'elle fût toute charmante, j'étais fort-refroidi ! Elle fesait le
chocolat. J'étais surpris de la perfection des
contours & d'une gorge parfaite ; car elle é-
tait sans fichu. La Tante s'habille. Tout était
sec : On me laissa reprendre mes vétemens, &
l'On dejeûna. La Tante m'examinait, souriant en-dessous. —Je ne veux pas (dit-elle
enfin), que vous áyiéz mauvaise opinion de la
sagesse & des charmes de ma Nièce : je me suis
doutée du fait, & nous avons changé : Vous
avéz quité la Fille de 15 ans &-demi, pour a-
ler auprès de la Vieille de 51 passés-....... Je
rougis, & regardant la Nièce ; je lui jurai,
qu'elle me le payerait... —Elle ne vous le
payera pas ! (me dit la Tante) : Felicitéz-
vous aucontraire, en reconaissant Nannon-
Prevôt ! Voila votre Fille-!... Je demeurai in-

terdit... *Je reconus en-effet la Nannon. Elle ajouta : —Apolline est votre fille, ou celle de votre Ami Buiſſon : mais je la crois de vous, aux ſourcils : Tous les Buiſſons dailleurs ont un-peu de ſon : elle et vous n'en avéz brin. Je ſuis ici mde-à-la-toilette ; c'est l'état que je veux doner à ma Fille. Je vous aî reconu dès hiër-.... J'ai revu depuis Apolline, qui m'a toujours honoré come Père. Elle a été galante ruë de-Grenélle-Honoré ; puis ruë du-Petit-Lion-Stſauveur. Elle ſe maria en 1771 à un Brocanteur-eſpion, qui m'éloigna de chéz elle. Je l'aî revue, pour la dernière-fois en 1782, ruë Stlouis au Marais. Elle est morte avant moi, ainſi que preſque tous mes Enfans et mes Amis, le 9 mars 97.*

1763 septemb 3 Madem. NAUTRA : Je passais par la ruë *Saintlouis* du *Palais*, ſongeant à *Zefire*, quand une belle Femme, qui reutrait chéz elle, à 9 h. moins un quart, me dit : „ *Cellier*, montéz avec moi ,,. Je montai, ſans repliquer. Arrivé dans l'apartement, la Belle me dit · „Hé-bién ,,? Je l'embrassai : Je etc. etc. etc. Elle me dit enſuite : „Porte ce paquet à Madem. *Ormilli* l'Aînée ,,. Je prens le paquet, ét je le porte. Il était fort-pesant. Je le remet à Madem. Ormilli, une belle brune delicate, à l'entrée du quai *des-Orſevres*. La Jeuneperſone me regarde étonée, ét me dit : „ Vous étes donc le *Cellier* de Madem. Nautra? Revenéz aprés demain, à pareille heure ,,. Je partis. Le ſurlendemain, aprés ma journée, je me préſentai. Je fus reçu. J'embrassai ; Je etc. etc. Enſuite on me dit : „Revenéz demain pour ma Sœur ,,. Je partis. Le lendemain, je partis, ét j'eüs la Sœur .... A chaque fois, on me donait 6 francs. En ſortant, Madem. Ormilli me dit : „N'étes-vous pas le Cellier de Madem. Nautra? „Non, Madem. : Mais une belle Perſone, me dit : „Monte„: Moi, je ſuis tout devoüé aux Belles, ét je monte. Elle me dit : „Fais... Je fais. „Porte ,,! Executer ſes ordres est une faveur, ét je porte. J'en ſuis bién recompenſé! J'ai porte d'une Belle, à une Charmante, ét je passerais la nuit, Mesdemoiselles, à executer vos

ordres ». En ce moment, arriva Cellíér, fort-es-
soufflé, habillé tout-come moi : »Mademoiselle, a-
véz-vous reçu l'autre jour.... »Oui, oui (dit la
jolie Ormilli): voila le paquet. »C'est donc toi,
(me dit Cellíér), qui... »Taiséz-vous, Monsieur
Cellíér: C'est un honéte-home, plein d'esprit, ét
dont je suis trés-contente !... Aléz ; je remercie Madem. Nautra de me l'avoir envoyé.... Qui étes-
vous? (me dit elle). »Un Imprimeur du *Louvre*:
Je revenais de mon travail, quand Madem. Nautra m'a
honoré de ses ordres. »Il est charmant ! (dit la spirituelle Ormilli, à la Sœur-cadette, qui parut)... Je
vous remercie, Monsieur... je vous remercie »... Mais
elle était toute-intriguée. Sa Sœur sourit. »Voila de
bién heureuses soirées (dis-je), puisque j'ai conten-
té Aglaé, que j'ai servi Cypris , ét que Psyché sourit. »Coment vous apeléz-vous ? »Monsieur-Nicolas. »Monsieur-Nicolas, je vous trouve trés-ga-
lant »! Je les quittai, a ces mots, en leur disant, que
j'emportais ce compliment, come un titre de gloire...
Et je me retirai fort-vite , avant Cellier , qui courut
aprés moi , mais qui ne put m'atteindre.
4 Mesdem. ORMILLI: 8 mois aprés, au-milieu d'A-
vril, je passais sur le quai alant au *Louvre*, à une
heure aprés midi : Mesdem. Ormilli ét Mlle Nautra
étaient sur la porte des Premières. Elles me reconnu-
rent, ét se mirent à rire. La Belle Nautra me fit
signe. Je volai a ses piéds : Car la porte était élevée de plusiéurs marches, ét je restai au bas. »C'est
vous, que j'ai pris pour Cellíér? »Oui, Mademoiselle. »Vous étes un-peu singulier ! mais honéte.
»Vous me comandéz, vous à qui des Rois feraient
gloire d'obéïr: devais-je repliquer ? »Voyéz-vous,
Cypris? (dit Mlle Ormilli l'aínée). »Je vous coman-
dais, moi? »Je traverserais le feu ét l'eau pour vous
obéir. »Il s'apelle Monsieur-Nicolas.... Parle-lui
donc, *Psyché*? »Et moi, Monsieur-Nicolas? (dit
la Cadette Ormilli)? »Vous? Mademoiselle, avec
cet air doux, plein de candeur, ét de la plús touchante naïveté, vous ne me comandériéz pas moins
imperieusement que ces deux Beautés. »Mais !
(dit Mlle Nautra), vous dites de jolies choses ! »C'
est que vous me les faites sentir »... Et voyant arriver M. Ormilli , je fis une inclinacion respectueuse,

1763
septemb

ét m'enfuis. J'amusais volontiérs de Jeunéspersones aimables, mais j'aurais été humilié d'amuser un Home! J'interessai ces trois Beautés, et je leur dois une place dans mon *Kalendrier*, pour me rapeler ce qu'elles m'ont dit, ét permis (car... dans ce temps, j'étais plongé dans l'avilissement le plus profond).

1762 5 MAD. TRACHAM: Belle blonde, mde Bijoutiére
septemb de la plus belle boutique de la ruë *Honoré*, à-côté de *l'hôtel des Ameriquains*. Je l'admirais les soirs d'été, se montrant sur sa porte, en revenant du *Louvre*: Quel éclat! Je la voyais reine. Je l'ai aprochée en 1768, après qu'elle eût été entretenue. Elle était alors presque publique. Je lui rapelai sa gloire, ét elle versa des larmes.

1763 6 ALEXANDRINE-BEL: Voisine de Mlle *Nautra*, toujours mise avec un goût exquis, ét ayant le plus joli pied, la tâille la plus provoquante. Elle n'était pas jolie, mais aimable au plus haut degré: Je la trouvai dans le coche d'Aucerre, en alant à Saci, après la mort de mon Pére, en 1764: Elle me parla de sa Voisine, ét de ma reucontre, qu'elle savait; ce qui nous lia. J'étais ivre de joie de lui parler, de l'amuser. Elle était avec une Vieille Dame, ét n'alait qu'à *Melun*, où nous arrivames la nuit. Je lui ravis une faveur, dans la prime obscurité, ét j'eûs bién du regret de la quitter!

1767 7 HELENETTE: *Fille entretenue, demeurant fort-près de mlle Senlaur: Dans le temps que je rôdais pour entrevoir cette Belle blonde, je me cachais dans les alées, lorsque je craignais la vue de son Amant, dont je ne voulais pas être remarqué: Un dimanche, vers les 3 heures, j'entendis rire ét jouer au 1er: j'étais dans l'alée à-côté du café, coin de la ruë d'Orleans. je regardai par un trou de serrure, ét je vis une Fille charmante, très-delicate, qui jouait avec un beau jeunehome ét une Femmedechambre. Celle-ci nomait sa Maîtresse, mlle Helenette, en courant après elle, et le jeunehome, m. D'Orri. je m'amusais fort de tout cela? Enfin, le jeunehome sortit. j'avais bién envie d'entrer! Mais que dire?... je frapai cependant, et, à tout hazard, je demandai, Si m. D'Orri était-là? » Mlle, Un Monsieur, qui demande m. D'Orri ». La Belle accourt. » Il est sorti: Il ne reviendra pas ce soir: Il est à Versailles. » Seriéz-vous m. Martin, par exemple? » Oui, (dit la Chambriére); c'est lui! c'est lui!*

*lui!... Monsieur Martin? N'est-ce pas que ma Maî-
tresse est jolie? »Adorable! »Vous ferez un beau Portrait?
»Moins parfait que l'Original. »Alons, Mademoiselle»?
... La Soubrette deshabille cependant sa jeune Maîtresse...
»On dit que vous ne voulez faire le visage qu'en dernier?
»Sans-doute. »Qu'elle partie decouvrir? »Il faut dabord que je voye le tout, pour faire une exquisse generale.
»Tout! (s'ecria Helenette). »Tout! Belle-Dame». On
la deshabilla lentement. je dis que mon temps était chér.
On je hâta, et je vis... le plus beau corps.... je touchai même... Ensuite, je demandai des crayons, assurant que j'a-
vais perdu les miens. On m'en prêta: j'esquissai pour
rire; car je n'avais eû, de ma vie, une leçon de des-
sin. j'achevais, et ma Belle etait fatiguée, quand on
frapa. Terèse ouvre: A l'encolure, je devine un Peintre: je me glisse vers la porte, et je sors. je restai dans
le quartier. Vers le soir, je rencontrai Terèse, près l'Oratoire: Elle eclata-de-rire, en me demandant, Si j'etais
Peintre? je lui dis, que non. Elle rit plus fort, et a se
tenir les côtes. »Que demandiez-vous donc? »j'ai pris
votre Maitresse, pour une Demoiselle, et j'ai frapé». Ici,
Terèse se courrouça. Puis se rendant justice, elle ajouta:
»Mais c'est moi, qui est cause de tout.... Il faut que
vous ayiez une grande presence d'esprit! »Oui, Ma'm'
selle». Elle me quitta, je la suivis, et j'ecoutai à la
porte, quand elle fut rentrée. Elle rit aux larmes: Mais
Helenette ne rit pas, et dit, qu'il falait me faire couper
les oreilles par m. D'Orri. C'est ce qui fit que je ne reparus plus. je mets cependant Helenette dans mon Kalendrier; c'était une Fille, mais l'avanture me fut très-
agreable. l'ai revu Helenette en 1769.*

8 DOROTÉE MILLIER, jolie fille de mon Hôtesse
de la Cour-d'Albret, qu'On ne donait aux Pènsio-
naires qu'aubout de 4 mois. J'étais entré dans mon
cabinet garni au mois de Maî; et ce ne fut que le
8 7bre que Dorotée vint faire mon lit pour la 1re-
fois. Elle était étonée de ma froideur et de ma sagesse avec sa Grand'mère et sa Mère. Ces 3 Genera-
cions, dans leurs entretiéns particuliérs observant
qu'il ne venait point de Femme chez moi, me ci-
taient come un Antifysiq. Pour s'en assurer, mlle
Millier s'etait parée de la manière la plus provo-

1767
septemb

quante. Je restais inmobile à ma table, quoiqu'en s'alongeant sur le lit, elle me montrât une jambe fine, recouverte d'un bas de soie eblouissant, et qu'elle fût chaussée d'un sollier delicat à talons minces elevés, qui lui rendaient la jambe plüsfine encore. Je l'entendais dire tout-bas, —Hô! elles ont raison-! En mettant la couverture, elle me la jeta sur la tête. Je m'en debarassai en souriant, et la tirai sur mes genoux. En se debatant, elle fit ensorte de me livrer un baiser. je le savourai. Tout se termina bién-vite, avec une jolie Fille, voluptueusement mise, vivement desirée, et qui ne demandait qu'à se rendre... Le lendemain, la Mère de Dorotée, encore jolie femme, m'expliqua le tran-tran de sa maison, come je le fais entrevoir, *p. 2711.* On ne veillait qu'à la sagesse des jeunes Etudians en Medecine et en Droit. Ce fut ma piquante froideur, qui me procura la possession de Dorotée. On était curieuses de conaître le fond de la moralité d'un Locataire tranquile, et qui paraissait sans passions. Ajoutons, que me supposant timide, On aurait craint que je ne me degoutisse du séjour d'une maison, où tout le monde était favorisé, excepté moi. Mad. Milliér m'offrit Madelon la cadéte de ses 2 Filles. je la remerciai. —Hâ! je vous estime (me repondit-elle), d'être scrupuleux! Il y en a ici qui nous prendraient toutes-4 l'Une après l'Autre le même jour, exprés pour dire. „ *J'ai eu la grandmère, la mère, & les deux Filles*... Honoré-je Dorotée? Oui; je crois l'avoir rendue mere.

9 Mad. AGARD, femme de M^d Orfèvre; Elle était la Reine des Brunes, come mad. Machard était la Reine des Blondes, dans le même temps... Avant son mariage, elle était fille-de-modes au *Palais*, et se nomait, *la Belle-Mimi.* Un jour, qu' elle traversait le *Pont-neuf*, troussant avec grâce, sa robe d'une main posée sur sa croupe, et que tout le monde l'admirait, Un jeunehome de Montpelliér

fut si fortement ému, qu'il courut se jeter à-genoux
devant elle, en s'écriant, — Deesse! es-tu Flore?
es-tu Venus?... j'étais à-côté d'elle. La belle Dame
eût peur, et me saisit le bras. j'en fus si glorieux,
que je l'accompagnai jusqu'au milieu du quai de *la-
Mégisserie*, et au retour, au-milieu de celui des-
Orfevres. je fus remercié; je baisai la belle main
retrousseuse, et je me retirai comblé, come si la
belle Agard eût ête une Reine.

10 Mad. BATYSTE, Limonadière vis-à-vis l'an- 1763
ciénne *Comedie-Française*. Elle a comencé par ê- 1775
tre heureuse et brillante; c'était Une des Beautés septemb
du jour; elle avait un goût exquis; elle était fêtée, a-
dorée d'un Publiq distingué. La *Comedie* change
de place. Batyste était accoutumé à gâgner gros,
et à depenser beaucoup. Il continua, et se ruina...
Alors, il ala s'etablir, ruë *Guenegaud*, où il ne
fesait que le centiéme de son 1^r Café. C'est-là que
j'ai conu Mad. Batyste, encore charmante, renplie
de goût et de grâces, mais deja avilie par la misère
et la Société crapuleuse de leur petit Café. L'an-
cién *charme* de sa 1re situation *me* fesait la respecter; elle le sentir, et *m'en temoigna* sa reconaissance, suivant sa nouvelle façon de-penser. C'est
pourquoi je l'honore; car elle était *aimable* avec l'
Aimable, honête avec l'Honête, tendre avec le
S[.]nsible; et ce fut touj^{rs} *aimable*, honête et tendre que je la vis. Le plaisir nous rend des Dieux!

11 LA PETITE ROSETTE: *Voici l'avanture* 1767
*qui m'avait fait negliger Dorotée. Un diman-
che-soir, je fus surpris par la pluie dans la
ruë Tiquetone: Je me mis sous une porte. Des
Enfans jouient à cache cache-Nicolas. Une
petite Fille de 11 ans vint se mettre à-côté de
moi. Je lui pris la main, et m'apercevant qu'
elle avait un joli bras. je le lui dis. en le mettant
entre mes doigts. La Petite sourit, et me proposa d'aler nous mettre à l'abri. sous une porte*

1768
septemb

à porche vis-à-vis. J'y alai. Lorsque nous y
fumes, elle me montra des tonneaux entâssés,
en me disant: ,,Là derrière, sous le porche ,,.
Nous y alames, et alors elle ajouta: ,,J'ai une
Sœur, qui a 16 ans, à laquelle ont fait ça: On ne
veut pas me le faire, parcequ'on dit, qu'on ne
pourra pas, et ma Sœur Zon se moque de moi, en
m'apelant Morveuse, Grenouille!... Tâchéz d'en
venir à-bout? Je ne crierai pas ,,! Mon étonement fut extrême. La Petite pressait: Je me
refusais. Enfin, je resolus de feindre de me
rendre à ses desirs, pour lui donner une leçon.
Elle fit tous ses effort, pour me seconder. Je
m'aperçus alors, combien il est imprudent, avec des passions fougueuses, de faire de ces essais, audessus de nos forces! Je croyais degoûter la Petite par la douleur: Mais sa volonté
était si grande, qu'elle s'était précauçionée de
pommade: Je ne savais ce qu'elle fesait, en s'en
frotant: Je continuai, sûr du non-succès, et la
voyant souffrir horriblement! mais elle me retint avec deux bras croisés, en se livrant de tout
son pouvoir. Je portai trop loin l'essai, et je triomfai, malgré moi, avec un plaisir fisiq. si violent,
que je ne fus plus maître de moi-même... J'en
rougis de honte. La Petite était en sueur, et en
larmes. ... Elle me dona un rendévous, pour le
dimanche suivant. Je vins, pour tâcher de reparer ma faute. Je trouvai la Petite, qui me
remercia en m'embrassant, et m'assurant, qu'
elle avait renouvelé l'essai avec 4 Jeunes Voisins, dans la semaine. Je frémis, et aulieu de
succomber encore, j'eus la force d'aler dire la verité à la Bellemère, femme de Blondelat de Mérup,
mon ancien Ami... Quelle surprise! Je lui apris ce qui se passait relativement à ses Bellesfilles. Cette Femme était honète; elle fondit en lar-

mes! Elle mit Rosette dans une maison religieu-
se, où l'une de ses Sœurs était converse. Elle l'a
ainsi préservée. Mais Zoa s'était enfuie chez
une Matrulle. En 1774, j'ai revu Rosette, deve-
nue raisonable. Elle m'a reconu; elle a rougi,
et elle s'enfuyait. Je la joignis dans l'escalier,
et je lui dit, que c'était moi, qui avais averti sa
Bellemère, et placé sa Sœur. Elle m'en remercia.
Et c'est par cette raison, que je la place ici.

12 Mlle MAUVIETTE; sagefemme qui demeurait ruë de *la-Huchette.* Elle accoucha Agnès-L. en 1763, aîdée par Desirée, qui devait tenir l'Enfant. Elle venait souvent, ét je la reconduisais le soir.
Un-jour, elle me pressa la main. Je fus
surpris?... Arrivés chez elle, Mauviète
me dit: „J'ái peu de Pratiques : les
Femmes manquet de confiance en moi,
parceque je n'ái pas eú d'Enfans: Vous
n'êtes pas un Fat, un Jacteur; vous êtes
honête ét sensé: Faites m'en Un„? Je
ne sais pas, s'il est quelqu'Home, qui
puisse refuser une pareille proposicion,
la Femme qui la fait, fût-elle un Monstre. Pour moi, j'obtemperái sur-le-
champ.... „C'est bién! (me dit froidement Mlle Mauviette): L'operacion
n'a pas mal été: Nous verrons si le succés la courone. Sinon, il faudra bién recomencer „. Effectivement, elle atten-
dit environ 2 mois, aubout desquels
elle vint me dire: „Recomençons „.
Nous recomençames. Six semaines a-

1763
septemb

prés, Mauviette revint me dire fort-contente: ,, *Ça y est* ,,. Et elle ne me parla plus de recomencer. Elle accoucha d'une Fille, ét elle eût des Pratiques. A l'entendre m'en remerciër, on aurait dit, que je m'étais doné beaucoup de peine sans profit!... Il est vrai que Mlle Mauviette procreait, come si elle eût fait une operacion de chirurgie.

1767
septemb

12 SOFIE-MYRIÉN: fille d'Orfévre de la ruë *St louis* du Palais. C'était un charmant Minois! Elle ressemblait à Mlle Guéant. L'Agent d'un Home puissât la fit enlever: Je passais un-soir à-côté d'un carrosse. où j'entendis pleurer. Curieux alors, ét plûs actif encore que curieux, je m'élance derrière la voiture, ét je suis emporté jusqu'à un superbe château. On s'arrête : Je saute à-terre. Deux Femmes descendent, mais dans la cour, avec Une Jeunepersone, qui marchait avec peine, ét qui pleurait. Je restái devant le château jusqu'à trois heures. Je vis alors sortir les 2 Femmes, dans la voiture. Je suivis de même, en me tenant courbé, depeur d'être aperçu du Cochér. On arrive ruë de l'*Egoût-Stmartin*, ét l'on entre dans une maison, où il y avait une grille, ét une espèce de cour. On fut obligé de descendre à la porte. Alors je vis la Jeu-

neperſone, ét la reconus. Une de Femmes m'aperçut, ét me demanda, qui j'étais: ,, Un pauvre Joueur de billard, qui a tout perdu, ét ne ſáit où aler coucher. ,, Bon: Entrez ,, J'entrái: On me mena dans une chambre, ét là, les 2 Femmes ſe jetèrent ſur la Jeuneperſone, ét m'ordonèrent d'en jouir. Je feignis d'obeïr, ét je tâchái de me faire comprendre de la Belle, qui ſe deſeſperait, tout en ſe prêtant, depeur de pis.... On me renvoya, avec 2 louis. Le lendemain, je m'informái dans le quartiér, de Mlle Myrién, de ce qu'elle était devenue. J'apris qu'on la cherchait, qu'on la pleurait Je louái un ſuperbe habit à la friperie, ét j'alái dans la maiſon de la ruë de l'*Egoût*, qui était celle de la *Guerin*. Je demandái à voir ce qu'elle avait de mieux: Je parcourus tous ſes boudoirs: Je ne vis rién qui reſſemblât à la Belle que j'avais feint de poſſeder. Enfin, j'entrevis un petit apartemment à jalouſies baiſſées. Je demādái à voir-là. On me dit, qu'il n'y avait Perſone. J'inſiſtái: On me refuſa. Je ſortis de mauvaiſe humeur, m'étaut aperçu que je n'aurais pas été en ſûreté, ſi j'avais marque des lumiéres. Je courus, tel que j'étais, chéz les Parens, ét je leur dis où était leur Fille. Je leur conſeillái de ne s'adreſſer à aucun Magiſtrat, pour cause. Nous alames bien accompagnés. J'entrái : Je fus mal-reçu. Mais en me renvoyant, la porte s'ouvrit. Ceux qui m'acompagnaient ſe précipitèret à-la-fois. Nous alames droit à l'apartement jalousié ; nous enfonçames les portes, ét nous trouvames... la Belle éplorée... Nous la rassurames, par nos egards, ét l'invitames à nous ſuivre. Nous ſortimes avec elle fort à-propos ! car un quart-d'heure plus tard, des ordres ſurpris à la Police, nous enpêchaient de delivrer la Captive. Nous ſumes d'elle, qu'elle avait été menee la veille à plusieurs lieues, ét qu'un Home qu'elle nous depeignit (*Il reſſemblait come 2 goutes-d'eau à un Ecu-de-6-francs*), l'avait deflorée, contenue par une Fëme ét 2 Homes... Il falut ſe taire alors... Lorſque Sofie ſut reïntegrée chéz ſes Parens, au ſu de tout le monde, ils reçurent 1·000 louis. C'était le taux... Jamais Sartine, le principal agent du *Parc-aux-Cérfs*, n'a ſu que j'avais fait ce coup là. Un des 2 Valets de chambre ét la Dame intromettrice, piqués de la resiſtäce de Mlle Myrien, avait ordoné de l'avilir dans un mauvais-lieu, ét peutêtre Sartine, ſi acoutumé au crime, l'y aurait-il fait perir. Je lui ſauvæ ce traitement infame, ét j'eús la delicatesse d'é-

viter de m'en faire conaître... Mais tout
s'efface, ét Sofie, à 50 ans, n'est plus in-
teressée à cacher un trait, dont tout le
scâbreux est passé, avec les charmes ét
les occasiôs d'établissement; il n'en reste
que l'honorable. Il n'en est pas de-même des Femmes que leur conduite doit
couvrir de honte. Il faut que le vice soit
flêtri; epouvâter les Présentes par les Pas-
sées: aussi me reprochæ-je d'avoir eú la
pusillanimite de masquer certaines Fê-
mes scandaleuses; ç'a eté conniver, que
de deguiser leurs noms. Ne cachons pas
les forfaits dont la beauté a été la cause;
les seduccions, dont elle a été l'excuse.

14 VICTOIRE-DORNEVAL: C'est 1769
une gran e Fête que celle-ci, & je *septemª*
l'ai encore celebrée cette année 17-
96: On sait qu'elle m'a fait naître
l'idée d'écrire mon Kalendriér........
Victoire, file d'un Procureur, avait
preferé le publicisme, à épouser un
vieux & degoûtant Praticién. &c.

15 CLÆRÆ-GÆRMAIN: fille volée par une 1770
certaine Gærmain, coquine affreusemt
laide du *Carré-Geneviéve*, qui l'éleva,
come etant une Fille, qu'elle avait perdue en nourice. A l'âge de 15 ans, elle
la vendit à un Anglais, qui la garda 3
ans. Cette Fille revint à Paris, en 70,

èt rendait quelques visites à Agnès-L.
Un-jour, elle me comuniqua fes doutes
fur la pretendue maternité de la hideuse
Gærmain? Elle me raporta quelques
propos, tenus par Celle qui passait pour
fa Sœur-aînée, grosse laide come la Gærmain. Nous travaillams de-concert à
decouvair la verité. Nous nous liames,
ét come elle était jolie, je l'aimaí. Elle
ne fut pas cruelle, áyant eñ plüs d'Un
Amant. Enfin, des traits de reffenblāce
me firent présumer (car je fuis fisiono-
miste, come Lawater) qu'elle pouvait
apartenir à Un Md-merciér du coin de
la ruë *des-Nojérs*. J'alaí voir cet Home
et fa Feme. Je leur demandaí, S'ils a-
vaït perdu Une Fille en bas-âge. Les
larmes vinrent aux ieux de la Mde. Elle
me depeignit l'Enfant, qui avait un petit feing rouge au-bas des reins. Je l'a-
vais vu; mais je ne le dis pas. Je courus chercher Clæræ, ét je dis à la Mer-
cière de la visiter. Les Bones-gens pen-
fèrent mourir de joie, de fe voir Une fi
charmante Fille, eux qui n'avaït pas d'
Heritiérs!... Clæræ a mené chéz eux la
vie la plüs honète,... ét ils l'ont enfin
mariée. Elle est bone mère-de-famille.
16 ROSE-MAUDUIT, jolie fille-de-Modes du
coin de la rue *Tiquetone*, où eft aujourdhui le café: On fait que je la vis un dimancho marin, en
court japon, bas bien blancs, fouliers-rose, à ta-

lons verts, *minces*, et très-élevés: Elle *me* dona
l'idée du *Piéd-de-Fanch*tte. Lorsque l'Ouvrage
fut fait, je lui en portai un *Exemplaire*, et nous
fimes conaissance: Elle e ait bone Fille, et *me* le
prouva. Elle disparut un *mois* après, sans que j'aie
pu savoir ce qu'elle est devenue.

17 Justine Sujér: Jeune-brune de la
ruë *Stgermain-l auxerrois*, née de pauvres
Gens, mais charmante! Elle se chaussait d'un goût exquis: Je la suivis un
jour dans une maison de la ruë *Honoré*,
où je lui fis conpliment sur son joli pié d.
Elle rougit ét sourit... Je la perdis de
de vue, pour ne la retrouver qu'en 17-
70, dans la boutique de la ruë *Tiquetone*, la même où j avais vu le *Sollier-
rose*: J'étais conu dans cette maison,
ét j'y vins, pour aprocher de Justine...
Je sus alors, qu'elle avait pour Amant,
un vieil Avocat, qui prenait soin d elle
depuis 4 ans. Elle n'en avait pas encore
18. Je sus ensuite, qu'elle aimait les
Jeunes-gens, ét qu'elle en alait voir
quelques-uns. Je lui fis la cour, ét un
Exenplaire du *Piéd-de-Fanchette* m en fit
aimer: [j en eús des remords; car j'avais
ainsi profané ma qualité d'Auteur; ce
que j atribue à la dangereuse fréquen-
tacion des Filles-publiques, à laquelle
m'avait necessité la conposicion du Pornografe... L'Auteur, come le Medecin, est quelquefois exposé à s'enpoi-

soner!... Mais que penſer de Progrès-
Gŕonavet, qui ſeduisait des Filles ho-
nêtes, en ſe disant père de ce même
Ouvrage]!.... JUSTINE etaitvive, careſ-
ſante, delicieuse. je l'ai revue en
1773, établie Mde-de-modes ruë *Martin*. Elle était voluptueusemt parée. Elle
me montra une Enfant de 3 ans, toute
aimable, dont elle m'atribua l'origine.
je m'informai ſous main ; ét je ſus que
la PETITE DESIRÉE n'était pas donée à 36
Pères, mais à moi-ſeul. Je place Juſti-
ne ici par reconaiſſance.

1770 18 FANCHONETTE-GIET, niéce de Desi-
1771 rée-Didiér. je n'eús cette Fille provo-
septemb quante qu'en 1771 ; mais elle me con-
ſola dans un temps, .ou Victoire-Dorneval, que j'avais prise pour elle à une
Ire vue, m'avait capricieusement abandoné. Elle me fit une illusion flateuse.
Un-jour, elle alait ruë *Guenegaud*, dans
un HÔTEL-garni, faire la PRATIQUE d'Un
riche Etranger. je l'avais rencontrée,
ét je l'acompagnais. L'Etrangér venait
de ſortir. Fanchonette me rejoignìt, ét
me fit monter chéz Mlle Derainefort ſon
amie, qui demeurait au bout *mazarin*
de la même ruë : Elle me dit, que ſ'é-
tant préparée le matin, il lui ſalait Un
Home... Je le lui donai, étant ſain a-
lors. Elle n'avait pas encore été prise :
Elle

Elle le fut à cette époque, ét m'en fit honeur... Quel Libertin! (dira-t-on). Je ne prétens pas m'apologier, m'excuser : mais ce n'est pas être libertin, c'est être vertueux, que de faire des Enfans. 1766

19 SOFIE-DERÉNNEFORT, ou la TAILLEUSE, fille d'Un Tailleur de la ruë *du* 1771 *Fouarre* : je l'avais entrevue a sa fenêtre en 17- septemb 65. Elle était grande *Dame* en 1771, ayant des *Diamans*, du rouge. Elle se chaussait très-haut, ainsi que Mesd. Desnos, Batiste, et d'autres Belles qui raisonaient leur parure. Après l'avanture de *Fanchonnette*, je la suivis un-jour. En rentrant, elle se retourna, *me vit*, et *me fit signe*. je *montai*. Elle *me* conplimenta sur *mes* procédés avec les Femmes, avouant qu'elle avait-eú la curiosité de *m'ob*-server avec *Fanchonnette*, je l'enbrassai ; elle trebucha, et je trouvaî une jouiffance facile. C'était une Fille blâsée depuis 10 ans ; neanmoins je la rendis *mère*, parcequ'elle s'était exalté l'imaginacion. Elle m'en temoigna sa reconaiffance. Maîs était-ce bién Moi?... Croyons-le.

20 Mad. SANIÉZ, fagefeme jolie, pleine 1768 de grâces, qui venait fouvent à la mai- 1772 son... Nous causions quelquefois, ét Je lui racontais en riant quelques-unes de mes avantures, me vantant de féconder les plûs Steriles. La Belle souriait, ét je remarquaî que, depuis cet entretien, elle revenait plûs fouvent. Elle me dit un-jour : ,,Vous êtes d'un mediocre favoir-vivre! Je viéns ici vous faire ma cour, ét vous ne m'avéz pas enco-

XIII Partie. k k

re rendu mes visites ,,! Je promis d'y a-
ler. On me signifia qu'il falait indiquer
le jour, depeur que je ne trouvasse Persone. On me dona l'heure : Celle où
le Mari était à son Bureau, car il etait Employé. Je ne manquai pas, ét l'on me
fit tant d'avances, après m'avoir reçu
dans le plûs grand particulier, que je
conpris le but de la belle Sterile : ,,Sa-
véz-vous pourquoi je viéns? (lui dis-je).
,, Pour causer avec moi. ,, Non : pour
vous faire un Enfant. ,,Quelle folie ,,.
etc. Je ne sais pas si un Enfant est une folie : mais je lui en ai fait 3, qui sont aujourdhui sa consolacion. Son Fils, ses
2 Filles enbellissent la fin de sa carrière.
Je demande à-présent, si ce qu'on nome la fidelité conjugale pour un Vieil
Epoux, vaut cette infidelite-là? Qu'on
me reponde sans prevension.

1768 21 Mad. QUÊLVE, fille d'un Chirurgién
septemb en chéf de l'Hôtel-Dieu..... Femme
charmante, très-coquette, áyant le plûs
joli petit Piéd possible, & sterile. Après que
Rose-Mauduit m'eút doné l'idée du *Piéd-
de Fanchette*, dont je n'avais fait que le
Ier Chapitre, Mlle *Vamore* me dona la
verve p^{our} achever le reste Je sortais de
la ruë *Aubri*, venant de celle *Quincampoix*, où je demeurais alors, lorsque je
rencontræ une Deesse à-piéd, qui alait à

l'Eglise du *Sepulcre*. Jamais je ne vis 1768
une auffi élegante chauffure, un Piéd fi 1776
mignon... L'Ouvrage fini, je lui en en- ^{septemb}
voyæ un Exenplaire en papiér-d'holande,
avec la Dedicace à fon nom. Elle crut
que tous les Exenplaires étaît inprimés
ainfi, & elle m'en fit faire des reproches
un-peu vifs, par Un Garfon-Marchand,
que je foupçonæ de les aigrir par jalousie. Je lui fis voir qu'à l'édicion, le nom
avait des afterifqs * **: ce qui, joint à
mon habit d'Inprimerie, qui n'était rién
moins que parant, calma le Fat enpefé.
Huit ans après, en 1776, je rencōtræ Mlle
Vamore dans une maison tierce. Elle ne
me conaiffait pas de vue : Je fus empref-
fé. Le *Páysan-perverti* fesait alors
du bruit. Elle en dit fon fentiment, fans
favoir que l'Auteur était-là; elle rapela fa Dedicace du *Piéd-de-Fanchette*, &
elle temoigna des regrets de ne l'avoir
pas mieux reçue. Alors On me montra.
Elle vint à moi. Nous causames. Je favais qu'elle n'avait pas d'Enfans. Je
me vantæ de mes proüeffes. Je vis
fes ïeux étinceler. On dîna. En fortant
de table, je lui pris la main, & la menaí
à l'écart. M'apercevant qu'elle était tendre, après les liqueurs & le café ... (je
l'avais fi vivem^r desirée!) je proposai...
On dit qu'en 1777, elle eút une Fille de
fon Mari... Je l'honore en-confeq^{uenee}.

k k 2

1761 22 Mad. WERKAWIN, femme du Prote du Louvre,
1776 Petite Brune tres-ardente, amie de mon Ami Renaud
septemb après Mad. Deschamps, ét qui a pleuré sa mort, arrivée loin d'elle, à Ouaine, où Renaud frère-ainé é-
tait curé. J'honore mon Ami, dans son Amie.

1768 23 ÉLEONORE-ROUSSEL, ou la PE-
LISSE-BLEUE: J'étais un-soir, après
l'ouvrage à regaider sortir les Femmes de
l'Opera: J'avais la tête exaltée, par
la vue de tant d'attraits, qui n'étaient
pas pour moi. Je m'en alais tristement.
Au coin de la rüe des Bons-enfans, vis-
à-vis un Notaire, dont on a rebâti la
maison, aujourdhui occupée par une Mde-
de-modes, je vis une Fille charmante, auſſi
jolie que les Belles qui venoient de me
desesperer, & à-côté d'elle un Goujat, qui
la voulait maltraiter. J'écartai ce Ruſ-
tre, & je me retirais. La Fille m'apela.
Je revins: Elle me pria de monter. Je lui
dis que j'étais pauvre. —Je Vous dois,
pour le service que Vous venéz de me rendre, & je veux m'aquitter—. Je montai.
Eleonore employa tout son art, pour me
doner une volupté, que je ne conaiſſais
pas encore. Elle se livra elle-même tou-
te-entière... Je fus émerveillé. La Fille
était jeune & jolie, mise avec goût, &
d'une propreté provoquante. —Ce n'eſt
pas tout, me dit-elle: Il faut venir dejeûner avec moi Dimanche-matin—? Je
le promis, & tins parole. Nous dejeû-
names, en causant. Après le chocolat,

l'amour; après l'amour, les affaires.
Eléonore me dit, qu'elle avait 28 cents-
livres de rentes. placées chéz le Notaire
du coin, & 6-mille francs chéz elle, pour
comencer un établissement : Elle m'offrit sa main, avec promesse de ne jamais
regarder de Galant, même de ne parler à
aucun autre Home. Je lui repondis, que
j'étais marié. Elle m'offrit de me rendre le maître de sa maison. J'acceptai.
Je lui donai mes conseils ; elle s'établit
Lingère, à la Hâlle, & prospera... J'eûs
alors des distractions, & je la mariai à
un Jeunehome de Vermenton, qui est
heureux avec elle. Je l'avais rendue
mère à notre 1er embrassement, de 2 Filles, qui sont, l'Une Actrice, l'Autre Danseuse au Boulevard. Elle a eû 2 Enfans de son Mari. Elle est veuve, & se
comporte avec une grande regularité.
24 FRANÇOISE-BIÉNFAITE : Je ne lui sais 1765
pas d'autre nom-de-famille. Elle demeurait 1770
dans la rue des Vieux-Augustins. Cette Fille é- septemb
tait devenue amoureuse de moi, dès 1764, je ne
sais pourquoi : Mais elle me poursuivait dès
que je paraissais dans le quartiér, & se livrait
avec enportement. Je lui dois de la reconaissance. Je l'ai rendue mère de 2 Filles, que
je lui ai faites, vis-à-vis la boutique de Mad.
Menôt, que je contemplais en operant.
25 ADELAIDE-LEBRUN : Grande et belle bru- 1763
ne, amie de mon Ami Timotée-Joli. Le jour que 1770
le petit Gronavet-Progrès amassa la variole, Joli
nous avait doné à dînér, pour rendre un plûs-

que frugal repas, que Gronavet nous avait
forçés d'accepter 8 jours auparavant. Nous
bumes un-peu. Après le regal, fourni par le
Traîteur du coin de la rüe du Bout-du-monde.
Joli nous mena chéz Adélaïde. Nous y trouvames Une de ses Compagnes encore plus jolie, la
petite Duplessis. Mon Ami fesait les honeurs:
Il prétendait nous regaler de toutes manières. Il
me fit prendre Henriette Duplessis, et mit Adélaïde dans les bras de Gronavet. Mais jamais
mille Lebrun ne put se mettre à l'unisson avec ce
petit Sapajou: Il fut obligé, pour satisfaire la
rage érotique que lui avaient causée le vin, et
Lebrun, d'aler chercher fortune ailleurs. Il
entra dans l'alée du Café, qui fait le coin de la
rüe des Bons-enfans; il monta au 3e, et trouva là
... ce que je dirai tout à-l'heure.... Cependant, après son départ, nous étions heureux,
Joli et moi. Lebrun voulut m'avoir, pour
faire les honeurs de chéz elle, et Duplessis eût
Joli. Après avoir pris nos ébats, complement
de notre regal, nous nous inquiétames de Gronavet, et nous alames le cherchant dans tous les
Bouzins. Nous le trouvames où j'ai dit. Il n'é-
tait pas dans l'apartemt, la Matrulle avait mené
ses Filles danser, et n'avait laissé qu'une laide
Marcheuse, à laquelle elle ne se fiait pas asséz
pour lui confier ses cléfs: Cette Femme n'avait
que celle de son bauge sur l'escaliér. Ce fut
par la porte mal-fermante de cet endroit, que
nous aperçumes Gronavet en congrès. Nous
ne pouvions concevoir qu'il s'acharnât avec un
Monstre. Nous frapames rudement. On nous
ouvrit... Hâ! l'horreur! Une Gouine bour-
geonnée... Nous lui fimes des reproches: Il
bnlbucia... Nous l'enmenames, et nous fimes

rire aux larmes Adélaïde et Henriette de sa sale
avanture... Joli était dans l'usage, quand il
me donait à dîner, de me ceder aussi sa Maîtresse; cela se fesait si uniment, qu'on n'y voyait aucune trace de libertinage.

26 Henriette - Duplessis. J'ai rendu
mère cette jolie Fille, en 1772, avant de conaître Louise.   On la voyait dans la Nouvelle-hâlle, portant dans ses bras son Enfant, qu'elle alaitait.   Elle eût alors la
petite variole, et devint laide.   Elle n'en
fut que meilleure mère.   Elle se remit à
son Metiér de polisseuse, et éleva sa Fille,
aujourdhui 1re Actrice d'un Theâtre...
très-conu.

27 Eusebie, ou la jolie Mde-de-sël du bas
du Pont-St-michel. En 1759, je regardais
avec plaisir cette jolie Enfant, fille de la
Regratière. Elle anonçait une beauté com-
plette: En 1765, un-jour que je passais
par la rüe de la Comedie française, je vis
la jolie Eusebie, alors âgée de 16 ans, a-
vec sa Sœur-aînée, à la fenêtre d'une maison de Filles.   Mon cœur palpita d'émo-
cion.... Je la revis ensuite superbement parée: Je ne doutai pas que sa Sœur-aînée ne
l'eût plongée dans le desordre.... J'en gé-
mis: Cette Enfant m'avait plu: Je la voyais grande, embellie par la parure....
Enfin, en 1771, passant un-jour par la
rüe des Deux écus, je vis Eusebie à une fenêtre d'entresol. Je la regardais avide-

1763
1770
septemb

1758
1765
1771

ment. *Elle me fit figne; je montai.   Elle
m'offrit une volupté facile, que je goûtai
avec l'emportement que donne un goût vif
longtemps fufpendu.   ,, Hô! tu m'aimes!
(me difait-elle): On ne fait come-ça, que
quand on aime fort! fort!... Six mois après,
paffant par la Nouvelle-hâlle, je l'aperçus
au n° 16: Elle me fit un figne, auquel j'o-
béis: Elle me dit: ,, Je me marie avec un
Horlogér, qui a 8 mille livres de rentes:
Voulez-vous me fervir de Pére? Je ne conais que des Gens, qui feront du fcanda-
le ,,... J'y confentis.   Je parus chéz le
Notaire, à l'églife, et Eufebie fut mariée.
Elle a depuis été exemplaire... Elle a
voulu revenir demeurer dans fon quartiér,
pour y montrer fon changement.*

1765 28 Eulalie, *fœur d'Eufebie.   Je la
1767 place à la fuite de fa Sœur, quoiqu'elle ne
septemb dût être qu'au 7 8bre: Nous alions déme-
nager de la ruë Trainée, le Md-de-mouffe-
lines ét nous, quand je vis entrer Celle qui
devait nous remplacer.   J'étais feul; j'ar-
rivais de Bourgogne depuis 8 jours.   Je
reconus Eulalie.   Je la faluai.   Je lui demandai des nouvelles de fa Sœur: Je lui
fis des reproches de l'avoir perdue. ,, Que
ferait-elle aujourd'hui? (me repondit-elle)?
Miserable come fa Mère, qui était ma belle-
mére? Aurefte, j'étais putain par les mau-
vais-traitemens de fa Mère, ét elle me fe-*

sait des avanies, quand je passais : J'ai
été bien-aise de la faire taire. Elle en est
morte de chagrin ; c'est tout ce qui me fait
de la peine ". J'écoutais la Fripone, extrêmement jolie : J'avais l'air pensif, parce que je combatais ma passion, à la vue
d'une Femme provoquante, chaussée par les
Grâces. Elle me crut en colère, ét se fit un
jeu de me dérider. Elle me lutina, m'en-
brassa, m'entraîna... Je sucombai... Puis
elle se moqua de moi, en retorquant mes argumens : "Si je n'étais pas Fille-fille, au-
rais-tu goûté le plaisir que tu viéns d'avoir ?
Va, mon pauvre Filosofe, remercie le Bon-
dieu de tout, ét prens ce qu'il t'envoie "...
Je ne pus m'enpêcher de sourire de cette sin-
gulière moralité, faite pendant une ablu-
cion ; "Car je suis propre " (disait-elle).
... Quelque-temps apres, 6 mois environ,
elle me rencontra au passage de l'Hôtel-Be-
aufort, ruë Quincanpoix : Elle courut sur
moi : "Hâ ! chién de Filosofe ! je n'avais
jamais été prise, ét il faut que tu me gâtes
la tâille !... Vois-tu " ?... En-effet, elle
était à-pleine-ceinture... Elle eut une Fille.
29 ZILIA, belle Mulâtre à fond rouge, aulieu de jaune, que je trouvai un-soir, ruë
Honoré, dans le temps de ma violente passion pour Rose-Bourgeois. En l'apercevant
à une fenêtre, sa beauté, ses belles couleurs
senblables à celles de Rose, dont elle avait

en-outre la belle forme de visage, me fra-
pèrent ! Elle me fit signe. Je ne pus resister : je montai pour me faire une illusion
d'un moment. Je trouvai Une superbe Fille, qu'un legér sourire enbellissait encore.
Elle était mise voluptueusement, faite come les Grâces, avait un air deçent, affec-
tueux; ét quand je l'eüs flatée par la ressen-
blance de Rose, qu'elle conaissait de vue,
elle devint tendre... Je la caressai. Onc
n'avais palpé de peau si douce... Le langage de Zilia était poli : elle ne se fit point
payer d'avance, ét après un égarement de
plüs d'une heure, elle se contenta de ce que
je lui donai. Je sortis enchanté : J'avais
possedé Rose en imaginacion, ét je l'avais
traitée come telle; j'étais inépuisable. Je
me promis bién de revenir jeter de l'huile
sur mon feu, quand il me tourmenterait
trop. J'avais bién Desirée, qui ressemblait à Rose; mais elle conptait alors que
De-Ronci l'épouserait, ét elle se menageait
pour lui-seul. Je revins en effet. Mais
je ne trouvai plus Zilia : On se moqua de
moi, quand je la demandai. Ce n'était pas
un rève cependant.. Je m'en alai. En sortant, j'entendis rire. Je crus reconaître
l'accent de Zilia : J'écoute : je l'entrevois.
Une Femme sort, je me précipite dans l'apartement... (J'avais 31 ans moins 22 jours),
je tombe aux genoux de Zilia : »Deesse du

1795
septemb

plaisir! (lui dis-je), d'où-vient m'éconduis-
tu? ,, Hâ! c'est lui! il m'aime... D'où-
vient es-tu en manteau... On ne t'a pas reconu.... Viéns ,,. Elle fit un signe imperceptible; j'entendis les portes s'ouvrir,
et Quelqu'un sortir. Nous entrames dans
son boudoir.... Elle m'amusa longtemps...
Enfin, je fus encore heureux.... Pendant
nos ébats, j'entendis quelque-chose: Zilia
redóubla ses caresses... Tout doit finir...
Je cessai donc...... On refusa mon argent;
On me rendit celui que j'avais doné la 1re fois
... On me mena caressant jusqu'à la porte, qu'
On poussa negligenment sur moi... Ce que
j'avais entendu me trotait dans la tête: Je
rentrai doucement; je m'aprochai de la porte du boudoir, et je vis Zilia dans les bras
d'un Home, qui me parut un grand Monsieur... Je me retirai à-reculons, et j'alai
me cacher dans un cabinet d'escalier. J'
attendis environ une demi-heure. Je vis
sortir le Monsieur, donant la main à Zilia, éclairés par la Maitresse de la maison.
Ils monterent dans un fiacre, que je galopai. Ils le quitterent. Entrerent au Pa-
lais-royal; y firent deux tours, en sortirent,
et prirent un fiacre fort-éloigné de celui qu'
ils avaient quitté: Je montai derrière celui-ci, et je fus porté jusqu'à la rue d'An-
jou, faubourg-Honoré. L'Home descendit là, seul, et la Dame fut à la chaussée-
d'Antin, avec un Domestiq, qui l'atten-

dait à l'hôtel de Souvrai.... Je n'ai plus rencontrai Zilia : Mais elle m'a demandé plusieurs-fois. On m'aprit qu'elle était enceinte. Et come son Blâsé ne pouvait rien, sans avoir vu operer sa Maîtresse par Un-autre, je m'en suis fait honeur.

1767 30 *VESPERIE* : J'étais dans le Coche, septemb revenant de chéz ma Mère : C'était le 3e jour, 30 7bre, & nous aprochions de Paris, lorsque j'aperçus un batelet qui venait au Coche : Il portait 2 Jolies Persones, l'Une de 22 ans, l'Autre de 10 à 11. Elles étaient accompagnées d'un Laquais à livrée. — Hó! les belles Femmes! (pensai-je)-. Elles se mirent dans le grand-cómun. Je m'aprochai. Nous leur parlames, mes Camarades & moi. Nous jouames au gaje-touché. Une chose me frapa : C'est que la Jeune apela une-fois Celle de 22 ans, Maman. Cela n'était guère possible. Je ne conaissais pas encore la livrée du Laquais, qui se tenait à l'écart. Le Jeu fini, Je me trouvai seul avec la Jeune. Je l'enlevai dans mes bras, pour lui faire voir quelquechose par la fenêtre du Coche. En la descendant, Je lui pris un baisér : Sa jolie bouche se cola sur mes lèvres : (c'est ce que j'ai eú de mieux, que les lèvres). Surpris, enchanté, J'observai que je n'étais pas vu, & Je redoublai mes caresses.

1767

ſes. *La Petite ſouffrait tout...* Elle
me dit : —Vous nous reconduiréz, n'eſt-
ce pas-?... J'y conſentis, lorſque nous
fumes arivés, J'alai chercher un caroſ-
ſe. La Jeuneperſone & ſa Conductrice de-
meuraient près la Place-Vendôme , ruë
Neuve-des-Petits-champs. Elles étaient
bién logées : mais j'obſervai que le Laquais n'était pas à elles : Il ſ'en ala ,
ſans rién dire. On me fit entrer dans
une belle chambre , où Je vis trois Portraits, celui d'une belle Femme, que j'a-
vais vue, mais que Je ne pus reconaître ,
celui de la Mâſſé ; le 3ᵉ était le mién , à
ce qu'il me parut ; mais peu reſſemblant.
Auſſi ne le reconaiſſais-je pas. Mad. Lebrun (la Fille de 22 ans), me dit : —En
Vous voyant , nous avons eû envie de
Vous amener. Vous reſſembléz fort à ce
Portrait-là ! L'origine de Veſperie eſt inconue ; en me mettant avec elle, on a
voulu qu'elle m'apelât Maman : Cependant, Je ſais que Je n'en ſuis pas ac-
couchée. Quand J'aurais 24 ans ; car
Je ne ſuis pas ſûre de mon âge ; il aurait
ſalu que Je l'euſſe faite à 9 ou 10 ans...
Regardéz bién : Auriéz Vous quelque
Parent qui reſſemble à ce Portrait ? —Je
croi que c'eſt le mién. —Je le penſe auſſi. —Ce qui me le perſuade , c'eſt que Je
reconais celui-ci (la Maſſé) : C'était
Une Appareilleuſe. —Une Appareilleu-

se! — *Voila Une belle Femme, que J'ai vue quelque-part: Mais si c'était Celle avec qui J'ai soupé chéz la Massé.... elle n'est pas ressemblante. — Vous l'avéz eüe? — Oui. — Vesperie? Je suis presqu'au-fait. Voici ton Père... Voila ta Mère: Et cette Laïde, c'est l'Appareilleuse... Reconaîtriéz-Vous bién la Femme que Vous avéz eüe chéz ce Monstre? — Oui. — Je Vous la montrerai demain. Reve-néz... Mais, soupéz avec nous-? Je soupai. Vesperie fut charmante! Je n'ai jamais vu de si aimable Enfant... Je sor-tis tard, & J'alœ rüe Traînée, où J'aurais mieux fait de ne point me montrer..... Ie lendemain, Je retournai chéz Mad. Le-brùn. Elle me conduisit dans le Jardin d'un Hôtel voisin, près la rüe de-Vanta-dour, & elle me fit voir Une Dame fort tris-te, que J'eüs peine à remettre. Elle marcha; & Je reconus parfaitement, non la Da-me à la mule verte de 1756, mais Une-autre, plüs grande Dame encore, & que Je n'avais reellemene prise chéz la Massé 6 mois auparavant, que pour Une Fem-me-publique. Je le dis à Mad. Lebrùn, qui sourit... Je dînai avec ma Vesperie, & vers les 5 heures, J'alai à l'Opera, où Je vis la Dame, à la 1re des 2des à-gau-che du Publiq. Deux Dames & Vespe-rie étaient avec elle... Mad. Lebrùn m'avait demandé mon adresse, que par dis-*

traction, Je ne laiſſai pas. Deux jours 1767
après, Je paſſai, pour reparer cet oubli.
Je ne retrouvai plus ni MAD. Lebrùn, ni
Veſperie; elles étaient diſparues. Je ſus
ſeulement par la Portière, aſſéz bonne
femme, qu'elles avaient été emmenées la
nuit, & qu'on avait entendu Une Dame
en Amazone, maſquée, dire à Veſperie:
—Non, mademoiſelle, je ne ſuis point votre
Mère; c'eſt Lebrùn: & elle ne ſ'en ſouviènt
plus, parcequ'on lui fit prendre certain breuva-
ge, qui lui ôta la memoire pendant plus d'un an.-
Cela fut dit très-haut. On cherche auſſi
Un Home-(ajouta-t-elle). J'avoûrai
que J'eûs peur!... Il était ſi facil, en ce
temps-là, de ſequeſtrer Un Particuliér,
par la ſeule applicacion de la griffe, qu'
On feſait ſouvent tenir, par deriſion, au
petit Langeac!... Je ne reparus plus dans
ce quartiér; & come Je vêcus très-ſoli-
taire pendant cet hivër, durant lequel Je
mis au net le MARQUIS-DE-T***, Je
compoſai LA CONFIDENCE-NECES-
SAIRE, LUCILE, ainſique LE PIÉD-
DE-FANCHÉTE; que nous avions été
demeurer dans la ruë Quincampoix, loin
de toutes meshabitudes; que l'apartement
était loué au nom de Moulins le Md-de-
mouſſelines, aſſocié d'Agnès-L., On ne me
decouvrit pas. J'ai bièn cherché à revoir
Veſperie, ou Lebrùn: mais Je ſuis ſûr
qu'elles n'ont pas reparu pendant plûs
de 10 ans. I l 2

OCTOBRE.

1768
1770 1 ÉLIZE-TULOUT: jolie Persone de la ruë *du-Cimetière-Stnicolas-des-champs*, fille d'un Employé, pleine de mérite, d'esprit & de talens. C'est une des plüs agreables avantures de ma Vie. *Voyéz* l'Histoire. Elize m'a rendu heureux; moi, je l'ai rendue mère; nous somes quites. Elle inspirait une passion fougueuse aux Homes qui l'aprochaient, surtout à son F.^{ere} Nerville. Elle tenta de le guerir par la jalousie; mais il ne pouvait croire qu'elle aimât Quelqu'un. Lorsqu'il la vit grosse, il le crut, & il fut audesespoir... Mais il guerit de sa passion.... qui revint cependant, quelq.^{es} années après. Il en est mort.

1770 2 ADELAÏDE-TAYI, amie d'Elize, & Sœur de l'Un de ses Adorateurs. Elize ne voulant jamais se marier, elle me préfera au Frère de son Amie, pour lui faire un Enfant: Mais elle se trompa; quād elle fut enceinte, il offrit encore de l'épouser. Elle refusa. Dans ce même tenps, elle voulait que Nerville devint amoureux d'Adelaïde: Elle me conseilla de feindre de lui faire l'amour. Nerville fut très-

furpris qu'on pût être infidèle à fa Sœur!
Il m'examina. Elize nous disait: — A-
léz! aléz-! Nous alames fi loin fur la
pente rapide, que je ne pus me retenir;
& j'entraînai Adelaïde-Tayi avec Moi.
J'en fus au-desefpoir... Nerville cependant, à la prière de fa Sœur, épousa fon
Amie enceinte. Adelaïde mourut en
couches, & Nerville redevint ce qu'il a-
vait été. La Fille d'Adelaïde, aujourdhui Mlle *Nerville*, eft à Bordeaux, a-
vec fon Oncle Tayi.

3 LIZETTE-VARIN: Jeune voisine d' 1777
Elize, lorfque je revis Celle-ci à la fin Octob.
de 1776, pour me depiquer de *Virginie*.
J'étais heureux auprès d Elize: Je la revoyais avec plaisir, quand un-foir, Lizette vint causer. Elle était jolie: mais
l'inpreffion qu'elle fit fur Moi, était bién
plûs forte, que ne devait la produire fa
beauté. J'en fus furpris! je devins froid
p^{ou} Elize (qui, outre fes droits, avait fa
Fille Elizette, charmante Enfant, que je
ne conaiffais pas encore). Je m'en voulais à moi-même. Je fufpendis mes visites: Et quand Elize m'écrivit, p^{ou}
en favoir la raison, je tergiverfæ..... Je
ne revis Lizette que longtemps après, &
lorfqu'elle était mariée. Je lui demandæ,
D'où-viént elle m'avait charmé tout-d'un
coup? —Je fuis Une jeune Infortunée...

Sans ma Tante… —Oui, fans moi (interronpit Celle-ci), méconue d'Un Père jaloux… qui l'a chaffée… Elle vous a plu, parcequ'elle a des traits de fa Mère; & fa Mère eft… Victoire-Scofon… Vous voyéz Louisète-Gréflòt, dont la Mère m'a fouvent parlé de vous… Mais ma Nièce aujourdhui ne veut porter d'autre nom-de-famille que le nom de fon Mari, Varin-. A ce bref recit, je demeuræ ftupefait !… Que de regrets de n'avoir pas conu Lizette, Elizette & fes raports avec Elize, quand cette Dernière pouvait affurer mon repos !… ¶ *Voyéz* le DRAME DE LA VIE, *Vme Partie.*

1770 Octob. 4 AGATE-GEORJE, jolie fille, qui demeurait vis-à-vis ma fenêtre, à l'ancién Collége de *Préfle.* Elle était conue de la Négriffe *Efther*, par fa Cousine Georje. Je dois à Mlle Agate la confolacion d'avoir vu ma Fille *Eftherette.* Je les regardais fouvent, avec admiracion, elle & fa Cousine Georje la Cadette. Un-jour l'Aínée Georje vint voir Agate, Celle-ci me montra: —Hé! dit *Aglaé-Georje*, c'eft *Mr-Nicolas!* Elle vint me voir avec une petite Fille de 6 ans… Depuis, Mlle Agate me fouriait, quand je la regardais. Son Frère avait des Pigeons à fon greniér. Il en vola un-jour un dans ma chanbre. Agate ne me voyant pas, ala demander

ma cléf à la Portière. On la lui dona ;
car elle était conue & aimée. J'arrivai
un instant après. Je trouvai Agate dans
ma chanbre, montée sur une chaise, p^our
attraper le Pigeon… Elle était si jolie !… Je l'avais tant desirée…. —Hâ !
mechant ! me (dit-elle ensuite, je vous
croyais des principes-!… Elle emporta
son Pigeon, & lui mit un ruban-rose…
Elle se maria 3 semaines après.

5 AGLAÉ-GEORJE : L'aînée des 2 Cou- 1762
sines d'Agate ; jolie brune, qui avait 1770
coïfé 2 ou 3-fois Agnès-L. en 1762…. Octob.
Elle m'avait frapé par sa beauté, dans le
goût de celle de MAD. Linard : Elle était
très-amoureuse ! Je m'en aperçus, & je le
lui dis un-jour, que ma Feme l'attendait.
Je savais qu'Agnès-L. ne devait pas rentrer de sitôt : Je fis ma cour à la brune
Aglaé, qui ceda. Elle eút une Fille,
qu'elle apelait sa Filleule, & qu'elle m'a-
mena une seule-fois, en me disant : —Voila l'Enfant. —On voit bién qu'elle a
l'Amour p^our père, & Psyché pour mère !
(lui dis-je). —L'Amour !… Cupidon ;
… L'Amour est plüs tendre-. J'embrassai l'Enfāt. qu'Aglaé a menée en A ng-
lerre, où elle a levé une boutique de
modes françaises.

6 CECILE-GEORJE : (Ces Sœurs ont d' 1771
autres noms-de batéme dans la Ve *Partie*

 du *Drame de la Vie*; mais ici, on a leurs vrais noms). Cecile avait les pâles-couleurs. Elle était naïve. Un jour, chéz sa Cousine Agate, alors abfente, je lui offris en riant de la guerir? —Bon! vous êtes donc Medecin? —Tous les Homes le font de cette maladie-là. —Nous verrons-. Je la preffai. Elle confentit. Moi, qui conais les Filles de Paris, je crus qu'elle fesait l'innocente... J'avais alors cette morale relâchée des Bultel-Dumont, & de tous nos Petits Filosofiftes, qui penfét que tout plaisir eft permis. Oui, quãd il ne nuit à Perfone : Mais, non-plûf que les F, les G, les M, les S, les B, &cª cent-fois, je n'étais pas encore revenu à ce principe d'équité ; j'en demande pardon à mes honetes Lecteurs, les feuls qui m'aient jamais pardoné : les Scelerats ne me pardoneront pas de les demafquer, en devoilant mes turpitudes.... Je decouvris, en guerifant Cecile, qu'elle était reellemᵗ innocente, & j'eûs des remords, que je temoignai... Quelque-temps après, Cecile eût une autre maladie. Elle vint me trouver, pᵒᵘ que je la guerîffe? Je lui dis, Que je caufais bién la maladie qu'elle avait à-présent, mais que je ne la gueriffais pas. Cecile fe desola. Je lui donai des confeils : Elle devait être l'epouse de fon Cousin Georje, frère d'A-

gate : J'avertis Celle-ci qu'il falait se hâter, & je lui fis une confidence entière.
Agate plia les épaules, en me disant : —
Me reduire à tronper mon Frère—! Ce
fut elle qui fit tout ; Cecile n'avait pas
la moindre adresse : Et tout fut si bién
conduit, que Georje se crut père ; il fut
heureux. —Ne croyéz pas (me disait
un-jour Agate) que ce soit p^{our} vous,
ni même p^{our} ma Cousine, que j'ai tron-
pé mon Frère ! Non : il adorait Cecile—.
Agate m'a touj^{rs} boudé depuis.

7 ESSTHERETTE : On sait come elle vint me voir 1770
dans le fort de ma maladie de 1770, le jour que Octob.
j'écrivis à ma jolie Voisine Agate, & tout le reste.
C'est un Père qui chome la fête de sa Fille.

8 ADELAÏDE-LHUILIÉR, du fauxbourg 1771
Honoré, heroïne d'une Contemporaine,
sous le titre de *la Fille échapée*. Je rencontrai cette Jeunefille à 9 heures du
soir, à la *Porte-Buffi*, come je l'ai rapor-
té. J'ai seulement oublié quelque-chose. Nous nous couchames sans lumiére.
Je n'osæ lui toucher. Le lendemain, sa
fraîcheur m'étona !... Elle voulait demeurer avec moi. C'était l'inpossible...
Cependant j'y reflechissais, lorsque le
petit Gronavet-Progrés ariva... On sait
le reste... Je n'ai ramené Adelaïde aux
bones-mœurs, qu'en la tirant des mains
du Sapajou Progrés-Gronavet, et en la
remettant dans celles de Celeste et Ju-

lie (les *Dentellières* des Contemporaines), ses anciènnes Maîtresses... Ce fut à cette époque, et de l'aveu de Céleste, que je rendis mère Adelaïde, pous opérer le pendant de Julie avec D'Art···.

1771
Octob.

8 PÉTRONILLE-la-BLONDE ; *Fille qui demeurait au rèz-de-chaussée du n° 14 , à la Nouvelle-hâlle, postérieurement à Victoire. Elle m'avait pris en affecçion , parceque j'avais grondé la Matrullè , qui la voulait obliger à recevoir trop d'Homes. Je fesais alors la 2de édiçion de mon Pornografe, ét je voyais beaucoup de Filles , pour conaître à-fond cet état vil... Lecteur , je ne suis pas un Home ordinaire : Rapeléz-vous que je suis auteur , ét qu'un Auteur tel que moi, doit , come le Medeçin , essayer les poisons, pour vous en preserver.... Petronille me préferait à Tout-autre. Elle me pria de la rendre mère , ét me fit de grandes instances, disant qu'elle voulait avoir de ma Race... Elle était fille de Relieur , ét me conaissait de reputaçion , ainsi que de vue. Elle mit au monde Une Fille , dont le sort a été singuliér ! Une Femme de Riche Relieur, trèsblonde , était malheureuse avec son Mari , blond come elle , parcequ'elle était sterile. Cette Femme sut que Petronille etait grosse à la Nouvelle hâlle. Elle vint l'y trouver. Elle lui proposa de lui ceder son Enfant , dont elle (la Riche) feindrait d'acoucher ,*

deforteque l'Enfant ferait legitime, ét aurait Une fortune quelque-jour ?... Petronille ravie de fi bién plaçer fon futur Enfant, confentit à tout. La Riche Relieufe
f'apliqua un oreillet fur le ventre. Son
Mari avait Un voyage à faire. Elle le preffa de partir, l'affurant qu'il avait le temps
d'ètre de-retour, avant fes coûches. Mais
à-peine fut-il en route, que l'heure de Petronille ariva. Elle était venue, la nuit,
chéz la Riche Relieufe ; elle y fut acouchée,
come étant Celle-ci, par Une Sagefemme
Saniér, (bién-differente de Celle de mon
Kalendriér, dont le nom f'écrit Saniéz ; la
Saniér, auffi laide que la miénne était belle,
a été pourfuivie à la requéte d'Antoine-L.
Seguiér, pour Un changement de Fille en
Garfon, Place-Daufine)... Petronille eût
Une Fille. On la remporta enpaquetée ; la
Riche Relieufe fe mit au lit : elle écrivit à
fon Mari, Qu'elle f'était bleffée, mais que
l'Enfant vivait, étc.   J'ai diné avec ma
Fille ét fa Mére le 15 augufte 84, le jour
de la belle Pertiére, dont il eft queftion au
comencement des Nuits-de-Paris, ainfi que
dans cet Ouvrage-ci, ét je la commemore à cette
occafion, avec ma Fille. VICTOIRE-NARD-
DU eft à-préfent richement ma-iée. Elle fait
de fa Mére-putative elle-mème qu'elle eft ma
fille ét celle de Petronille, fa fervante.
10 JULITE-TENLAUR : Jeune ét jolie Per-

1771 fone, qui m'a doné l'idée de la *Julite*
de la *II Partie* de la *Femme dans les 3 E-
tats.* Je demeurais encore feul au Collége de *Prefle*, lorfqu'un-foir, je l'aperçus du 1er inhabité, occupé depuis par
l'Avocat *Grapin*, dans une accion dangereuse à fa fanté. Je préfumái qu'elle
était bien feule: Je courus; j'entrái fans
obftacles, et je parvins à fa porte reftée
entr'ouverte. Elle fe fatiguait horriblement. Il faut obferver qu'elle avait été
penfionaire dans un Couvent, que des
confeils corrupteurs, lui avaient doné
une maladie: Julitte était malade ét
frenetique, dès qu'elle avait eú la fai-
bleffe de comencer... J'entrái. ,, Hâ!
te voila, Bourguignon!... A mon fecours! A mon fecours ,,! Je ne favais
que faire, quoiqu'elle me l'indiquât.
Je crois qu'elle me dona fa maladie. Je
me jetái fur elle come un forcené: Elle
me fecondait avec un emportement fans
égal.... Aprés la crife, nous tomba-
mes tous-deux come évanouis. Enfin,
revenu à moi-même le 1er, je lui dis:
,, Je venais vous avertir de deux chofes;
qu'on peut vous voir, ét que vous vous
tueréz: Il faut detourner votre imaginacion de ces idées, par quelque forte occupacion ,,. Julitte foupira. Puis
elle eút peur de moi. Elle m'affura,

que

que j'étais le seul Home qui.... Elle me pria de me retirer. Je m'en-alái. Tous les jours je l'épiais le soir, ét même dãs la journée; je la vis retonber, ét je ne m'aperçus pas qu'on alât à son secours. Pour moi, je resistái quelque-tenps à la tentaciõ. J'y retournái.... Par un billet anonyme, je conseillái de la marier. On le fit: Mais enfin, elle devint mère au bout de 7 mois de mariage, ét le 9e de la crise.

11 REINE-COURTENAI: J'alais à Saci, en 1771, pour voir ma Mère, que je perdis cette année, quand je trouvai, dans le Coche de Sens, la jolie Reine, ma fille & celle de Septimanie, P. D. E. *Voyéz* l'Histoire & *le* Drame de la Vie. 1771 Octob.

12 JOSEFETTE-RESTIF, de Joux, ma Petite-Cousine: 1767 Pendant mon sejour à Saci en 1767, j'alai voir mon Beaufrère Marsigni. En entrant dans le Bourg, que je n'avais pas revu depuis ma fuite de chéz le Maitre-d'école Bertiér, j'aperçus devant moi une charmante Fille, brillante des plüs vives couleurs. Elle était avec sa Mère. Je la regardais avec admiracion! Les Restifs portent sur leur fisionomie l'inscripcion de leur nom. La Mère me voyant en extase, me dit, Gage, Monsieur, que vous étes un Restif? „Oui, Madame. „Vous étes le Restif de Paris? „C'est moi-même. „Vouléz-vous diner avec nous? „Volontiérs. „Voilà come il faut pàrler, même àvant de sàvoir à qui On parle. „Josefette, remercie ton Cousin, de l'honeur qu'il nous fait. „Coment! le cousin de cette aimable Persone! „Elle est fille, je suis femme de Jean-Restif, ét sœur de Benigne. „Hâ! mes Cousines, que je vous embrasse!... Je vais sàluer ma Sœur, ét dàns une demi-heure, je suis chéz vous „. Je courus chéz Mad. Marsigni. Son Màri était absent; elle ne pouvait m'accompàgner chéz notre Pàrent; je fus

XIII Partie.   m m

obligé d'y àler seul. Jean-Restif me reçut à la tête
de toute sa famille. Je fis un dîner pàtriàrcàl, ét je
regrettæ bién de m'être lié avec une femme de la Ville! Il m'aurait falu Josefette, pour être heureux!
Come sa Mere honorait son Mari! come Josefette était
douce, timide, complaisante, empressée! Elle ne se mit
pas à table; non-plus que ses Cousines, filles de Benigne; elles nous servirent. Les Epouses même ne
se mettàient à table, avec leurs Maris, lorsqu'il y à-
vàit du monde, que depuis que leurs Filles, devenues grandes, les ten plaçaient... J'emportai un cher
souvenir de cette journée, que je commemore.

1764 13 URſULE-CHARRUAT, Petite-Couſine
1771 maternelle : Dans le temps de l'arange-
Octob. ment de la ſucceſſion de mon Père., j'al-
lài au Bourg d'Accolei, avec Pierre mon
frère, ét Michel-Linard mon beaufrère,
pour une liquidacion. Nous nous adr-
eſſàmes à Charruat, dit LARAMÉE, Pe-
tit-couſin, qui pouvait acheter de nous
à Accolei, pour nous faire-faire un ren-
bourſement à l'Eglise de Vermenton...
Chéz ce Parent, était Une Jeunefille â-
gée de 16 ans, àyant les pàles-couleurs,
mais ſi bién-faite, d'une ſi agreable forme de visage, que j'en fus epris. Je
dis à Pierre, non encore marié : „ Voila le Parti qu'il te faudrait:ʒ. Mais il
n'avait pas l'âme aſſéz delicate, pour
ſentir toute la beauté de forme d'Urſule-
Laramée. Pour moi, je ne pouvais retenir mille tendres marques d'affecciou
donées à cette jeune Parente-maternel-
le. „ C'est vous (me dit-elle) mon Cousin, qui avéz marié les Cousins Mairat?

,, Oui, ma Coûsine. ,, J'ái vu leurs E-
pouses, il y a 6 ou 8 ans... Ha ! qu'Edmée était... ,, Elle était ce que vous êtes
aujourdhui. Si j'étais à marier, je ne
manquerais pas l'occasion d'obtenir U-
ne-autre elle-même ,, ! Urfule fourit,
ét rougit un-peu.... Hà ! qu'elle fut jolie. Michel Linard lui dit : ,, Si vous
étiez toujours come-ça... ,, Ame de bois
(m'écriái-je), regardéz donc come fa
pâleur la rend intereffante ! ,, C'est un
mot de Paris ! (dit le Père) ,,.... Nous
partimes. J'étais concentré : Je n'avais
de ma vie rien vu de fi aimable qu'Urfule...ï. Six mois après, come elle ne
gueriffait pas, fon Père l'amena à Paris,
ét la mit chéz MAD. *Brocard*, en apren-
tiffage. J'alais la voir.... Et enporté,
par un goût infurmontable, je la gueris
..... Elle devint enceinte. Nous nous
confiames à MAD. Brocard, qui nous fer-
vit avec un zéle ét un bonheur fans e-
xenple. Perfone ne fut la groffeffe, ni
l'accouchement de la belle Urfule, qui
mit fa Fille en nourrice, à l'aide de ma
chère *Saniez*. Retablie, elle s'en-re-
tourna, parceque fon Père la vint chercher. Il fut furpris de fon éclat. Arrivée a Accolei, elle ne fut pas 6 femai-
nes fans être demandée. Elle fit traîner
les amours pendant 6 mois ; aubout des

m m 2

quels elle épousa un bon Bourgeois de
Saintepalaie, jeunehome qui n'était jamais forti de fon Village, ét qui ne fe
conaiffait pas aux choses les plüs finples.
Elle eût de fon mariage une Fille, qu'on
mit en Nourice à Vincelles, fur le bord
de l'Yone. On s'aperçut biéntôt que
cette Enfant ne vivrait pas, sa Mère à-
yant fait une chute, durant fa *prægna-*
cion. Je fus inftruit de ces circonftan-
ces. O confeilla d'envoyer la petite à
Paris, fous prétexte de la guerir. On
l'y amena fans accident. On renvoya la
Nourice, ét l'Enfant étant morte, On é-
crivit, *Qu'elle fe portait mieux, invitant*
la Mère à venir la reprendre... Urfule
partit. A fon arivée, On lui montra notre Fille, vivante, jolie... La tendresse
maternelle la lui fit fubstituer à Celle qui
n'était plus: mais elle ne l'enmena pas.
Elle la laissa où elle était bién, ét dona
des raisons à fon Mari. Enfin, en 1771
Urfule mourut... Que je l'ái pleurée !...
Son Mari vint à Paris, chercher la petite
Urfulete, alors âgée de 5 ans (ét paffant pour en avoir 4 au plüs). Il en devint idolâtre. Il la voulut enmener. Mais
l'Enfant s'étant ennuyée à Saintepalaie,
il la ramena dans fa penfion. Elle a gran-
di à Paris; elle y a été mariée en 1784,
à Un Md-de-bois qui l'adore..., C'est

Urſule-Laurote-Laramée qui m'a donné
l'idée de la *Laurote* ou *Laure* du *Paysan
perverti*. Je feſais alors un Roman compoſé de faits vrais, et la crainte de me
repeter dans *le Cœur-humain devoilé*, me
feſait denaturer les caractères, celui de
Mad. Parangon excepté. Mais j'ai des
remords d'avoir changé celui de Madelon-Baron, celui de Laure, ceux de
Louise et Terèse, et prolongé Zefire.
14 Zaïre: *J'avais corucette jolie Fille en 17-
64, moi à l'âge de 30 ans. Elle était accâblée de
Pratiques, et l'on attendait ſon tour dans ſon
antichambre rüe Fromenteau. J'avais pitié de
cette Enfant, ſacrifiée par la Moucharde, et
l'Inspecteur Maret, qui permettait, en payant
chèr, à la Moucharde de recruter, au Faubourg Saintmarceau, toutes les Jolies Filles du
comun qui lui plairaient. Un dimanche en
1767, que je voulais parler à cette Fille, alors
âgée de 16 ans, et dont la ſanté ſe ſoutenait,
afin de tirer d'elle des éclairciſſemens, pour mon
Pornograſe, j'attendis que dix Homes ſuccesſifs euſſent paſſé. Mon tour arrivé, je fus préſenté, par la Femme-de-charge. Zaïre me rapela ce que j'avais lu dans Ovide, de ces Filles
qui, pour ſe rendre plus provoquantes, avaient
l'air de ſortir des bras d'un Home, et je ſentis
combién Ovide s'y connaiſſait! Car rien de ſi
provoquant que le desordre de Zaïre, uni à la
plûs grande propreté. Elle avait l'air d'une
Fée, plutôt que d'une Mortelle. Elle paraiſſait, non une Libertine, mais une Deeſſe
bienfeſante, qui s'épuisait à dispenſer le bonheur. Je payai, pour renvoyer la Femme-de-*

1762
1771
Octob.

1762
1771

charge de la Moucharde... Seul avec Zaïre, je lui dis : »Comemt pouvéz-vous y tenir? Vous vous tuéz? »Je profite de ma fraîcheur. Maman et m. Maret me permettant de placer ce que les Homes me donnent en particuliér, et ils partagent entr'eux tout ce qu'on me páye. Cette Femme-de-charge, est à m. Maret ». Je fus indigné, Mais je dissimulai. Je quitte dans peu (ajouta Zaïre): J'aurai 4800-cents livres de rentes : C'est asséz. Je me retirerai à la Campagne. Si j'avais un Enfant, j'y serais très-heureuse.. surtout une Fille. Car je ne veux pas m'assujétir à un Home, une-fois hors d'ici ». Nous causames ensuite des détaîls de son malheureux etat. Prêt à sortir, je lui dis, que pour avoir un Enfant, il falait qu'elle fût quelque-temps fans voir d'Homes. » J'en vois peu (me repondit-elle) : tous s'amusent: mais à-cause de ceci, qu'il trouvent joli, tous veulent me toucher... et ils m'épuisent ». C'é-tait la Concha-Veneris qu'elle me montra. Je ne pus resister à ce charme, qui est tout le contrai-re dans tant de Femmes, et que je n'ai trouvé aussi joli, qu'à 5, mad. Parangon, Madelon, Colombe, Émilie, et Ferdinande Dhall (car je ne parle pas de Rosette, ni de Saintbrieuc): Je voulus.... Zaïre m'ouvrit les bras... Je te co-naîs depuis ſi longtemps!... J'étais ruë du Chan-tre... Je començais.... En parlant, elle me secondait.... Je fus étoné de mon acçion, a-près l'avoir faite. Zaïre me promit, que de plûs de 3 mois aucun Home n'en ferait autant: Elle me le jura parole d'honeur ». Je la re-vis aubout de 3 mois, la veille qu'elle fut arrê-tée à la revue, dans un cabriolet, avec un Cou-reur, qui la menait à un Duc, son Maître: L'insolence du Valet attira ce desagrement à

Zaïre. Elle ne fut pas mise à l'Hôpital; mais à Saintepelagie, par le credit du Duc, et le se-cours de Maret, auprès du Lieutenant-de-Po-lice. Elle m'assura, qu'elle m'avait tenu pa-role. J'obtins de la voir, quand elle fut ren-fermée, par le moyen de la Moucharde, et en me disant son frère. Elle était grosse. On lui fesait esperer sa sortie, qu'elle obtint aubout de 3 mois, grosse de 6. Elle s'est retirée à Pas-si. Elle me disait alors, dans ces temps, où riénne me decourageait, quoiqueje fusse dans la plus profonde misère: ,,M.-Nicolas, tu es le père de ma Fille, ét le seul Home que je veuille recevoir. Viéns tant que tu voudras: Et si un jour, tu es dans le besoin, retire-toi auprès de moi,,... Elle a persiste dans ces sentimens jusqu'à sa mort, arrivée le 14 8bre de cette an-née 1771, à l'âge de 20 ans juste. Elle était fille-publique depuis la moitié de sa vie. Je la regrettai come une Amie sûre, aimable, chan-gée pour tout le monde, excepté pour moi. Sa Fille, âgée de 4 ans, a eû tout ce qu'elle avait, par un fidei-comis: Elle a 23 ans aujourdhui 1796, et elle est marchande-de-foiries au Pa-lais-royal, sous les arcades à-droite.

15 POLINE-ERELLAVY: Jolie Persone, qui n'a vêcu que l'âge des Roses... Elle était conpagne de ma Fille-aînée en 71. Un soir, que je passais sous le quái de Gêvres, le Colporteur Tollievi me dit: ,,Une drôle d'histoire! J'étais aujourd'-dui chéz M. Erellavy l'Ainé: les deux Servantes riaït; la jeune Dlle pleurait. J'étais curieux d'en savoir la cause: Je l'ái demandée? ,,Ma'm'selle qui pleu-

1771
1778
Octoh.

1771 re, parceque M. Dixmerielade lui a mis
1778 la main fous la cotte »! Et elles écla-
tait! »La pauvre Innocente! une belle
chose! S'il ne nous avait fait que ça...
ét á Une-autre »... J'écoutais ce recit
du Colporteur. Pôline était alors très-
jolie! Je resolus d'instruire Erellavy:
J'alái pour le trouver. Je le demandæ
à la cuisine! On me dit d'entrer. Je
trouvæ Pôline feule, »Hâ! c'est vous!
Coment fe porte ma Bone-amie Agnès?
» Fort-bién, mademoiselle : Je viéns
vous parler. Qu'est-ce qu'On m'a dit
que Dixmerielade vous avait fait »? Pôline rougit: »Coment! cela fe fáit »?
Je lui dis, que c'était par les 2 inpuden-
tes Domestiques. Pôline fe mordit les
lèvres, »Il faut vous plaindre à votre
Père. »Je m'en garderæ bién »! Elle
était fort troublée! »Je voudrais avoir
(me dit-elle) ce qu'a eú ma Mère, pour
punir »... Je favais ce qu'avait-eú fa
Mère ; cette Fême me l'avait confié, en
70, il y avait prés de 8 ans, à l'occasion de ma funefte maladie. »A-pro-
pos-(ajouta Pôline) ; mais vous avéz
été come elle? »Oui, malheureusemt!
» C'est bon!... Oui, votre Fême m'a
dit qu'On n'en guerissait jamais bién...
» Elle vous a trompée: je le fuis parfai-
temt; mon Ami Preval... »Hô-oui! un

bon charlatan ! Tous les Medecins disent qu'il ne guerit pas ! „ Mais les Ma-
lades disent le contraire ,,. Pôline se leva : „ Alons ? alons ? „ Où alons-nous ?
„ Me la doner. „ Moi ! Vous n'y pen-
féz pas ! „ Si ce n'est pas vous , ce fera
Un-autre , bién-poivré ! Mais j'aimerais
mieux que ce fût vous : Vous l'avéz
bone ; car vous avéz bién souffert ! „ Et
vous , jeune Inprudente , ne souffririéz-
vous pas ? „ Bon ! votre Féme l'a depuis 15 ans , ét ma Mére l'a gardée près
de 20 ,, ! Je fus très-enbarassé ! car le
raisonement était inutil avec une Igno-
rante , qu'Agnés-L. ét sa Mére avaīt in-
prudenmt instruite à-demi... Je me retiræ ; *ét Pôline s'est perdue , come On l'a
vu dans l'histoire. Cependant ce fut moi
qui la rendis mère ; de la poudre rousse* me
l'ayant fait prendre pour Une-autre....
15 (*le soir*). VALENTINE, ou la SAUTEUSE. (Je me là
nomáis ainfi , àvant de sàvoir sou nom , à-cause de
sà marche).... Cette charmànte Persone demeūràit
dàns là ruë *Judas*, en 1771 ; je la crus en-consequen-
ce , fille ou femme de Bouchér. Ma demeuré étáit
àlors ruë *des-Carmes*, à mon 5e. Je l'admiràis lorsqu'elle pàssàit. Un-soir, me trouvant devànt là porte en ce moment , il m'arìva de là suivre. Là pro.
preté scrupuleuse de sa persone contrascáit parfaitement avec là sàleté de sà ruë. Mais je là croyais Bou-
chére, ét sà manière de se mettre me confirmáit dans
cette idée. C'étàit áprochant cela ; Valentine étàit
maîtresse d'un riche Bouchér, qui là logeàit dans
une màison à lui, à sà proximité. Je ne savais pas
encore cette pàrticulàrité. Come j'avais du temps le
soir, àprés mon tràvàil, j'àlai me mettre en embus-
cade vis-à-vis sà porte, esperànt de là voir sortir ,

1762.
Octob.

1762 ou rentrer. La 3e soirée, un Home vint soner. Ce fut la belle Blonde qui lui repondit par la fenetre du 3e. „Há! c'est M. Collyn». Une Petite Servante descendit ouvrir, ét l'On remonta, sans refermer la porte. Je les suivis, ét me mis à chercher à voir. Une fenetre de chàmbre-à-coucher donait sur une Petite cour; y voyant de la lumière, je montai à l'étage audessus, ét en me guindant à une fenetre à demi-jour très élevée, je vis les caresses du Bouchér à la jolie Sàuteuse... Il ne la posseda pas. On l'apela de la ruë, „Monsieur»!... Il s'en-ala... Je descendis àlors, ét trouvai le moyén d'ouvrir la porte, pour sortir. J'examinai ensuite, ét decouvris le secret pour rentrer. J'alai faire mes promenades ordinaires. A 11 heures, a mon retour, il me prit envie de retourner ruë *Iudas*, examiner ce qui se passait. Point de lumière. J'ouvris, au-moyén du secret, la porte de l'allee. Parvenu au 3e, je gratai à la porte. La Petite Servante vint m'ouvrir nue ét sans lumière; „Vous revoici, Mr Collyn? hô! tànt-mieux! „Oui (*bien-bas*). „Tenéz; donéz-moi la màin... Elle dort... Si vous vouléz de la lumière? „Non. „Vous vous coucheréz donc bién? „Oui». En la tâtànt, je lui touchai la gorge. Ce qui la fit fuir. Je vis par-la que le Bouchér l'avait attaquée... Je me deshabillai; Je fis de mes vêtemens un paquet, que je posai devant la porte, ét je me mis au lit... Ces temerités-la auràient dû me faire perir... Cela n'àrivà pàs... Je jouis. On ne me dit pàs un mot; mais On me caressà. L'On se rendormit. Je me levai dès que le someil fut profond Je tâtonnai pour sortir. La Petite Servante s'éveillà, ét me vint ouvrir... Je tournais le coin de la ruë *des-Carmes*, lorsque je rencontrai le Bouchér. Il àlait chéz Valentine; je le vis sonner... Je ne sais ce qui àriva; je n'osai plus revenir. Mais la Sauteuse devint enceinte... En 1771, je reverrai la Sauteuse, sous le nom de Rosalie-Bucherat : Je renvoie au 14 8bre.... En 1788, je rencontrai Valentine sur le quai *Pelletiér:* rassuré par le temps écoulé (près de 20 ans), ét par notre revue de 1771, je lui parlai, lui rappelai tout, ét lui fis un àveu complet, en la reconduisant a sa demeure, à l'entrée de la *Vieille-ruë-du-Temple.* De son côté, elle me raconta, Coment elle avait été obligée de cacher sa grossesse, son Ami trompant toujours la nàture; ce-

ment elle àvait élevé notre Fille, et venàit de la lui fài-
re marier come une Nièce.... Elle me dona l'adresse
de cette chére Enfant, pour que je la visse, àvant qu'
elle m'en fit conàitre. J'ai vu Mad. NICELA; Vàlen-
tine m'a présenté... Mais ANNETTE et son Mari sont
depuis 8 ans àux *Antilles*, où peutètre ils ont peri !
16 MANON-WALLON: Jeune & aima-
ble Fille, sœur de mon Elève Teodore:
Dans le temps où je m'étais mis en demi-
pension chéz la Bellemère de ce Jeunehome, les Dimanches & Fètes, je mon
trais à écrire à sa Sœur & à sa Prétendue;
car il en avait deja Une, quoiqu'il fùt
loin de l'âge du mariage. On a vu quel
était le devoùment p^{our} moi de Teodore,
relativém' à Manon sa sœur, & à Colè-
te-Sarazin sa Promise. Je vis, par ces
2 Jeunes-persones, combién il est aise à
un Maître encore dans l'âge de plaire, de
faire des Eloïses de ses Ecolières: Manon excitée, qui le croirait ! par ses 2
plüs Proches, employa, malgré son innocence, toutes les astuces obligeantes de
son sexe, p^{our} me faire sucomber. Un Dimanche, que nous étions seuls, le visage
presque colé sur son papiér, elle se retourna, & m'ataqua par un baisér de sa
jolie bouche... Je ne pus resister.... Je
dois une infinie reconaissance à Manon-
Wallon: Aussi l'On voit come j'en parle
dans les *Contemporaines*, où elle est la
Jolie-Blanchisseuse. Sa fète est atendris-
sante, ainsi que celle de son Amie.

1763
Octob.

17 COLETTE-SARAZIN, amie & belle-
sœur de Manon-Wallon. Cette jolie Fille, qui eſt auſſi l'Heroïne d'une *Contemporaine* (la *jolie Gazière*), voyant que
j'avais marié Manon, & que je reſpeĉtais
le lién conjugal, ſ'offrit de la remplacer.
Je lui repréſentaí, que je n'étais pas ſûr
de la marier; qu'enſuite, je ne ſucconbais jamais de propos deliberé, mais à l'
improviſte, & lorſque la paſſion m'en-
portait. Colette rendit ce diſcours à Teodore, mon aprentif.   Un-jour il me dit:
—Juſqu'à-préſent, j'aí été amoureux de
Josefine la Chapelière de la ruë *Bordët*:
Mais depuis le malheur de Colette, j'ai
resolu d'en faire ma Feme: Soyéz ſûr
de cela: mais, ſi vous vouléz m'y atacher
encore davantage, faites-lui un enfant:
j'aimeraí mieux un Enfant de vous que
de moi-.   Surpris de ce langaje, qui cependant n'était pas nouveau pour moi,
puiſque Gaudét me l'avait tenu à Aucer-
re, je tâchaí de faire entendre à Teodore,
que cela n'était pas bién. —Oui, ſi vous
me tronpiéz: mais c'eſt un plaiſir que je
vous demande; c'eſt une bone aĉtion de
votre part-. Je ne me rendis pas à cela...
Huit jours après, come nous ſortions de
de table chéz Mad. Wallon, Colette m'a-
pela dans la belle chanbre: —Je croyais
que vous me vouliéz du bién; mais je vois
que

que vous ne vouléz pas que j'épouse Teodore, que j'aime de tout mon cœur, & qui
m'aime, & qui me dit, qu'il ne me manque qu'une chose, qui est… d'être… aimée de vous-. Je me mis à rire. Colette
pleura. Je la consolai. Elle s'apuya sur
la barre-de-fer de la fenêtre, p^our me cacher ses larmes, baissant la tête sur la
ruë : Elle avait une janbe parfaite : elle
était chaussée en bas éblouissans, en sou-
liérs de maroquin rouge neufs & bién-
faits. Je la regardais… Je fus pris par
mon faible… Quand elle se releva, &
qu'elle vint m'enbrasser, je ne resistaí plus.
… Teodore parut. Il fut ivre de joie, le
reste de la journée. Il ne toucha pas à
Colette qu'elle ne fût acouchée, quoiqu'il
l'eût épousée 6 semaines après l'engrai-
nage. Il aurait bién voulu que je la pos-
sedasse mariée : mais je m'y refusai ab-
solum'. L'Aînée de ses Filles est la plüs
jolie & la plüs aimée. Elle a 18 ans aujourdhui 1790… Moi, Nicolas, j'ai été
adoré par Gaudét, par D'Arras, par Teodore, par Un Petit Yeurì .. D'où-viént
cela ? Je pouvais tout sur eux, sur leurs
Maîtresses, sur leurs Femes, qu'ils en
eussent aimées davantage. N'est-ce pas
la raison du succès de certains Homes.
18 JOSEFINE-DESCLAZEAUX : Jeune ét 1768
jolie chapeliére de la ruë *Bordét*, près ^Octob.
celle *Contrescarpe.* Un mois avant le

XIII Partie.   n n

mariage de cette jolie Fille, Teodore, ſes 1res amours, l'amena voir l'Imprimerie, avec les 2 Précedentes. ,,Joſefine? (lui dit-il), tâche d'avoir de ſa Race? ,,Qu'eſt-ce qu'il me dit donc-là? (ſ'écria la jeune Chapelière). ,,Je te dis ce que tu devrais ſaire (reprit Teodore): Tu vas épouſer un Paltoquet, plüs bête! et qui me deplaît! Fais-toi faire ton 1ér Enſant par mon Maître? Après quoi, je te dirai quelque-choſe,,. J'étais alors ſeul dans la chanbre dite du *Grëcq*, chéz F.-A.-Quillau de la ruë *du-Foüarre*. Manon-Wallon m'enbraſſa, puis Colette-Sarazin. ,,Ce Monſieur-là eſt bién heureux! Come On l'enbraſſe! ,,Dame! c'eſt notre Maître à lire et à écrire! (repondit Manon). ,,Et qui montre bién! (ajouta Colette). ,,Voulézvous me montrer à bién mettre l'*octografe*? (me dit la jolie Joſefine). ,,De tout mon cœur. ,,Je viéndrai ici, en portant mes chapeaux épilés à M. Boutrais, de la ruë *de-Biévre*. ,,Come il vous plaîra: Une jolie Fille, amie de Manon, de Colette, de Teodore, eſt toujours bién reçue,,... Elle vint donc, ét je lui montrais. Il eſt de-ſait que tout Maître qui ſait une jolie Ecolière, finit par devenir ſon Ecoliér. Je fus biéntôt éperdûment amoureux de Joſefine, ét

un-jour je me jetái fur elle... Josefine ceda , en s'écriant : ,, Hâ ! Teodore ,,!....
Elle fut mariée le lendemain , ét ne revint plus. Je ne l'ái jamais revue.

19 Mlles EDEMROL, 2 Sœurs du Quái *des-
Orfèvres*, non-jolies , du moins l'Aînée ,
mais áyant bon tour , ét toujours éle-
ganment chauffées. Cette recherche ,
dans la parure de leur piéd , m'avait tellement exalté la tête , que je brûlais d'
envie d'avoir la plüs mignone de leurs
chauffures. Mais coment faire?... A-
près y avoir reflechi , un-jour de mau-
vais-temps , que je les vis fortir , je les
fuivis jufqu'au *Jardin-des-Plantes.* Le
Soleil parut , ét il fit très-beau. La Jeune dit à l'Aînée : ,, Mondieu ! que je
fuis fâchée que nous ayions des chauffures noires ,,! L'Aînée repondit: ,, Nous
ne retournerons pas ,,!... Je partis come
l'éclair , ét j'alái dire à la Cuisiniére ,
que fes Maitreffes était au *Jardin-des-
Plantes*, ét qu'elles m'avait prié de leur
aporter les chauffures de foie , qu'elles
avait le Dimanche précedent. La Cuisiniére me fit monter avec elle : je vis la
chanbre de mes Deeffes , ét fur des ta-
blettes , une douzaine de paires de chauffures pour chaqu'une. Elle dit : ,, Choi-
siffez ,,. Je choisis les plüs jolis folliérs ,
2 paires pour chaqu'une , ét je detalái.

1768 ... De-retour au *Jardin-des-Plantes*, je
cherchái les 2 Sœurs, que je trouvái au
Labyrinte, feules. Je les abordái, en-
fouriant, ét je leur préfentái à chaqu'u-
ne, l'une des paires de folliérs de foie,
gardant l'autre.   Les 2 Sœurs rougirĕt.
Je leur dis, que j'étais un Genie, fous
la forme humaine ; que mon emploi é-
tait de préfider à la chauffure des Belles ; que j'avais entendu leur fouhait,
(elles venaīt de le renouveler), ét que j'
avais volé, pour le remplir. Elles fe tr-
oublérĕt. Je voulus les chauffer. La Cadéte me laiffa faire. Mais l'Aînée, mon
Idole, fit de grandes difficultés ! ét ne
ceda que parceque fon corpfet baleiné
la gênait pour fe baiffer. Je m'enparái
des chauffures noires, très-elegantes ét
neuves, dont des Belles moins delicates
auraīt pu fe contenter, ét je les mis dās
ma poche. Je difparus auffitôt.   Mais
je guettái la fin de la promenade. Les
2 Sœurs fortirĕt par la rǖe *de-Seine* ; les
rǖes étaīt boueufes : je me préfentái :
je les fis affeoir fur un banc de pierres,
où je lenr remis les chauffures folides.
Elles étaīt ftupefaites ! Je leur dis, en-
riant, que je leur demanderais un-jour
le prix de mes fervices. Je difparus.....
Je ne paffái plus fur le Quái *des-Orfèvres*
que la nuit..... Mais les Dimanches, je

guettais. Un-jour les 2 Sœurs alèrēt au 1768 *Tuileries*, ét jusqu'aux *Champs-Elizées*. E-tant chaussées à-neuf, elles se trouvèrēt fatiguées. ,, Hâ ! dit la Cadète, si j'avais ma chaussure bleu-ciel ! elle ne me gêne pas ! ,, Et moi, ma chaussure rose, que le Genie m'a volée ,, ! (C'étaīt les 2 pai-res que je ne leur avais pas mises au *Jar-din-des-Plantes*). Ce double souhait ne fut pas achevé, que je parus à-genoux devant les 2 Sœurs assises. Je leur mis les chaussures desirées, avant qu'elles songeassent à s'y oposer... Je serrái les 2 paires ôtées, ét je disparus... Enfin, un-soir l'Aînée Edemrol étant seule dans la boutique, j'osái entrer. Je lui dis, en souriant, que je venais chercher le prix de mes services ? ,, Vous l'avéz empor-té. ,, Il m'en faut un autre ,, ?... Je lui baisái la main. Elle rougit, mais sans s'ef-fráyer. Je l'enbrassái ; puis je la fis as-seoir sur un canapé dans la salle. J'eùs l'audace de porter les choses à l'extrême, ét je ne trouvæ qu'une faible resistance. Aprés mon triomfe, j'aurais voulu être sorti, craignant quelque catastrofe. Mais la Belle me rassura, en me disant : ,, Je paie pour deux. ,, Oui, oui ! (lui re-pondis-je), ét je vais disparaître : Ou-vréz cette fenêtre ,, ?... Elle ouvrit une fenêtre basse ; ét pendant ce temps-là, je m'éloignæ à-reculons. J'étais dehors avant qu'elle se fût retournée. je pris le petit passage qui rend dans la *Plaçe-Daufine*... je n'ái jamais su ce que les 2 Sœurs ont pensé de moi... *Tècle* Edemrol eút une Fille, ét ne s'est jamais mariée. je la rencontre quelquefois. Un-jour, je l'appelai d'une fenêtre d'escaliér dans la ruë *de-la-Draperie:* Elle dit, tout-haut: „*C'est lui*„... Elle paraît cherir sa Fille, qui est sa conpagne ét sa consolacion.

20 AGATE-PREVOST : La *Jolie-Parfumeuse* des *Contemporaines*. Elle avait des vapeurs hystériques, ét, dans ses accès, elle avait coutume de s'asseoir le soir, sur une chaise basse, à l'entrée de la boutique, les jambes alongées jusqu'en dehors, s'amusant à faire jouer sa mule du bout de son piéd. Elle paraissait quelquefois dans une sorte d'extase... Cet usage de s'étaler à la porte, m'avait frapé. Je resolus de profiter d'une extase... Je me cachæ dans l'alée du Grainetiér, observant le mouvement de la jolie mule, toujours précipité, dans la crise. Il devint tremblotant. Je m'avançæ. La Belle poussa de profonds soupirs, prononçant à-demi-voix, ét les ïeux fermés : „*Chër Amant* „! J'entræ dans le vîtrage ; je renversæ la Belle sur une chaise-longue en banquette, qui servait à sa Mère, fême extrèmement grosse, ét

... La Belle dit, „ *Hû »!* mais fans fe defendre... La chose finie, je lui pris une de fes mules, pour me fervir de trofée. J'alæ chez l'Epicier vis-à-vis, écrire fur un petit papier, pour prévenir toute erreur : *Celui qui a pris la jolie mule à Pfyché, a cueilli fa rose : C'eft un Bijou que je voudrais garder : Mais il faut le rẹmettre, puifque je ne puis rendre la rose.* Je revins mettre ce Billet fous le joli pied nu. La Belle revenue à elle-même, chercha fa mule, ne la trouva pas, et ramaffa le papier. Elle lut, et parut inquiète!... Enfin elle ala auprès de fa Mère. Pendant ce court intervale, je remis la mule. On revint ; le Beaupère trouve la mule, et la Mère dit à fa Fille, qu'elle eft une étourdie. Elle a epousé l'Orfèvre *Nilace.*

21 LOUISE-ELIZABETH-ALAN. Avanture delicieuse, decrite dans l'Hiftoire, & dans le *Drame-de-la-Vie.* Louise m'enpêcha de fuivre mon avanture d' Agate-Prevôt, comencée depuis 3 ans : Dès que j'eús vu *Louise & Terèse,* j'oubliai tout ce qui n'était pas elles.
Id. TERÊSE-DESRAIS : amie de Louise. Voyéz l'*Hiftoire,* & le *Drame-de-la-Vie.* Outre les 31 jours du 9 Juillet, au 9 Augufte, només *Jours de Louise & Terèse,* pendant lesquels je pleure ces 2 Amies tous les foirs, je celèbre leurs Fêtes ce jour-ci.

1772
Octob.

1765
1772
oab.

22 Mad. DEVIMES. *Jolie filleule du Maître-d'école du coin de la rüe des-Rats, mariée à Devimes, et devenue Femme-publique. Je la rendis mère. Son Mari s'étant trouvé mal le soir des noces, et la Brune Maret s'en desesperant, elle fut invitée à se mettre au lit auprès d'Agnès L. sur le même carré. Pour moi, n'étant revenu qu'à minuit de l'Imprimerie, où j'avais soupé, j'ignorais cet arangement. Je me couchai sans bruit et sans lumière. On dormait fort. Ma main s'égare. Apas frais qui me mettent en goût. Ataque. Point de defense. Victoire, dont les circonstances m'étonent! Agnès s'éveille: „ Qu'avéz-vous donc, ma Voisine? „ Hé! mondieu! c'est moi qui Vous demande ce que Vous me faites „?... On me tâte. Je batais en retraite. Me voyant decouvert: „ De belles affaires! (m'écriai-je): Qui peut deviner que Vous avéz Une-autre Femme ... la Mariée.. couchée avec Vous? Pardi! voila Un Mari.. la 1re nuit, de „... Les 2 Femmes chuchetérent. Moi) je tournai le dos, et je m'endormis.... Il est resulté de cet, embrassemt Une jolie Enfant. Cependant Clôdéte-Maret aimait son Mari; puisqu'elle a été dans la suite jusqu'à se prostituer pour le nourrir. Elle est redevenue honête après sa mort, ainsi qu'On l'a vu dans l'histoire.*

1772 23 AGATINE: *Ce fut après avoir cessé de*

voir Louise et Térèse, que ne pouvant m'
enpêcher de revenir tous les soirs dans un
quartiér, où j'avais conu ce qu'il y avait
alors de plûs aimable dans la Nature, je
rencontrai un-soir, une Jeunefille, reffem-
blance de Louise, dans la ruë Oblin. Je crus
que c'était elle: mais je decouvris biéntôt
que cette Infortunée était une Fille publique. J'en jouis, en ne fongeant qu'à
Louise, ét me fesant illusion: Je la no-
mais Louise. » Je m'apelle Agatine ». Je
lui demandai la 2de-fois, que je la rencontrai, Si elle conaiffait Maret? Si elle a-
vait pour Souteneur un Efpion- Croq-de-
Billard?... Elle ne conaiffait pas tout-ce-
la. Je lui dis alors: » Vous ferez biéntôt prise, mise à l'Hôpital, ét depouillée au
profit de l'Infpecteur, du peu que vous aurez amaffé. » Coment faire? » Redeve-
nir honête: Votre figure est faite pour cela ». Elle était indecise; fon metiér de
Couturiére est fi peu lucratif! Elle y mou-
rait de faim. Pendant que nous raison-
nions, la Garde était à fa porte. Une
jeune Voisine encapuchonnée, qui venait de
rentrer, avait été prise pour elle, par l'
Efpion, qui avait enfuite gardé la porte,
tandis qu'il envoyait chercher le Comiffaire Chefnon-pére, ce Coquin fi rouable, ét fi
roué. Je dis à Agatine: » Vous voyéz?
C'est pour vous qu'on est-là... Mais aléz-

1772 vous-en rüe de-Bourbon-petits-curreaux,
demandéz au n° 4, mlle Terése-Desrais,
ét priez-la de vous coucher, fans parler de
moi! mais de la part de mlle Lizette, de la
rüe de-la-Mortellerie, ancién Bureau-des-
foins, chéz laquelle vous iriéz, fi mlle Te-
résen'y était pas. A-présent, donnéz-moi'votre cléf. Vous me retrouveréz rüe du-Fouar-
re, chéz m. Villeneuve Procureur, au 4e ».
Agatine fit ce que je disais.   Je fus le lendemain, qu'elle avait trouvé Terése, qui
en prit foin, la plaça, ét ainfi la fauva
entièrement....   Pour moi, avec la cléf d'
Agatine, je paffai devant l'Efpion, ét je
montai me coucher dans le lit de la Jeunefille.   On vint aubout d'une heure. On
frape doucement. Je repons.   On me dit
d'ouvrir. J'ouvre.   » Hà! elle a un Home ».   Que vouléz-vous donc dire, Monfieur le Comiffaire? » Voyons? voyons?
» Monfieur, Voyéz? cette chambre est la
miénne.   » Il y avait une Fille. » Oui,
ma Maitreffe: Je n'en fuis pas content ; je
l'ai renvoyée.   »   Tu es un impofteur.
» Vous n'êtes pas poli, mr Chefnon. » Qui
ef-tu? » Je te repondrai que je fuis l'Auteur du Pornografe ».   L'Exempt fourit:
» Il ne faut pas manquer à mr le Comiffaire! » Monfieur; Vous voyéz que c'est
mon Ami ; nous nous tutoyons.   » Alons
nous-en, mr Chefnon: Cet Home est bién a-

SOUVENIRS

DE LA

PRINCESSE DE TARENTE

Louis DE LA TRÉMOÏLLE

Membre de l'Institut

SOUVENIRS

DE LA

Princesse de Tarente

1789-1792

*Accompagnés de deux Portraits inédits de Louis XVII
et de la Princesse de Tarente.*

PARIS

HONORÉ CHAMPION, LIBRAIRE

9, Quai Voltaire, 9

1901

La princesse de Tarente, réfugiée en Angleterre, à sa sortie de la prison de l'Abbaye, a écrit ces souvenirs. Ils se rapportent aux premières années de la Révolution et finissent en 1792. Louise de Châtillon, fille cadette du duc et d'Adrienne de La Baume Le Blanc de La Vallière, avait épousé, en 1781, Charles de La Trémoïlle, prince de Tarente.

La sœur aînée de Madame de Tarente était la duchesse de Crussol.

Nommée dame d'honneur de la Reine, au mois de mai 1785, Madame de Tarente se dévoua complètement à Marie-Antoinette. Sa charge à la cour devint la grande occupation de sa vie; c'est un véritable culte qu'elle avait pour la souveraine. Quel désespoir pour Madame de Tarente que la mort de la Reine! La France lui faisait horreur; rien ne put la décider à revenir habiter un pays où pareil forfait s'était commis. Une seule fois, pendant quelques jours,

elle vint à Wideville, terre de famille, pour pleurer
sur la tombe d'une fille unique qu'elle avait perdue.

Elle habitait Richemond, en Angleterre, lorsqu'en
1797, elle fut appelée à la cour de Russie, comme
dame du palais. Madame de Tarente traîna, comme
elle le dit, sa triste vie en Russie pendant de longs
jours. Elle mourut en 1814.

Un extrait des mémoires du duc de La Trémoïlle
et des lettres de Madame de Tarente terminent ce
volume.

SOUVENIRS

DE LA

PRINCESSE DE TARENTE

1789. — 15 ET 17 JUILLET.

M. de La Fayette accepta le commandement de la garde nationale de Paris sans que le Roi y eût consenti. Il fut proclamé commandant général à l'Hôtel de Ville, le 15 juillet. La garde fut à l'instant organisée et l'ordre rétabli dans Paris. Il fallait déjà montrer au peuple son roi humilié; le maire de Paris l'oblige d'y venir; le Roi, sans prévoir le sort qu'on lui destinait, quitte sa famille, le 17 juillet, dans la matinée, suivi de quelques sujets fidèles et de ses gardes. L'assemblée lui envoya une députation à la barrière de la Conférence; il y trouva le maire qui

lui fit un discours, où ces mots furent remarqués :
« *Henri IV conquit Paris et aujourd'hui c'est Paris
qui conquiert son Roi.* » Les gardes du corps furent
obligés de rester à la barrière ; le Roi ne devait plus
être gardé que par l'amour de son peuple révolté.
Les officiers des gardes restèrent avec le Roi, mais on
ne leur permit pas d'approcher la voiture ; ils furent à
pied à la hauteur des chevaux. La députation suivit
le Roi à l'Hôtel de Ville. Il traversa la ville au pas,
au milieu d'une populace immense en armes. Le plus
profond silence fut observé par l'ordre de M. de La
Fayette, qui fit précéder la voiture du Roi par un
homme appelé Michaud qui ordonnait de ne donner
aucun signe de joie sur le passage de Sa Majesté. La
voiture fut précédée et suivie de pièces de canon. A
l'Hôtel de Ville le Roi fut obligé de confirmer les nomi-
nations du maire et du commandant général. Il fut
accompagné de la même manière à son retour. A la
hauteur du chemin de Saint-Cloud, il fit donner l'ordre
à ses gens de le mener par Saint-Cloud et d'aller vite.
Le Roi n'était plus maître de faire aller sa voiture
comme il voulait ; son postillon fut couché en joue ;
il fallut passer par Sèvres ; la route se fit au pas
jusqu'à Versailles, où il arriva à 11 heures.

*
* *

5 et 6 Octobre et jours suivants.

M. de La Fayette avait bien su, quand il n'y voyait
pas son intérêt, empêcher le peuple de Paris de se
rendre en armes à Versailles. Le 5 octobre, dans la
matinée, le peuple s'agite, les femmes de la Halle
parlent d'aller à Versailles; enfin à 2 heures, un
rassemblement considérable se fait sur la place de
Grève et cette multitude demande au général de la
conduire à Versailles. Il résiste; les femmes partent
et vont par différents chemins; la garde nationale,
composée des anciennes gardes françaises, qui avaient
cessé de garder le Roi depuis qu'ils avaient quitté
l'étendard royal, se rassemble et demande au général
de la mener reprendre son poste auprès du Roi; le
général s'y refuse; on le lui demande de nouveau;
enfin, après avoir résisté assez pour montrer qu'il
était contraint, il se décide d'aller à Versailles, attacher les fers de son Roi. Il part, après avoir juré
que c'était malgré lui; il fait faire mille serments à
son armée.

Arrivé à la hauteur des avenues de Paris, il fait
halte et recommence avec son armée à jurer. Les
femmes avaient déjà été introduites à l'Assemblée
Nationale; elles occupaient les bancs des députés; une

partie d'elles avaient été au château demander au Roi
du pain. M. de La Fayette arrive à 11 heures du
soir ; il promet, il jure que la paix va suivre ; il dit
au Roi et à la Reine que tout est tranquille, qu'il
répond de la sûreté de Leurs Personnes et du château
et qu'on peut se retirer ; lui-même se retire, son
armée disparaît : le crime veillait.

Mon sang se glace à la pensée que, si les crimes
projetés eussent été commis, on n'aurait pas à pleurer
le forfait de la nation entière. A 6 heures, le château
est forcé de toutes parts, deux gardes du corps sont
assassinés à la porte de la Reine, et ces mots sont
entendus dans sa chambre : « *Sauvez la Reine !* »
Trois gardes du corps sont mis à mort ; leurs têtes
précèdent le Roi à Paris.

La Reine savait parfaitement que tout ce qui se tra-
mait ne regardait qu'elle. Sa Majesté ordonnait à ceux
qu'elle connaissait lui être dévoués de se retirer de son
appartement, et à Mᵐᵉ de Tourzel, la gouvernante
de ses enfants[1], de les mener chez le Roi et non chez

1. Louise Élisabeth-Félicité-Françoise-Armande-Anne-Marie-Jeanne
Joséphine de Croix-Havré, fille de Louis-Ferdinand-Joseph de Croy,
duc d'Havré, née le 11 juin 1749, et mariée, le 8 avril 1764, avec
Louis-François Bouchet de Sourches, marquis de Tourzel, grand
prévôt de France. Elle en eut plusieurs enfants : 1° Henriette-
Adélaïde-Joséphine, duchesse de Charost ; 2° Anne-Louise-Joséphine,
comtesse Louis de Sainte-Aldegonde ; 3° Charles-Louis-Yves, marquis de Tourzel ; 4° Joséphine-Marie-Madeleine, comtesse Françoise

elle, si elle entendait du bruit dans la nuit. A 6 heures du matin, elle se réfugia chez le Roi, à peine habillée, après qu'elle eut entendu crier dans son antichambre ; « *Sauvez la Reine !* » Tout y était tranquille. Sa Majesté frappa à la porte trois fois inutilement. Quand elle fut dans l'appartement, n'y trouvant pas ses enfants, elle descendit chez eux et, traversant la chambre de Mme de Tourzel[1], une bougie à la main, ce qui causa une grande frayeur à cette dernière, elle chercha à la rassurer et à calmer l'effroi que lui causa sa vue au milieu de la nuit : « Ce n'est rien que moi, dit-elle ; je viens chercher mes enfants pour les mener chez le Roi. »

Enfin, le général se réveille pour prendre le château sous sa protection. Ses gardes s'emparent de tous les postes des gardes du corps. Il arrive chez le Roi ; les brigands sont dispersés ; la garde nationale et les gardes du corps fraternisent en changeant leurs bonnets contre des chapeaux ; un peuple

de Sainte-Aldegonde ; 5° Marie-Charlotte-Pauline-Joséphine, comtesse de Béarn, l'auteur des *Souvenirs de quarante ans*, et 6° Emmanuel-Louis-Joseph. Le mari de Mme de Tourzel, Louis-François Bouchet de Sourches, mourut au mois de Novembre 1786, des suites d'une blessure qu'il s'était faite pendant une chasse du roi à Fontainebleau. Sa veuve devint gouvernante des Enfants de France au lendemain de la prise de la Bastille, après la retraite de la duchesse de Polignac.

1. Marie-Charlotte-Pauline-Joséphine Bouchet de Sourches.

immense s'assemble dans la cour de marbre, au-
dessous des fenêtres du cabinet du Roi. Le Roi et
la Reine sont demandés, le Roi paraît, la Reine
ensuite avec ses enfants ; une voix dit : « Seule. »
Elle se montre seule, grande de son courage. Le
mot *Paris* se fait entendre ; un cri général suit :
« Le Roi à Paris. » Le roi y consent. M. de La
Fayette et ses aides de camp donnent à toutes les
personnes du service du Roi, de la Reine et des
Princes des passeports, qu'ils écrivent sur le bureau
même du Roi. La famille royale monte en voiture,
à 1 heure, suivie de quelques gardes du corps à
pied, précédée et suivie de pièces de canon sur
lesquelles étaient montées les femmes de la Halle.

Le Roi entre à Paris à 9 heures ; il était suivi
de plusieurs chariots de farine, afin de confirmer les
malheureux Parisiens dans l'idée que le Roi, leur
bon Roi, empêchait le blé de venir à Paris. Il est
mené à l'Hôtel de Ville et, à 10 heures et demie du
soir, il entre dans son château des Tuileries, il
entend sonner la première heure de sa longue captivité. Le 7 octobre, le Roi et la Reine reçoivent du
monde au château. La cour et toutes les personnes
qui s'y trouvent doivent être couvertes des couleurs
qui venaient de triompher du panache d'Henri IV.
Le 8 octobre, une espèce d'insurrection eut lieu au

château ; la Reine, guidée par un trop sensible cœur, s'était engagée sans assez de réflexion à retirer les effets du Mont-de-Piété montant jusqu'à un louis[1] ; la somme était si forte qu'il lui fut impossible de réaliser ce plan de bienfaisance ; le peuple murmure, se plaint d'être trompé, crie violemment dans la rue. Le Roi et la Reine reçoivent du monde comme la veille ; ensuite, Leurs Majestés se retirent. M. de La Fayette, M. Bailly et des aides de camp arrivent, menant chacun une dame de la Halle, et M. de La Fayette oblige ou plutôt ordonne à Mᵐᵉ la princesse de Chimay[2], dame d'honneur de la Reine, de faire ressortir Leurs Majestés, qui furent obligées de recevoir ces femmes. Elles firent des plaintes violentes. Le Roi et, ensuite, la Reine daignèrent leur parler, la Reine surtout, avec cette manière et ce ton si séduisants. Elle fut interrompue brusquement par un des messieurs de M. de La Fayette, qui lui demanda de lui présenter les vainqueurs de la Bastille ; nouvelle insulte, à laquelle M. de La Fayette se prêta, avec cette facilité et cette déférence entière qu'il avait pour les volontés du peuple.

1. Voir les *Mémoires de Mme de Tourzel*, publiées par M. le duc Des Cars, t. I, p. 26.
2. Fille du maréchal de Fitz-James.

Le 6 octobre, en arrivant de l'Hôtel de Ville de
Paris, le Maire fit une harangue au Roi à laquelle
Sa Majesté répondit à peu près ces mots, qu'il se
rendait avec plaisir et confiance dans sa ville de
Paris. Le Maire les répéta au peuple, en omettant
confiance. La Reine, l'interrompant avec grâce et
vivacité : « Dites donc avec confiance, Monsieur. »

Peu après le 6 octobre, on parlait à la Reine des
dangers qu'elle avait courus et de l'horrible trahison
dont elle avait été l'objet. Sa Majesté répondit :
« J'ai tout vu, j'ai tout su, j'ai tout oublié[1]. »

Peu après que les États généraux furent assemblés,
dans le moment que les ennemis du Roi, et de la
Reine surtout, employaient tous les moyens de
séduction pour détacher le peuple de l'obéissance,
de nouveaux projets de vengeance paraissaient être
la seule occupation de ceux qui se disaient les
sauveurs de leur pays ; ils laissaient avec une feinte
indifférence circuler dans le public, chaque jour,
une autre nouvelle, tant sur le Roi que sur la Reine.
Un jour qu'elle était dans sa chambre à coucher avec
une personne qui parlait et s'affligeait avec elle de
tout ce qui se disait sur le Roi et évitait soigneusement de lui parler d'elle : « Vous ne dites rien de

1. Voir *Mémoires de Mme de Tourzel*, t. I, p. 81.

moi, reprit la Reine ; croyez-vous que j'ignore ce qui se dit ? » Et, s'approchant de la fenêtre avec beaucoup de calme, de la main elle montra le côté de Saint-Cyr : « Voilà mon chemin, » dit-elle.

Le jour que la Reine apprit la mort de l'empereur Joseph, son frère — c'était depuis son arrivée à Paris — elle dit à l'une des personnes qui avaient la permission de lui faire régulièrement leur cour : « Ne restez pas ici ; c'est mieux pour vous et pour moi ; on vous connaît pour m'être trop attachée, mais croyez que je saurai imiter l'Empereur, je saurai souffrir et mourir comme lui. »

Plusieurs personnes que leur attachement et leur assiduité avaient rendues suspectes, furent obligées de donner au Roi la démission de leurs charges ; les événements le forcèrent de les accepter.

Le regret de voir le Roi abandonné sans nécessité arracha des larmes à un des témoins ; la Reine essaya de le consoler, et lui dit : « Ne vous montrez pas tout de suite ; c'est augmenter l'acharnement de nos ennemis que de leur laisser voir que nous sommes encore aimés. »

1790

L'Assemblée Constituante de France décréta qu'une fédération de toutes les gardes nationales du royaume aurait lieu à Paris, le 14 juillet, en mémoire de la révolution et pour prêter serment à la nouvelle constitution. Toutes les gardes nationales furent représentées par des députations ; celle de la province du Maine vint complimenter la Reine, et, lui adressant un discours, l'orateur la loue sur le courage qu'elle avait montré dans la journée du 6 octobre de l'année précédente. Sa Majesté l'interrompit, et, fixant M. du Repaire, un des gardes du corps qui avait été presque tué en défendant la porte de son appartement, le même 6 octobre, elle dit tout haut : « Ce n'est pas mon courage qu'il faut louer, mais celui de ce brave homme, auquel je dois la vie. »

1791

Les journées du 22 et du 23 février avaient été orageuses ; le 28, on avait annoncé qu'il y aurait encore du bruit au château. M. de La Fayette, pour montrer son pouvoir et dans quelle servitude il tenait le Roi et la noblesse, avait rassemblé une plus forte garde, dont il connaissait bien la disposition contre la noblesse, qu'il lui représentait toujours comme son ennemie. Plusieurs gentilshommes s'étaient réunis dans l'appartement du Roi, guidés par le sentiment pur qui commande à un sujet loyal de venir exposer ses jours, quand ceux de son maître sont menacés. Ils étaient sans armes apparentes ; bientôt la garde nationale s'inquiéta de cette réunion. M. de La Fayette, vivement intéressé à profiter de ces mouvements dont il était l'auteur, trouvant que tous les moyens sont légitimes, souffre ou pour mieux dire permet que ses soldats arrêtent sur l'escalier et dans les galeries les gentilshommes.

Plusieurs sont menacés, fouillés, menés au corps de garde. M. le duc de Piennes, premier gentilhomme de la chambre du Roi, fut conduit au corps de garde, blessé ; il ne fut pas le seul, mais d'autres noms ne se présentent pas à ma mémoire[1]. L'agitation continue, les gentilshommes sont toujours mal-

1. Parmi les gentilshommes arrêtés on remarquait MM. de la Bourdonnaye, Fontbelle, Dubois de La Motte, De Songi et de Berthier, fils de l'intendant de Paris, qui refusèrent de se laisser fouiller. On les conduisit à la prison de l'Abbaye, où ils restèrent près de quinze jours, après lesquels on les remit en liberté. — *Mémoires de M⁗ de Tourzel*, t. I, p. 252.

traités, lorsque M. de La Fayette imagine un moyen
perfide de faire finir cette pénible scène : il dit au
Roi que la garde nationale est indignée que la
noblesse armée se rende auprès de sa personne,
qui ne doit être défendue que par elle. Le Roi,
comptant sur sa fidèle et loyale noblesse, fait le
sacrifice qu'on exige de lui, et demande à tous les
gentilshommes qui sont auprès de lui de remettre
entre ses mains les armes qu'ils peuvent avoir
et il engage sa parole, d'après celle de M. de
La Fayette, qu'elles seront rendues fidèlement. Beaucoup de pistolets sont remis à celui qui enchaînait
les bras aussi bien que les volontés. Ils lui sont
remis avec ce sentiment pénible qui n'empêche pas
l'obéissance, mais qui marque le sacrifice. Le Roi,
sensiblement touché de tant de dévouement, charge
M. le marquis de Duras, premier gentilhomme de
la chambre d'année, de ce dépôt ; précieux témoin
parlant de ce qu'il pouvait exiger de ses fidèles serviteurs, les armes sont enfermées, le Roi se retire,
la garde nationale ou plutôt M. de La Fayette ne
trouve pas encore la noblesse assez humiliée par ce
qu'il avait exigé du Roi. Il fait forcer l'endroit où
les armes sont déposées et dans l'instant elles sont
par lui distribuées à la garde nationale. Le château
est plein de gardes ; M. le marquis de Duras ren-

contre M. de La Fayette dans une galerie et lui dit :
« Monsieur, je voudrais bien savoir pourquoi mon
antichambre est pleine de gardes et je souhaiterais
que vous les fissiez retirer. » — « Ils sont là par
mon ordre et apprenez, Monsieur, que, si je le voulais, vous auriez des gardes dans votre lit. »

Le Roi, échappé à la vigilance de M. de La
Fayette dans la soirée du 20 juin, arrive à Varennes
dans celle du 21. Sa Majesté y est arrêtée avec sa
famille par M. Drouet, maître de la poste aux chevaux de Sainte-Menehould, et par M. Sauce, procureur syndic de la commune de Varennes. Il est
forcé, sans être absolument connu, de descendre
dans la maison du procureur, où il est gardé jusqu'à
l'arrivée du courrier de M. de La Fayette et d'un
de ses aides de camp. M. Baillon, commandant du
bataillon des gardes nationales de l'abbaye Saint-
Germain, revêtu des pouvoirs de M. de La Fayette,
arrête de nouveau le Roi. M. Romœuf, porteur du
décret de l'Assemblée Nationale qui ordonnait que
le Roi fût ramené au lieu de ses séances, le présenta
au Roi et à la Reine, en leur signifiant l'ordre de
partir. La nuit se passa en incertitudes. M. Baillon,
l'homme de confiance de M. de La Fayette, trouvant
que le départ se différait trop et que les ordres de
son maître seraient mal exécutés, allait et venait

dans la chambre et, par ses gestes, en s'approchant
de la fenêtre, excitait et appelait le peuple, afin de
décider le départ pour Paris. Le Roi monta dans
sa voiture le 22, à 7 heures du matin, au milieu
de la populace de Varennes ; il fut suivi par
M. Drouet, qui vint à Paris recevoir les hommages
dus à sa scélératesse.

M. de La Fayette avait laissé effacer dans Paris,
et même à quelques places couvrir de boue, toute
enseigne qui rappelait un Roi ou la royauté. Le Roi,
après un voyage pénible qu'il fit au pas, en butte,
ainsi que sa famille, à la fantaisie, aux caprices, à
l'insolence de tous les révoltés, entra dans Paris, ou
plutôt dans sa prison, le 25 juin, à 7 heures du
soir. Une foule immense se porta dans le jardin des
Tuileries, que le Roi traversa en voiture. M. de La
Fayette se trouva près de lui, quand il en descendit ; sur la terrasse, il fut environné du peuple, à
qui on ordonna de garder le chapeau sur la tête, et
le général donna aussi l'ordre à la garde nationale
de se reposer sur les armes au passage de la famille
royale ; ce qu'elle exécuta avec beaucoup d'obéissance.

L'Assemblée Nationale, instruite de l'arrivée du
Roi à Paris, décrète qu'il aura une garde d'honneur,
ainsi que la Reine et M. le Dauphin. M. de La Fayette

interpréta le décret, en changea le sens et la forme,
et, de sa propre autorité, fit du château des Tuileries
une vraie prison ; toutes les avenues et les portes
extérieures furent fermées ; la vigilance la plus exacte
et la plus active environna le château ; une garde
nombreuse fut établie en dehors et en dedans pour
répondre à M. de La Fayette que son maître ne lui
échapperait plus. Des canons y furent traînés chaque
jour ; enfin, la famille royale devint presque inacces-
sible à ses valets ; elle le fut entièrement à ses plus
fidèles serviteurs. Le Roi fut suspendu de ses fonctions royales, ses ministres même ne parvinrent plus
jusqu'à lui ; quinze officiers, du choix de M. de La
Fayette, furent donnés au Roi, autant à la Reine et
à M. le Dauphin ; parmi ce nombre, un d'eux fut
désigné plus particulièrement pour répondre au nouveau geôlier de la sûreté du prisonnier confié à ses
soins. Des sentinelles furent placées dans l'intérieur
des appartements de la famille royale, non pour sa
sûreté, ce n'était pas nécessaire, mais seulement pour
lui donner plus de gêne dans les moyens de communiquer ensemble. La chambre à coucher de la Reine
n'était pas libre ; elle ne pouvait pas y être seule.

M. de La Fayette, implacable dans sa vengeance,
eut l'insolence d'ordonner à un de ses aides de camp
de rester la nuit dans la chambre de la Reine, afin de

s'assurer que Sa Majesté ne tenterait pas une autre
fuite. Cet homme avait le droit d'aller regarder au lit
de la Reine, de lui parler; enfin, de savoir si elle y
était. Elle eut une garde à la porte intérieure de sa
chambre à coucher; elle était placée au bas d'un
escalier qui communiquait seulement dans les appartements de M. le Dauphin et de Madame. Il fallut à
M. de La Fayette plusieurs jours pour apaiser les
inquiétudes qu'il faisait naître lui-même sur les préparatifs d'un autre départ; la Reine fut obligée de
garder la première de ses femmes dans sa chambre
et de faire placer entre son lit et son fauteuil, dont
le surveillant s'était emparé, un paravent, afin de
s'en séparer autant qu'elle pouvait. Les portes de la
chambre à coucher de la Reine furent constamment
ouvertes pendant les nuits, et les officiers formant sa
garde les passaient dans son salon, de manière à
pouvoir entendre ce qui se disait dans la chambre et
y entrer, au moindre bruit qu'ils auraient entendu.
Plusieurs fois, Sa Majesté a été obligée de faire
entrer dans sa chambre, à toute heure du jour ou de
la nuit, ses gardiens pour la voir et qu'ils pussent
rassurer les autres sur son prétendu départ.

Pendant les premiers jours, rien ne peut exprimer
la gêne qui environnait la famille royale; elle ne
pouvait pas se voir seule; les gardes étaient toujours

avec elle ou dans la pièce voisine, les portes ouvertes. Ensuite, M. de La Fayette daigna se relâcher de cette insultante et inutile surveillance qui privait le Roi et sa famille de se parler de leurs souffrances ; il permit que les portes fussent fermées, quand le Roi était réuni à sa famille ; mais les gardes conservèrent toujours le droit d'entrer dans la chambre des Princes, la nuit et le jour, sous le moindre prétexte.

M. de La Fayette, craignant ou faisant semblant de craindre une autre fuite, ne jugea pas sage de permettre que la famille royale allât entendre la messe dans la chapelle ordinaire. Le danger était grand ! Elle était au-delà de l'appartement du Roi. La Reine montait chez M. le Dauphin, par un escalier qui communiquait intérieurement de son appartement dans celui de son fils ; elle passait chez M. le Dauphin, accompagnée de quatre officiers ; elle trouvait la porte fermée. C'étaient les bornes de la prison de Mme de Tourzel, qui, étant suspendue de ses fonctions de gouvernante, était cependant constituée prisonnière dans une pièce de l'appartement du Prince. Un des gardes frappait, en disant : « La Reine. » Le garde de Mme de Tourzel, qui habitait la même chambre qu'elle jour et nuit, allait ouvrir à la Reine qui entrait pour prendre son fils et le mener chez le Roi par l'intérieur ; ils étaient suivis par huit officiers ; la famille royale se réunissait dans une galerie ; un autel y était construit ; on voyait à ses pieds, non sans attendrissement, un Roi, naguère tout-puissant, maintenant prisonnier dans sa capitale, demandant au Ciel de faire cesser le délire et l'égarement de ses sujets ingrats. Personne du dehors n'assistait à cette messe. Ensuite, M. de La Fayette fit distribuer des cartes pour pouvoir entrer au château, et le Roi et la Reine y furent accompagnés journellement par quelques personnes de leur maison, la Reine par une de ses dames ; la messe finie, la Reine et M. le Dauphin quittaient le Roi et, suivis par le même nombre d'hommes, se rendaient dans l'appartement de la Reine.

Jamais M. le Dauphin ne venait chez la Reine qu'il ne fût suivi de ses officiers, qui ne le quittaient que les moments qu'il passait chez elle. La nuit et le jour, ils étaient dans sa chambre.

M. de La Fayette s'était rendu à un tel point le maître de l'intérieur du Roi et de la Reine qu'il prétendait disposer de leurs volontés jusque dans le choix de leurs valets. La Reine avait des preuves certaines, et M. de La Fayette le savait bien, qu'une femme à elle, qui demeurait justement à un entresol au-dessus de sa chambre par où ils étaient sortis du château le 20 juin, avait donné jusqu'au plus petit

renseignement sur la sortie de la famille royale. Sa
Majesté se décida de renvoyer cette femme dont le
service lui devenait trop pénible. M. de La Fayette ne
le permit pas; la Reine insista : M. de La Fayette
demanda du temps; enfin, impatientée, la Reine se
décide et congédie cette femme sans le consentement
de M. de La Fayette. Sa Majesté avait eu la patience
d'attendre trois semaines que le général de la garde
nationale eût décidé sur cette grande affaire. Il fallait
qu'il trouve un moyen de remplacer le bon et fidèle
espion qu'il allait perdre; il prétendit que la précipi-
tation de la Reine pouvait amener de grands dangers.
Les dames de la Reine ne parvenaient jusqu'à Sa
Majesté qu'à travers des difficultés presque insurmon-
tables. L'une de ces dames fit demander à M. de Gouvion l'entrée du château pour elle et deux de ses compagnes; elle leur fut accordée pour cette fois. Arrivées
à la porte de la cour des Princes, elles furent arrêtées
pendant une demi-heure pour avoir une nouvelle permission et un garde pour les conduire. Pendant ce
temps, un valet de pied de la Reine passa; elles le char-
gèrent de demander à Sa Majesté si elle voudrait bien
les recevoir; elle fit dire que oui. L'officier tant
attendu parut; elles arrivèrent enfin à la porte de
l'antichambre de la Reine. Nouvel obstacle : les sentinelles du dehors ne veulent pas les laisser entrer;

l'officier dit qu'il a l'ordre du chef, qu'il est en règle ;
cette porte s'ouvre encore ; ce n'était pas le dernier
obstacle, ni le plus pénible. L'officier, qui répondait
de la personne de Sa Majesté, se trouvait dans la
chambre qui précédait celle où elle était. La porte en
était ouverte ; on pouvait entendre la Reine, la voir
même, mais on ne pouvait l'aborder. L'officier, connu
par l'une de ces dames pour un honnête homme et sensiblement touché des malheurs de la famille royale,
s'adresse à elle et lui dit : « Je vais prévenir la Reine
et je ne doute pas qu'elle ne vous voie et ces dames. »
— Un long temps s'écoule, la Reine ne fait rien dire ;
enfin, une de ses femmes vient parler à la même
dame : « La Reine me charge de vous dire que, si
vous n'êtes pas autorisée suffisamment par M. de La
Fayette, il faut qu'elle renonce au plaisir de vous
voir. » M. de Gouvion valait M. de La Fayette ; il
était son maître en révolution : peu après, les dames
entrèrent dans la chambre de la Reine, conduites par
l'officier de sa garde.

Quelques jours plus tard, les personnes attachées
à la famille royale eurent plus de facilité d'approcher
du château, des cartes furent distribuées ; ce ne fut
pas une petite affaire ; le prudent général qui, en
changeant de rôle, ne voulait pas s'en donner la
mine, crut qu'il n'était pas sage de munir ces cartes

de son nom, et personne ne voulait les signer, ce qui retarda de quelques jours la distribution, et multiplia les embarras des personnes que le devoir ou leur attachement amenaient au château ; une des dames de la Reine, le premier jour qu'elle fut munie de sa carte, ne put, malgré son droit, vaincre l'obstination des gardes de la porte des Princes qui lui refusèrent constamment, sans aucun prétexte, l'entrée du château.

Je voudrais être capable de dire l'impression qui m'est restée de ce qu'on me dit de la Reine pendant ce pénible voyage et depuis le retour. Tout ce que le courage, l'énergie, l'élévation de l'âme, la sensibilité réunis à la bonté du cœur, pouvaient rassembler d'intérêt, elle le possédait pour captiver ceux qui l'approchaient. Sa garde a participé de cette séduction ; elle s'est retirée, fâchée de ne plus l'approcher, et le Roi, touché de quelques marques d'attachement, prit dans sa garde plusieurs des officiers qui avaient gardé sa personne, celle de la Reine et de M. le Dauphin.

Je reprends le récit de ce qui m'est particulier. Le départ du Roi et de sa famille était décidé. La Reine, qui m'a toujours accordé ses bontés, souffrait de me laisser au milieu de Paris, mais elle n'avait aucune raison d'exiger de moi de quitter la ville où mon attachement pour elle me retenait. Le seul moyen de me faire partir était de me dire son secret ; malgré qu'il eût été bien confié sans doute, elle ne crut pas le pouvoir, mais, sans le dire, elle eut le plaisir de satisfaire son bon cœur. Le hasard lui ménagea une occasion dont elle tâcha de profiter pour me garder auprès d'elle, ma bonne étoile me sauva et, avec le regret de la voir dans les fers, au moins n'eus-je pas la peine d'en être séparée. Pour expliquer ceci, je dois parler de choses entièrement étrangères à elle. M. de Tarente[1] apprit à Rome que son père[2] était très mal à Nice, d'une attaque d'apoplexie ; il croyait ne plus le trouver en vie. Il pensa, je ne sais trop pourquoi, qu'il lui était utile de me voir et, ne voulant pas revenir en France, il m'engageait à en sortir. Ses sollicitations devenaient plus fréquentes et même si pressantes que j'en étais aussi embarrassée que profondément affligée. Je m'appuyais avec force sur mon unique et bonne excuse, le service de la Reine, qui, par la manière obligeante dont elle me traitait, me prouvait que j'avais le bonheur de lui être utile. Ces lettres augmentaient de plus en plus mon embar-

1. Charles-Bretagne-Marie-Joseph de La Trémoille, prince de Tarente, mari de la princesse de Tarente.
2. Jean-Bretagne-Charles-Godefroy, duc de la Trémoille, mort à Chambéry, le 19 mai 1792.

ras et ma peine. M'étant promis de ne rien dire, je me trahissais à tous les moments, parce que je l'aimais de si bon cœur que j'étais sans force contre la privation qu'on exigeait de moi. Enfin, un jour, je reçus chez Mme de Tourzel une lettre où l'on me disait qu'on ne voulait recevoir aucune excuse, qu'on se servait de tous les droits qu'on avait sur moi pour m'ordonner de partir sur-le-champ de Paris pour aller à Genève où, en quittant Nice, on se rendrait le plus tôt possible. Mme de Tourzel s'aperçut de l'impression que me fit cette lettre, et, étant accoutumée, à la manière que je passais ma vie avec elle, que je n'avais pas la moindre réserve, elle me demanda avec une curiosité pleine d'intérêt ce qui me fâchait si profondément, car elle voyait que j'avais peine à retenir mes larmes. Rien au monde n'était si fait pour les faire couler ; les malheurs de la Reine, la manière dont elle les supportait, en augmentant ma vénération, donnaient plus de force à mon sentiment et l'idée de la quitter m'était si insoutenable que j'étais bien décidée de tout risquer. Mais pour exécuter ce plan, il fallait qu'elle ignorât mes combats ; je refusai donc très fermement de faire à Mme de Tourzel aucune confidence à cet égard, persuadée qu'elle me trahirait et qu'il faudrait partir. Je connaissais la droiture de la Reine.

Elle m'avait dit mille fois : « Je ne veux jamais
me trouver entre vous et votre famille ; contentez-la
d'abord ; vis-à-vis de moi, elle sera toujours une
excuse. » — Cependant Mme de Tourzel me pressa
si vivement que je cédai à ses instances et je lui
révélai ma peine, lui prouvant en même temps de quel
intérêt il était pour moi qu'elle ne parlât pas à la
Reine de notre conversation. Elle me le promit ; je fus
plus tranquille, comme il arrive toujours quand on a
confié ce qui nous oppresse. Ce jour-là même, je
suivis Sa Majesté à la promenade ; mes yeux se
fixaient involontairement sur elle ; ils devinrent si
parfaitement le miroir de mon âme et la tristesse y
fut peinte si au naturel, qu'elle s'en aperçut et,
avec cette manière charmante qui donnait un prix
infini à la moindre de ses paroles, elle me demanda
ce que j'avais. Je dis que je n'étais pas bien.
Comme elle ne témoignait son intérêt que tout juste
ce qu'il fallait pour plaire, à cause du tact parfait
dont elle était douée, elle jugea que le moment n'était
pas bon pour en dire davantage, que je ne voulais
pas répondre, et elle eut la discrétion de se taire
pour ne pas augmenter l'embarras qu'elle voyait
bien que sa question m'avait causé. Mais avec elle
rien n'était négligé, si elle pouvait servir ; elle se
souvint de ce qui avait été dit dans sa voiture et, trou-

vant, au moyen de l'infidélité de Mme de Tourzel, un
prétexte de me faire ordonner de quitter la France, elle
la chargea de cette commission, qui fut exécutée deux
jours après. Je dînais chez Mme de Tourzel. Après le
dîner, elle m'emmena dans sa chambre et, sans paraître
gênée, après m'avoir fait asseoir, elle me dit : « La
Reine m'ayant demandé si je savais ce qui vous rendait
si triste, qu'elle vous avait surprise les yeux pleins de
larmes attachés sur elle et ayant exigé que je lui dise
ce que j'en savais, je lui ai répété notre conversation.

Tout ceci me fut dit si tranquillement qu'il m'est
impossible d'exprimer combien je fus outrée contre
Mme de Tourzel, combien je fus blessée de ce
qu'elle avait si cruellement abusé de ma confiance
qu'elle avait forcée. Elle me laissa dire tout ce que
mon dépit me fournit d'invectives et, continuant, sans
penser seulement à dire un mot d'excuse pour ce qui
me paraissait une trahison si noire, elle ajouta que la
Reine me commandait d'aller tout de suite joindre
M. de Tarente où il m'appelait, que je savais bien que
sa volonté et ses vœux pour mon bonheur étaient
qu'elle ne fût pas un obstacle éternel à ma réunion
avec lui. Ses raisons étaient les plus belles du monde,
mais pour moi, dont l'extrême attachement à sa per
sonne me la faisait considérer avant tout, et qui étais
dans la plus profonde ignorance de son motif, je n'y

voyais tout bonnement que l'ordre de la quitter,
ordre qu'il m'était impossible d'exécuter. Je dis à
Mme de Tourzel : « Me voilà tout à fait dans mon tort
vis-à-vis de M. de Tarente ; j'ai perdu, par ma faute,
il est vrai, ma seule bonne excuse, munie du consentement de la Reine ; je n'ai plus une raison de rester,
et cependant je suis inébranlablement décidée ; rien
dans le monde ne peut me décider de laisser là
une place dont ma fidélité me rend digne. » —
Mme de Tourzel renonçant à me persuader, je finis par
lui dire que j'écrirais à la Reine. Je ne différai pas :
je cherchai dans ma lettre à lui dire tout ce que je trouvais de bonnes raisons au fond d'un cœur passionné
pour elle, pour m'excuser de résister à une volonté
que ses bontés rendaient impossible à suivre. Je remis
ma lettre à un homme de mes amis qui allait chez
elle, en le priant de ne la lui donner que quand elle
l'aurait congédié ; ce qu'il exécuta ou non, je ne sais,
mais son retour ne me fut pas plus favorable. Il me
rapporta l'ordre de rejoindre M. de La Trémoïlle ; cet
homme me pressa de partir : voyant ma répugnance,
il me dit : « Peut-être ceci va-t-il vous décider : la
Reine, après mille bonnes raisons pour vous forcer à
lui obéir, a ajouté qu'elle vous priait, qu'elle vous
ordonnait, qu'enfin, elle réclamait et voulait se servir
de tous les droits que lui donnaient sur vous son

amitié et votre dévouement, pour vous l'ordonner ; et puis en hésitant, elle dit : « *Et si nous partions, je ne pourrais pas l'emmener ; s'il lui arrivait quelque malheur, je ne m'en consolerais pas.* » — Mon ami me redit ainsi la conversation et, pour me persuader davantage la nécessité de quitter la France, il me donna quelques détails : « Si j'en croyais, continua-t-il, la manière dont la Reine m'a parlé, je penserais que demain, il ne serait plus temps, et qu'elle sera partie avant. » — J'étais si parfaitement convaincue qu'on ne pourrait déterminer le Roi à une démarche si décisive que cette idée me parut tout à fait fausse et que je ne m'y arrêtai que pour la combattre et convaincre mon ami de l'impossibilité où j'étais de partir, n'ayant ni passeport, ni aucune chose préparée. Le lendemain, étant à dîner chez ma mère[1], je reçus un message de la Reine qui était une réponse à ma lettre. Comme c'est le seul de ses billets dont j'ai eu le bonheur de garder au moins la copie[2], je me fais le plaisir de la transcrire ici, parce que je trouve qu'il est glorieux d'avoir excité l'intérêt de cette illustre et malheureuse Reine... Dans un esprit moins prévenu que le mien, cette phrase : « Enfin, ma Princesse, notre séparation ne durera pas toujours ; une absence

1. Adrienne-Émilie-Félicité de La Baume-le-Blanc de La Vallière.
2. Cette copie n'a pas été retrouvée.

dans ces moments de trouble peut hâter notre réunion, » cette phrase eût été un coup de lumière ; elle
me frappa sans ébranler ma résolution. Je voulais y
tenir jusqu'à ce qu'on m'en eût dit davantage.

Tout occupée de cette lettre, je fus dans la soirée
chez Mme de Tourzel, où je trouvai la Reine, qui
me demanda si ses instances m'avaient enfin déter-
minée à partir ; je lui répondis que non, que rien,
excepté son service, ne pouvait me décider à me
priver du bonheur de ma vie ; que je ne prétendais pas
qu'elle me dit la moindre chose qui lui fût personnelle, puisque je ne me croyais pas digne d'une telle
bonté, mais que, si elle voulait me persuader entièrement, qu'elle daignât me nommer tout autre endroit
que celui où M. de Tarente m'appelait, que, dans
l'instant, je quitterais la France, avec l'espoir de la
revoir bientôt. J'avais tant de crainte de m'éloigner
d'elle que je ne pouvais en supporter l'idée qu'autant
que j'avais l'espérance que c'était à cause d'elle que
j'en recevais l'ordre. Elle ne voulut pas se laisser
ébranler par la moindre complaisance ; je lui dis que
j'étais aussi décidée qu'elle, et, après avoir tenté
quelques autres moyens de lui arracher une parole qui
pût me paraître personnelle à elle, je la quittai, plus
convaincue que jamais que je ne devais pas lui obéir.
Elle eut l'air de souffrir autant de ma décision que de

n'en pouvoir pas dire davantage ; mais, tous mes
stratagèmes ayant manqué, je marquai clairement
que j'étais plus affermie que jamais. Je vis qu'elle avait
à parler à Mme de Tourzel ; je m'éloignai pour lui
laisser toute liberté. Ceci aurait dû encore me donner
à penser, mais dans cet instant, rien ne pouvait l'em-
porter sur mes propres idées. Enfin, raisonnant en
moi-même sur l'envie qu'elle avait que je m'en allasse
au moins à la campagne et que je revinsse près d'elle
peu après, je lui demandai la permission de changer
ma semaine de service avec une de mes compagnes
et d'aller passer la semaine prochaine, qui était celle
de mon service, à la campagne. Elle accepta cette proposition avec une joie si remplie d'amitié pour moi
et m'en donna des preuves si touchantes que je ne
me suis jamais sentie plus obligée à elle que dans ce
moment. Elle me dit mille adieux, m'appela des noms
les plus tendres, m'embrassant à différentes fois et
me convainquit que mon devoir était de rester auprès
d'elle. Nous nous séparâmes, j'arrangeai mon petit
voyage et en partant je vins prier Mme de Tourzel
de parler à ma compagne. Son extrême indifférence
sur ce qui m'occupait beaucoup, puisqu'il s'agissait
de ne pas perdre mon service, me parut presque déso-
bligeante. Enfin, il fallut me contenter, et si j'avais
pu me laisser persuader, tout ce que je voyais devait

m'engager d'aller en Flandre, attendre les événements. Je partis pour aller à quinze lieues de Paris,
le samedi 18 juin, et nous apprîmes, le mardi 21, à
9 heures du soir, que le Roi et sa famille avaient
quitté les Tuileries la veille, dans la nuit, et que
l'Assemblée n'avait aucune idée de la route qu'ils
suivaient. Enfin, Paris, après avoir souffert tous les
tourments d'une coupable qui se voit au moment
d'être jugée par un maître offensé, l'abattement et la
crainte étant répandus sur tous les visages et l'Assemblée commençant à penser aux moyens de faire la
paix avec le Roi, M. de La Fayette vint annoncer
qu'un de ses courriers avait arrêté le Roi dans un
village appelé Varennes ; l'Assemblée se conduisit
avec beaucoup de modération et le peuple reprit son
ton d'insolence accoutumée ; il triomphait : les chaînes
de son Roi allaient être plus pesantes que jamais.

En apprenant la nouvelle du départ, je crus mourir
de chagrin ; je me vis séparée pour la vie ; mille
projets roulèrent dans ma tête ; je ne pus m'arrêter
à aucun, il fallut subir ma triste destinée ; je ne pouvais m'en prendre qu'à moi. A tous les sentiments
de mon cœur se joignait la reconnaissance. Elle s'é-
tait donné tant de peine pour me conserver auprès
d'elle ! Enfin la nouvelle du retour du roi à Paris
gagna notre paisible retraite, et alors je ne songeai

plus qu'à regagner la ville. Mais je reçus ordre de ma mère de rester où j'étais. Le dimanche 26 juin, dans la soirée, Mme la duchesse de Maillé m'envoya un courrier pour me dire que le Roi était arrivé la veille, que la Reine avait vu Mme d'Ossun, qu'elle-même devait y aller le soir, qu'elle me conseillait de partir tout de suite, de descendre chez elle et que j'y trouverais tout ce qui était nécessaire pour aller aux Tuileries. Je partis dans la matinée du lundi 27, fort tard, ayant attendu un passeport de la municipalité de Clermont ; je descendis, ainsi que la duchesse de Duras, qui avait fait le voyage avec moi, chez Mme de Maillé. Elle me dit que, M. de La Fayette s'étant rendu plus difficile, elle n'avait pas pu approcher des Tuileries, comme elle me l'avait mandé. J'eus le chagrin de devoir renoncer au triste bonheur d'aller, le même jour, chez la Reine, qui était plus captive que jamais. Je commençais à bénir mon entêtement qui me réunissait à elle. J'étais dans cette inquiétude inséparable d'un grand intérêt, ignorant les facilités qu'on nous laisserait pour lui faire notre cour régulièrement, ce qui était le souhait de mon cœur. J'allais renoncer à approcher des Tuileries, lorsque la plus favorable circonstance me fit espérer et me donna bientôt la certitude de me retrouver auprès de la Reine. J'ai dit que j'avais

demandé à une autre dame de prendre ma semaine,
pour qu'à mon retour, elle me cédât la sienne. Vis-
à-vis d'elle je craignais d'avoir l'air de m'être sauvée de Paris à ses dépens. Effectivement, elle avait
été arrêtée et menée à une section, traitement qui
ne tenait en rien à ce qui avait rapport à elle et à
moi, mais le sachant et pas le motif, je me per-
suadais que sa complaisance pour moi pouvait
l'avoir rendue remarquable, si la Reine avait été vue
pour la dernière fois avec elle ; je courus chez
Mme de la Roche-Aymon, j'y rencontrai Mme de Duras ;
elles étaient inquiètes d'un moyen d'arriver aux Tuileries ; nous essayâmes d'envoyer de la part de
Mme de Duras demander à M. de Gouvion, qui
commandait sous M. de La Fayette, la permission
d'entrer aux Tuileries. Il fit répondre que oui.

Nous nous mîmes en chemin ; nous trouvâmes la
porte fermée, excepté une très petite ouverture qui
était fixée avec un crochet et qui ne laissait passer
qu'une seule personne. Ayant passé outre cette porte,
je fus, moi et mes compagnes, arrêtée jusqu'à ce
que l'homme qui nous avait amenées fut reconnu
pour celui auquel M. de Gouvion avait donné la permission de passer les bornes de la prison. Ainsi, je
restai debout au soleil et dans la cour, au milieu
de la nombreuse garde qui ne nous perdait pas un

moment de vue. Mᵐᵉ de Tourzel était arrêtée dans
l'appartement de son malheureux petit Prince, ne
pouvant parler à personne. Huit jours avant le
départ du Roi, elle avait été fort malade ; j'en étais
en peine, sans connaître aucun moyen de le lui
faire savoir ni d'avoir de ses nouvelles. Je vis venir à
la porte une personne qui avait traversé la cour et que
je croyais être à elle. Dès que j'en fus assurée,
oubliant que j'étais à peu près prisonnière, je sortis
de ma place pour aller à elle. Vingt gardes nationales,
croyant que j'allais m'échapper, m'enfuir au château,
je ne sais quoi encore, arrivèrent après moi et me
traînèrent à ma première place, avec toutes les
marques du mécontentement et de l'humeur. J'étais
bien portée à en prendre moi-même, mais cet intérêt qui occupait si vivement mon cœur réprimait
tous les mouvements que l'insolence des geôliers
pouvait exciter. Cet homme ne revenait pas ; mon
impatience allait croissant, quand j'aperçus un des
gens de la Reine. J'attendis qu'il vînt auprès de
moi, pour ne pas exciter une nouvelle alarme parmi
les fidèles satellites de la Constitution. Combien je
fis de questions à cet homme ! Je ne saurais dire,
mais la plus intéressante ne fut pas oubliée : — « La
Reine voudra-t-elle nous voir ? — Pouvez-vous aller
le lui demander ? » — Il dit que oui et peu après,

il revint annoncer que la Reine nous recevrait avec
plaisir, si nous étions munies de la permission d'entrer aux Tuileries.

— Nous l'avions sans l'avoir, et je souffrais le
martyre de tous ces retards, de tout ce que je voyais
qu'on faisait souffrir à celle qui ne méritait que des
hommages. Enfin, un petit homme, de très déplai-
sante et mauvaise mine, se présenta à nous ; il
portait un uniforme national et dit qu'il était commandé par M. de Gouvion pour nous conduire à
l'appartement de la Reine. Malgré le supplice d'être
obligée de me laisser conduire là où je me sentais
le droit d'aller seule, le bonheur d'y arriver me
consolait des épreuves désagréables qu'il avait fallu
subir. Après avoir traversé la cour, le guide ne
savait plus où il devait aller. On chercha de lui
persuader que la Reine demeurait au rez-de-chaussée ;
il voulut monter, et à la porte de l'appartement, il
fut très étonné d'apprendre que c'était celui de
M. le Dauphin. Il fallut redescendre : en dehors de
la porte de la Reine, nous trouvâmes deux sentinelles de la garde nationale, l'un soldé et l'autre
bourgeois. Notre conducteur, dont la mine n'était
pas imposante, fut si maltraité par eux que je crus
que nous serions obligés de renoncer à voir la Reine
ce jour-là. Le bourgeois était un petit entêté, qui ne

voulait pas reconnaître notre guide pour un officier ;
enfin, le soldé, qui avait été garde-française, le fit
taire avec mépris et nous entrâmes dans la prison
de la Reine de France.

Des officiers de la garde remplissaient la chambre
qui précédait celle qu'elle habitait, la plus grande
partie du jour. Tout représentait la gêne dont on
entourait cette malheureuse Princesse ; rien ne la
séparait de ses gardes, les portes devaient rester
ouvertes. Plus j'approchais d'elle et plus mon cœur
prenait la teinte des tristes lieux où elle demeurait.
Dans cette disposition, étant prête d'étouffer et ne
pouvant me soulager par mes larmes, auxquelles je
ne permettais pas de couler, un officier, à qui on
avait dit que des dames étaient dans l'antichambre,
sortit pour leur parler. Il me reconnut tout de suite
et, avec l'air de la satisfaction, il me dit : « Ah ! oui,
la Reine sera bien aise de voir madame de Tarente. »
La vue d'un homme que je connaissais pour un
homme d'honneur et qui lui était dévoué me fit une
telle impression que toute ma sagesse m'abandonna
et mes larmes devinrent une espèce de soulagement
à ma douleur. Cet homme, M. Coleau, ajouta : « Je
vais dire à la Reine que vous êtes là. » — Pendant son
absence, une des femmes de la Reine (Mᵐᵉ Auguié)
sortit et, me trouvant le plus près de la porte, me dit

bien bas dans l'oreille, avec un accent si touchant
qu'il me donna bonne opinion d'elle : « Madame,
la Reine vous fait dire que tel plaisir qu'elle aurait à
vous revoir, si vous n'avez pas une permission de
M. de La Fayette, elle ne peut risquer de vous permettre d'entrer chez elle. » Il m'est impossible de dire
quel fut le sentiment qui me maîtrisa le plus. A la
porte de la Reine, il était devenu nécessaire pour ses
dames d'avoir un ordre de M. de La Fayette pour
qu'elle fût ouverte. Ayant à peine la faculté de parler,
je lui dis que nous l'avions et que je mourais d'envie
de voir Sa Majesté. Mme de Duras voulait m'empêcher de pleurer ; je ne pouvais surmonter la douleur
qui m'oppressait, et plus elle me tourmentait, plus
mes larmes coulaient. Enfin, un garçon de la
chambre (M. Terrase), témoin de mes combats et de
ma faiblesse, s'approcha de moi et me supplia de me
calmer, en considération de la Reine. « Votre état
serait trop pénible, elle ne pourrait le supporter ; il
faut la ménager et ne pas lui laisser voir tant de chagrin. Son courage est aussi surprenant que le traitement qu'elle éprouve. » Enfin, cet homme me remit
la tête, que j'avais entièrement perdue, et je suivis
M. Coleau dans la chambre de la Reine, avec des yeux
entièrement secs, mais avec des jambes si tremblantes
que je crus dix fois que je ne pourrais arriver à elle.

Elle était debout au milieu de la chambre quand j'y entrai. Sa contenance n'était altérée en rien et, en revoyant des personnes toutes à elles, son visage reprit son agrément ordinaire. Elle marcha vers nous avec empressement et nous embrassa toutes les trois, avec une affection qui pensa détruire toutes mes belles résolutions. Je m'étais dit que je verrais avec un air tranquille les insultes dont M. de La Fayette se rendait coupable envers Leurs Majestés. Il avait de sa propre autorité altéré totalement le décret de l'Assemblée qui avait ordonné une garde d'honneur pour le Roi, la Reine et leur fils, et non de transformer leur appartement intérieur en une véritable prison, puisque la Reine avait un soldat à la porte de sa chambre à coucher qui donnait sur l'escalier par lequel elle allait chez le Roi ou chez M. le Dauphin. Elle ne pouvait plus monter cet escalier sans être suivie de quatre officiers. La bonté de la Reine fut sentie vivement par moi, mais l'impression n'en fut pas visible, ce fut mon cœur qui se chargea de la reconnaissance. L'officier qui nous avait introduites voulut se retirer. « Monsieur Coleau, lui dit-elle, je vous prie de rester ici tant que ces dames y sont. Je vous demande pardon de l'exiger, mais c'est aussi nécessaire pour vous que pour moi. » Et, reprenant la conversation avec nous, elle dit à Mme de

Duras : « Je n'ai pas d'excuse à vous faire de vous
revoir sitôt, vous savez que je vous ai demandé
avec instance de quitter Paris pour aller trouver
votre famille à la campagne, afin d'éviter le moment
de notre départ. — Pour vous, Madame de La Roche-
Aymon, je ne peux pas vous dire combien j'ai souffert d'être obligée de vous laisser à Paris ; je n'avais
aucun moyen de vous engager à le quitter et le
secret n'était pas le mien ; » — puis, se retournant
vers moi, qui étais assise tout près d'elle sur une
petite chaise : « Pour vous, ma Princesse, vous savez
si je vous dois des excuses. Si vous aviez voulu
m'entendre, vous ne seriez pas ici aujourd'hui. » —
Alors elle parla avec une liberté d'esprit, une sorte
de gaieté, d'un interrogatoire que l'Assemblée lui
avait fait subir et que, par un reste de pudeur, on
appelait Déclaration de la Reine. Enfin, cette première
entrevue que j'avais recherchée, souhaitée et crainte
également par l'état où j'avais cru trouver la Reine,
devint beaucoup moins pénible, à cause de l'agrément que sa personne répandait toujours où elle
était et de l'extrême pouvoir qu'elle avait sur elle-
même, qui la rendait sans cesse supérieure aux
coups redoublés de la mauvaise fortune. Au bout
d'une demi-heure, elle nous congédia en disant à
ces dames qu'elle espérait les revoir bientôt, et elle

s'éloignait, lorsqu'elle eut l'air d'avoir un ressouvenir en jetant les yeux sur moi. Je vis parfaitement son aimable mouvement et, se rapprochant de ces dames : « Je ne veux pas me séparer de vous sans vous embrasser encore une fois et vous remercier. » Elle nous embrassa de nouveau, en me faisant voir que j'étais le motif de cette nouvelle obligeance. Nous sortîmes plus facilement que nous n'étions entrées.

La Reine continua de voir tous les jours à volonté les dames de sa maison. M. de La Fayette se prêta avec peine à leur en faciliter les moyens. Pendant bien du temps il fallait se faire inscrire chez le commandant du château pour y être admis et c'était très difficile. Enfin, après une semaine ou deux, M. de La Fayette se détermina de nous donner des cartes, qu'il ne voulut pas signer, parce que, comme je l'ai dit plus haut, il avait beaucoup dépassé les ordres de l'Assemblée. Ces cartes étaient de différentes couleurs. Chaque prince avait la sienne, et elles étaient signées de la principale personne de la maison et du chef de garde qui répondait d'eux à M. de La Fayette. Celui-ci poussa la persécution et l'insolence jusqu'à mettre des sentinelles dans l'intérieur de l'appartement du Roi et de la Reine et jusqu'à faire fermer, sous prétexte de la prison de Mme de

Tourzel, la porte qui faisait la communication de
l'appartement de la Reine avec celui de son fils,
de manière que, si l'officier qui répondait de la
personne de Mme de Tourzel ne l'eût pas voulu, la
Reine n'aurait pas pu entrer chez son fils. J'ai
vu bien des fois, en allant attendre la Reine pour
la suivre à la messe et me rendant chez M. le
Dauphin qui était le rendez-vous, je l'ai vue
attendre que le garde de Mme de Tourzel, qui avait
été averti de son arrivée par un coup donné dans
la porte par un des officiers qui disait en même
temps ces mots : « La Reine, » je l'ai vue, dis-je,
attendre que cet homme eût trouvé la clef de cette
porte pour la lui ouvrir. Alors elle entrait, accompagnée de quatre officiers, qui venaient avec elle de
l'intérieur de son appartement. Elle se rendait chez
le Roi. Leurs Majestés passaient dans une galerie où
un des aumôniers du Roi disait la messe sur un
autel préparé *dans une chambre*. Cette messe était la
plus pénible du monde. Rarement je l'ai entendue de
sang-froid. Il me paraissait qu'aux pieds des autels,
je sentais plus profondément le malheur de Leurs
Majestés, et cet appareil inutile d'esclavage dans
l'intérieur même de leur appartement était le cachet
de l'insupportable orgueil de leur oppresseur qui
ne voulait et ne souhaitait que de leur faire des

outrages, dans le dessein de les rendre de plus en
plus méprisables au peuple et se rendre lui-même plus
puissant en assurant sa popularité. Au retour de la
messe, la Reine restait quelques moments chez son
fils, entourée de ses gardes, qui parlaient aussi
familièrement avec elle que s'ils eussent été entre
eux.

Le premier jour que je vins à la messe, je trouvai
M. le Dauphin dans son salon, jouant à la boule avec
ses officiers. Je ne savais si je pouvais ou non m'en
approcher. Je me contentai donc de le regarder tristement et de loin, me réjouissant de ce que son
enfance le sauvait du malheur de connaître sa position. Je m'éloignai et dans une chambre voisine je
trouvai Mme de Tourzel que je n'avais pas vue
encore; je courus à elle, mais cette sagesse, cette
prudence qui ne la quitte jamais, et la rend si sûre
d'elle-même, m'arrêta dans l'instant. Elle me fit voir
que je ne devais lui parler que de loin et très haut.
Effectivement, depuis peut-être huit jours qu'elle était
arrêtée dans la chambre de M. le Dauphin, personne
que son garde ne lui avait parlé. A peine la Reine
osait-elle lui demander de ses nouvelles, les premiers
jours de sa détention. Le jeune Prince passait devant
elle sans qu'il lui fût permis de lui dire bonjour. Mesdames les sous-gouvernantes n'approchaient pas

d'elle et elle ne venait entendre la messe que bien à
l'écart et loin de tout le monde, son garde tout près
d'elle. Il ne la quittait jamais, ni le jour ni la nuit.
La chambre de M. le Dauphin communiquait à la
sienne. La nuit, toutes les portes étaient ouvertes,
deux ou trois officiers étaient dans la chambre de
l'enfant et, parmi ces messieurs, il y en avait de si
malintentionnés qu'un d'eux, honnête bourgeois,
nommé Piquet, me dit, une fois, en me montrant un
de ses compagnons de garde, nommé l'Huillier :
« Cette nuit, je veillerai assis sur une chaise à côté du
lit, ma main sur mon pistolet, et s'il fait la moindre
mine, il passera mal son temps. » — L'intention était
excellente, mais ce qui pouvait en résulter me fit
horreur. Le malheureux petit Prince se trouvait livré
aux mains de ses gardes ; personne n'osait leur résister.
Voulant s'amuser dans le jardin où ils le menaient
promener, une ou deux fois par jour, ils inventèrent
le jeu de l'arrestation ; c'était l'imitation de l'horrible
outrage fait au Roi à Varennes. On n'osait rien dire
et le jeu dura quelques jours. Enfin, M. Hue, honnête
homme et huissier du Roi, demanda en grâce et
obtint qu'on y renoncerait.

*
* *

14 Septembre.

Quand la forme de l'acceptation de la Constitution
fut arrêtée et qu'il fut décidé que la Reine, à qui le
nouveau gouvernement ne donnait aucun rang et point
de place dans la salle, se rendrait dans une loge avec
ses enfants, pour que son fils fût témoin du serment
du Roi, elle fit avertir, le même matin, une de ses
dames pour la suivre, en lui commandant de me
mander qu'elle n'avait pas besoin de moi, ce jour-là.
Étant de semaine et persuadée qu'elle ne voulait que
moi auprès d'elle, j'étais déjà occupée de me rendre
aux Tuileries, lorsque je reçus le message. Il me
pénétra de chagrin ; je crus apercevoir qu'elle doutait
de moi, et qu'elle ne me croyait pas capable de
vaincre mes sentiments intérieurs, même quand j'étais
soutenue par le premier de mes intérêts, son service.
Inclinée à lui désobéir, je me décidai à me rendre
chez elle. Cependant, elle l'avait défendu. Je n'en eus
pas le courage, et telle envie que j'eusse de partager
avec elle les pénibles sensations que la vue des
destructeurs du trône devait faire éprouver à cette
âme vraiment grande, il fallut, malgré moi, me soumettre, déplorant qu'elle m'eût éloignée, le jour que
je me persuadai qu'elle me souhaitait auprès d'elle.

Sans autre réflexion, je lui écrivis tout de suite et je
lui peignis trop sincèrement tout ce que j'éprouvais ;
j'étais profondément blessée et je souffrais l'impossible. Ma lettre fut trop vive, et à tous égards dépla-
cée. J'attendais une réponse ; elle n'en fit pas ; je fus
plus fâchée, bien plus fâchée ; car je me trouvais
maltraitée. La seule excuse dont j'oserai me servir est
mon sentiment pour elle, dont ses malheurs avaient
fait une vraie passion, et qui me fit exagérer ce qui
arrivait et voir de l'injustice où il y avait de la bonté.
Sans penser à ce qu'elle devait souffrir dans ce jour
affreux, je devins indiscrète jusqu'au point de l'occuper de moi et méconnus parfaitement le motif de
mon éloignement. Je ne pus taire un chagrin qui
m'oppressait trop, et Mme de Tourzel à qui j'en
parlai me dit : « Vous la jugez bien mal ! Oh Dieu !
vous la jugez bien mal ! Elle voulait vous épargner un
spectacle pénible ; elle m'a consultée et je l'ai encouragée dans son idée bienfaisante. » J'écoutais avec
une sorte de plaisir, mais je ne pouvais arranger
dans ma tête et bien moins dans mon cœur que je
dusse lui être obligée de ce soin qui m'avait privée
de la jouissance de lui faire un sacrifice. N'était-ce
pas odieux de l'entendre, ce serment, et rien que le
bonheur de remplir tous mes devoirs vis-à-vis d'elle
pouvait me le faire souhaiter. N'était-ce pas la plus

grande peine pour elle que de voir, d'entendre le
Roi jurer sa destruction, et n'est-ce pas le sentiment, le besoin d'une âme aimante que de chercher
le soulagement à ses malheurs, en partageant les
maux qu'éprouve ce qu'elle aime? Je disais à Mme de
Tourzel : « Quelle plus touchante preuve de mon
attachement pouvais-je lui donner et de vouloir et
de souhaiter de l'accompagner à l'Assemblée? Je ne
pensais pas à moi, je ne pensais qu'à elle ; c'est
alors qu'elle m'éloigne ! » J'étais si malheureuse que
je finis par le persuader assez à Mme de Tourzel,
pour que son bon cœur trouvât que j'avais besoin
d'autres consolations que des siennes ; elle m'engagea
donc à sortir avec elle et, après son dîner, quand
elle fut chez la Reine chercher M. le Dauphin pour
le mener chez lui où j'étais allée attendre, elle
engagea la Reine, dont l'inclination naturelle la
portait toujours vers ce qui est bon et sensible, de
monter chez son fils pour me voir. Elle y vint bientôt après et, s'approchant de moi avec empressement : « Je viens vous dire, ma Princesse, que je
suis malheureuse de vous avoir affligée. Vous me
pardonnerez ; vous savez que je vous aime, que je
compte sur vous. » Et, m'embrassant, elle ajouta :
« N'est-ce pas ? vous me pardonnez ? » — Sans me
donner le temps de lui répondre, elle me quitta,

me laissant heureuse. Un seul mot d'elle eût détruit l'impression de mon chagrin, si la réparation ne m'en eût rendu le souvenir cher. — Dans ces moments d'effervescence et de trouble, si on était particulièrement attaché à Leurs Majestés, il fallait souffrir. Un spectacle pénible s'offrait ; il était bientôt suivi d'un autre qui le surpassait.

Sous le prétexte de la fête du jour et de la joie qu'inspirait au peuple l'acceptation de la Constitution, le jardin des Tuileries était rempli de monde qui se promenait. Une foule immense se réunit et s'arrêta sur la terrasse au-dessous des fenêtres de M. le Dauphin, et paraissait souhaiter de le voir ; la Reine s'y montra, son fils aussi. Ils furent accueillis aux cris de : Vive la Constitution ! Je ne pus supporter qu'elle consacrât par sa présence les hommages que le peuple rendait à sa nouvelle idole, hommages qu'elle méritait seule à tant de titres. On entendit quelques voix faibles et tremblantes prononcer : « Vive la Reine ! Vive le Prince Royal ! » d'autres : « Vive M. le Dauphin ! » La contenance de la Reine fut toujours également majestueuse et calme ; elle paraissait plutôt contente qu'abattue. La fermeté de son âme était l'égide contre laquelle venaient se briser les traits envenimés de ses ennemis. Pour moi, que rien ne retenait alors auprès d'elle, plus

faible et par conséquent moins courageuse, je me
retirai au fond de la chambre, renfermant dans mon
triste cœur toute la douleur dont il était accablé ; ce
n'était pas le Roi que le peuple aimait et bénissait,
son indifférence pour sa personne était entière ;
c'était l'homme qui, venant de signer volontairement, en apparence, l'arrêt de sa perte et celle de
ses vrais serviteurs, avait accepté une constitution
qui menait droit à l'anarchie et à tous les maux
destructifs qui en sont les suites.

Le dernier jour de l'année 1791, me trouvant à
côté de la Reine, je lui demandais d'agréer mes
vœux. « La fin de la dernière année, me dit-elle,
fut bien différente : j'avais de grandes espérances ;
cette année, je n'aperçois que des malheurs et point
de moyen de les éviter. » Elle me quitta brusquement, me laissant aussi frappée de son courage que
pénétrée du plus amer chagrin.

1792

Depuis son arrivée à Paris, elle se promenait
souvent en voiture dans la ville et, quand il faisait
beau, elle descendait dans les jardins appartenant à
des particuliers.

Un jour qu'elle était à Madrid, elle parla des
horribles inquiétudes que lui donnaient tous les jours
une quantité de lettres anonymes. Le détail de ces
lettres, joint à l'histoire d'un coup de feu qu'elle avait
entendu tirer comme dans sa fenêtre, — elle logeait
au rez-de-chaussée sur la terrasse, — me pénétrèrent
d'un si profond chagrin que je me retirai, ayant
toujours eu pour principe de ne pas l'affaiblir en lui
laissant voir combien l'idée de ses dangers rendait
ceux qui étaient restés ses amis, craintifs et faibles.
Je la quittai donc, et sans contrainte je me laissai
aller au mouvement de mon cœur, lorsque je me
sentis arrêter par le bras. C'était elle, toujours
bonne, qui venait sécher la plaie qu'elle avait
ouverte. Me prenant dans ses bras : « Ne pleurez
pas, me dit-elle ; votre Roi vous sera conservé ;
c'est moi seule qui suis menacée. »

Le hasard m'avait fait savoir l'existence et des
nouvelles des dames sous le nom desquelles était le
passeport du Roi, le jour qu'il partit pour Varennes.
J'avais envie de le dire à la Reine, parce que je savais
qu'elle les aimait et s'y intéressait ; lui procurer ce
plaisir était un grand attrait, mais, ne les lui ayant
jamais entendu nommer, je ne savais si elle ne désirait pas qu'on crût toujours que c'étaient des noms
supposés. Enfin, enhardie par l'espoir de soulager

l'inquiétude qu'on m'assura qu'elle avait toujours du
voyage de ces dames, je me hasardai de dire un mot.
Je ne fus pas comprise, on m'ordonna de parler plus
clairement ; j'obéis, et, regardant son visage, souvent
obscurci par le chagrin, avec l'espérance d'y revoir
son expression naturelle, je le vis couvert de larmes.
Je ne puis dire de quel poids elles oppressèrent mon
cœur. Je m'accusais, je me détestais, je demandais
un pardon, mille pardons, qui étaient dus à mon
repentir. « Moi, lui disais-je, augmenter les chagrins,
les malheurs de Votre Majesté ! » — Elle voulait
me rassurer, me dire que je lui avais fait un grand
plaisir. Pouvais-je le croire? Elle pleurait toujours ;
ses larmes, dont j'aurais voulu racheter une seule de
mon existence, coulaient encore ; enfin, ayant calmé
les premiers mouvements de cette forte impression,
elle me demanda tous les détails que je savais sur
les personnes qu'elle nommait les meilleures du
monde. « Vous les aimeriez, me disait-elle, si vous
saviez combien elles m'ont donné des marques
d'amitié. » C'étaient Mme de Korff et Mme Singlemann,
sa mère. Le Roi se servit du passeport de Mme de Korff.
Elle fut tout à fait bien, quand j'eus promis de lui
apporter la lettre d'après laquelle je lui avais parlé.
Le lendemain, je revins chez elle, et, entrant dans
sa chambre, je l'entendis me dire d'aussi loin qu'elle

m'aperçut, et avec cet air de bonté qui lui était si
naturel, mais qu'à tous les moments elle savait
rendre plus agréable : « Quel bien vous m'avez fait
hier ! — J'avais si mal aux nerfs ! Vous m'avez fait
pleurer ; cela m'a guérie. »

.˙.

Quelques mots sur le 20 Juin, le 10 Aout et ma sortie du Chateau avec Mlle de Tourzel.

Je ne puis entreprendre de raconter tous les
événements marquants qui ont accompagné cette
Révolution ; je puis seulement parler de quelques-uns,
dont j'ai été témoin, qui ont amené à l'affreuse catas-
trophe du 10 août, à la destruction de la Royauté, à
la République et, enfin, à tous les malheurs de
l'anarchie. J'y ai pris part de plusieurs manières,
comme on le verra avant la fin de ce récit.

La garde que la Constitution avait donnée au Roi
était une faible barrière qu'il pouvait opposer aux
factieux ; elle pouvait du moins, pour un temps,
détourner les coups qu'on voulait porter à la royauté,
dans la personne du Roi. On fit tous les efforts pour
la séduire ; ce n'était pas difficile, la plupart des

soldats étaient envoyés des départements et des troupes de ligne, mais le corps d'officiers était inattaquable ; tout entier à son Roi et à l'honneur, il avait fait au Roi le sacrifice de paraître servir sa Constitution, dans l'espoir de lui être utile ; il était décidé à mourir en le défendant. Le parti républicain, craignant que cette garde, toute faible qu'elle était, ne s'opposât à ses desseins, la dénonça à l'Assemblée comme aristocrate, et, au mépris de la Constitution qu'elle avait jurée, elle fut licenciée le 28 mai.

Le jardin des Tuileries était le rendez-vous du peuple, il insultait aux fenêtres du palais. « A bas la garde du Roi ! » criait-on. Je me souviens qu'un d'eux s'avisa de jeter un chien dans un des bassins ; alors l'attention générale se porta vers le chien et de tous les côtés on courait pour voir cette pauvre bête. On ne pensait plus à la garde, plus au Roi ; le peuple de Paris est trop léger pour être profondément méchant, mais il a toujours les vices de ses chefs. Le Roi, qui n'avait aucun moyen de résister, sanctionna le décret, dans la matinée du lendemain. La troupe sortit du château et la garde nationale reprit les postes de la garde du Roi. Cet événement, qui devait arriver tôt ou tard, puisque tout prouvait qu'on voulait attaquer le Roi, même dans ses prérogatives constitutionnelles,

nous jeta dans la plus grande consternation; c'était
un pas de plus vers la désorganisation totale. Le Roi
resta plus que jamais en butte à tout, et sans défen-
seurs. Il ne pouvait compter sur la garde nationale;
elle a justifié l'idée qu'on s'en était faite. Le Roi et la
Reine ne sortirent plus du château. La Reine allait
de temps en temps passer une ou deux heures dans
le jardin avec ses enfants. Elle avait la bonté de
m'appeler souvent pour la suivre; l'inquiétude était
continuelle au château; on parlait toujours de
rassemblements, de descente des faubourgs, d'attroupements, tout paraissait se diriger vers le Roi
et n'avoir d'autre but que sa destruction. Enfin, le
20 juin arriva; la cause royale triompha pour un
moment encore, la chute du Roi fut retardée. Dès le
matin, on vit le simulacre de défense : le château
fut environné de gardes nationales, des régiments de
ligne et des Suisses. Les cours du château avaient
été fermées, le jardin de même; la populace l'entoura,
enfonça les portes et se répandit partout. La garde
nationale augmentait à chaque instant; il entrait
dans le jardin des bataillons entiers, ayant à leur
tête leurs pièces de canon.

Avant 10 heures, le Carrousel est couvert d'une
foule compacte. La gendarmerie nationale borde le
château de ce côté. L'intérieur des cours est occupé

par la garde nationale au nombre de plusieurs bataillons ; les Suisses occupent leur cour. Les deux faubourgs, dont la marche est annoncée, se grossissent en route d'une multitude armée qui, sans s'informer de ce qu'on allait demander au Roi, sans rien savoir, sans rien vouloir, insouciante, furieuse et gaie, tout à la fois menace, s'agite et chante. La porte du jardin des Tuileries donnant sur le Pont Royal est ouverte à midi, comme à l'ordinaire ; on se porte en foule dans le jardin ; la garde nationale en grand nombre, entre par la même porte et se place sur la terrasse, sous les fenêtres de la Reine. Les troupes de ligne occupent la terrasse du côté de la rivière. La garde nationale roulait à sa suite dix ou douze canons ; le peuple, froid spectateur de ces sinistres préparatifs, ne témoigna d'autre sentiment que celui de la curiosité. Il se précipite en foule dans le jardin ; l'ordre est donné de refermer les portes : les badauds du dehors s'accordent avec ceux du dedans et soudain la garde nationale satisfait les uns et les autres en ouvrant les portes du jardin, qui est successivement rempli d'un grand nombre de curieux, qui se portent de tous côtés sans projet. Les autres portes avaient été ouvertes au même instant et de la même manière que celle du Pont Royal. Pendant ce temps, une députation est introduite à l'Assemblée Nationale. Elle

annonce que beaucoup de citoyens armés demandent
de présenter une pétition, de la déposer sur le bureau
et de défiler sous les yeux du Corps législatif. L'Assemblée le permet, cette armée passe au milieu de la
salle pendant plus de sept quarts d'heure. Il était
environ 2 heures, lorsqu'elle entra dans les Tuileries par la porte des Feuillants et vint passer par
la seconde terrasse ; (la première était fermée par
un double rang de gardes nationales). Elle défila
devant les fenêtres du château, s'arrêtant de temps
en temps, regardant aux fenêtres et menaçant avec
les poings et les armes. Enfin, cette troupe s'écoule
par la porte du Pont Royal et, passant par les gui-
chets du Louvre, qui étaient gardés par un bataillon
et quatre pièces de canon, va se joindre, sur la
place du Carrousel, à l'autre partie de l'armée qui
venait par la rue Saint-Nicaise.

La porte Royale, donnant sur la place du Carrousel, était entr'ouverte ; aussitôt que l'armée des
piques paraît, elle est fermée. Cette foule menace
de la faire ouvrir en la forçant. Un des chefs (qui
est un nègre connu), et un homme, habillé de l'ancien
habit des gardes françaises, font charger le canon,
le traînent contre la porte et engagent cette horrible
troupe à jurer, sur la lumière du canon, d'entrer
dans le château. Tous le jurent ; les haches, les

crosses de fusils frappent la porte à coups redoublés ; à l'instant les portes s'ouvrent par l'ordre d'un officier municipal. La garde nationale n'avait reçu et ne reçoit aucun ordre de son chef. Elle ne s'oppose à rien ; dans cinq minutes, la cour, l'escalier, les salles de l'appartement du Roi sont remplis de vingt mille hommes, armés de piques, de lames de couteaux, de scies, de croissants, de faulx, de toute espèce de morceaux de fer surmontant de longs bâtons ; ils ont traîné leur canon sur l'escalier et jusque dans la salle des Cent Suisses.

Le Roi, la Reine et la famille royale étaient passés dans la chambre de M. de Septeuil, premier valet de chambre du Roi ; ils en sortirent et rentrèrent dans celle du coucher, au moment où la porte Royale fut forcée et ils virent la cour remplie de tout ce monde, qui, peu avant, défilait avec une espèce d'ordre sous les fenêtres du château. Le Roi traversa sa chambre, et alla en avant jusqu'à l'Œil-de-Bœuf. Un garde national s'approche, le conjure de ne pas avancer davantage et de lui permettre de rester auprès de lui. Le Roi, touché de ce dévouement généreux, prie ce brave jeune homme de ne pas se séparer de lui, mais d'être calme. Mme Élisabeth le suivit. Il demanda qu'on éloignât la Reine, et, voulant s'offrir seul au danger, entouré seulement de MM. de Champcenetz, du Pujet, d'Haussonville, de Montmorin, de Bougainville, de Rougeville, de Septeuil et de quelques autres, il traversa l'Œil-de-Bœuf. Les premières portes étaient déjà forcées et les coups de haches se faisaient entendre sur la dernière qui le séparait des brigands ; déjà les éclats volaient à ses pieds ; lui seul était calme ; tout ce qui l'entourait, inquiet, troublé, eut bientôt l'épée à la main. Acloque, chef de légion, leur cria : « Point d'épées ! vous exposez le Roi. » Le Roi, avec bonté pour ceux qu'il éloignait, dit hautement : « Je ne veux avec moi que des grenadiers. » Et, prenant par le bras Acloque et Boursel, premier valet de chambre de M. le Dauphin, il s'avança jusqu'à la porte, dont les panneaux étaient déjà à jour ; le Suisse la tenait encore : « Ouvrez, » lui dit-il, d'une voix forte et assurée. — Le Suisse hésitait : « Ouvrez donc ! Je vous l'ordonne. »

Il parut presque seul au milieu de ces flots séditieux ; en un instant, il fut entouré, et la pièce fut remplie du monde qui était répandu dans l'escalier et les pièces qui précédaient. Par les soins de M. Bligny, son valet de chambre, il fut promptement joint par plusieurs grenadiers. Ils passent devant la Reine, qui leur recommande, avec cette grâce touchante qui est si séduisante en elle, de veiller sur le Roi. M. d'Hervilly, qui peut pénétrer, en amène d'autres. Au moment où la porte s'ouvrit, un scélérat, armé d'une pique, l'œil plein de rage, s'avance, en proférant d'horribles paroles contre le Roi et faisant un mouvement sinistre. M. Canolle se précipite sur le monstre et détourne le coup. Pour séparer le Roi de cette foule qui augmentait sans cesse, on le fit placer dans l'embrasure d'une fenêtre, et là, un peu élevé, entouré de dix ou douze personnes, on pouvait moins l'approcher. Presque toutes étaient gardes nationales ; un canonnier, nommé Joli, ne l'a pas quitté. M. d'Hervilly était derrière lui. M. le maréchal de Mouchy et M. Acloque se placent devant lui. Mme Élisabeth est séparée du Roi ; avec plusieurs hommes, elle se place dans la fenêtre, à côté de celle où était le Roi ; elle y reste aussi longtemps que lui. Des femmes s'avancent avec fureur, disant : « C'est la Reine ! » Elle supplie qu'on ne les détrompe pas. Son calme, sa douceur ont désarmé ces monstres, les ont forcés à l'admiration. Des cris, des hurlements se font entendre ; chaque étendard porte des menaces ; on les étale aux yeux du Roi. Sur l'un il lit : « *Quand la patrie est en danger, tous les sans-culottes sont levés.* » Sur l'autre : « *Tyrans, tremblez, le peuple français est armé.* » Sur le revers : « *Union des faubourgs Saint-Marceau et Saint-Antoine. La sanction ou la mort. Tremble, tyran, ta dernière heure est venue !* »

On lui adresse la parole, et c'est pour l'insulter. Un jeune homme, d'une belle figure, vomit contre le Roi mille imprécations ; tous les plus horribles propos se répétaient hautement. Un ancien garde française demande au Roi avec fureur s'il veut être le Roi de Coblentz ou des Français. D'autres étendards arrivent ; il lit : « *Voici les sans-culottes.* » Des officiers de paix courent à l'Assemblée Nationale, pour l'instruire des dangers du Roi ; la séance est levée. Pendant ce temps, on présente au Roi un bonnet, au bout d'un sabre. M. Acloque le prend, le dépose aux pieds du Roi qui l'accepte ; on veut le mettre sur sa tête, en criant : « *Vivent les sans-culottes !* » Un grenadier présente des rubans ; il les accepte, la foule le presse ; étouffé par la chaleur, il témoigne le désir de boire un verre d'eau ; sur-le-champ, un grenadier lui présente une bouteille ; il boit sans hésiter. Un autre grenadier, qui était auprès de lui, dit au Roi : « Sire, n'ayez pas peur. » — « Celui qui a fait son devoir ne connaît ni la crainte, ni le remords »... Ensuite, Sa Majesté ajouta : « Donnez-moi votre main. » Et, la posant sur son cœur : « N'est-il pas tranquille ? » Un officier municipal veut parler, sa voix est étouffée. Plusieurs membres de l'Assemblée Nationale, recueillis par les officiers de paix, MM. Vergnieux, Bigot, Isnard, Fauchet, Hérauld, veulent se faire

entendre ; ils sont représentants de la Nation ; ils
invoquent la Constitution qu'on outrage ; ils sont
rejetés. M. Santerre, l'ami et le chef de ces forcenés,
peut davantage à lui seul ; il dit : « Je réponds de
la famille royale, mais qu'on me laisse faire. » —
M. Pétion arrive ; il est accueilli avec les cris de :
« Vive Pétion ! Vive le bon Pétion ! » Il pouvait être
alors 6 heures du soir.

Pétion adresse la parole au Roi : « Le peuple, dit-il,
s'est présenté avec dignité ; le peuple sortira de
même ; que Votre Majesté soit tranquille ! » Aucune
pétition n'est présentée au Roi, aucune demande ne
lui est faite. Tous crient à la fois et rien n'est entendu.
Le Roi rentra à 8 heures. L'officier de garde de
M. le Dauphin vint avertir que les portes des salles
chez le Roi étaient forcées et que les brigands avaient
déjà été repoussés une fois aux portes de M. le Dau-
phin. Mme la princesse de Lamballe et Mme de Tourzel
se rendirent tout de suite dans l'appartement du
Roi, auprès de la Reine et de M. le Dauphin.
Elles trouvèrent la Reine dans la résolution de
suivre le Roi. Le même intérêt la guidait, voulant
sauver ce qu'elle avait de plus cher. Comme le Roi
avait donné l'ordre de l'éloigner, elle donna celui
d'emmener son fils. M. Hue, huissier de la chambre
du Roi, saisit l'enfant et l'emporte dans ses bras,

suivi de Mesdames de Mackau et de Soucy, sous-gouvernantes. La frayeur arrachait des cris affreux à M. le Dauphin. La Reine s'avance jusqu'à la porte de l'Œil-de-Bœuf en disant : « Qu'on me laisse passer ! ma place est auprès du Roi ; je veux le joindre et périr, s'il le faut, à ses pieds ! » Le courage de la Reine doublant ses forces, Mmes de Lamballe et de Tourzel ne purent l'arracher au danger qui la menaçait, qu'étant secourues par MM. de Champcenetz, d'Haussonville et de Rougeville, qui la ramenèrent dans l'appartement de son fils, dont les portes extérieures étaient fermées avec des crochets et des verrous. Elle demandait, étouffée par les sanglots, qu'on lui rendît son fils ou qu'on la laissât rejoindre le Roi.

M. le Dauphin fut ramené ; on l'avait porté dans l'appartement de Madame sa sœur, le croyant plus sûr que le sien ; la Reine en eut un moment d'inquiétude. Elle fut plus longtemps incertaine sur le sort du Roi, qu'elle voulait toujours rejoindre. Enfin, MM. de Choiseul, Stainville et d'Haussonville lui en démontrèrent l'impossibilité. Plusieurs minutes s'écoulèrent sans avoir de nouvelles. Les ministres avaient suivi la Reine dans l'appartement de M. le Dauphin. Successivement plusieurs personnes vinrent, M. Hingerlot, officier de gendarmerie ; Fétard, garçon de la chambre du Roi ; ils avaient vu le Roi ; ils assurèrent la Reine que Sa Majesté était tranquille.

L'escalier qui mène à l'appartement de M. le Dauphin se remplissait de monde. La Reine n'étant plus en sûreté, on l'engagea à rentrer dans l'appartement du Roi. Elle s'arrêta dans sa chambre à coucher, émue d'une si horrible scène. Elle se remet à l'instant même, sans qu'on pût voir sur son visage, ni dans sa personne, la moindre altération. Les portes qui donnaient accès dans la chambre du Roi étaient toutes fermées, même celle qui donnait dans le cabinet du conseil. C'était là qu'on préparait à la Reine un asile, au milieu de la garde nationale.

Peu de temps après, un des gens de M. le Dauphin accourut, tout effaré, avertir que la salle était forcée, la garde désarmée, que les portes de la chambre sont brisées, qu'on le suit ; on se décide à faire entrer la Reine dans le cabinet du conseil. Sa Majesté se présente avec ses enfants devant les factieux qui défilaient par cette pièce. La Reine n'a pas montré dans cette crise moins de grandeur que dans les affreuses journées de Versailles. Elle a opposé le même courage, la même contenance, aux mêmes injures et aux mêmes violences. Sa Majesté s'est assise ; la table du conseil était devant elle, et empêchait qu'on l'approchât de trop près. A sa gauche

était M. le Dauphin ; à sa droite, Madame. Le bataillon
des Filles-Saint-Thomas l'a constamment entourée,
et n'a cessé d'opposer un mur inébranlable au peuple
rugissant qui l'invectivait. La Reine était accompagnée
de quelques serviteurs fidèles, de ses dames et de
celles qui tiennent à l'éducation de ses enfants.
Santerre, voyant les événements, et obligé de changer
de rôle, après avoir enhardi à tout oser, se charge
d'établir une sorte d'ordre et, faisant séparer les
gardes qui masquaient la Reine, et s'approchant de
la table, il adresse la parole à Sa Majesté : « Princesse, on vous égare, on vous trompe ; le peuple vous
aime mieux, vous et le Roi, que vous ne croyez. »
La Reine répondit, avec cette fermeté qu'on admire
souvent en elle : « Je ne suis ni trompée, ni égarée ;
je sais (montrant les grenadiers qui l'entouraient) que
je n'ai rien à craindre, entourée de la garde nationale. »

Santerre alors fit défiler toute cette garde en leur
montrant la Reine. Une femme s'approche et lui présente un bonnet de laine. M. de Wittenhoff le donne
à la Reine, qui l'accepte ; il veut l'établir sur la coiffure
de Sa Majesté, mais il ne peut, son auguste front
n'en est point couvert. On le met sur la tête du Dauphin. Un grenadier le prend dans ses bras pour le
montrer au peuple. D'autres femmes armées adressent
la parole à la Reine : « Voici les sans-culottes ! »

D'autres encore la menacent ; de même que devant le Roi, les mauvais propos se répètent : « Vive la Nation ! Vivent les sans-culottes, la liberté ! A bas le *Veto !* » et cent autres cris, aussi insultants les uns que les autres. L'armée s'écoule et, par les instances de M. Santerre, le défilé est à sa fin.

A 7 heures trois quarts à peu près, Mme Élisabeth vint rejoindre la Reine, après avoir quitté le Roi et l'assura que son courage et sa constance avaient égalé sa force pendant les tristes événements de ce jour. A 8 heures, le Roi rentra dans sa chambre. Aussitôt que la Reine en fut instruite, elle l'y rejoignit avec ses enfants. Elle se jette à ses genoux. Sa Majesté la tint quelque temps et ses enfants embrassés ; le Roi et la Reine avaient été séparés environ quatre heures. Le Roi était alors entouré d'une députation de l'Assemblée Nationale, de MM. de Montmorin, Albier, gentilhomme du Roi, et de quelques autres. L'Assemblée envoya trois députations successives. La dernière sortit à 10 heures. Le Roi n'a jamais été plus grand que dans cette journée de mercredi. Il n'a pas témoigné la moindre émotion ; il a paru intrépide, supérieur aux efforts qu'on a faits pour dégrader la couronne. Son calme au milieu de ses bourreaux, sa patience à supporter les injures les plus grossières, son courage héroïque, sa présence d'esprit, la sérénité de son âme, la constance de son refus, cette résignation ferme et philosophique qui ne l'abandonna pas un seul instant, ont prouvé à la nation française toute sa dignité et son innocence.

M. Pétion, après avoir quitté le roi, s'est retiré du château. Au bas de l'escalier, il a dit au peuple : « Mes amis, mes frères, vous venez de prouver que vous êtes un peuple libre et sage ; retirez-vous, et moi-même je vais vous en donner l'exemple. » Il sortit du château. La Reine conduisit elle-même les députés dans l'appartement de M. le Dauphin et leur fit voir l'état des premières portes, de celles de la chambre et même du cabinet ; trois étaient brisées, les serrures emportées, les panneaux enfoncés. Dans l'appartement de Madame, où l'on avait pénétré par celui de M. le Dauphin, une porte ou deux étaient brisées et toutes les armoires enfoncées. Chez le Roi, les portes avaient été également brisées (lui-même présent), les panneaux enlevés. On n'a pas tenté d'entrer chez la Reine ; on savait bien qu'elle n'y était pas. Les brigands s'étaient répandus partout, dans tout le château, jusqu'au comble et même sur les toits ; en parcourant les escaliers, ils demandaient qu'on les conduisît à la Reine ; c'était elle qu'ils cherchaient et ils ne le cachaient pas. Cependant le grenadier qui était à la porte de Madame, leur ayant dit qu'il ne les laisserait pas passer, ils s'en allèrent en disant : « C'est un honnête homme, qui a raison. » Les députés ne pouvant constater le désordre qu'en en rendant compte à l'Assemblée, mais non par écrit, on fit venir des officiers de paix pour dresser procès-verbal de l'état des portes. La Reine se retira à 10 heures et le Roi à 11.

Le lendemain, jeudi, des officiers municipaux, accompagnés des officiers de paix, sont venus comparer les dégâts et les procès-verbaux. M. le maire et M. Sergent, officier municipal, surtout furent malmenés dans la cour royale par la garde nationale, honteuse de la triste journée de la veille dont elle accusait M. Pétion. La journée fut tranquille jusqu'à 7 heures. Alors le bruit se répandit que les faubourgs s'étaient rassemblés et qu'ils marchaient contre le château. L'Assemblée Nationale, instruite de ce bruit, fait une députation au Roi.

« L'Assemblée Nationale nous députe vers Votre Majesté, pour lui demander si elle a quelques craintes sur la tranquillité de sa personne et l'assurer, si elle était troublée qu'elle se rendrait aussitôt auprès d'elle. » Le Roi répondit : « On m'apprend que Paris est calme pour l'instant ; s'il cessait de l'être, j'en ferais prévenir l'Assemblée Nationale. Dites-lui, Mes-

sieurs, combien je suis touché de l'intérêt qu'elle me
témoigne. »

Une demi-heure après, M. Pétion est annoncé. On
le reçoit à l'instant ; il dit au Roi : « Sire, nous avons
appris que vous avez été prévenu d'un rassemblement
qui se portait sur votre château ; c'est pourquoi nous
venons vous informer que ce rassemblement est
composé de citoyens sans armes qui veulent planter
un mai. Je sais, Sire, que la conduite de la municipalité a été calomniée, et cependant sa conduite sera
connue de vous. » — Le Roi : « Elle doit l'être de la
France entière. Je n'accuse personne en particulier.
J'ai tout vu. » — M. Pétion : « Elle le sera, et sans les
mesures prudentes que la municipalité a prises, il
aurait pu arriver des événements plus fâcheux, non
pas pour votre personne, parce que vous devez bien
savoir qu'elle sera toujours respectée, » et, fixant la
personne à côté du Roi, « mais..., » — Le Roi :
« Taisez-vous. Est-ce la respecter que d'entrer chez
moi armé, de briser les portes et de forcer ma garde ?
Ce qui s'est passé hier est un vrai scandale pour tout
le monde. » — M. Pétion : « Je connais l'étendue des
devoirs que m'impose ma responsabilité. » — Le Roi :
« Vous êtes chargé de veiller à la tranquillité de
Paris ; allez remplir vos fonctions. » M. Pétion se
retira avec les officiers municipaux. Le matin,

l'Assemblée avait décrété une faible loi contre les attroupements armés, qui avait été aussitôt portée à la sanction. Le Roi avait écrit aussi à l'Assemblée une lettre sur les événements de la veille :

« Messieurs, l'Assemblée générale a déjà connaissance des événements de la journée d'hier ; Paris en est sans doute dans la consternation ; la France les apprendra avec un étonnement mêlé de douleur. J'ai été très sensible au zèle que l'Assemblée Nationale m'a témoigné dans cette circonstance. Je laisse à sa prudence de rechercher les causes de cet événement, d'en peser toutes les circonstances et de prendre toutes les mesures nécessaires pour maintenir la constitution, assurer l'inviolabilité et la liberté constitutionnelles du représentant héréditaire de la Nation. Pour moi, rien ne peut m'empêcher de faire en tous temps et dans toutes les circonstances ce qu'exigeront les devoirs que m'impose la constitution que j'ai acceptée, et les vrais intérêts de la Nation française.

Signé : « LOUIS. »

Le même jour, jeudi 21, le Roi donna une proclamation, qui est parfaite à tous égards. A toutes les vertus qu'il a souvent montrées et surtout pendant ses

derniers jours, il joint la générosité et un oubli total
de sa propre injure. Il n'en parle qu'en sa qualité de
représentant héréditaire de la nation.

Proclamation du Roi sur les événements du 20 Juin,
l'an 4° de la liberté.

« Les Français n'auront pas appris sans douleur
qu'une multitude égarée par quelques factieux est
venue à main armée dans l'habitation du Roi ; a
entraîné du canon jusque dans la salle des gardes,
a enfoncé les portes de son appartement à coups de
hache ; et là, abusant audacieusement du nom de la
Nation, elle a tenté d'obtenir par la force la sanction
que Sa Majesté a constitutionnellement refusée à
deux décrets. Le Roi n'a opposé aux menaces et aux
insultes des factieux que sa conscience et son amour
pour le bien public. Le Roi ignore quel sera le terme
où ils voudront s'arrêter, mais il a besoin de dire à la
Nation française que la violence, à quelque excès
qu'on veuille la porter, ne lui arrachera jamais un
consentement à tout ce qu'il croira contraire à l'intérêt
public. Il expose sans regret sa tranquillité, sa sûreté,
il sacrifie même sans peine la jouissance des droits
qui appartiennent à tous les hommes et que la loi

devrait faire respecter chez lui comme chez tous les citoyens ; mais, comme représentant héréditaire de la Nation française, il a des devoirs à remplir, et, s'il peut faire le sacrifice de son repos, il ne fera pas le sacrifice de ses devoirs. Si ceux qui veulent renverser la monarchie ont besoin d'un crime de plus, ils peuvent le commettre. Dans l'état de crise où elle se trouve, le Roi donnera jusqu'au dernier moment à toutes les autorités constituées l'exemple du courage et de la fermeté qui seuls peuvent sauver l'empire. En conséquence, il ordonne à tous les corps administratifs et municipalités de veiller à la sûreté des personnes et des propriétés...

« Fait à Paris, le 21 juin 1792, l'an 4ᵉ de la liberté.

Signé : « LOUIS »

Et plus bas : « TERRIÈRES. »

Le 21 juin, je m'étais rendue au château, à 10 heures, et j'étais venue chez M. le Dauphin, à 11. La Reine fut à la messe et, depuis, je ne la quittai plus. Après la messe, elle apprit qu'une députation s'était fait introduire à l'Assemblée et qu'elle avait annoncé qu'un nombre considérable de citoyens armés demandaient de présenter une pétition, de la déposer sur le bureau et de défiler devant le Corps législatif.

L'Assemblée y avait consenti. Il était environ
2 heures, quand cette troupe entra dans les Tuileries ;
le Roi et la Reine à peu près vers cette heure se
mirent à table et firent dîner avec eux toutes les dames
qui étaient là. L'armée passait sous les fenêtres du
château, insultait le Roi, de la manière la plus coupable.

La Reine était enfermée dans l'appartement de son
fils, ne sachant quel serait le sort du Roi. Un moment,
elle fut inquiète pour son fils ; je n'ai jamais été
témoin de rien de plus touchant ; c'était la douleur la
plus profonde et la plus vraie... Sur les 9 heures,
le château fut libre ; je passai, moi et plusieurs
autres, une heure avec le Roi, quand la Reine fut
retirée. Je n'ai jamais remarqué une telle tranquillité,
plus de liberté d'esprit, un courage si froid ; il parla
de tout ce qui était arrivé pendant le jour, et il rappela
l'anniversaire : à ce même moment, l'année d'avant,
il était occupé de son départ, qui s'effectua dans la
nuit du 20 au 21... Deux ou trois jours après, on
craignit du tapage. Je me décidai à m'établir au
château, chez Mme de Tourzel, qui voulut bien me
donner une petite chambre. Tous les matins, je me
promenais avec elle et M. le Dauphin ; on travaillait
à renouer un 20 juin. L'entreprise alors n'avait été
confiée qu'aux seuls Parisiens.

10 Aout.

Après le départ du Roi et de la Reine, je restai au
château avec Mme de la Roche-Aymon, sa fille,
son fils, Pauline de Tourzel et quelques autres personnes. Dès que Mme de Tourzel eut quitté sa fille
pour suivre M. le Dauphin, je priai Pauline de me
donner sa parole d'honneur de ne pas se séparer de
moi. Je lui donnai aussi la mienne. Je ne prévoyais
pas alors de quel danger nous aurions à nous sauver ;
je me réjouissais du départ du Roi ; je l'avoue,
à la honte de mon jugement, je crus que cette
démarche pourrait être de quelque utilité. Le Roi
sorti du château et allant se livrer à l'Assemblée, je
voyais la paix faite et le danger éloigné ; je ne doutais
pas qu'il ne revînt bientôt. Je me retirai dans l'appartement de M. le Dauphin, pour voir le Roi traverser
le jardin ; je les suivis des yeux tant que je pus, en
formant mille vœux. Je fus ensuite dans la chambre
du Roi, dans le cabinet, je revins dans la chambre ;
j'errais toujours, car j'étais inquiète. Enfin, un officier
de gendarmerie vint nous annoncer que le Roi, étant
arrivé à l'escalier de la terrasse des Feuillants, après
avoir été couché en joue de loin, dans le chemin,
avait trouvé une si grande foule qu'il n'avait pu

monter l'escalier. « A bas le Roi ! A bas le *Veto !*
Point de femmes ! » criait tout le peuple. Une députation vint chercher le Roi et permit à la Reine
d'entrer. Elle fut à la barre, le Roi à côté du président. Le Roi dit qu'il venait à l'Assemblée pour éviter au peuple un grand crime. L'Assemblée ne pouvant délibérer devant lui, il fut envoyé à la barre,
ensuite renfermé dans sa première prison, la loge du
Logographe.

Nous retournâmes dans l'appartement de M. le
Dauphin, où nous nous fixâmes ; il y avait environ
deux heures que le Roi était à l'Assemblée, et il n'é-
tait pas vraisemblable qu'il revînt sitôt. Je parlais de
l'absence du Roi avec le duc de Choiseul, je m'en
inquiétais et m'en tourmentais. Il me dit : « Je ne serais
pas étonné qu'il ne revînt pas avant 8 heures du
soir. » Il dit cela du ton d'un inspiré ; il me mit en
colère, et cependant je fus vivement frappée. Dans la
même seconde, je le fus un peu plus encore : j'entendis le premier coup de fusil ; toutes nos malheureuses têtes partirent. Où se réfugier ? Où se cacher ?
Nous recommençâmes à errer dans les escaliers.
Partout des coups de fusil, des coups de canon
sifflaient à nos oreilles. J'ai vu mettre le feu à un
canon dans la porte des Princes. J'étais dans la
direction : je me crus tuée. Je ne quittai toujours pas

ma Pauline. Enfin, je suppliai ces dames de se fixer dans un endroit quelconque ; je voyais toujours le canon ; nous choisîmes la chambre de la Reine. Un de ses gens vint nous dire qu'on s'embrassait dans la cour et qu'on faisait la paix ; mais dans le même instant, les fusils recommencèrent à tirer plus fort que jamais. Nous avions avec nous quinze femmes, dont la plupart étaient dans un état horrible. Je priai qu'on fît sortir les hommes, qui arrivaient de tous côtés dans notre retraite et qui n'étaient utiles à rien qu'à nous exposer davantage. Nous nous assîmes toutes contre les murs et nous attendîmes ce que le Ciel voudrait faire pour nous. Moi, j'étais toute résignée et je croyais toucher à mon dernier moment.

L'appartement fut forcé ; nous nous éloignâmes d'une chambre et nous fûmes dans le salon. Bientôt les coups de hache, de crosses de fusil, se font entendre à la première porte. J'envoyai un valet de pied de la Reine ouvrir toutes celles qui nous séparaient des brigands. A l'instant, la chambre en fut remplie. « Des armes et des Suisses ! » criaient-ils avec fureur. « Vive la Nation ! » Je m'étais retirée dans le fond de la chambre avec Pauline et Mme Thibault, femme de chambre de la Reine ; j'étais associée aux plus braves, et cependant nous tremblions jusqu'à mourir. Un homme, d'une figure atroce,

s'écria : « Point de mal aux femmes ! Des armes et
des Suisses ! » Je ne perds pas un instant ; je saisis
cet homme par le bras et je lui dis : « Voilà une jeune
dame, une vieille et moi à qui vous allez donner tous
vos soins et vous resterez avec nous. » Il me donna
la main, cria : « Vive la Nation ! » Nous fîmes un
quatuor de bénédictions pour la Nation, dont trois
parties n'étaient pas d'accord. A côté de moi, un
homme travaillait à charger son fusil ; il déchira sa
cartouche ; je priai mon gardien de l'empêcher de
tirer, en lui disant qu'ils étaient absolument maîtres
de l'appartement et qu'ils pouvaient faire tout ce qu'ils
voulaient. — Il alla lui taper sur l'épaule : « Camarade, ne tire pas. » — L'autre cessa à l'instant ; toutes
les dames partirent et je n'en revis aucune. Je pris
le garde par un bras, Pauline par l'autre, je sortis
du salon de la Reine. Dans la salle à manger, je vis
un homme très bien mis casser la lanterne d'un grand
coup de bâton ; la glace de la cheminée était en poussière. Sous la porte, je trouvai le corps de ce malheureux homme que j'avais envoyé pour ouvrir le passage
aux brigands. C'était un des meilleurs sujets et des
plus attachés à la Reine. Dans l'antichambre, il y avait
deux de ces misérables qui mettaient en pièces à coup
de sabre un habit de livrée. Enfin, je sortis de l'appartement, je descendis et je me trouvai dans le jardin.

Dans un espace de cent pas, je vis quatre ou cinq Suisses étendus. Arrivée sur le quai avec Pauline, notre brigand nous quitta. Tous les chemins me parurent si couverts de monde que je n'osais en choisir aucun. Enfin, j'aperçus un petit sentier de terre entre le mur du quai et la rivière. Je n'avais plus bien ma tête, et je ne pensais pas que, s'il n'y avait personne sur ce chemin, je ne serais pas moins vue de tous côtés. Pauline consentit à le suivre ; nous descendîmes l'escalier ; je rencontrai un canonnier ; je le priai de venir avec nous ; j'avais assez de peur, moi seule avec Pauline. Je lui dis que nous sortions du château ; il nous promet assistance. La moitié du chemin se passe bien, à l'exception que je m'avise de lui demander des nouvelles du Roi. Cette question lui parut fort suspecte. « Pourquoi demandez-vous des nouvelles du Roi? Vous sortez du château, vous en savez mieux que moi! » Je lui répondis que le Roi était à l'Assemblée depuis plus d'une heure et demie.

Au milieu du chemin, il y avait une petite maison habitée par des bateliers. Ces deux femmes et ce canonnier leur parurent suspects. On se jette sur le canonnier, on le désarme. Un homme se met à genoux, arme son fusil, et à dix pas, pas plus, nous couche en joue. Je n'avais jamais eu plus peur certainement,

On nous suivait par notre même chemin ; de dessus
le quai, on criait après nous : « Il faut les tuer !
D'où viennent-elles ? Elles se sauvent du château ! »
Les hommes avait cinq ou six fusils braqués sur
nous ; de l'autre côté de la rivière, on nous suivait
aussi. Jamais on n'a été dans une si mauvaise et si
inquiétante position. J'eus à peine le temps de me
demander ce qu'il fallait faire[1] ; heureusement on se
mit à parlementer et nous fûmes sauvées. Deux
hommes s'emparèrent de Pauline ; elle allait devant
moi ; je ne voulais pas la perdre de vue. Remontées
sur le quai, nous fûmes rencontrées par une autre
troupe. — « Où allez-vous, camarades ? » — « Ramenez
ces dames chez elle. » — Le canonnier prit la parole :
« Elles sortent du château et celle-là m'a demandé
des nouvelles du Roi ; il faut les mener au corps de
garde de la porte Saint-Honoré. » Nous voilà traversant la place Louis XV, par un soleil et une chaleur
comme je n'en ai jamais senti. Tout le long de la
place, nous vîmes des Suisses étendus sur le pavé ;
les gens qui nous suivaient étaient couverts de sang.
Je souffrais l'impossible. Arrivées au bout de la

1. Madame de Tarente omet une circonstance qui a été racontée
ensuite par Mlle de Tourzel, devenue comtesse de Béarn. Lorsqu'elles
furent couchées en joue, Madame de Tarente se plaça devant sa jeune
compagne et dit à ces monstres : « Ménagez cette jeune personne qui
m'a été confiée par sa mère ; tirez sur moi. »

place de la rue Royale, ces misérables, qui ne faisaient
que tuer depuis deux heures, nous firent détourner
de plusieurs pas pour nous faire passer par derrière
une batterie qui faisait face à la porte des Tuileries
dite de l'Orangerie et dont les canons étaient chargés.

Tout le long de la rue Royale, nous vîmes des
corps morts, Suisses et autres, des chevaux aussi.
Le corps de garde, porte Saint-Honoré, était fermé ;
il fallut traverser le boulevard ; tout le monde était
armé d'une manière effrayante. Il y avait jusqu'à
des broches de cuisine. On portait aussi des petits
morceaux de livrée du Roi, d'habits bleus au bout
de longs bâtons. Paris faisait horreur. Enfin, nous
arrivâmes rue Neuve-des-Capucins, à la section. On
fit une ou deux questions et on nous dit que nous
avions bien fait de sortir du château et qu'on nous
conseillait de ne pas aller dans ce moment dans la
rue. Un homme que je ne connaissais pas me proposa d'entrer chez lui. J'acceptai avec reconnaissance,
et nous nous trouvâmes chez les meilleures gens du
monde. Ils étaient les commis des contributions
publiques, et nous étions dans les bureaux de ce
département. Nous eûmes là des nouvelles du Roi :
l'Assemblée avait prêté un nouveau serment devant
Sa Majesté et le Roi n'y était pas nommé. On me
laissa envoyer chez ma mère. Pauvre Pauline ! Elle

n'avait pas la même consolation. A 2 heures, ces
messieurs nous ramenèrent chez moi ; nous fîmes le
même chemin par la même chaleur. Je retrouvai ma
mère ; ce n'était pas la dernière inquiétude que je
devais lui donner.

J'envoyai tout de suite à l'Assemblée dire à
Mme de Tourzel que sa fille était chez moi. On vint,
tout le jour, me donner beaucoup d'avis et m'engager à la prudence. Je n'osai pas même mener Pauline à Mme de Leyde, comme nous en étions conve-
nues. Le soir, sa mère écrivit un billet par lequel
elle ordonnait qu'elle y allât. Je l'y menai le lendemain matin, et le lundi, 13 août, elle était venue
déjeuner chez moi, quand son frère vint la chercher
pour la mener à l'Assemblée. Elle devait aller s'enfermer au Temple avec le Roi et la Reine. Je ne
puis dire ce qui se passa alors en moi ; je n'eus le
courage ni de partager sa joie, ni de lui dire adieu.
Je restai abîmée de chagrin, n'osant ni l'envier, ni
me plaindre, mais je sais que j'aurais donné la
moitié de mon existence pour la suivre. J'écrivis à
la Reine ; je n'osai écrire : Adieu, mais mon cœur
le prononçait et c'en était bien un. — Je restai chez
ma grand'mère ; je ne pensais qu'à la Reine, aux
moyens de la rejoindre, et il n'y en avait aucun à
employer. Le lendemain du départ de Pauline, elle

m'écrivit un petit billet. C'est la dernière fois que nous pûmes communiquer ; je ne sortais presque pas ; je me trouvais si extrêmement malheureuse que tout m'affligeait. Je voulais souffrir ; chez moi, j'étais trop bien. J'avais des gens pour me servir et la Reine n'en avait plus. Elle était en prison, je voulais aussi y être ; on peut comprendre toutes les idées qui assiégeaient ma pauvre tête ; enfin, je n'avais plus une autre idée que la prison. Jamais on n'a souhaité si ardemment d'y aller. Le samedi soir, j'allai voir la duchesse de Choiseul ; nous ne parlâmes que de la Reine ; elle chercha à me faire entendre raison sur ce qu'elle appelait ma folie. Elle me disait : « De quelle utilité cela sera-t-il pour elle? Si elle le sait, elle aura un chagrin de plus. » J'entendais cela, mais je voulais aller en prison. Je retournai chez moi et n'y demeurai pas longtemps libre.

1792

Ma Neuvaine. — Arrestation. — Interrogatoire
et Prison.

Après la journée du 10 août, j'avais repris chez la duchesse de La Vallière, ma grand'mère, l'appar-

tement que j'y occupais avant d'habiter le château.

Le dimanche 26, j'étais sortie à 8 heures du
matin pour aller entendre la messe à l'Abbaye-aux-
Bois. Sur les 10 heures environ, je rentrais chez moi
avec la duchesse de Maillé. A cent pas de l'hôtel, une
bouquetière, qui s'était établie au coin des rues de
Bourgogne et de Saint-Dominique, vint dire à mon
laquais que la maison était remplie de gardes nationales et qu'il fallait m'en prévenir. Sur cet avis,
j'hésitai un moment si je rentrerais : je ne pouvais
douter que c'était à moi qu'on en voulait, mais n'étant
pas préparée à cet événement, ma retraite devenait
bien difficile, pour ne pas dire impossible. Je pris
donc mon parti et, me présentant à la garde, je
questionnai quelques soldats sur le motif qui les avait
amenés. A peine me répondirent-ils ; je demandai le
chef (c'était un commissaire de la municipalité,
nommé Lamory). Il me montra un papier qui m'ins-
truisit suffisamment. L'ordre portait d'arrêter madame de Tarente, ci-devant princesse, et de la conduire à la municipalité pour y être interrogée.

On mit donc le scellé, avec une exactitude qui
employa beaucoup de temps, et lorsque tout fut
clos, on y nomma un gardien. Mme de Maillé, qui ne
m'avait pas quittée depuis le moment de mon arres-

tation, se rendit dépositaire de quelques papiers que j'avais dans ma poche, et ses soins pour moi, qui avaient été ceux de la plus tendre amitié, ajoutaient encore au chagrin de me séparer d'elle. Cependant ma mère, qu'on avait fait avertir sans que je l'eusse ordonné, accourut auprès de moi. Quelle entrevue ! et comment exprimer tout ce que je sentis dans un pareil moment ! J'eus la force de résister au mouvement qui m'entraînait auprès de ma grand'mère. J'avais à ménager son âge et sa santé ; je voulus lui épargner cet adieu et je partis sans la voir.

Je montai dans ma voiture, avec le commissaire de la municipalité et deux de la section pour me rendre à la mairie. La garde qui s'était emparée de la maison se retira à l'instant où j'en sortais. Je fus menée au comité de surveillance et de salut public. Je ne fus d'abord admise que dans l'antichambre. J'attendis trois heures que le dîner de ces messieurs finît. Plusieurs d'entre eux, sans prendre garde à moi, passaient et repassaient sans cesse. Je me plaignis à plusieurs reprises de la manière dont on me faisait attendre. Je demandai qu'on hâtât le moment de m'interroger : on me répondit assez mal, ou point du tout. Enfin, un des membres du comité (M. Chancy, sur lequel j'aurai occasion de revenir souvent), ne trouvant apparemment aucune bonne excuse à donner,

s'en tira par une mauvaise plaisanterie dont il eut l'air
très satisfait : il me répondit que je ne trouverais
parmi eux que d'honnêtes sans-culottes. Je répliquai
avec humeur que, pour ce qu'on avait à me dire, il
était inutile de me retenir si longtemps. — « Vous
vous trompez, Madame de Tarente, on vous deman-
dera plus de choses que vous ne pensez. »

Cependant, je recommençai mes plaintes et je
hasardai de lui dire (car il m'inspirait déjà moins de
répugnance que les autres ; on verra que c'était un
pressentiment ;) je lui dis donc que tout cela m'en-
nuyait beaucoup, que cette attente était aussi ridicule
pour eux que désagréable pour moi, et qu'enfin, leur
dîner étant fini, je ne pensais pas qu'ils eussent rien
de mieux à faire que de m'interroger. Je ne sais si ces
instances, prononcées d'un ton décidé, produisirent
quelque effet sur l'esprit de ces Messieurs, mais,
peu de minutes après, je fus introduite dans leur
antre. J'avoue qu'en y entrant, je me sentis saisie
d'effroi.

La chambre est un carré long ; il y a une fenêtre au
bout et une autre sur le côté. Au milieu était un bureau
couvert de papiers. A l'extrémité, sous la fenêtre,
était assis, seul à une table, un des membres du
Comité qui écrivait, quand il ne me faisait pas l'honneur de me regarder. Sur la longueur et à ma gauche,

il y avait une autre table à laquelle siégeait le secrétaire qui posait les questions. On m'avait fait asseoir
presque à la porte, au bout du bureau, sur lequel je
pouvais m'appuyer. Ces Messieurs en occupaient les
deux côtés, et j'en avais un à ma droite, dont le
regard me glaçait d'épouvante.

L'interrogatoire dura plus de deux heures ; il porta
en entier sur la Reine, sur Mme la princesse de
Lamballe, sur Mme de Tourzel et sur les personnes
qui étaient au château, la nuit du 9 au 10 août.

Dans la foule de questions qui me furent faites, il
y en avait de si insignifiantes, d'autres si ridicules,
qu'elles ont pu échapper à mon souvenir, et je ne
peux retrouver ici que celles dont l'importance ou la
perfidie s'est gravée dans ma mémoire.

Interrogée : Quel est son nom et ses qualités.

A répondu : S'appelle Louise-Emmanuelle de Chastillon de Tarente.

Interrogée : Depuis quand elle a vu Mme de Lamballe, avant le 10 août.

A répondu : Qu'elle a dîné chez elle le 9, qu'elle
y a passé la journée, qu'elle y a joué au trictrac avec
elle toute la soirée.

Interrogée : Qui a dîné chez Mme de Lamballe.

A répondu : Des personnes de ses amies.

Interrogée : Qui sont ces personnes.

A répondu : Qu'elle ne se souvient pas de leurs noms.

Alors Messieurs du Comité me témoignèrent toute leur indignation de ce que je ne voulais pas nommer les personnes. Peu accoutumée à feindre et à avoir rien à cacher, je dis étourdiment que, réellement, je n'en savais rien, puisqu'y dînant souvent et toujours avec les mêmes personnes, je ne me souvenais pas de celles qui y étaient ce jour-là plutôt qu'un autre.

On ne trouva pas que cela fût vraisemblable : je persistai. Sur cela, l'homme au mauvais regard, qui siégeait à ma droite (M. Martin, qui fut constamment le plus acharné de mes ennemis), insista, avec un plaisir inouï, pour qu'on revînt sur la question : il espérait par là me faire nommer les personnes, et il dicta ainsi :

Interrogée : Sur ce qu'elle convient qu'elle dîne souvent chez Mme de Lamballe, avec les mêmes personnes, sommée de les désigner nominativement et de répondre : qui était à sa droite, qui était à sa gauche.

A répondu : Mme de Lamballe était à ma gauche, à ma droite, je ne m'en souviens pas.

J'avais moi-même tendu le piège, mais je ne m'y laissai pas prendre. J'aimai mieux paraître inconsé-

quente, et me voir accusée de manquer de bonne foi
que de compromettre un autre en le nommant, et je
serai justifiée d'avoir eu le courage de me taire et de
m'exposer à souffrir, puisque je n'aurais pu nommer
que MM. de Choiseul et de Vioménil. En entendant
ma réponse, M. Martin se lève ; il était pâle de colère
et, d'une voix terrible, accompagnée d'un geste menaçant, il essaya de m'intimider en disant : « Vous
voulez donc éprouver le sort de Mmes de Lamballe et de Tourzel ? Si elles avaient voulu dire ce
qu'elles savaient, elles seraient en liberté : leur résistance les a perdues ; la vôtre, Madame, vous perdra
de même. » — A ce discours M. Chancy avait ajouté :
« Un seul a eu de la bonne foi (c'est M. Hüe, huissier de la Chambre, dont il voulait parler) ; il a été
remis en liberté ; il a voulu retourner au Temple, on
l'en a laissé le maître. » — Je ne répondis pas un
mot. Les menaces qu'on m'avait faites m'apprenaient
à connaître les gens auxquels j'avais affaire et je
m'observai davantage.

Interrogée : Quelle a été la conversation pendant
le dîner.

Cette question fut une de celles qui m'ont le plus
embarrassée. Il n'y avait pas eu de conversation
générale ; d'ailleurs j'étais arrivée à moitié du dîner.
Cependant il fallait répondre une chose quelconque

à des gens déjà courroucés contre ma mauvaise
mémoire.

A répondu : Qu'on avait beaucoup parlé du message de M. Rœderer à l'Assemblée Nationale, lorsqu'il était venu lui annoncer les troubles qui se pré-
paraient et qui pourraient éclater dans la nuit, si
l'Assemblée ne prenait pas les mesures nécessaires
pour les arrêter.

Interrogée : Quel est l'effet que cette nouvelle a
produit sur les personnes qui étaient à dîner.

A répondu : Qu'elle n'avait vu que craintes pour
la famille royale et inquiétudes pour la tranquillité
publique.

Interrogée : Si on ne s'était pas entretenu des
moyens de défense et si on ne les avait pas calculés.

A répondu : Qu'elle n'avait rien entendu dire qui
eût rapport à cela.

Les questions devenaient plus pressantes ; elles
demandaient des réponses moins équivoques, et
cependant elles se faisaient coup sur coup. Tout le
monde parlait à la fois ; c'était un bruit à devenir
sourd. Chacun disait son avis sur la manière dont je
répondais. On voulut absolument que je parlasse dans
le sens qui convenait à leurs vues, et, pour les forcer, tous les moyens devenaient bons. On se réservait en dernier celui de me faire peur ; on se con-

tenta pour le moment de chercher à m'embarrasser, et l'on y réussit si bien que je ne savais plus ce que je disais ; il me resta pourtant assez de tête pour juger de ma mauvaise position. Je fis rayer d'autorité une réponse dont je n'étais pas contente, car elle n'avait pas le sens commun ; je demandai du silence et je leur dis : « Votre projet, Messieurs, n'est pas de me troubler ; je le suis cependant autant qu'il est possible, je vous en fais l'aveu, et comme sûrement ce ne peut être votre intention, je vous demande quelques moments de tranquillité. » — Tous se turent : cinq ou six minutes s'écoulèrent et l'on reprit ainsi :

Interrogée : Si Mme de Lamballe n'a pas vu la Reine dans la journée du 9, soit dans les appartements de la Reine ou dans le sien.

A répondu : Qu'elle n'a pas quitté Mme de Lamballe de toute la journée ; que, le soir, elle est montée avec elle chez le Roi et qu'elle n'a pas vu la Reine.

Interrogée : Si elle-même n'a pas vu la Reine dans la journée du 9.

A répondu : Que non.

Interrogée : S'il n'y avait pas d'officier Suisse à dîner chez Mme de Lamballe, et si elle n'en avait pas vu chez elle dans la journée et la soirée du 9.

A répondu : Qu'elle n'en avait pas vu chez Mme de Lamballe.

Interrogée : A quelle heure elle est montée dans l'appartement du Roi.

A répondu : A minuit.

Interrogée : Quelles sont les personnes qui ont passé la nuit dans l'appartement du Roi. Sommée de les désigner nominativement et de se recueillir pour donner sa réponse.

Je pouvais nommer cent personnes ; mais j'étais bien résolue à n'en nommer aucune. Je me recueillis donc un moment. Dans ce court intervalle, un de ces messieurs, voulant se montrer plus humain, me dit, d'un air qu'il aurait bien voulu que je prisse pour celui d'un bon homme : « C'est bien désagréable ; je conçois que votre délicatesse souffre ; pour peu que vous le vouliez, vous serez bientôt débarrassée de nous. »

A répondu : Qu'elle avait vu chez le Roi plusieurs personnes de la maison, les ministres, quelques officiers municipaux et M. Rœderer.

A ce nom, messieurs du Comité voulurent bien s'occuper de lui, et s'expliquèrent sur son compte, de manière à ne laisser aucune espèce de doute sur le mépris dont il est également couvert dans l'un et l'autre parti.

Interrogée : Si MM. de Mailly[1], de Puységur et de Vioménil n'étaient pas dans le cabinet du Roi.

A répondu : Qu'elle n'en sait rien.

Interrogée : Qui a suivi le Roi, lorsqu'il est descendu faire la revue dans les cours et dans le jardin, et si on n'a pas crié : Vive le Roi ! Vive la Reine ! Au diable la Nation !

A répondu : Qu'elle ne sait pas qui a suivi le Roi ; qu'elle n'a pas entendu crier : Vive la Reine !

Interrogée : Si M. Rœderer n'a pas donné l'ordre de repousser la force par la force.

A répondu : Qu'elle l'ignore.

Interrogée : Pourquoi elle a passé au château la nuit du 9 au 10 août.

A répondu : Parce qu'elle le croyait aussi sûr que tout autre endroit, et que d'ailleurs elle y logeait.

Interrogée : Pourquoi elle croyait le château si sûr : qu'elle en connaissait donc les moyens de défense.

A répondu : Qu'elle n'en avait aucune idée, mais que, comme dame du Palais de la Reine, elle était restée cette nuit près de Sa Majesté.

C'est alors qu'ils eurent l'air d'apprendre que j'étais dame du Palais et ils ajoutèrent à mon nom ce titre, qui y avait été oublié.

1. Augustin-Joseph de Mailly, marquis d'Haucourt, maréchal de France, mort sur l'échafaud révolutionnaire, à Arras, le 23 avril 1794.

Interrogée : Si elle a vu le Roi et la Reine partir pour l'Assemblée et quelles étaient les personnes qui les y ont suivis.

A répondu : Qu'elle n'était pas alors avec Leurs Majestés et qu'elle n'avait rien vu.

A cette réponse, messieurs du Comité voulurent encore suspecter ma bonne foi, et cependant je n'avais dit que la vérité. Mais M. Martin, qui portait toujours la parole, lorsqu'il s'agissait de faire d'insidieuses observations, me dit : « Vous êtes donc bien peu curieuse ; car la simple curiosité aurait dû vous faire approcher. » — Je lui répondis que, n'ayant pas reçu l'ordre de la Reine pour la suivre, je n'avais pas cherché à voir les personnes qui avaient été plus heureuses que moi, en restant auprès d'elle.

Interrogée : Pourquoi elle était restée au château depuis le départ du Roi.

A répondu : Qu'elle avait cru de son devoir d'y attendre le retour de la famille royale ; qu'elle avait espéré que la démarche du Roi, en se rendant à l'Assemblée, allait ramener l'ordre dans la ville et au château ; que le Roi, qui n'avait pas dû présumer l'impossibilité d'y rentrer, avait dû nécessairement y laisser les personnes attachées à son service ; qu'elle y était restée sans crainte, et qu'elle n'avait

commencé à être avertie de son danger personnel,
qu'en entendant les premiers coups de fusil.

Interrogée : Où elle était quand on a commencé
à tirer et si les Suisses n'ont pas tiré les premiers.

A répondu : Qu'elle était dans l'appartement de
la Reine et qu'elle n'avait rien vu.

Interrogée : Comment elle était sortie du château.

A répondu : Qu'elle avait était sauvée par des
citoyens qui l'avaient conduite sur le quai.

Pendant ces dernières questions sur le départ du
Roi, sur l'attaque du château, sur la durée du feu,
les membres du Comité s'agitaient avec fureur. Un
d'entre eux, après avoir célébré la générosité du
peuple, s'emporta en invectives atroces contre le
Roi ; rien ne fut épargné : jurements, menaces,
imprécations, projets effrayants de vengeance, de
supplices pour le punir de tous ses crimes ! — « Il
avait voulu faire égorger le peuple, assassiner tous
ceux qui étaient à son service ; il n'avait pas même
épargné les femmes. » — Tous les autres se joignirent
à lui, et pendant une demi-heure que dura cet accès
de rage, on ne peut imaginer tout ce que j'ai
entendu.

Abîmée de douleur, cachant dans mes mains mon
visage baigné de larmes, et n'osant regarder, ni
proférer une seule parole, je dévorais mon tourment ;

mais, cherchant à rasseoir mes idées, je saisis le moment où leur fureur commençait à se calmer et je leur dis, d'une voix étouffée, que la preuve même des intentions pacifiques du Roi était celle d'avoir laissé les femmes au château ; car qu'aurait-il gagné à les faire assassiner ? — A cette observation, toute simple qu'elle était, pas un d'eux ne put répondre, et le silence se rétablit.

Interrogée : Depuis quand elle a vu Mme de Tourzel.

A répondu : Qu'elle l'avait vue le 9 au déjeuner.

Interrogée : Qui était au déjeuner et ce qu'on y avait dit.

A répondu : Que Mme de Tourzel y était et qu'on parlait de choses si indifférentes qu'elle ne peut pas s'en souvenir.

Un de ces messieurs me dit d'un air très fin : « Un jour comme celui-là, Madame, on ne doit pas avoir dit un mot dont on ne se souvienne. On voit bien que vous ne voulez pas faire connaître le sujet de la conversation. » — J'observai que ce jour-là, qui était le 9 au matin, on était encore assez tranquille au château pour pouvoir y parler d'autre chose.

Interrogée : Depuis quand elle a cessé d'avoir des relations avec Mmes de Lamballe et de Tourzel.

A répondu : Depuis la journée du 10.

La prudence qui me prescrivait de ne compromettre personne m'avait dicté cette réponse, qui n'était pas vraie, puisque j'avais continuellement reçu des billets pendant les trois jours que la famille royale fut à l'Assemblée, et même un du Temple, que Pauline de Tourzel me fit parvenir.

Interrogée : Si elle avait eu connaissance du départ du Roi, l'année précédente, et s'il ne lui avait pas été proposé d'être du voyage de Varennes.

A répondu : Qu'elle n'avait eu aucune connaissance du départ, et qu'il ne lui avait été fait aucune proposition sur le voyage.

Cette question fut la dernière qu'on me fit ; on me lut mon interrogatoire et on me fit signer.

Pendant que ces messieurs restaient à délibérer sur ce qu'ils feraient de moi, on m'avait ramenée dans la chambre où j'avais attendu si longtemps. J'étouffais, j'avais besoin de respirer. Je courus au corridor. Le matin, on m'avait permis d'y aller ; le soir, on m'en refusa l'entrée. J'eus beaucoup de peine à l'obtenir ; cependant j'étais environnée de gardes et autant surveillée qu'un prisonnier peut l'être. Mais quel fut mon étonnement et ma joie d'apercevoir mon beau-frère, à l'autre extrémité du corridor, à l'instant où j'y entrais ! Je courus à lui en l'appelant « Mon frère », et cet empressement ayant paru suspect, il

devint, dans le second interrogatoire que je subis le
lendemain, le sujet de dix ou douze questions, plus
impertinentes les unes que les autres ; et lorsque
ensuite on me conduisit à l'Abbaye, il alla prendre
ma place à l'interrogatoire. Il y fut plus heureux
que moi, car on le remit en liberté, mais il n'en
profita que pour me servir avec toute la chaleur
de l'amitié.

Une demi-heure s'était écoulée lorsqu'on vint
m'annoncer que je pouvais demander ma voiture et
que j'allais être reconduite chez moi pour la levée des
scellés. Je n'en avais aucune inquiétude, rassurée par
la précaution que j'avais prise de brûler jusqu'aux
papiers les plus indifférents. Je montai dans ma voiture avec le secrétaire (M. Chancy), M. Martin, le
plus malveillant de ceux qui composaient le Comité,
et un gendarme national. Ne pensant qu'au bonheur
de me retrouver au sein de ma famille, j'imaginais
qu'après l'examen de mes papiers, j'allais être débarrassée de tous ces importuns. Arrivée chez ma
grand'mère, on me laissa monter chez elle, mais je
ne pus entrer dans sa chambre qu'avec le cortège
d'un prisonnier. Le gendarme s'assit familièrement
dans un fauteuil ; M. Martin ne dit pas un mot et
eut constamment le chapeau sur la tête ; M. Chancy
fut très poli, parla debout et le chapeau à la main.

On vient avertir ces messieurs que les commissaires de la section dont ils avaient besoin venaient
d'arriver. On me fit descendre. Le secrétaire commença le procès-verbal. On me demanda ce qu'on
allait trouver chez moi. Je répondis qu'on n'y trou-
verait que la correspondance de deux de mes amies,
antérieure à la révolution, des papiers publics, le
Journal des Jacobins, celui de Brissot, de Gorsas,
la *Gazette de Paris*, l'*Ami du Roi*. — Il me fut
facile de remarquer que ces deux derniers me faisaient tort dans l'esprit de ces gens-là, mais je leur
dis en riant qu'il fallait bien connaître les opinions
de l'un et de l'autre parti. M. Martin fit la grimace.
On me demanda ensuite si je n'avais pas de correspondance avec aucun émigré (la plus grande partie
de la famille de mon mari était émigrée ; plusieurs de
la mienne l'étaient aussi.) Je répondis que non. On
commença la levée des scellés par un grand carton
dans lequel on trouva mes journaux et quelques bro-
chures aristocratiques qui fournirent à ces messieurs
l'occasion de placer quelques mots pleins de zèle et de
patriotisme. Au fond de ce carton ils trouvèrent le
Missel de Paris, en je ne sais combien de volumes : au
premier qui tomba sous la main de M. Martin, il le
rangea avec indifférence ; au second, un air sardonique
vint encore enlaidir ses traits, mais au troisième, il ne

put contenir son insolence, et il me dit : « C'est ici comme
au Temple, où il en faut tous les jours un nouveau à
la sœur de Marie-Antoinette. » — Ensuite il passa à
mon secrétaire ; il avait pris une chaise et s'en était
approché au plus près qu'il avait pu. Quatre bougies
l'éclairaient et ne suffisaient pas ; il s'était saisi des
papiers qu'il avait trouvés ; ils les remuait, les retour-
nait ; ses mains n'allaient pas assez vite au gré de sa
méchanceté. Je lisais dans ses yeux l'ardeur à découvrir un complot, et le dépit de ne rien trouver. Je le
regardais, dans le silence de la colère. J'aurais
voulu l'anéantir d'un de mes regards.

Pendant que ce méchant homme procédait avec
un pareil acharnement, M. Chancy s'était emparé
des lettres dont j'ai parlé, et en faisait une revue
très superficielle, lorsque, tout à coup, M. Martin,
me montrant un papier qu'il venait de saisir, me dit,
d'un ton de voix effrayant :

« De qui, Madame, est ce billet ? »

Répondu : « C'est de Mme de Lamballe. »

« D'où l'a-t-elle écrit ? »

« De l'Assemblée. »

« Voilà donc comme vous n'avez pas de correspondance avec ces dames depuis que vous en êtes
séparée ! »

J'avais bien reconnu le billet entre ses mains. Je

demandai à le voir : on me le donna (heureusement
il n'y avait pas de date). Je dis qu'il avait été écrit le
10; ce qui se trouvait conforme à mon interrogatoire. Ce violent inquisiteur trouva encore un billet
de M. de Tourzel à sa sœur.

« Pourquoi, dit-il, un billet adressé à Mlle de
Tourzel se trouve-t-il dans vos papiers? »

« Parce qu'elle a passé avec moi la journée du 10,
et qu'apparemment, elle a reçu le billet dont je n'a-
vais aucune connaissance. »

« De qui sont ces trois lettres, datées de Bruxelles?
Madame, cependant, nous avait assuré qu'elle n'avait
point de correspondance avec les émigrés. »

Pendant qu'il parlait, je reconnaissais entre ses
mains trois lettres de ma sœur que je savais bien ne
renfermer que des témoignages d'amitié; mais elles
avaient malheureusement échappé à la recherche que
j'avais faite de mes papiers. Je répondis :

« Elles sont de Mmes de Crussol, ma sœur. »

« Madame veut-elle bien les signer? » — Je les
signai et M. Martin, avec une joie insultante, mit
ces lettres dans sa poche.

Successivement on rompit les scellés, et cette opération touchait à sa fin, lorsqu'on vint dire à mon beau-
frère qu'il fallait me préparer à retourner à la
mairie. Ma patience était à bout, mes forces étaient

7

épuisées et la résignation commençait à me
manquer.

On vint avertir pour le souper. Lorsqu'on fut sorti
de table, M. Chancy entra dans le salon et s'adressant
à moi :

« Comment vous trouvez-vous, Madame de Tarente ? »

« Assez bien, Monsieur, à la fatigue près. »

« Cela n'est pas possible, Madame, vous venez de
vous trouver mal. »

J'avoue que, me méprenant à son intention, je crus
que cet homme voulait m'insulter. C'était trop d'a-
jouter encore l'ironie à tout ce que j'avais souffert,
et d'un ton d'humeur :

« Je suis très bien, Monsieur, je vous le répète. »

Alors il me dit en baissant la voix : « Il faudrait
que vous revinssiez le soir à la mairie, vous êtes fatiguée et je désire vous éviter la peine d'y passer la
nuit. » (Et d'un ton plus haut) :

« Restez chez vous, Madame ; nous y laisserons le
gendarme qui vous a amenée, et demain on vous
redemandera. »

J'acceptai ; on fit ensuite la lecture du procès-
verbal, on le signa pour moi à cause de ma maladie,
et ces messieurs, en se retirant, m'annoncèrent
qu'ils m'enverraient chercher le lendemain.

Je restai dans cette triste attente qui me tint éveillée toute la nuit : j'étais encore tourmentée d'inquiétudes sur le billet que Pauline de Tourzel avait oublié chez moi et qui pouvait compromettre son frère ; dès le matin j'avais envoyé l'avertir, on ne l'avait pas trouvé chez lui ; le hasard me l'amena. Je lui racontai comment on s'était emparé de son billet, je lui rapportai ce qu'il contenait, et je le pressai de se retirer aussitôt, dans la crainte qu'on ne revînt chez moi, pendant qu'il y était encore. Je n'avais plus entendu parler de mon garde : il n'avait pas quitté la cuisine, qui lui parut toujours le meilleur poste de la maison : j'avais ordonné qu'on le nourrît bien et qu'on lui donnât tout ce qu'il demanderait. Vers 1 heure, l'inquiétude le prit, il voulut s'assurer si j'étais dans mon appartement ; je lui donnai ma parole que je ne sortirais pas et que, s'il prévoyait que ces messieurs dussent tarder à venir, il pouvait lui-même et en toute sûreté vaquer à ses affaires ; mais il me répondit franchement qu'il se trouvait bien où il était et qu'il y resterait.

La matinée se passa sans que je reçusse aucune nouvelle du Comité. Ma mère ne m'avait pas quittée ; ses amis et les miens vinrent me voir : un d'eux s'offrit pour m'accompagner à la mairie (c'était M. d'Anlezy). Quelque sensible que je fusse à ce

témoignage d'attachement, mon sort me paraissait
alors si incertain, que j'aurais voulu lui sauver le
désagrément de me conduire jusques à ma prison, que
je commençais à regarder comme inévitable ; mais,
voulant en même temps éviter à la sensibilité de ma
mère le pressentiment que j'en avais, je me décidai
à accepter ses offres.

On venait de se mettre à table, lorsqu'un garde arriva, portant l'ordre de me conduire à la mairie, à
5 heures. Je fis un effort sur moi-même pour paraître
tranquille (au moins, en eus-je l'apparence) et pendant le dîner, auquel ma mère avait retenu quelques-
uns de nos amis, elle affecta de parler d'autre chose
que de ce qui l'occupait. J'avais l'imagination remplie
des plus sombres idées ; celles de ma mère ne diffé-
raient guère des miennes, mais la crainte de nous
affliger mutuellement nous donna la force de nous
taire. A peine eûmes-nous celle de nous embrasser
et de nous dire adieu. Je m'élançai dans ma voiture,
et, à 5 heures, j'arrivai à la mairie.

Je me retrouvai dans cette même chambre, où
j'avais été la veille, mais elle était bien différente ;
il y régnait le plus profond silence. M. Dugazon, valet
de comédie, s'était transformé en général d'armée, et
se croyant plus habile que Turenne, il raisonnait sur
la prise de Longwy, de manière à faire croire qu'il

chargeait encore son nouveau rôle. Il eut pourtant assez d'égard pour ne pas nous regarder : il se contenta de nous étourdir, pendant que cinq ou six hommes, aussi fous que lui, paraissaient l'écouter avec admiration.

Il y avait dans cette même chambre des malheureux, que j'y avais laissés la veille. Des femmes, abandonnées à l'horreur de leur situation, étaient là depuis cinq jours. J'y remarquai un homme pâle et défiguré, qui attendait depuis le même temps ; un autre était détenu, sans qu'on en sût le motif. Il fallait avoir des papiers qu'on ne retrouvait point et il se plaignait de languir dans une attente pire que la mort. Et voilà la justice qui s'exerce en France, depuis qu'il n'y a plus de Roi, de religion, ni de loi !

Il était 6 heures, quand je fus introduite dans l'atelier où se forge le crime ; car il fallait en trouver là où il n'y en avait pas ; il fallait des preuves pour condamner Mme la princesse de Lamballe, et elle n'a succombé sous la fureur du peuple que parce qu'elle ne pouvait tomber sous le glaive des lois : illustre et malheureuse victime de sa fidélité à la famille royale et d'un courageux dévouement, qui assure à son nom l'immortalité.

Je me retrouvai à la même place, entourée des mêmes personnes et dans une situation à peu près semblable à celle de la veille, avec cette seule différence qu'il y avait une élection, pour laquelle ces messieurs sortaient et rentraient alternativement. J'avais étudié mes juges, je m'étais fait quelques idées de leur caractère moral (j'aurais dû dire de leur immoralité ;) car, au lieu de la justice, sévère, mais humaine, et qui se plaît à absoudre plutôt qu'à punir, je n'avais trouvé parmi eux qu'injustice et malveillance ; j'avais vu la méchanceté et la perfidie s'aider mutuellement pour tendre des pièges à l'honneur, égarer la bonne foi, et arracher des aveux qu'ils voulaient faire servir à leurs criminelles intentions.

Ce second interrogatoire ne m'est pas aussi présent que le premier. J'étais déjà accoutumée et comme familiarisée avec les questions d'un pareil tribunal ; j'en étais moins frappée.

Interrogée : Si elle reconnaît les papiers qu'elle a signés la veille.

A répondu : Oui.

Interrogée : Sur ce qu'elle a donné des renseignements relatifs à la nuit du 9 au 10, et ce qu'elle en a dit.

A répondu : Qu'elle n'avait pu donner des renseignements sur des choses qu'elle ignore.

Le secrétaire du Comité, M. Chancy, qui paraissait

souffrir de la torture qu'on me faisait éprouver, interrompant ma réponse, me dit, en me donnant les lettres : « Vous vous trompez, Madame de Tarente ; ces lettres prouvent le contraire. » — A l'instant même, M. Martin me les arracha des mains avec fureur, dans l'espérance que je ferais quelque mauvaise réponse, dont il prendrait avantage. — « Eh bien ! me dit-il, vous n'avez donc pas de correspondance avec les émigrés, comme vous nous en avez assurés hier, en arrivant chez vous ? » — « Ma sœur peut-elle être comptée pour moi au nombre des émigrés que j'ai entendu désigner ? » — « Vous dites qu'elle est à Bruxelles ; elle n'y est pas, je le sais. » — « Il serait plaisant, répondis-je en riant, que vous voulussiez m'apprendre où elle est. » — Je m'étais rappelée, pendant la nuit, que les lettres de ma sœur n'étaient que l'expression de son inquiétude sur les dangers que j'avais courus le 10 août, et je n'en fus pas plus troublée.

On en vint au billet de Mme la princesse de Lamballe. Je le transcris ici, pour qu'on juge mieux de ce qu'il fallait pour effaroucher un membre du Comité de surveillance :

« J'ai lu à la plus courageuse des amies votre
« billet, ma chère petite ; elle me charge de vous
« assurer de son amitié. Nous pensons à vous.

« Envoyez-moi, je vous prie, une chemise ; depuis
« deux jours je ne me suis pas déshabillée. Je vous
« embrasse de tout mon cœur. »

Le commencement du billet devait les occuper
plus que le reste ; à mon grand étonnement, il n'en
fut pas dit un mot.

Interrogée : Si elle connaît ce billet et de qui il est.

A répondu : Qu'elle le reconnaissait pour être
celui de Mme de Lamballe.

Interrogée : Quand et comment elle le reçut.

A répondu : Qu'elle le reçut dans la journée du
10 et qu'il lui fut apporté par un de ses gens.

Cette réponse n'était pas vraie ; on verra tout à
l'heure comment il me parvint.

Interrogée : Où était Mme de Lamballe, lorsqu'elle
reçut son billet.

A répondu : A l'Assemblée Nationale, dans la loge
du *Logographe*, où elle avait suivi le Roi et la Reine.

Interrogée : Comment, étant à l'Assemblée, elle
avait pu demander une chemise ; car on ne se
déshabille pas à l'Assemblée.

Je ne m'attendais pas à une pareille objection, et
elle me parut si ridicule que je me mis à leur raconter,
en me moquant d'eux, ce qu'ils savaient mieux que
moi du logement préparé pour la famille royale aux
Feuillants, où je supposais qu'on avait pu changer de

chemise. Apparemment que cette explication leur parut bonne, car ils ne parlèrent plus du billet. Il m'avait été remis dans la soirée du 11 par un garde national de ceux qui avaient revêtu cet habit pour tâcher d'être utiles au Roi. Mme la princesse de Lamballe l'avait chargé de venir me donner des nouvelles de la Reine et des siennes. Je l'ai retrouvé, depuis, prisonnier à l'Abbaye, et je crois acquitter ma reconnaissance envers lui en le faisant connaître. C'était M. Lalain, ancien premier commis des bureaux de la guerre.

On passa au billet de M. de Tourzel[1] à sa sœur, et qu'elle avait laissé chez moi.

Interrogée : Où était M. de Tourzel, quand il avait écrit ce billet.

A répondu : A l'Assemblée, où il avait été rejoindre sa mère.

Interrogée : Pourquoi un billet de M. de Tourzel s'est-il trouvé dans vos papiers?

A répondu : Parce que Mlle de Tourzel ayant passé chez moi la journée du 10 août, elle y avait oublié, comme une chose indifférente, ce billet dont j'ignorais même l'existence.

---

1. Charles-Louis-Yves du Bouchet de Sourches, marquis de Tourzel, né le 27 août 1768, mari d'Augustine-Éléonore de Pons.

Interrogée : En quelle qualité M. de Tourzel appartenait au Roi.

A répondu : Qu'il lui avait appartenu par une des grandes charges dont le service avait cessé[1].

Interrogée : S'il avait été tué le 10 ou s'il l'avait été depuis?

A répondu : Puisqu'il a écrit le 10 au soir, il n'a pas été tué le 10 au matin.

Interrogée : Si elle l'a vu depuis et où il est aujourd'hui.

A répondu : Qu'elle l'ignore et qu'elle ne l'a point revu.

Cette réponse n'était pas vraie : nous nous étions vus souvent depuis et je me le rappelle, à ce sujet, qu'ayant été un matin avec lui chez Mme la comtesse d'Albanie, où ma mère vint nous joindre, nous eûmes la satisfaction d'y revoir un des officiers principaux de la garde du Roi, resté constamment au château depuis le commencement, et qui, après avoir échappé aux dangers du 10 août, parvint encore à se soustraire à l'acharnement avec lequel il fut poursuivi. Il a pu, depuis, se sauver de Paris et s'embarquer pour l'Angleterre, où j'ai eu le plaisir de le voir arriver.

1. Il était Grand Prévôt de France depuis 1788.

Interrogée : Pourquoi M. de Tourzel donne-t-il une adresse pour lui écrire à l'Assemblée?

A répondu : Pour que sa sœur puisse lui donner de ses nouvelles à l'Assemblée, où tout passe par les huissiers.

On me fit encore plusieurs autres questions, qui ressemblaient pour le fond à celles de la veille, mais elles étaient différemment dialoguées. Je priai qu'on allât doucement : par cette précaution j'échappai à leurs pièges, et leur méchanceté, tout adroite qu'elle était, ne leur fournit rien contre moi.

Interrogée : Si elle connaît M. de Montmorin, colonel; si elle a été chez lui avec Mme de Lamballe, et s'il a un logement au château.

A répondu : Qu'elle connaît M. de Montmorin, qu'elle n'a pas été chez lui et qu'elle ne sait pas s'il a un logement au château.

Interrogée : Quel est son frère?

A répondu : Qu'elle n'a pas de frère.

Interrogée : Quel est donc ce grand jeune homme qu'elle a trouvé hier dans le corridor et au devant duquel elle a couru avec tant d'empressement, en l'appelant mon frère?

A répondu : Que c'est le frère de son mari.

Interrogée : S'il était au château le 10 août.

A répondu : Qu'il était alors dans son lit, avec une attaque de goutte.

Ce que je disais était vrai ; mais M. Martin, me regardant avec un rire amer : — « Pour cela, Madame, il faut convenir que, quand vous trouvez des excuses, elles sont bien choisies ; ce monsieur-là, dans son lit avec une attaque de goutte, c'est tout à fait vraisemblable. Une autre fois, vous trouverez quelque chose de mieux. N'est-ce pas?

Interrogée : Si, un soir, à 7 heures, elle n'est pas sortie avec la Reine, dans une voiture de remise, par la cour des Princes.

A répondu : Que non.

Interrogée : Si la Reine n'a pas un cabinet, à l'entresol, donnant sur la cour des Princes.

A répondu : Que oui.

Interrogée : Si, vers la fin de juin, à 7 heures du soir, elle n'est pas sortie avec Mme de Lamballe et plusieurs autres personnes, dans une voiture à six chevaux, qui a pris le chemin du bois de Boulogne.

A répondu : Que cela était vrai ; qu'on avait été se promener à Moulin-Joli.

Cette promenade, dont il était si simple de convenir, m'attira encore quelques reproches sur le parti que j'avais pris de ne rien dire et de ne nommer jamais personne.

M. Martin trouvait que c'était trop m'exposer pour mes amis, et m'en avertissait charitablement. On me fit encore plusieurs autres questions sur cette course, si ridicules et quelquefois si bizarres, qu'elles rendirent cet interrogatoire, que ces messieurs croyaient égayer par de mauvaises plaisanteries, aussi fatigant que le premier.

Interrogée : Si je n'avais pas été avec Mme de Lamballe chez M. de la Fayette.

Je n'étais pas préparée à cette question ; j'avoue qu'elle me mit en colère. J'avais appris à connaître M. de La Fayette. C'était un supplice pour moi de le voir près de la famille royale. Ses principes connus, sa conduite équivoque, m'avaient inspiré pour lui autant de haine que de mépris et je répondis, de premier mouvement, que je l'abhorrais. Le mot n'était pas prononcé que je vis ces messieurs du Comité prendre un visage riant et se féliciter d'être au moins sur ce point du même avis que moi. — L'écrivain s'arrêtant : « Madame a dit qu'elle l'abhorre : il faut l'écrire. Ajouterai-je qu'elle l'abhorre cordialement ? » J'y consentis.

A répondu : Qu'elle n'a point été avec Mme de Lamballe chez M. de La Fayette ; car elle l'abhorre cordialement.

On me fit encore plusieurs autres questions sur l'intérieur du château, sur les provisions de bouche qu'il contenait, sur les munitions de guerre qu'il renfermait, sur les canons qui y étaient cachés, sur la séduction employée vis-à-vis de la garde nationale, sur l'arrivée de M. Pétion dans les appartements, sur les intentions qu'on y avait eues contre lui. J'avais beau répondre que je ne pouvais pas avoir connaissance de choses qui n'avaient pas existé, d'autres questions, non moins invraisemblables, succédaient à celles-là, et la dernière par laquelle on termina mon interrogatoire était d'une absurdité atroce, mais combinée avec les moyens qu'on employait pour égarer l'esprit du peuple.

Interrogée : Si elle a connaissance de quatre gardes nationaux tués dans le château et dont il y en avait un cloué dans une armoire.

Je gardai le silence, je haussai les épaules et je ne répondis que par le sourire du dédain que m'inspiraient de si misérables gens.

Plus ils se dégradaient et plus je prenais de hardiesse. Je leur dis, à plusieurs reprises, que j'étais ennuyée et importunée à mourir.

Cette élection, dont j'ai déjà parlé, était devenue l'objet important dont ils s'occupaient : à chaque moment, les nouvelles en arrivaient au Comité ; on n'y pensait plus à moi, on m'oubliait, mais on me laissait là.

Je demandai qu'il me fût permis de me retirer
dans un coin de la salle avec l'écrivain et celui qui
m'interrogeait, afin d'en finir : à l'air de négligence
avec lequel on y consentit, je dus voir qu'on ne
se souciait plus de moi. Je n'avais rien dit et il ne
restait qu'à me punir de mon silence.

Lorsque les éternelles questions eurent été épuisées dans cet aparté, on fit tout haut lecture de
l'interrogatoire. On avait presque achevé, lorsque
M. Panis, président du Comité, arriva. Il fallut
recommencer à lire l'une et l'autre partie pour le
mettre en état de me juger ; et, lorsqu'on en fut à la
question par laquelle j'avais été sommée de nommer
les personnes avec lesquelles j'avais dîné chez Mme la
princesse de Lamballe, M. Panis dit, avec une importance accompagnée d'un regard farouche : « Ceci
est bien à la charge de l'interrogée. » Ce peu de
mots aurait dû m'apprendre le sort qui m'attendait,
mais l'illusion durait encore, et il fallut que j'enten-
disse pour croire.

On m'avait fait sortir du Comité pour délibérer.
J'entrai dans une espèce de bûcher, où je me
retrouvai avec M. d'Anlezy et mon beau-frère. Me
reposant avec une confiance trompeuse sur les
réponses que j'avais faites, l'espérance me soute-

naît encore au point que je m'occupais déjà d'avoir
à temps ma voiture.

On me rappela, je signai l'interrogatoire. A peine
étais-je rentrée, qu'on fit sortir M. d'Anlezy et mon
beau-frère ; un garde devint ma seule compagnie.
L'inquiétude commençait à s'emparer de moi, lorsque
le gendarme qui m'avait gardée vingt-quatre heures
entra dans ma prison (car c'en était déjà une), et me
dit, avec toute l'apparence d'un bon cœur : « Votre
affaire va bien, vous allez rentrer chez vous ; il y a trois
jours que je n'ai embrassé ma femme et mes enfants,
mais je n'ai pas voulu partir que je ne vous aie vue en
liberté ! » — Cet homme me fit du bien, je lui trouvai
un bon naturel et il m'avait rendu quelque confiance,
lorsque la plus triste certitude vint frapper mon
oreille. — J'entendis M. d'Anlezy dire, avec un accent
que je n'oublierai jamais : « Comment ! à l'Abbaye ; »
— je restai anéantie.

J'ai besoin de suspendre mon récit et de recueillir
mes idées, avant de retracer la suite de ma déplorable histoire.

L'idée de la prison, à laquelle je m'étais presque
accoutumée avant d'être ramenée au Comité de Surveillance, n'était pas celle sous laquelle j'étais restée
anéantie, mais je me transportais à côté de ma mère,
au moment où elle allait apprendre cette nouvelle,

et, tout entière à elle, je ne ressentais plus d'autre peine que celle que j'allais lui donner.

J'étais noyée dans mes larmes, lorsque la porte s'ouvrit : c'était le gendarme qui était venu me chercher la veille et qui me dit, d'un air joyeux : « Nous allons à l'Abbaye. » J'éprouvai un moment d'indignation ; j'avais la bouche ouverte pour chasser cet homme (hélas ! j'oubliais que j'étais en sa puissance et que c'était lui qui allait me conduire en prison) ; mais j'avais encore d'autres épreuves à subir : il fallait torturer ma conscience et travailler à changer ce qu'on appelait mon plan ; c'était M. Martin qui s'en chargea. Il entre, le gendarme sort, et je fixe avec effroi cette figure sinistre. Il a une manière de rapprocher les sourcils qui la noircit davantage et la rend plus effrayante.

« Eh bien ! Madame, me dit-il, vous savez votre sort ? C'est vous seule que vous devez en accuser ; cependant il est entre vos mains, vous pouvez encore le changer. Vous n'avez rien voulu dire, vos réticences n'ont sauvé personne ; songez à vous sauver vous-même, en avouant tout ce que vous savez. Vos sentiments, vos liaisons, tout indique que le complot de la Cour vous était connu.

— Mon sort n'est pas dans mes mains, s'il dépend d'aveux semblables ; je ne crois à aucun complot. J'ai dit avec franchise et simplicité tout ce que j'avais à dire ; je ne dirai rien de plus. Ce que j'ai signé, je l'ai signé librement, je ne reviendrai pas sur ma signature. Vous croyez m'effrayer, vous ne me connaissez pas : l'innocence trouve encore des consolations dans la prison, et j'y entrerais sans regret, si je pouvais détacher ma pensée d'une mère, d'une grand'mère âgée de quatre-vingts ans. Elle en mourra peut-être ; mais vous n'êtes pas à cela près d'une victime de plus.

— Parlez, Madame, et vous allez être rendue à votre famille. Il est bien étrange que, pour ne pas faire tort à d'autres, vous vous exposiez à un pareil traitement !

— Je n'ai rien de plus à dire : vous me pressez inutilement ; faites-moi conduire en prison, mais auparavant, Monsieur, ne pourrais-je pas voir ma famille un moment, un seul moment ?

— Il n'est pas possible, Madame ; mais, encore une fois, songez à vous : l'amitié de la Reine, votre liaison avec Mme de Lamballe, votre résidence habituelle au château, tout annonce que vous avez dû avoir connaissance des complots qui s'y tramaient.

— Je veux bien vous répéter que je ne crois pas, que je n'ai cru à aucun complot. — (Il insista plus fortement.)

— Monsieur, lui dis-je alors avec indignation, le rôle que vous faites vis-à-vis de moi est infâme ; mais vous ne m'arracherez pas un mensonge pour prix de ma liberté ; faites-moi conduire à ma destination et sortez. »

Il se retira sans répliquer.

Rien ne m'avait autant coûté qu'un pareil entretien, et cependant il m'avait donné un courage surnaturel : j'étais fière de l'avoir écrasé sous mes réponses ; je me sentis moins malheureuse, mes pensées se portèrent sur le Temple, où je trouvai mon dédommagement en offrant à la Reine tout ce que j'allais souffrir pour l'avoir servie fidèlement.

M. d'Anlezy, dont la présence adoucissait ces affreux moments, était venu me rejoindre : il voulut prendre la charge tout entière, et, ma voiture étant prête, il y monta avec moi. Trois gardes s'y placèrent ; l'un d'eux portait l'ordre de me recevoir à l'Abbaye et de m'y tenir au secret. Un autre dit, d'un air triomphant : — « A l'Abbaye ! » — A cet ordre, mon cocher m'a raconté qu'il avait pensé tomber de son siège ; il s'attendait à me ramener chez moi. Mon premier garde avait disparu, aussitôt qu'il avait appris où j'allais. Le chemin me parut éternel et, puisque c'était en prison, j'étais impatiente d'y arriver. Je voulais dire à M. d'Anlezy tant de choses pour ma mère ! Je ne pouvais prononcer ce nom, sans être suffoquée de sanglots. Il faut avoir été dans une pareille situation pour pouvoir se la figurer.

J'arrive enfin : on sonne, on annonce que c'est un prisonnier. Je tombai plutôt que je ne descendis de ma voiture ; ma voix était étouffée, mon regard seul put exprimer à M. d'Anlezy toute ma reconnaissance. Je lui serrai la main, et je ne pus proférer quelques mots que pour lui recommander ma famille.

La porte s'ouvre ou plutôt il se fit un grand trou dans la muraille ; un gendarme saisit une de mes mains et m'entraîne vers cette ouverture, en me disant de me baisser. Je m'incline presque jusqu'à terre, pendant que son camarade me tenait l'autre main, et que le troisième nous suivait. C'est ainsi que je passai cette porte, qui, retombant avec fracas, retentit jusqu'au fond de mon cœur. Au bruit effrayant des verrous, lorsqu'elle se referma sur moi, je me crus séparée de la nature entière ; il était 10 heures du soir ; une odeur de genièvre insupportable me souleva le cœur ; je regardai autour de moi avec une sombre curiosité et je ne distinguai rien. Plongée dans les ténèbres, ne pouvant plus me soutenir, aidée et presque entraînée par ces trois soldats sur les marches de l'escalier, je revis

la lumière en entrant dans la chambre du concierge.
Un des gendarmes lui remit son ordre. Il portait :
« Le sieur La Vacquerie recevra Madame de Tarente,
(cy-devant princesse), dans la prison de l'Abbaye et
la tiendra au secret. »

Pendant que le concierge écrivait un reçu de ma
personne, j'avais pris machinalement le journal du
soir, qui s'était trouvé là, sous ma main, et je lisais
sans lire, lorsque le chien d'un des gardes qui
m'avaient accompagnée se prit de querelle avec le
chat de la maison. Le gendarme qui était rentré le
dernier voulut battre le chien de son camarade et
défendre le chat. Le maître du chien prit parti et il
s'établit une querelle si vive que les sabres étaient
presque tirés, lorsque le concierge se jeta entre eux,
en les priant d'aller plus loin terminer leur querelle ;
et moi ! sans pouvoir m'en empêcher, je me mis à
rire aux éclats de cette scène ridicule ; mais je sortis
bientôt de cette convulsion passagère pour retomber
dans mes tristes réflexions.

Lorsque je fus seule avec le concierge, il ouvrit
une porte et me dit : — « Princesse, voilà votre
chambre. » — Je fus tout étonnée de me trouver
dans une pièce qui ne ressemblait point à l'idée que
je m'étais faite d'une prison : c'était le salon de
M. La Vacquerie. Les meubles en étaient propres ;

un joli papier couvrait la muraille ; une pendule fixa
mes regards, j'entendis sonner la première heure de
celles qui devaient s'écouler si lentement... et je
m'en attristai davantage. Je sentis couler mes larmes,
je laissai tomber ma tête appesantie dans mes mains,
et, les coudes appuyés sur la cheminée, je restai
près d'un quart d'heure dans cette situation sans
proférer une parole. Je fus tirée de cette sombre
rêverie par une voix de femme ; elle s'était appro-
chée de moi sans que je l'eusse entendue : elle me
dit, du ton le plus doux et le plus sensible, qu'elle
se trouvait heureuse si je voulais bien accepter d'elle
les services qu'il lui serait possible de me rendre ;
qu'elle était au désespoir de me voir dans cette
maison, mais que j'y trouverais tous les soins que
ma situation réclamait. Elle ajouta que, depuis
vingt-quatre heures, elle était dans la crainte de me
voir arriver, M. de Beaumarchais ayant dit, lorsqu'il
avait été conduit en prison, qu'il m'avait laissée à
la mairie et qu'on y était mal disposé pour moi ;
que lorsqu'elle avait entendu annoncer une femme,
son inquiétude avait redoublé ; et que le désir de
m'être utile l'avait conduite auprès de moi.

Pendant qu'elle parlait, je soulevai ma tête ; je vis
un visage inconnu, et j'y lus en même temps une telle
expression de sensibilité, que de ce moment-là je

commençai à me trouver moins malheureuse. J'avais besoin de consolation, j'avais surtout besoin d'être plainte, et l'intérêt touchant qu'elle me témoignait me pénétrait de reconnaissance. Je lui demandai son nom; elle me répondit qu'elle s'appelait Mlle de Sombreuil; qu'elle était venue se renfermer dans la prison où son père était détenu depuis huit jours pour le soigner elle-même, et qu'elle me demandait à se partager désormais entre lui et moi, si je voulais bien agréer l'offre qu'elle m'en faisait de tout son cœur. Elle me rappela qu'alarmée sur le sort de son frère, qui avait passé au château la nuit du 9 au 10 août, elle m'avait abordée deux jours après à la porte de ma maison, pour me demander si je ne pouvais pas lui en donner des nouvelles. Je n'en savais aucune; absorbée moi-même dans mes tristes pensées, je lui répondis à peine. Oh! combien j'ai regretté, depuis, de n'avoir pas été avertie par mon cœur, de n'avoir pas deviné dès ce moment-là l'amie que le Ciel me réservait dans l'infortune ! Comme elle en adoucit la rigueur ! Tout ce qu'une attention recherchée, pour me distraire de mes malheurs, pouvait imaginer, était employé; elle semblait avoir oublié les siens, elle se partageait entre son père et moi, avec une bonté et une simplicité si touchantes ! Je n'ai jamais vu à personne comme à elle cette espèce d'abandon

et d'oubli de soi-même dans la manière d'obliger.
Enfin, je lui dois tout ; c'est elle qui a affermi mon
courage ; sa gaieté, douce et naturelle, m'a plus
d'une fois distraite de mes malheurs, et, s'il était
possible de faire croire qu'on ait été heureuse en
prison, je pourrais presque dire que je l'ai été par le
charme de sa société. Sa bonté pour moi, ma reconnaissance et mon admiration pour elle, voilà nos liens.

Depuis le 27 août jusqu'au 2 de septembre qu'elle
me quitta, pour se livrer tout entière au salut de
son père que ses longues vertus et son attachement
à son Roi avaient conduit dans cette prison, elle ne
se séparait de moi que pour aller auprès de lui, et
nous passâmes presque toujours ensemble les jours
et les nuits.

Lorsque M. La Vacquerie me vit un peu plus calme,
il me dit qu'il me connaissait bien (un homme gardant les prisons qui me connaissait !) J'en restai
confondue. La connaissance venait de l'Opéra, où il
avait été commis longtemps, et ce n'était que depuis
la Révolution qu'il avait été placé concierge de
l'Abbaye. Je dois dire, à la louange de cet homme,
qu'il n'y a pas d'égards ni d'attentions qu'il n'ait eus
pour moi. Je partageais avec Mlle de Sombreuil
la chambre où il me logeait ; on n'y entendait le
bruit d'aucun verrou ; elle avait une grande fenêtre

par laquelle je pus voir, le lendemain, le prolongement de la rue. Combien de fois j'ai épié le moment d'y voir passer quelques personnes de ma connaissance! Jamais cet heureux hasard ne s'est rencontré.

L'heure s'avançait ; on m'avait envoyé de chez moi ce qui m'était absolument nécessaire. Le concierge m'avait prêté un lit de sangle, Mlle de Sombreuil un matelas. Je me couchai, mais le lit était cassé ; j'y étais si mal à mon aise, et tellement préoccupée des événements qui avaient rempli ces deux dernières journées, qu'il me fut impossible de dormir : ma compagne eut la complaisance de veiller avec moi.

*
* *

MARDI, 28 AOUT.

Je n'étais pas encore levée, lorsque je vis entrer ma femme de chambre. Ce fut un adoucissement à mes peines de revoir cette excellente personne, qui avait déjà été si exposée pour moi le 10 août, et qui venait partager mon sort ; mais j'étais loin d'imaginer alors ce qui devait être et ce qu'elle aurait encore à souffrir.

M. La Vacquerie avait été autrefois au service de Mme de La Roche-Aymon ; elle avait envoyé un de ses gens pour savoir de mes nouvelles. La complaisance du concierge en m'amenant cet homme me facilita le moyen de faire dire à ma mère de garder toutes mes lettres.

J'écrivais chez moi pour les arrangements de mon dîner, pour les meubles dont j'avais besoin, pour demander de l'ouvrage et des livres ; c'est à quoi se bornait ma lettre, qui fut lue par M. Dugazon. Il était précisément ce jour-là de service à la prison ; il chargea ma femme de chambre, qui la lui avait portée, de m'assurer de son respect et de me dire qu'il m'avait vue avec bien du chagrin, la veille, à la mairie ; mais qu'il n'avait pas osé s'approcher de moi pour me le témoigner. Il lut ma lettre, la cacheta lui-même et la fit partir.

M. La Vacquerie avait été mandé au Comité de surveillance pour y être interrogé. On lui avait fait jurer qu'il n'avait pas fait sauver de la prison M. le prince de Poix : il revenait, après avoir terminé son affaire à sa satisfaction, me raconter qu'il avait reçu de ces messieurs l'ordre de me traiter avec égard et de me procurer les adoucissements qui pourraient dépendre de lui. C'était bien obligeant de leur part, mais mon cœur était fermé à la reconnaissance.

J'étais avec Mlle de Sombreuil, lorsqu'elle entendit, dans la chambre à côté de nous, la voix de

M. de Montmorin (le gouverneur de Fontainebleau).
Elle me pria de m'approcher de la serrure pour qu'il
pût me parler. Je le voyais tous les jours de ma vie
au château avant le 10 août, et depuis je n'avais
plus entendu parler de lui que pour m'affliger sur son
sort : son affaire avait été portée à ce tribunal de
sang qui venait d'être érigé, et il allait être condamné
à mourir... ou il allait être absous. Après m'avoir
dit tout ce que son bon cœur lui inspirait sur ma
position, il ajouta : « Madame de Tarente, pour
pouvoir être tranquille en prison, il faut n'avoir nommé
personne dans son interrogatoire ; on est alors content
de soi et l'on peut braver son sort. Je ne sais quel
sera le mien ; mais au moins aucun autre ne le par-
tagera par ma faute. Telle séduction qu'on emploie
vis-à-vis de vous, telle menace que l'on vous fasse,
ayez le courage du silence et vous en serez bien
dédommagée, je vous l'assure. » Je l'écoutais avec
toute mon attention ; ses paroles, qui étaient celles du
plus honnête homme, avaient fait sur moi l'impression
la plus profonde, et je me sentis pressée de lui répondre que j'étais aussi tranquille que lui ; qu'interrogée pendant cinq heures, je n'avais répondu qu'à
ce qui m'était personnel, et que c'était la punition de
mon silence qui m'avait amenée à côté de lui.

Sur les 9 heures du soir, M. Chancy arriva pour

faire le relevé des prisonniers et, tout en écrivant, il dit à Mlle de Sombreuil et à moi : — « Vous verrez quelque chose de bien extraordinaire : Beaumarchais est sorti ce matin de prison, et demain vous allez y voir son dénonciateur. — Ah ! lui dis-je, M. Chancy, puisqu'on punit les dénonciateurs, ne pourriez-vous pas me faire connaître le mien ? — Cela serait difficile, Madame : votre dénonciateur est l'opinion publique ! » — Je ne sais trop dans quel sens il l'entendait, mais je pris cela pour un éloge et je l'en remerciai. Il me demanda ensuite comment je me trouvais, et si j'étais bien malheureuse d'être en prison. Je répondis avec une apparente tranquillité qui dut lui faire prendre le change sur ma véritable situation.

Dans cet intervalle, on m'avait apporté un lit et des matelas. Je me couchai et je dormis tout aussi bien que chez moi ; ma femme de chambre fut en troisième dans notre chambre.

*_**

MERCREDI, 29 AOUT.

Dans la matinée, M. La Vacquerie vint me dire qu'il avait envie de me redemander son salon, qu'il

me donnerait sa chambre, qui était aussi bonne,
quoique plus petite, et que, les trois quarts du jour,
le salon n'en serait pas moins à ma disposition ; qu'il
allait (si cela me convenait), arranger cela avec ceux
qui occupaient cette chambre. M. de Montmorin vint
encore voir les prisonniers, mes voisins ; je lui parlai,
comme la veille, au travers de la serrure ; mais, fatiguée de cette manière de s'entendre, je priai le concierge de le faire entrer et de laisser fermer la porte
qui donnait dans l'antichambre, afin qu'il ne fût pas
surpris chez moi ; car il y avait une cuisinière dont
on se méfiait et qui se trouvait toujours partout où
elle n'avait que faire. Elle commençait à me prendre
en amitié et, plus tard, elle ne quittait presque plus
ma chambre. Dans cette conversation avec l'infortuné
M. de Montmorin, je fus particulièrement frappée de
la sorte d'énergie que sa situation, vraiment effrayante,
imprimait à ses discours. Au défaut de ce qu'on
appelait communément de l'esprit, c'est l'âme seule
qui peut trouver de pareilles expressions ; il n'est pas
possible de déployer plus de sentiments nobles et
délicats, plus de courage et de loyauté. La manière
dont il envisageait sa cause sous le rapport général,
si elle était connue, lui aurait concilié au plus haut
degré l'estime et l'intérêt de son ordre. Il me dit qu'il
n'avait pas vu le ministre, M. de Montmorin, depuis

qu'il avait été conduit à l'Abbaye, qu'il ne le verrait
pas, qu'on venait le chercher le soir et qu'il se
contenterait de lui faire dire par Mlle de Sombreuil
qu'il pouvait être assuré qu'il ne serait pas nommé
dans son interrogatoire. Il est triste de rappeler
ici que le ministre n'avait pas eu la même générosité à son égard : « Je ne suis pas le seul Montmorin, » avait-il répondu. Ce mot, sans lui sauver
la vie, avait été l'arrêt de mort de celui que je
regrette.

Ce jour-là, je vis aussi M. de Sombreuil et quelques
autres prisonniers. Après le dîner, je m'étais retirée
dans la chambre que le concierge me destinait ; il
vint me chercher pour me dire de passer dans le
salon, où j'allais recevoir la visite de M. Manuel.
Pendant une demi-heure que dura cet entretien, il
me témoigna tout l'intérêt possible, me fit raconter
avec détail tous les événements qui avaient précédé
mon arrivée à l'Abbaye, chercha à me faire entendre
que je n'y serais pas longtemps, et me parla de
manière à m'encourager. (En prison, on devient
confiant, il ne faut pas grand'chose pour être satisfait.) Lorsque sa curiosité l'eut été sur tout ce qu'il
savait aussi bien que moi, mais qu'il eut alors l'air
d'apprendre, enhardie par ses manières qui m'a-
vaient semblé obligeantes, j'osai lui demander des

nouvelles du Roi et de la Reine. Il me répondit qu'il les avait vus la veille et qu'ils se portaient bien. — « Serait-il possible qu'ils fussent privés de tout secours domestique ? Je ne peux pas le croire ; l'idée d'une chose aussi barbare est trop révoltante ; mais s'il était vrai, Monsieur, ah ! pourquoi, puisqu'on m'a condamnée à la prison, ne m'avoir pas conduite au Temple ! J'y aurais servi la Reine. — Gardez-vous bien, Madame, de témoigner autant d'intérêt au sort du Roi et de la Reine ; cet intérêt pourrait vous perdre. — Eh ! que m'importe ! lui répondis-je ; pensez-vous que la crainte puisse jamais me faire déguiser les sentiments dont je m'honore ? » — Il eut l'air alors de rentrer un peu dans mon avis, et me dit que le sien n'avait pas été qu'on traitât le Roi et la Reine avec tant de rigueur ; puis, avec une manière ironique, il ajouta, en fermant un œil (ce qui donne à sa physionomie quelque chose de farouche), « qu'il n'aurait pas même voulu de tour, un traitement si dur pouvant changer les sentiments que le Roi et la Reine doivent inspirer et peut-être y faire succéder la pitié ; d'ailleurs, Madame, une tour, vous le savez, fait des Blondel. »

Pendant qu'il parlait, mon âme se soulevait d'indignation ; j'étais honteuse d'avoir pu me tromper sur cet homme, dont l'hypocrisie m'avait un moment aveuglée sur sa scélératesse. J'aurais dû me rappeler ce qu'il avait été constamment, depuis la révolution; mais il était alors mal avec le Comité de surveillance et c'était peut-être ce qui m'avait affaibli mes anciennes préventions contre lui. Je cherchai à abréger. Malheureusement, je n'étais pas quitte de tout entretien pénible : deux membres du Comité de surveillance, M. Langeon et M. Martin, mon éternel persécuteur, étaient entrés pendant la visite de M. Manuel, et mon tourment recommença.

Il fallut d'abord faire lire à M. Langeon une lettre que j'écrivais à ma mère. La manière dont j'y parlais de ma prison le surprit : on avait espéré que l'ennui et le chagrin produiraient sur moi une impression différente, et ce fut à regret qu'il ordonna de la faire partir. Ce M. Langeon est aussi une de ces figures à laquelle on ne peut refuser le coup de pinceau : il a le regard tors ; il est coiffé en véritable Jacobin ; ses cheveux courts, noirs et crépus grossissent encore sa tête et lui impriment quelque chose du monstre.

M. Martin, plus radouci, me pria de passer dans l'autre chambre. Jamais ordre ne fut plus pénible à exécuter ; mais il fallait obéir. J'étais troublée, tremblante et très en colère. C'était certainement le sentiment qui me dominait ; cependant je m'affermissais dans la résolution de ne rien dire, de ne céder sur aucun objet, et de continuer à le traiter comme j'avais déjà fait. Il avait pris un visage moins sombre ; il s'était presque donné celui de l'intérêt ; il venait, disait-il, me supplier de réfléchir sur ma situation ; de songer que de ce seul moment pouvait dépendre mon salut ou ma perte ; que, dans une heure, je pouvais être rendue à ma famille, mais qu'il fallait pour cela avouer les complots formés contre le peuple au château des Tuileries.

« Je n'ai rien à répondre, Monsieur, à de pareils propos : j'ai dit à la Mairie tout ce que j'avais à dire. » J'ajoutai avec hauteur qu'une femme comme moi ne revenait pas sur ce qu'elle avait dit et signé ; je finis par l'assurer que les vils moyens de crainte et de séduction n'avaient pas de prise sur moi, que je saurais lutter de courage contre la scélératesse et qu'il pouvait se dispenser de m'interroger davantage ; car je ne daignerais pas lui répondre. »

Le rouge lui était monté au visage.

« Madame, vous en avez trop dit le premier jour, pour en dire si peu le second.

— Je sais, Monsieur, que tout ce que j'ai dit est à la décharge de ceux que vous voulez trouver coupables.

— Vous voulez donc rester éternellement dans cette prison ?

— Vous m'avez entendu parler à M. Manuel ; vous voyez que je n'ai aucune impatience d'en sortir.

— Oui, Madame, j'ai entendu et je sais que vous perdez M. Manuel, et que vous vous perdez avec lui.

— Vous cherchez en vain à m'intimider, vous n'y parviendrez pas ; je voudrais bien savoir ce qu'a de commun M. Manuel et moi ?

— Encore une fois, Madame, songez que, dans une heure, vous pouvez être hors d'ici. Votre obstination... » Je l'interrompis avec emportement : j'étais tellement indignée, que j'en pleurais et j'étouffais tout à la fois, et je lui dis, avec un mouvement de fureur qui m'était inconnu :

« Je ne crains rien de vous, pas même la mort ! »

Il s'arrêta un moment et reprit :

« Au reste, Madame, que nous importent vos dépositions ? C'est en vain que vous voulez ménager vos amies : aucunes preuves ne nous manquent, nous en avons contre la Reine plus qu'il ne nous en faut pour la faire périr. »

Oh ! comment rendre l'impression que fit sur moi le blasphème de ce scélérat ? J'étais restée anéantie, prête à mourir ; le désespoir me rendit des forces, je les recueillis toutes pour lui dire : « Sortez, Monsieur, vous me faites horreur ! Si jamais un pareil forfait souillait la France, c'est alors que vous me verriez

fléchir devant vous. Je vous demanderais la grâce de
partager son échafaud ! et finir ainsi ma vie, qui lui
fut toujours consacrée, serait ma plus belle récompense ! »

Cet homme, interdit, me regarda sans me répondre.
Alors M. Langeon le joignit et voulut ainsi m'engager à penser à mes intérêts.

« On n'ignore pas, me dit-il, que vous étiez sans
cesse avec la Reine, et nous savons parfaitement ce
qui se passait au château.

— Non, Monsieur, vous ne le savez pas, lui répli-
quai-je en l'interrompant, si vous croyez que j'étais
sans cesse avec la Reine. Sans doute, c'eût été ma
place, si je n'avais consulté que mon cœur, et qu'elle
eût voulu me permettre de rester auprès d'elle ;
mais je n'y étais que pour mon service pendant ma
semaine, et elle ne se répète pas. Au reste, je ne
veux pas m'abaisser jusqu'à vous faire ces détails. »

Mlle de Sombreuil, qui était restée dans la
chambre voisine, me dit que M. Martin, en sortant
de la mienne, lui dit, avec une colère très marquée :
« Cette femme est intraitable, on n'en peut rien
obtenir ! »

Il voulait que j'accusasse la Reine.

Ce soir-là même, le concierge eut encore besoin
de la chambre qu'il m'avait donnée ! il me fit rester

pendant une heure dans une autre qu'il destinait à M. et à Mlle de Sombreuil. Celle-là était une véritable chambre de prison ; une porte épaisse et ferrée était garnie de gros verrous qui se fermaient en dehors. Le jour de la fenêtre était intercepté par une double grille, au travers de laquelle, en se donnant beaucoup de peine, on ne pouvait apercevoir qu'une petite partie de la rue.

J'enlevai Mlle de Sombreuil à son père, qui fut le premier à la presser d'accepter, et, la nuit, nous nous trouvâmes ensemble, comme nous y avions été depuis mon arrivée. Le matin, nous travaillions à refaire nos lits, et le temps que durait cette occupation était autant de pris sur l'emploi de nos journées. J'arrangeais moi-même la table pour le dîner et je n'en étais pas plus importunée. La vie de la prison change les manières et les habitudes, et c'est là que tout naturellement se trouve établie l'égalité. Je n'avais plus autour de moi des gens pour me servir, et lorsque M. La Vacquerie m'avait amené le matin mon laquais, qui ne put me dire un seul mot (tant il était consterné), je pris le soin moi-même de l'encourager, en lui montrant que j'étais bien, et surtout tranquille.

.*.

Jeudi, 30 Août.

Cette journée fut celle qui s'écoula avec moins d'amertume : j'avais obtenu la facilité de correspondre avec ma famille, comme je voulais, sans que les commissaires de la section lussent mes lettres. C'était pour moi une douce consolation d'écrire tous les matins, et souvent tous les soirs à ma mère ; mais pour me ménager ce bonheur et ne rien faire soupçonner, je n'en écrivais pas moins que des choses indifférentes. Ce jour-là même, pendant que l'un des commissaires lisait une de ces sortes de lettres, je cherchais à me rappeler dans ses traits une physionomie qui ne m'était pas inconnue ; il s'en aperçut et me dit qu'il était joueur de violon, qu'il m'avait vue souvent au concert de l'hôtel de Rochechouart ; et voilà l'homme qui avait le droit de lire mes lettres, de les juger, d'y retrancher, d'y changer ce qu'il voulait, de les faire partir ou de les arrêter. La veille, c'était de la fantaisie d'un histrion ; le lendemain, c'était de celle d'un homme de l'orchestre que je dépendais.

Il nous passa par la tête de donner à dîner à M. La Vacquerie. Sa femme n'en était pas plus contente. C'était pourtant la meilleure créature, toujours

de bonne humeur, faisant à elle seule l'ouvrage de
cinq ou six, et ne se plaignant jamais ; mais elle
disait très raisonnablement à son mari : « On te
surprendra dînant avec les prisonniers et tu verras
ce qui t'en arrivera. »

J'avais, grâce aux complaisances de ce concierge,
toutes les douceurs qu'on peut se procurer en prison.
Je faisais venir de chez moi tout ce que je voulais,
il ne s'opposait à rien de ce que je paraissais désirer. Mes portes n'étaient jamais fermées que par
ma volonté. J'en avais deux à ma chambre. Par une
je pouvais aller dans le corridor et à la cuisine (on
ne sait pas de quelle valeur est pour un prisonnier
ce petit essai d'une sorte de liberté) ; mais j'étais
attentive à regarder, avant de sortir, si je ne serais
aperçue de personne pour éviter de le compromettre.
Un soir, que j'avais fait ma ronde ordinaire, pendant que Mlle de Sombreuil avait été reconduire son
père, avec qui j'avais joué au trictrac tout l'après-
dîner, et que ma femme de chambre était dehors
pour des commissions, je m'étais mise à dévider
de la soie. Assise devant une table à laquelle étaient
attachés mes dévidoirs, j'avais le visage tourné du
côté du mur auquel elle était appuyée. M. La
Vacquerie entra doucement par la porte qui était à
ma gauche, fit le tour de ma personne sans me dire

un seul mot, et s'inclina si près de moi que je ne
doutai pas qu'il ne voulût me parler à l'oreille. Je
la rapprochai de lui pour mieux entendre, lorsqu'il
m'embrassa la joue droite. — « Pourquoi, lui dis-je,
M. La Vacquerie ? un peu étonnée de cette fami-
liarité. — Princesse, me répondit-il, c'est une
commission dont je me suis chargé. — Et il disparut aussitôt. En prison, tout fait événement.
Aussi, quand Mlle de Sombreuil revint, je n'eus rien
de plus pressé que de lui raconter ma petite aven-
ture ; elle voulut aller savoir de M. La Vacquerie
qui l'avait chargé de cette commission ; elle n'en
apprit pas davantage.

Le soir, après souper, comme j'allais fermer ma
porte, il entra dans ma chambre et me dit : — « Je vous
demande pardon, princesse, mais il faut que vous
sachiez que je me suis fait un droit d'embrasser toutes
mes prisonnières ; je ne pouvais pas en agir avec
vous comme avec tout le monde, j'ai pris une petite
tournure, et j'espère que vous aurez la bonté de
m'excuser. » — Il fallut bien prendre le parti d'en
rire, car la dignité n'a pas sa mesure ordinaire
entre les quatre murailles d'une prison.

Notre société s'était augmentée d'une dame, qui
vint aussi habiter le salon du concierge. C'était
Mme de La Fosse-Landry, femme fort respectable,

mais dont les éternelles lamentations ajoutaient quelques teintes de plus aux sombres idées dont nous cherchions à nous distraire. Tous les aristocrates malheureux étaient ses amis (et elle en avait beaucoup). Sa pitié s'étendait à l'infini et, lorsqu'elle avait décrit ce grand cercle, elle avait une manière de particulariser les événements, d'en retracer les plus atroces détails et de fixer ainsi notre tristesse sur les malheureux qui en avaient été les victimes ; mais elle parlait aussi du Temple, et surtout de la Reine, avec une vénération qui m'inspirait de l'estime et de l'intérêt, et me rendait plus tolérante sur ses ennuyeuses jérémiades.

La nuit était arrivée et nous voyions de la fenêtre les visites domiciliaires qui se faisaient. C'était tout ce qu'on peut imaginer de plus effrayant. Des soldats armés fermaient la rue, tandis que d'autres, avec des cris féroces et une joie insultante, violaient les asiles, fouillaient partout et arrêtaient au gré de leur caprice tout ce qui leur paraissait suspect. Ma malheureuse compagne, Mme de Sombreuil, tremblait pour son frère, qu'elle savait caché dans Paris, et nous craignions à tout instant de le voir amener dans cette prison, qui se remplissait de prêtres fidèles à leur Dieu et de gentilshommes restés fidèles à leur Roi.

Vendredi, 31 Aout.

La cuisinière importune qui ressemblait à une
vieille fée, mais pourtant bonne et obligeante, s'était
prise pour moi de la plus belle affection; elle me
donnait des fleurs et m'apportait toujours les plus
belles du marché. Je les voyais et j'aurais pu les
choisir de ma fenêtre. Un jour, elle me donna trois
roses, les plus belles que j'aie jamais vues. Je ne
les avais pas encore touchées que mon cœur les
destinait déjà ; je priai le concierge de les faire
porter tout de suite à ma mère. Je ne raconte ceci,
qui ne peut pas avoir beaucoup d'intérêt pour les
autres, que pour faire remarquer que j'avais aussi
mes plaisirs. Ma mère aime les roses et j'étais bien
sûre qu'elle me saurait gré de m'en être souvenue.

On vint enfin chercher M. de Montmorin, après l'avoir
remis pendant trois jours, du matin au soir et du soir au
lendemain. C'était dans sa position une barbarie de
plus, mais les égards dus au malheur étaient méconnus dans un pareil tribunal et l'on cessera d'en être
étonné, quand on saura que son accusateur public,
celui qui devait rapporter l'affaire et donner ses con-
clusions (c'est-à-dire l'absoudre ou le condamner à

mort), était un cordonnier. Il vint me dire adieu, et me fit entendre qu'il serait éternel.

J'employai mon courage à lui cacher l'impression qu'il me faisait. Il sortit de la prison, parut au tribunal avec sang-froid, s'y défendit avec présence d'esprit, enfin, il gagna sa cause.

J'étais enfermée dans ma chambre, pendant que plusieurs personnes se promenaient dans le salon, lorsque le mot : « Absous » se fit entendre distinctement. Je me précipitai, plutôt que je ne sortis, au milieu des prisonniers, qui étaient dans une joie dont j'aurais désiré qu'il eût été lui-même le témoin. Hélas ! le malheureux aurait joui encore de quelques instants de bonheur, en voyant l'intérêt qu'il inspirait à tant de gens, incertains sur leur propre sort et qui semblaient l'oublier pour ne s'occuper que du sien. Je priai le concierge d'envoyer au tribunal prendre des informations et savoir s'il avait été reconduit chez lui. On nous rapporta qu'après le jugement rendu, le peuple avait paru mécontent, qu'il murmurait et qu'on avait entendu des cris qui demandaient sa tête; que, pour sa propre sûreté, on l'avait conduit à la Conciergerie, sous une forte escorte. Cette précaution nous parut d'un sinistre augure et la consternation succéda à un quart d'heure d'espérance.

Vers les 7 heures du soir, M. Gébé, notaire de
la Liste civile, emprisonné pour cette raison, reçut
un billet de M. de Montmorin, qui lui mandait :
« Soyez plus heureux que moi et, si vous sortez de
l'Abbaye, ne vous laissez pas écrouer dans une
autre prison. Je le suis de nouveau à la Conciergerie. Envoyez-y mes effets pour le peu de temps... »
Le surlendemain, il fut le premier demandé par le
peuple et tomba sous le fer des assassins.

On s'était retiré, j'étais restée dans le salon,
lorsque le concierge le traversa, avec un petit monsieur habillé de noir, pour aller dans la chambre
voisine. Il était suivi de M. Chancy, qui s'arrêta et
fut s'asseoir assez loin, mais en face de moi, me
regardant sans cesse, pendant que l'homme d'affaires
de ma mère, qui était entré en troisième et que
j'étais tout étonnée de voir là, venait prendre place
assez près de moi pour pouvoir me parler bas. Il
me priait de lui confier ce que je désirais, de lui
donner des commissions pour ma famille et de lui
dire si je ne souhaiterais pas de voir M. d'Anlezy.
A peine osais-je lui répondre; j'étais sur les épines.
Cet homme que j'avais devant moi, ce secrétaire du
Comité, ce M. Chancy, dont les questions avaient
été si pressantes à mon interrogatoire, me jetait
dans un embarras dont je ne pouvais sortir; il s'en

aperçut et, avec l'air de craindre qu'on ne l'enten-
dît, il me dit entre haut et bas : « Parlez-lui donc
sans vous gêner. » — L'homme d'affaires de ma
mère m'apprit alors que la personne qui avait passé
dans l'autre chambre avec le concierge était le
secrétaire de M. Pétion; que c'était lui qui l'avait
fait entrer dans la prison et qu'il allait le rejoindre.
Ils n'avaient pas tout à fait mais un peu l'air de
s'entendre. Pour moi, qui ne comprenais rien à ce
que je voyais, j'observais avec inquiétude; la défiance
me fermait la bouche; je ne voulais rien répondre.
Alors M. Chancy se rapprocha de moi et me dit tout
bas : — « J'ai dîné avec M. de la Trémoïlle; voilà
une lettre qu'il m'a chargé de vous remettre. » (Il
me la donna mystérieusement, avec assez d'adresse.)
« Il vous prie, ajouta-t-il, de la lire avec la plus
grande attention, et de faire tout ce qu'elle prescrit,
le plus tôt possible. » — (J'avais reconnu sur
l'adresse l'écriture de mon beau-frère, mais je n'en
devinai pas davantage le mot de l'énigme.) — « Je
reviendrai demain vous voir, sur les 3 heures.
Point d'indiscrétion; songez que vous pouvez me
perdre, » me dit encore M. Chancy, et il retourna
à sa place. Cependant, malgré tout ce qu'il disait
et faisait, je restais sur la réserve et ma confiance
avait peine à s'établir. Je voyais toujours en lui

l'homme du Comité et je ne pouvais concilier l'idée que celui qui avait cherché à me nuire songeât alors à me servir. Ils se retirèrent tous les trois et me laissèrent dans le plus terrible état d'indécision.

Je courus m'enfermer dans ma chambre. J'ouvre la lettre de mon beau-frère et je lis « qu'il compte sur l'homme qu'il a chargé de me la remettre; qu'il ne m'en dira pas autre chose; qu'il paraît dévoué à mes intérêts et qu'il me prie de le bien traiter; que la colère du Comité porte sur l'obstination de mon refus à nommer les personnes qui dînaient chez Mme la princesse de Lamballe; que M. Panis est furieux contre moi; que c'était lui plus particulièrement qui m'avait fait conduire et me retenait en prison; que, pour faire finir cette persécution, il faudrait pourtant dire une chose quelconque. » (Je ne fus déjà pas trop contente du début de cette lettre.) Je poursuis et j'achève de lire « qu'il n'y a pas un moment à perdre; qu'il faut travailler à sortir de l'Abbaye; que, pour y réussir, il faut écrire à M. Pétion, pour lui demander justice de son Comité de surveillance; à M. Manuel, comme premier magistrat du peuple, pour qu'il oblige le Comité à se dessaisir de mon affaire, et, enfin, au Comité lui-même, pour lui rappeler que je suis en prison, et que je demande à être renvoyée au tribu-

nal, pour être jugée. Je fus tellement révoltée de la
seule idée d'avoir à traiter avec de pareilles gens,
que le premier parti auquel je m'arrêtai fut de ne
point écrire ; mais, ramenée bientôt à celui de mes
devoirs par ma tendresse pour ma mère, songeant
qu'aucun sacrifice ne devait me coûter pour faire
cesser ses inquiétudes, et conseillée par Mlle de
Sombreuil, dans le meilleur parti que j'eusse à
prendre, j'écrivis, dès le soir même, à ma mère
la lettre qui lui fut portée secrètement, le lendemain matin. Je ne voulais pas faire de démarches
qui ne fussent appuyées de son consentement
et il n'y avait qu'un ordre d'elle qui pût vaincre
ma répugnance sur celles qu'on exigeait de moi.
Je me sentis soulagée après avoir écrit, mais
il me restait de l'inquiétude sur la réponse que je
recevrais et sur ce qu'elle me prescrirait. J'étais
tombée dans une sombre rêverie. Mme de Sombreuil, qui s'en était aperçue, employa toute sa
gaieté pour m'en distraire, et je dois dire, à la
louange de son bon cœur et à la honte de ma légèreté, qu'elle y réussit si bien que nous veillâmes
jusqu'à 2 heures du matin, et je crois que de
ma vie je n'ai tant ri... De quoi ? — Je serais bien
embarrassée de le dire. J'en étais honteuse, mais
Mme de La Fosse-Landry, que nos éclats de rire

empêchaient de dormir, nous crut devenues folles, et elle passa une partie de la nuit à prier le Ciel de nous préserver de ce nouveau malheur.

*
* *

SAMEDI, 1ᵉʳ SEPTEMBRE.

Quoique je me fusse couchée tard, l'inquiétude m'éveilla de bonne heure. Je désirais me fortifier de l'autorité de ma mère, pour ne pas me soumettre aux démarches qu'on exigeait de moi. Elle pensa différemment et sa réponse me prescrivit la même conduite qui m'avait été tracée par mon beau-frère. Mais quel style employer? De quelle manière s'y prendre? Je m'y trouvais si embarrassée qu'il fallut encore recourir à ma mère. Je lui mandais que j'avais besoin du secours d'une autre plume pour écrire à tous ces personnages, et elle me renvoya, dans la matinée même, les lettres toutes faites. Je n'eus qu'à les copier, mais d'une main si tremblante qu'à peine étaient-elles lisibles. Elles furent portées à leur destination.

Ma femme de chambre, qui n'avait pas plus que moi l'habitude des prisons, s'était donné un coup à

la tête en passant le guichet et elle y sentait une
douleur qui me donnait beaucoup d'inquiétude. Je
demandai comme une grâce, et elle me fut accordée,
de faire venir le chirurgien de la maison, qui la
saigna, et elle ne tarda pas à s'en trouver soulagée.

M. Chancy vint à 3 heures, comme il l'avait
promis. Il me reprocha mon peu de confiance. Je lui
répondis qu'il ne devait pas en être étonné ; qu'un
membre de ce même Comité qui m'avait envoyé en
prison ne pouvait pas m'en inspirer, et que la perfidie étudiée avec laquelle il m'avait interrogée lui-
même était trop fortement gravée dans ma mémoire,
pour en perdre si aisément le souvenir. — « Ne con-
fondez pas, Madame, me dit-il ; j'étais à l'interrogatoire, l'homme du Comité, forcé de vous faire toutes
les questions qui m'étaient prescrites ; mais, si vous
aviez voulu me regarder plus attentivement, je vous
aurais épargné bien des chagrins. » Il ajouta que ma
bonne foi et ma simplicité l'avaient touché, et qu'il
avait été convaincu que je ne savais rien (il croyait
aux complots) ; que, si son avis avait prévalu,
j'aurais été renvoyée chez moi avec un garde ; que
tout provenait du dîner de Mme de Lamballe, dont
je n'aurais pas dû convenir que j'étais ; mais, puisque la faute était faite, il faudrait cependant chercher à dire quelque chose de plus positif sur ce

dîner. « Je vous nommerai, ajouta-t-il, une personne
qui en était aussi. » En effet il la nomma : c'était la
princesse de Luynes ; elle avait été interrogée comme
moi, et je savais que ce qu'elle avait dit était à peu
près conforme à mes dépositions. — « J'espère, me
dit-il encore, que vous avez plus de confiance. Je
me suis mis en votre pouvoir, et mon intérêt doit
vous répondre de moi. Demain, je reviendrai à
2 heures ; écrivez et je me chargerai de vos lettres
pour vos parents et vos amis. »

*
* *

DIMANCHE, 2 SEPTEMBRE

Quelles affreuses journées ai-je encore à retracer
ici ? Il semble que ce soit en prolonger l'horreur
que de rappeler les événements qui ont souillé la
France et qu'on voudrait voir à jamais effacés du
souvenir des hommes ; mais je m'y suis condamnée ;
la reconnaissance et l'admiration m'imposent également cette pénible tâche. J'ai éprouvé pour moi des
traits de dévouement, j'ai vu la piété filiale de ma
respectable compagne s'élever au plus haut degré
de l'héroïsme, et j'ai voulu, s'il était possible,

adoucir l'atrocité de tant de crimes par le contraste
de quelques actions sublimes.

J'éprouvais une agitation extraordinaire. Je m'étais
rapprochée de la fenêtre pour écrire, lorsque je vis
dans la rue un mouvement dont je fus épouvantée.
Pressé par la terreur et la curiosité tout à la fois,
le peuple courait et se précipitait, pendant que six
officiers municipaux à cheval s'avançaient par une
des rues aboutissant au carrefour. Là, au son de la
trompette, on publia la prise de Verdun. Le peuple
s'agitait visiblement d'une manière alarmante ; il
s'ouvrait et se rangeait devant les écharpes des députés de la Commune qui s'arrêtèrent à l'endroit où la
place s'élargit. Je les vis, je les entendis proclamer
la patrie dans le plus grand danger, et demander cent
cinquante mille hommes pour marcher à l'ennemi
dans les plaines de la Champagne. On avait entendu
tirer le canon d'alarme ; le tocsin sonnait de tous
côtés. Mon coup d'œil se prolongeait très loin dans la
rue, d'où je voyais les bourgeois sortir de leurs maisons, armés de sabres et de fusils. Leur marche était
incertaine : les uns allaient à leurs sections, d'autres
se portaient à la prison ; l'espace s'encombrait ; on
avait peine à se faire passage ; l'irrégularité de ces
différents mouvements en augmentait le désordre. Il
y avait un tel caractère de violence imprimé sur tout

ce qui s'était mis en mouvement que j'en fus effrayée, et l'idée de ne pouvoir me sauver, si le peuple menaçait l'Abbaye, acheva de me glacer d'épouvante. Cependant, M. Chancy arriva ; il me parut tranquille, mais il était bien loin de l'être autant qu'il affectait de le paraître. Il y avait deux jours qu'on avait commencé à travailler sous ma fenêtre, pour la construction d'un nouveau corps de garde. Les propos des maçons contre les prisonniers étaient atroces, et je voyais l'agitation du dehors s'accroître au lieu de diminuer. Vers 2 heures, il arriva cinq voitures remplies de prisonniers (ecclésiastiques, pour la plupart). Il y avait des hommes armés montés derrière, sur le siège et sur l'impériale. Plusieurs de ces malheureux, destinés à la mort, étaient déjà blessés avant de descendre. On les conduisit au couvent de l'Abbaye ; ils n'allèrent pas plus loin que la cour : ils y furent tous massacrés. C'est ainsi que commencèrent ces affreuses journées.

Nous ignorions encore leur triste destinée, et je venais de me mettre à table avec Mlle de Sombreuil, lorsque le concierge vint me dire de hâter mon dîner, parce qu'il avait besoin de sa chambre pour les commissaires qui allaient venir examiner les lettres. (Il prétexta qu'il n'en était pas venu depuis deux jours et que les prisonniers se plaignaient.) Je ne lui fis point d'objection et je me retirai chez moi avec Mlle de Sombreuil. Son père vint nous y joindre. Peu de temps après, le concierge vint encore me prier de lui céder ma chambre et de passer dans une autre, située de l'autre côté. Celle-là ne donnait pas sur la rue, elle n'avait qu'une petite lucarne, haute, grillée et par laquelle on ne pouvait voir que le ciel. Il empêcha M. de Sombreuil de nous suivre ; sa fille ne s'en aperçut que lorsque nous fûmes entrées. Un mouvement, plus prompt que l'éclair, la fit disparaître. Elle avait été rejoindre son père et partager ses dangers avec un courage au-dessus de tout ce que j'en pourrais dire ; elle en a eu la récompense : elle lui a sauvé la vie.

J'étais restée seule avec ma femme de chambre dans cette nouvelle prison. J'avais pris machinalement mon ouvrage, cherchant à me distraire par quelque occupation. J'étais effrayée, sans démêler ce que j'avais à redouter ; car j'étais encore loin de prévoir les horreurs et les massacres dont j'allais être témoin. Ma triste habitation devint aussi l'asile des autres femmes ; on nous y réunit, au nombre de huit. (J'aurai occasion de les faire connaître.) Cette chambre, qu'il faut appeler la chambre de sûreté, pouvait avoir 12 pieds de long sur 8 de large. Elle contenait un lit, une table et quelques chaises ; il

n'y avait pas possibilité d'y marcher (mouvement si
nécessaire pour soulager un peu la tourmente de l'inquiétude). Le besoin de marcher me faisait aller du
lit à une chaise, de la chaise à la table, sur laquelle
je m'appuyais debout, et de la table au lit, sur
lequel je ne pouvais rester ni assise, ni couchée, tant
j'étais agitée. C'est ainsi que s'écoula le reste d'une
affreuse journée et cette nuit éternelle, dont les
heures ne marchaient pas. Mlle de La Fosse-Landry
s'était volontairement constituée prisonnière, par
attachement pour son oncle, l'abbé de Rastignac,
vieillard respectable, martyr de l'honneur et de la religion, massacré dans le jubé même de la chapelle.
Cette malheureuse femme, plus gémissante que
jamais, était tellement troublée que, lorsqu'il entrait
une nouvelle figure de garde national (et ces appa-
ritions étaient fréquentes), elle ne manquait pas
de lui dire qu'elle n'était pas prisonnière, qu'elle
était venue soigner son oncle, qu'elle était la nièce
du général Biron, un des plus grands généraux
du royaume (paroles perdues, car la pitié qu'elle
cherchait à exciter ne croissait pas en propor-
tion des peines qu'elle se donnait pour la faire
naître).

Mme de Besse, écrouée sur le registre, était
prisonnière ; son mari avait été soupçonné d'avoir tra-

vaillé au journal de l'abbé Royou[1]. On avait été chez
lui et, ne l'ayant pas trouvé, on avait arrêté sa femme.
Le caractère naturellement doux de celle-ci n'avait
pas la force suffisante à soutenir une pareille épreuve,
elle en était accablée, et je remarquais, au travers de
son agitation, combien pourtant elle était occupée
d'un petit chien qu'elle tenait continuellement sous
son bras. La pauvre bête, haletante, était prête à
mourir de chaud ; il fallait la mettre à terre et presque
aussitôt la reprendre pour qu'un aboiement indiscret
ne trahît pas le secret de notre retraite.

Parmi nos compagnes d'infortune, nous avions vu
arriver Mlle Cazotte, avec une mulâtresse, sa
femme de chambre. Elle avait été renfermée dans la
prison avec son père, pour avoir écrit sous sa dictée
les lettres trouvées dans les bureaux de la liste civile,
et qui, depuis, ont conduit à l'échafaud cette honorable victime du royalisme, échappée aux massacres
de l'Abbaye. Elle s'était justifiée à son interrogatoire,
mais elle n'avait pas voulu quitter son père, et elle
avait été arrachée d'auprès de lui pour être conduite
parmi nous. Avec la même sensibilité que Mme de
Sombreuil, elle en était bien loin pour cette sorte
d'énergie qui force jusqu'à la volonté des bour-

1. Thomas-Maurice Royou, publiciste français, né à Quimper, vers
1741, mort à Paris, le 21 juin 1792.

reaux. Elle exprimait ses regrets de la violence qu'on lui avait faite pour la séparer de son père, et, pendant toute la nuit, s'adressant aux horribles figures qui venaient nous troubler, elle leur demandait des nouvelles d'un vieillard qu'elle désignait parfaitement. L'infortunée croyait les attendrir, en leur disant qu'elle était sa fille ; mais Marie-Jeanne, aussi rude que sa maîtresse était douce, lui disait avec aigreur : — « Pour çà, Mam'zelle, il faut que vous soyez ben bête ! Monsieur votre père est un vieillard auquel on ne pense pas ; vous le nommez ; vous voulez donc le faire tuer ? » — La pauvre Mlle Cazotte lui répondait avec douceur : — « Eh ! mon Dieu, Marie-Jeanne, je sais bien que vous avez raison ; alors, je ne parlerai plus de mon père. » — « Ah ! ben oui, si vous pouvez vous taire, » répliquait la mulâtresse. — Il entrait quelqu'un et Mlle Cazotte, oubliant les remontrances et cédant à ses inquiétudes, recommençait toutes ses questions.

Des deux autres personnes qui partageaient notre prison, l'une était une jeune femme d'une très jolie figure et qui passait pour être la garde d'un officier Suisse, blessé à la journée du 10 août. J'ai eu des raisons depuis pour croire qu'elle était son amie. Elle m'a intéressée singulièrement par sa modestie, par ses sentiments et sa manière de les exprimer. Je lui dois personnellement de la reconnaissance, car elle m'avait offert un asile chez elle, dans un quartier très éloigné, fort peu connu, et où j'aurais été parfaitement en sûreté, en cas que j'eusse voulu rester cachée en sortant de prison. L'état dans lequel elle passa la nuit la trahit à mes yeux; cependant je m'interdis de lui faire aucune question et je ne voulus pas lui laisser voir que je soupçonnais qu'elle n'était pas ce qu'elle voulait paraître; mais au moment où elle apprit que l'officier Suisse qu'elle soignait (M. Reding, car pourquoi ne pas le nommer?) venait d'être assassiné, elle tomba dans un état affreux, elle perdit connaissance et ne revint à la vie que par une longue attaque de nerfs, à la suite de laquelle elle resta abîmée dans sa douleur, sans proférer une seule parole.

L'autre était la véritable garde-malade, une bonne paysanne qui se roulait par terre de douleur et se frappait la tête contre les murs. Elle regrettait les soins qu'elle avait donnés de si bon cœur; elle étouffait de sanglots; elle pleurait à chaudes larmes; rien ne pouvait la consoler. Ensuite, elle se mit à calculer le prix de ses journées; elle s'occupa de ses effets et finit par s'endormir profondément.

Voilà les personnes avec lesquelles je passai cette nuit effroyable. Ma femme de chambre ne m'avait pas quittée. Touchée des marques de son attachement, je m'étais occupée de son sort, et j'avais demandé au concierge de la faire passer comme la domestique de la maison, mais elle s'y refusa avec un courage qui ne me permit pas d'insister; elle voulut paraître au tribunal comme moi.

Au milieu de tant d'épouvante et d'horreur, c'était une consolation de pouvoir exprimer tout haut nos sentiments et nos pensées; car il n'y avait parmi nous qu'une seule et même opinion. J'avais repris mon courage et je travaillais, entourée de toutes ces personnes, qui étaient tout à fait bonnes pour moi. Mlle de Sombreuil m'apparut un moment pour venir me dire adieu. Presque aussitôt, M. Chancy entra : « Madame de Tarente, me dit-il, en s'approchant de moi, me voilà. J'ai donné ma parole à votre famille de vous ramener à elle ou de périr avec vous, si tel est votre destin. Évitons tout air d'intelligence; je m'éloigne pour vous mieux servir. Vous voyez que je suis armé afin de ne pas paraître suspect. Ne vous alarmez pas, tâchez d'être tranquille; je retourne à la porte de la prison, d'où je viendrai souvent vous rendre compte de ce qui se passera. » La pensée que cet homme était là, et pour moi, me rendit du courage et je me trouvai plus calme.

Cependant des cris de rage et de douleur se faisaient entendre et pénétraient sourdement jusque dans notre retraite. Lorsque M. Chancy revint, je lui en demandai la cause ; il n'eut pas de peine à me tromper ; j'avais besoin de croire à tout ce qui pouvait tranquilliser ma pauvre tête. Mais ces cris affreux se prolongeaient et me faisaient tressaillir, toutes les fois qu'ils arrivaient jusqu'à nous. Les autres femmes, à demi mortes de frayeur, se joignirent à moi. Nous insistâmes, et M. Chancy, à qui il en coûtait de m'enlever ma sécurité, fut forcé de nous dire que, la municipalité ayant fait différentes proclamations à la porte, le peuple ne voulant entendre à rien et devenant plus furieux, la prison avait été forcée ; qu'on avait été obligé de lui livrer les officiers Suisses, et que leur mort excitait ces cris prolongés. — Je ne puis exprimer quelle affreuse clarté cette nouvelle porta dans mon âme. Je me vis perdue. Mon nom, ma figure, connue de tant de monde par mon assiduité auprès de la Reine, tout me disait que mon sort allait être le même que celui de ces malheureux ; mais la réflexion me rendit maîtresse de moi, je repris un air apparent de tranquillité et, toute préoccupée que j'étais, je n'en remarquai pas moins que j'inspirais par là plus d'intérêt à mes malheureuses compagnes, dont la position n'était pas meilleure que la mienne ;

car je les regardais bien alors comme autant de
victimes dévouées à la mort.

La prison était forcée, mais une espèce d'ordre,
inconcevable au milieu de ce désordre, faisait qu'il
y était entré peu de monde et empêchait qu'il ne se
commît des meurtres au-dedans. On les réservait
pour le peuple qui était resté en dehors, où il attendait ses victimes. Nous aurions pu compter celles
qu'on immolait, au retour périodique des cris de mort
qui se renouvelaient toutes les cinq minutes.

Vers minuit, on vint nous chercher pour nous
confronter avec le registre de la prison, devant ce
tribunal sans mission qui s'était érigé de sa propre
autorité et avait déjà jugé à mort plus de cinquante
personnes. Il avait établi sa séance dans la pièce
même du guichet. C'est un carré, noir comme l'enfer,
où des furies présidaient aux jugements sanguinaires
qui s'y rendaient.

Je descendis, à travers la même obscurité, ce long
escalier que j'avais monté huit jours auparavant. La
porte par laquelle j'entrais faisait face à la table où
s'étaient placés ces horribles juges. J'avais à ma
droite celle de sortie. Une lampe obscure éclairait à
demi le gouffre infect où l'on hurlait plutôt qu'on ne
parlait. Mes genoux fléchissaient ; je m'approchai en
tremblant de cette table, entourée de vingt personnes,

dont les figures étaient atroces. Une seule était assise,
c'était le président ; il tenait le registre sur ses
genoux. Il me demanda mon nom et depuis quand
j'étais en prison. Il cherche au jour indiqué, trouve
que ma réponse est exacte, et me dit de me retirer.
En me retournant, j'aperçus encore mon amie,
Mlle de Sombreuil, qui ne quittait plus son père. Je
lui tendis la main, et je mêlai mes vœux aux siens,
pour la conservation de l'être chéri sur lequel elle
veillait avec tant de soins.

Les autres femmes, après avoir répondu aux
mêmes questions que moi, avaient été également
renvoyées et nous nous retrouvâmes dans cette même
chambre, qui resta ouverte toute la nuit. Je crois que
tout ce qui était dans la prison y passa successivement. Des hommes hideux, couverts de sueur, de
poussière et de sang, venaient partager notre solitude,
et nous faire les affreux récits des scènes de carnage
dont ils avaient été les acteurs ou les témoins. Un
d'eux tira son sabre (c'était un jeune homme), nous
assura de son intérêt, nous dit qu'il était résolu
d'épargner les femmes, et sur la lame ensanglantée,
il jura de la manière la plus énergique, qu'il nous
sauverait. Les cris du peuple n'étaient interrompus
que pendant le simulacre du jugement rendu par le
tribunal ; mais, bientôt renouvelés, ils nous appre-

naient qu'un nouveau massacre avait encore précédé
le nôtre. Deux juges de paix avaient été amenés dans
la prison ; on ne leur pardonnait pas d'avoir rempli le
devoir de leurs fonctions en dressant le procès-verbal
des dégâts faits au château le 20 juin. L'un d'eux,
M. Bosquillon, avait cru trouver sa sûreté en allant
se cacher dans une soupente sous le lit de la cuisinière. Le malheureux ne tarda pas à y être découvert.
Les cannibales y accoururent en foule, ils se le dis-
putaient avec des cris féroces. — « Je vois sa tête,
disait l'un. Ah ! le scélérat qui se cache ! » — « Son
affaire ne sera pas longue ! » disait l'autre. A demi
disloqué par ses bourreaux, dont l'un l'entraînait par
une jambe, tandis que l'autre le retenait par un bras,
relevé à peine sous les coups que lui portait cette
horde de sauvages que sa résistance rendait encore
plus furieux, nous le vîmes passer devant notre porte
et, bientôt après, les cris du dehors nous apprirent
que son martyre était fini.

Les nouvelles que M. Chancy nous rapportait
n'étaient nullement rassurantes ; mais je désirais sa
présence ; elle me semblait une égide, et lorsque je le
voyais revenir, je me croyais moins malheureuse.

La porte s'ouvrait et se fermait, à chaque instant.
Un garde national ivre-mort entre, et posant sur la
table une bouteille qu'il tenait dans la main : — « C'est

pour vous, nous dit-il, le peuple vous la donne. » —
Il était à peine sorti que nous voyons entrer dans la
chambre un homme, escorté par des gens armés et
suivi d'un guichetier. Il avait son chapeau sur la
tête; il l'ôte et salue. Aussitôt la troupe lui tomba sur
le corps : « C'est un aristocrate; il faut le tuer ! » Le
malheureux, plus tremblant que la feuille, se réclame
d'un garde national de ses amis, dit qu'il est marchand évantailliste de la rue Saint-Honoré. Le guichetier, tremblant de peur, se montrait plus méchant
que les autres pour gagner la bienveillance du peuple,
et, pendant qu'on avait été chercher le garde
national dont cet homme implorait l'assistance, on le
laissa au milieu de nous. Alors il m'adressa la parole
et me dit : — « Je vous connaissais, Madame, pour
vous avoir vue aux Tuileries avec la Reine. Vous
ayant aperçue en entrant je n'ai pu m'empêcher de
vous saluer; voilà tout mon crime. Peut-être il me
coûtera la vie. » — Je le voyais pâle, effrayé; il
m'avait communiqué sa peur. Le peu de mots qu'il
venait de dire me faisaient trembler; car je ne doutais
pas que, s'il venait à les répéter à son interrogatoire,
sa déposition ne devînt le préliminaire de mon jugement. Heureusement pour lui et pour moi, le garde
national vint le reconnaître et il fut mis en liberté.

L'importunité de cette rencontre fut suivie de vingt

coups de poignard, plus sensibles mille fois que ceux des assassins sous lesquels on expire. Mon souvenir repousse ce que j'ai entendu ; ma main se refuse à l'écrire ; mais il faut, malgré soi, consigner ici le dernier trait du délire et de la barbarie que la postérité des Français ne pourra jamais croire.

Un homme d'une figure atroce vomissait au dehors des imprécations ; il lui manquait de nous les faire entendre, et, poursuivant ses propos forcenés : — « Oui, dit-il, en s'avançant sur le seuil de la porte, si on me disait d'aller au Temple et d'apporter la tête de Marie-Antoinette, j'irais tout à l'heure et de sa peau je couvrirais mon tambour ! »

La nuit enveloppa de son ombre toutes ces horreurs ; le jour ne paraissait point encore, il était 2 heures du matin, lorsque le concierge se montra tout à coup parmi nous. Cet homme, que j'avais toujours eu du plaisir à voir, dont j'avais tant éprouvé l'humanité, ne me parut plus, au premier moment, qu'un des bourreaux de la prison. Il était en habit de garde national, sa physionomie était décomposée, sa voix altérée, ses vêtements couverts de sang... Ah! ce n'était pas de celui qu'il avait fait couler! Le sang innocent avait rejailli sur lui, et le malheureux homme avait couru les plus grands dangers, en essayant de sauver un de ses prisonniers. Il venait nous encou-

rager, nous assurer que nous sortirions sûrement,
mais qu'il fallait attendre que le jour fût venu. Sa
figure reprenait insensiblement son caractère de
bonté ordinaire, et nous y lisions la satisfaction qu'il
avait de nous revoir. Je lui demandai des nouvelles
de Mlle de Sombreuil ; il me dit qu'elle était toujours
avec son père.

Je comptais les heures ; elles coulaient si lentement !
et mon impatience hâtait le moment de connaître
enfin mon sort ; mais, malgré toutes les apparences
du danger qui me menaçait, je ne sais quel pressentiment m'assurait que je serais sauvée. Je le devais
sans doute aux sentiments d'affection qui me ratta-
chaient à la vie. L'espérance me replaçait au sein de
ma famille ; je me retrouvais dans les bras de ma
mère, et le bonheur de faire cesser le tourment de
son inquiétude devenait alors la plus douce de mes
pensées. Je m'y abandonnais tout entière, je repre-
nais de la force, et c'était dans la vue consolante de
lui être rendue que je calculais les moyens de m'arracher à mon horrible situation.

Lundi, 3 Septembre

A 7 heures du matin, M. Chancy vint me dire qu'il fallait descendre, que nous allions sortir, que le peuple se montrait moins féroce et mieux disposé. Quelques hommes se mêlèrent parmi nous, entre autres, M. de Champlâtreux et M. Rousseau, maître d'armes des Enfants de France. Je ne dépassai pas de beaucoup la porte qui entrait dans le guichet, je me trouvai à la hauteur de cette sortie; la partie supérieure en était grillée; malheureusement mes yeux s'y portèrent : je vis, au travers des barreaux, la rue teinte de sang; je le vis couler entre les pavés; mon cœur se souleva, je fus près de tomber. M. Chancy, qui n'était pas plus rassuré que moi, me soutint un moment, et, quand il me vit un peu remise, il se mit à me répéter tout ce que je devais dire au tribunal.

Lorsque M. Rousseau, qui était le premier et le plus avancé dans le guichet, se présenta à ses juges, sa taille manqua de lui coûter la vie. — « Au garde du Roi ! » cria-t-on tout de suite. M. Chancy eut une telle frayeur qu'il nous fit rentrer, moi et les autres femmes, et remonter au plus vite dans cette chambre que nous venions de quitter.

En repassant par mon premier logement, j'y retrouvai Mlle de Sombreuil : sa figure était effrayante. — Ses yeux, naturellement doux, étaient devenus fixes et ardents. Elle environnait son père ; elle l'avait enlacé dans ses bras ; elle le couvrait de son corps. Jamais, non jamais, on ne verra rien de si touchant !

Je courus à elle ; mais on ne voulut pas m'y laisser, et l'on me força de rentrer dans notre triste asile, dont on referma la porte sur nous. Comme elle ouvrait en dedans, et que je m'étais familiarisée avec ces horribles figures, qui, pendant toute la nuit, y avaient passé comme des ombres, j'allais l'ouvrir de temps en temps, pour les regarder encore. Mais quel fut mon étonnement ! je crus que c'était une illusion et que mes yeux me trompaient. J'aperçois le valet de chambre de ma mère. Incertaine, tremblante, je m'approche de lui ; mes questions se précipitent. — « Comment êtes-vous entré ?... Quand avez-vous quitté ma pauvre mère ?... Dans quel état l'avez-vous laissée ?... Sait-elle que j'existe encore ? — Je vous réponds que vous la verrez, répondit-il. Elle se portait bien, hier, à 5 heures du soir, quand je l'ai quittée sans qu'elle le sût, pour venir m'enfermer ici. Prenez courage, tout va bien. Mais gardez-vous d'avoir l'air de me reconnaître. »

Je remerciai le Ciel de la protection visible qu'il
m'accordait. Je repris confiance : j'étais secourue,
et les soins qu'on prenait de moi semblaient me
présager que je ne trouverais pas mon tombeau à
la porte de l'Abbaye.

Pour témoigner à mes compagnes ma reconnaissance de l'intérêt qu'elles me marquaient et les
tranquilliser sur leur propre sort, moins hasardé
que le mien, puisqu'aucune n'ayant approché de la
Cour, elles n'avaient pas à expier ce crime impar-
donnable, je leur promis, et elles m'en surent gré,
de me présenter la première à cet affreux tribunal,
mon sort, quel qu'il fût, devant favorablement influer
sur le leur.

On avait permis à Mlle Cazotte d'aller passer une
heure avec son père ; le bon vieillard en avait dormi
huit sans se réveiller.

J'étais assise sur le lit, plus livrée à mes réflexions
qu'à la lecture de quelques journaux que j'avais
devant moi, lorsqu'un Marseillais hideux vint se
placer à mes côtés. Il me fit très grand'peur, car il
était ivre. Il s'empara familièrement de mes papiers
qui étaient bien dans son sens... un Brissot... un
Gorsas... Il voulut lire ; il n'était pas en état de distinguer une lettre. Alors, pour adoucir cet homme
féroce je lui proposai de lui faire la lecture du journal.

Il me fit un signe d'approbation, et moi, respectueusement debout devant lui, j'eus la patience de lui lire une page, qu'il n'écouta seulement pas. Puis, se levant brusquement, il m'arracha mes papiers, qu'il mit dans sa poche et se retira.

Les mêmes cris lugubres de la veille avaient recommencé, et l'horreur de notre situation était redevenue la même. Le devoir d'en sortir d'une manière quelconque me tenait dans une agitation insupportable. Cependant la matinée s'avançait et on n'osait pas nous faire descendre.

L'état dans lequel j'avais laissé Mlle de Sombreuil pesait affreusement sur mon cœur; j'en demandai des nouvelles à M. Chancy; je le suppliai d'employer tous ses soins à la sauver, elle et son père. Il me le promettait, mais il ne pensait pas alors que ce que je lui demandais fût possible.

Mme La Vacquerie, qui avait passé la nuit hors de la prison, y rentra sur les 10 heures. Elle nous rapportait, la pauvre femme, du pain bien sec et du bouillon aigre; mais elle nous le donnait de si bon cœur, que pour moi j'avalai le pain et je bus le bouillon, tout comme si c'eût été la meilleure chose du monde.

M. Chancy était venu me dire qu'il n'osait pas encore m'emmener, qu'il fallait prendre patience. —

« Eh bien! Monsieur, employez donc cet intervalle : sauvez, je vous en conjure, M. et Mlle de Sombreuil. Vous aurez déjà beaucoup fait pour moi, et le reste suivra, j'en suis sûre. »

Je saisis aussi le moment de faire les mêmes instances auprès du valet de chambre de ma mère. Cet excellent homme avait pris, pour m'être utile, le costume et le langage de tous ces scélérats. Il était parvenu à obtenir leur confiance, et lorsqu'il s'en fut assuré, il leur avait demandé s'il y avait des femmes dans la prison. « Oui, lui avait-on répondu. — Eh bien! jurons tous qu'elles seront épargnées et sauvées par le peuple ; c'est une action digne de lui. » — Les brigands le jurèrent, et, en effet, aucune des prisonnières de l'Abbaye n'est tombée sous leurs coups.

Il fallut faire un peu de toilette. Mme La Vacquerie me prêta un bonnet de linon, pour me présenter devant mes juges, mes assassins ou mes sauveurs. Chacune de nous se soigna du mieux qu'il lui fut possible, parce que nous étions toutes dans notre habillement de prison ou dans notre déshabillé du soir, et l'un ne valait pas mieux que l'autre.

Vers 11 heures, M. Manuel vint encore nous visiter. Il était pâle, abattu et n'osait pas nous regarder. Il se voyait entouré de femmes, et il pensait

sans doute qu'elles allaient être assassinées. Ce n'était
plus cet homme triomphant, s'applaudissant des
crimes qu'il faisait et laissait commettre ; il n'était
plus le maître d'arrêter les fureurs qu'il avait excitées,
et lui-même, à la porte de la prison, avait pensé en
être la victime.

Soit inquiétude du danger que nous courions, ou
plutôt terreur de celui auquel il venait d'échapper, il ne
put balbutier que quelques mots. Sa visite m'avait
laissé des idées pénibles ; je cherchais à en effacer
l'impression, lorsqu'un gendarme national, fumant sa
pipe, ouvre la porte et vient par ses récits nous glacer d'un nouvel effroi. — « C'est pour vous, Mesdames,
que je suis ici, nous dit-il ; j'y suis venu pour vous
sauver, mais il est bien malheureux de n'être pas
double, car je voudrais être tout à la fois à l'Abbaye
et à la Force. » Il nous raconta qu'il y avait
laissé Mme de Lamballe, Mme de Tourzel et sa fille,
qu'elles couraient le plus grand danger, que le peuple
était furieux et qu'il était vraisemblable qu'à cette
heure même elles étaient massacrées. Mes yeux se
remplirent de larmes, je n'osai plus lui faire de questions ; j'étais au supplice. Oh ! qu'alors il m'en
aurait peu coûté pour aller me jeter au milieu de ce
peuple d'assassins ! Écrasée sous ce surcroît de malheur, pauvre Pauline, je vous voyais sans cesse ! A

quoi donc avaient servi les soins que je m'étais donnés
pour lui conserver une vie qu'elle était destinée à
perdre si peu de temps après? Quelle constante fatalité poursuivait encore, dans sa respectable mère, la
gouvernante des Enfants de France!... et vous, la
plus infortunée de toutes, princesse, si tendrement
attachée à la Reine, que nous aimions à l'envi les
unes des autres. En entendant ce récit, je vous ai
crues toutes perdues; un faible rayon d'espérance
pénétrait à peine dans mon imagination troublée.

J'étais dans cet abandon et ce découragement,
lorsque vers 2 heures nous entendîmes des cris qui
se prolongeaient d'une manière horrible; je cherchais
toujours à démêler si c'étaient des cris de fureur ou
de joie; car la joie et la fureur de ces sauvages avaient
à peu près la même expression. Tout à coup je vis
accourir M. Chancy. A peine pouvait-il parler, tant il
était ému; des larmes coulaient sur ses joues. Il me
cria de loin : « Ils sont sauvés! Ces cris que vous
entendez, me dit-il, sont des cris de joie : on les reconduit en triomphe aux Invalides. » Le peuple demandait la tête de M. de Sombreuil; on éloignait en vain
le moment de le livrer; toute résistance devenant
inutile, le tribunal allait prononcer le fatal arrêt,
lorsque sa fille s'est avancée. Elle a dit que c'était trop
attendre; que son père mourrait mille fois avant de

subir la mort ; qu'un loyal gentilhomme comme lui ne
la craignait pas ; qu'il la demandait ; mais qu'elle sup-
pliait en grâce de la faire mourir avant lui, et que ce
fût sur son corps qu'on immolât son père. — Elle a dit
si bien et d'un ton si imposant, que tous ceux qui l'entendirent furent pénétrés d'intérêt et de respect (tant
il est vrai que la vertu retrouve toujours ses droits,
et que les scélérats eux-mêmes sont forcés de reconnaître son empire!) On a vu des larmes couler de
leurs yeux. « Grâce ! grâce pour M. de Sombreuil ! »
répétait-on de tous côtés... « Grâce, ont dit les
juges, et qu'on annonce au peuple que nous répon-
dons de lui. » Et le peuple, prévenu, passe en un
instant de l'ivresse de la rage à celle de la joie en
apprenant qu'il est absous. Le père est sauvé par sa
fille et c'est elle qui le devance encore en se présentant la première aux assassins désarmés qui les féli-
citent et les embrassent. — On les élève en l'air, et,
posés sur les épaules, aux acclamations générales,
deux portent le père et deux autres la fille en
triomphe, tandis qu'on a joint leurs mains enlacées
par un ruban pour qu'ils ne soient plus séparés. J'ai
su, depuis, qu'après une marche fort longue, ils
arrivèrent aux Invalides ; que les malheureux vieil-
lards, dont on avait égaré la tête, n'avaient témoigné
aucun plaisir à revoir leur gouverneur, qu'avant la

révolution ils regardaient comme leur père, et que même, en se retrouvant parmi eux, il avait couru quelque danger.

Peu de temps après, M{::}^{lle} Cazotte eut aussi le bonheur de contribuer à la bienveillance qu'éprouva son père; mais le destin ne fit que suspendre ses coups, et le malheureux vieillard n'échappa au fer des assassins que pour aller tomber sous celui des bourreaux.

M. de Champlâtreux avait été absous et ramené chez lui par des canonniers, auxquels il eut la générosité de demander le même service pour moi, en les priant de ne pas m'abandonner jusqu'à ce que j'eusse été remise à ma famille, et de lui rapporter alors un billet de moi pour le tranquilliser sur mon sort. Ils le lui promirent et tinrent parole, car les deux hommes ne me quittèrent plus. L'un d'eux ne cessait de me répéter : « Gardez-vous bien de vous nommer. » — J'en sentais le danger comme lui, mais je voyais la chose impossible, puisque mon nom était écrit sur le registre que le président avait sous les yeux. Cependant, il tenait à son idée avec une telle obstination qu'il fallut lui promettre que je ne me nommerais pas, et il parut plus tranquille.

La journée s'avançait et je ne voyais rien encore se préparer pour notre sortie; j'étais avec mes compagnes, lorsque de nouveaux cris se firent entendre autour de nous. C'était le jeune et malheureux M. de Maussabré, aide de camp du loyal duc de Brissac, non moins infortuné que lui. Il avait espéré trouver son salut en montant dans une cheminée ; mais il y fut découvert ; on lui tira des coups de fusil. Atteint mortellement, il eut encore le courage de résister à la douleur et de ne pas descendre ; on prit alors le parti de brûler de la paille mouillée, la fumée le suffoqua, il tomba, blessé, brûlé, à demi mort, fut entraîné et livré au peuple, qui acheva de le massacrer.

Enfin, à 5 heures, M. Chancy vint me dire qu'il fallait me préparer à paraître ; il mit la plus grande attention à m'indiquer, à me répéter les réponses qu'il faudrait faire à mes juges ; il me priait surtout de les bien retenir, et son intérêt pour moi lui suggéra tout ce qui pouvait contribuer à me tranquilliser. Il faut l'avouer, j'avais besoin d'être encouragée : jamais je ne m'étais sentie si troublée. Enfin, je descendis, accompagnée de M. Chancy, de Mentel (c'est le nom du valet de chambre de ma mère), des deux canonniers et de ma femme de chambre. Mme de La Fosse-Landry et Mme de Besse nous suivaient.

Arrivées au bas de l'escalier, on nous y fit rester quelque temps. Ensuite, nous avançâmes dans le guichet. Là il fallut encore attendre, parce qu'on jugeait un prisonnier. Il se défendait à haute voix, mais toutes celles qui couvraient la sienne l'empêchaient d'être entendu. « A la Force ! » dit le président, et l'on sait que ce mot voulait dire : « A la mort ! » Il passa devant moi ; ma femme de chambre, de la place où elle était, lui vit arracher son habit avant de le livrer au peuple, et des cris de douleur ne nous laissèrent plus d'incertitude sur son sort.

J'avançais avec peine au milieu de la foule qui remplissait la chambre ; il y régnait une chaleur suffocante, et, quoiqu'il fît très grand jour, l'obscurité y était presque entière. Je m'approche en tremblant de cette table, qu'entouraient les juges ; elle était couverte de papiers, de bouteilles, de verres, de pipes et de sabres. Parmi ceux qui rendaient les arrêts de mort, les uns étaient assis, les autres debout. Plusieurs, ivres ou assouvis de sang, s'étaient endormis. A une fenêtre grillée qui donnait sur une cour, étaient suspendus des hommes qui en interceptaient la lumière et qui applaudissaient ou improuvaient les jugements.

J'avais comparu devant ce tribunal et j'attendais... quoi ?... Peut-être la mort... En regardant ces affreux personnages dont mon sort dépendait, un seul, me disais-je, n'a qu'à prononcer un mot, et deux cents

bras, obéissant à leur rage, vont tout à l'heure me
mettre en morceaux ! Leur regard sinistre était fixé
sur leur victime. Le président fait faire silence. —
Il me demande mon nom. — Je me trouble ; mais
il n'y avait pas à balancer, la nécessité commandait,
il fallait obéir. — Je répondis : « Madame Tarente. »

On m'avait bien prescrit de retrancher le *de* afin
de me déguiser davantage. Je regardais avec inquiétude l'effet que mon nom allait produire. Je n'aperçus
aucune impression défavorable, et, comme j'avais
toujours craint d'être condamnée sur mon nom seul,
je commençai à me sentir soulagée. — « Depuis
combien de temps êtes-vous en prison ? » me dit le
président. — Je m'enhardissais, je m'avançai et,
feuilletant avec lui le registre, je lui indiquai la
feuille qui constatait que j'y étais depuis le 27 août. —
« Pourquoi y avez-vous été conduite ? Qu'est-ce que
dit l'écrou ? » Il lit et, n'y trouvant pas le motif de
mon arrestation : « Dites, vous-même, continue-t-il,
la raison pour laquelle vous êtes ici. » — Plusieurs
voix s'élevèrent de l'auditoire pour donner aussi
leur avis ; on les pria de se taire et d'attendre
que j'eusse répondu. Je pris la parole, mais ma
prononciation se ressentait de l'agitation de mon
âme et, me bornant au simple exposé des faits,
je dis : « J'ai été arrêtée le 26 août ; on

a mis le scellé sur mes papiers ; on m'a conduite
à la mairie ; j'y ai été interrogée pendant deux
heures ; on a été content de mes réponses. J'ai été
ramenée chez moi, où deux membres du Comité ont
fait la levée des scellés, n'y ayant rien trouvé qui
fût à ma charge ; on m'y a laissée sous la garde d'un
gendarme national, pour retourner le lendemain à la
mairie, où j'ai subi un second interrogatoire ; après
quoi, pour ma propre sûreté, on m'a envoyée ici, sous
la protection de la loi. — Madame, dit alors le président, est ici par ordre du Comité de surveillance ;
il faut qu'elle remonte dans sa chambre, jusqu'à ce
qu'on ait eu des éclaircissements sur le sujet de sa
détention. » Rien n'était plus conséquent sans doute
que cette opinion, mais elle fut un coup de foudre
pour moi. — « Non, Monsieur, j'y suis toute décidée.
Je ne remonterai pas ; il faut que ceci finisse d'une
manière ou d'une autre. Ou périr sous cette porte, ou
retourner à ma famille. » — Ma vivacité fit trembler
M. Chancy, il me conjura de me calmer, et, s'adressant
au président : — « Monsieur, voulez-vous bien, je vous
prie, continuer les questions ? » — Alors, on me
demanda si j'étais mariée. — Je réponds oui. — Où
était mon mari. — M. Chancy, qui n'avait pas une
distraction et veillait attentivement sur moi, me souffla
dans l'oreille, avant que le président eût achevé la

question : « Séparée. » C'était me redonner la vie, car
je n'avais plus assez de tête, pour rien inventer ni
rien taire, et je répétai : « Séparée. — Mais
quoique vous en soyez séparée, me dit le président,
vous devez savoir où il est. — Quand on est
séparée de son mari, on ne s'inquiète plus de ce
qu'il devient. » — On se contenta de cette réponse
et je fus congédiée.

Je me retirai plus morte que vive et très incertaine
sur mon sort, lorsqu'on appela ma femme de chambre.
Sans lui faire aucune question, on lui annonça qu'elle
était libre. — « Madame l'est-elle ? — Non. —
Je ne le suis donc pas et je ne sortirai d'ici qu'avec
elle. » — Elle fut couverte d'applaudissements ;
quelques voix crièrent que j'étais libre aussi ; d'autres
s'y opposèrent. Ce même Marseillais que j'avais
voulu désarmer par ma complaisance en lui lisant le
journal, s'éleva contre moi, mais on lui imposa
silence.

Ma femme de chambre en se retirant du tribunal
était venue s'asseoir à côté de moi, sur un banc qui
faisait face à la porte de sortie, pendant que M. Chancy,
dont je remarquai bien l'intention, se tenait debout
devant moi pour me masquer l'horreur des massacres
qui se commettaient en dehors. — « Reposons-nous,
me disait-il, sur le valet de chambre de Mme votre

mère ; il a plus de crédit que moi, et je vous sers mieux en le laissant agir. »

Cependant, j'étais dans la plus effroyable situation. Je voyais, j'entendais ces gens se disputer sur ce qu'on ferait de moi ; — si je rentrerais dans la prison ; — si on m'en laisserait sortir ; — si on me livrerait au peuple. M. Chancy était là et me soutenait un peu dans cette terrible crise, pendant que le bon Mentel, mourant d'inquiétude, affectait la tranquillité et revenait à chaque instant me dire : « Allons, du courage, tout va bien, vous allez sortir. »

J'avais presque perdu la faculté de penser. Dans cet état d'anéantissement, je revoyais ma mère, comme si elle m'avait apparu dans un songe. Tout à coup son nom prononcé par Mentel vint me rendre à la vie et me sortir de cette espèce d'égarement.— « Vous allez la revoir, me dit-il, vous êtes libre »... Il n'avait pas achevé de parler que j'étais debout et prête à m'élancer. — « Attendez quelques minutes encore, il faut que le peuple soit prévenu : le président écrit un billet que je vais afficher et proclamer au dehors pour que vous y soyez attendue. »

Le billet lui est enfin remis ; il le porte au peuple ; bientôt les cris se font entendre et, du même ton qu'on immolait des victimes, on célébrait mon innocence. Mentel était rentré. Il me remet le papier qui m'absout. Je l'ai encore, bien chiffonné, bien sale, taché de sang et de boue. — Il y avait écrit : — « Les deux dames que les citoyens mettent en liberté ne tiennent plus à rien dans la prison. — Signé : Maillard, président. »

« Il est temps, dit Mentel à Chancy, voici le moment, il faut sortir. » Mentel précède, M. Chancy prend un de mes bras, un canonnier l'autre ; son camarade suivait avec ma femme de chambre. Nous perçons la foule qui remplissait le guichet. Pliés jusqu'à terre pour passer sous la herse de la prison, nous revoyons le ciel, au sortir de ce gouffre, et nous sommes enfin dans la rue ! Là, les cris redoublent ; ils sont couverts par celui de « Vive la Nation ! » Je me trouve dans les bras de ces forcenés, armés de sabres et dégouttants de sang. Ils m'entourent, ils m'embrassent. Au milieu de cette foule, j'aperçois un de mes gens ; j'en reconnais un de la duchesse de Maillé ; j'y vois aussi un bon jardinier, qui me vendait souvent des fleurs. Pendant que mon laquais s'était emparé de mon bras, que celui de Mme de Maillé courait annoncer à sa maîtresse qu'il m'avait vue et que le jardinier portait à ma mère la nouvelle de mon arrivée, le peuple m'entourait, me pressait jusqu'à m'étouffer en m'engageant à crier aussi ; « Vive la Nation ! » mais ma bouche s'y refusait et je faisais entendre par mes gestes qu'il m'était impossible d'articuler aucun son.

Fatiguée par une si longue épreuve, étourdie des cris qui se prolongeaient et surprise par le grand air que je venais de respirer, M. Chancy s'aperçut que mes genoux fléchissaient et que les forces allaient me manquer. Élevant alors la voix au-dessus du peuple : « Son innocence est reconnue, dit-il, il faut un triomphe à Madame ! » — Et deux cents voix répétèrent : « Un triomphe à Madame ! » A l'instant même, Mentel et le canonnier m'enlèvent dans leurs bras et me portent sur les épaules. M. Chancy marche en avant, mon laquais à côté de moi ; la foule nous entourait en criant : « Elle est innocente et c'est le peuple qui la sauve ! » — Ma femme de chambre suivait, portée par deux hommes (car elle avait aussi son triomphe). Les bourgeois étaient sur leurs portes ou à leurs fenêtres, d'où ils nous félicitaient. J'allai ainsi, tout le long de la rue Sainte-Marguerite. Déjà beaucoup de monde avait abandonné le triomphe ; je demandai que l'on mît fin à tant d'honneurs et qu'on eût la bonté de me remettre à terre. Je continuai ma marche plus modestement et d'une manière qui me convenait mieux, mais les cris m'accompagnaient toujours et l'importunité d'être en spectacle me suivit jusque chez moi.

Arrivée à la Croix-Rouge, je montai en fiacre avec ma femme de chambre, M. Chancy, Mentel ; un garde national et un canonnier s'y placèrent avec nous ; l'autre canonnier monta sur le siège. Devant, derrière et tant qu'il put en tenir, on surchargea la voiture. Je mourais d'impatience d'arriver ; j'avais prié qu'on allât vite, mais il n'y avait pas moyen, et le peuple, qui ordonnait, nous fit aller au petit pas. Nous tournons dans la rue du Bac ; j'arrive enfin à l'hôtel de Châtillon, et, pendant que le fiacre avançait dans l'avenue, ma mère était déjà dans la cour. Je l'aperçois, je me précipite et tombe à ses genoux. Ah ! combien cet instant me paya de mes peines !

Je me revoyais enfin dans l'appartement de ma mère, à côté d'elle, environnée des mêmes personnes que j'y avais laissées en m'arrachant de ses bras. Et de quelle émotion n'étais-je pas pénétrée auprès de M. d'Anlezy, au souvenir de ce qu'il avait fait pour moi ! — Le rapprochement du jour où il fallut nous séparer, à la porte de la prison, avec celui où je leur étais rendue, me mettait hors de moi. J'allais, je revenais, je parcourais les appartements ; j'éprouvais le besoin de me promener. La grandeur de cette maison, l'air qu'on y respire et dont j'avais été privée si longtemps, tout contribuait à me faire jouir d'une

nouvelle existence, dont un prisonnier seul peut
sentir tout le prix.

Le peuple qui nous avait suivis remplissait la cour
et le vestibule, et, dans son ivresse prolongée, buvait
le vin qu'on lui prodiguait à volonté, pendant que
M. Chancy, dont rien ne pouvait payer les bienfaits,
et le bon Mentel, que je venais de présenter à ma
mère comme mon sauveur, recevaient d'elle et de nos
amis les expressions de la plus sensible reconnaissance. « Vous avez besoin de repos et de vous voir
plus à votre aise, dit M. Chancy ; je vais les emmener. » — Je crus convenable d'aller les voir avant
qu'ils ne se retirassent et nous convînmes qu'au
milieu d'eux, je n'aurais pas l'air de le connaître plus
particulièrement qu'un autre.

Lorsque je fus descendue pour prendre congé de
mon cortège, l'un d'eux me reprocha d'avoir souvent
regardé derrière moi dans la rue Sainte-Marguerite,
pour voir si l'autre dame suivait. « Vous ne savez
donc pas qu'on n'est jamais plus en sûreté que quand
on est entre les mains du peuple ? Vous avez montré
une défiance que nous avons eu peine à pardonner. »
J'étais trop contente pour n'être pas docile, et je ne
répliquai pas.

J'écrivais, d'une main encore tremblante, le billet
que le canonnier me demanda pour M. de Champlà-

treux. M. Chaney, après avoir reçu les remerciements
de tout ce qui s'intéressait à moi, et l'expression bien
prononcée de ma part pour tout ce que je lui devais,
prit congé de nous, en me promettant de m'envoyer
un billet signé des membres du Comité de surveillance,
pour attester que le peuple m'avait jugée et trouvée
innocente. Il fut suivi, en se retirant, de tous ceux
qui l'avaient accompagné. L'heure s'avançait et nous
nous mîmes en chemin pour nous rendre chez Mme la
duchesse de La Vallière. Ma mère, très aimée des
bourgeois et des marchands, ses voisins, les trouva
tous sur son passage, la félicitant sur mon retour.

C'était une joie générale dans la maison, où j'étais
attendue. Je partageai bien vivement celle de ma
grand'mère, à qui on avait eu la prudence de laisser
ignorer tout ce que j'avais souffert, et qui croyait
tout simplement que j'étais sortie de prison sur
un ordre du Comité.

On n'aura pas de peine à croire qu'au milieu du
trouble et malgré le désordre de mes idées, elles se
fixèrent avec le plus grand intérêt sur M. et Mlle de
Sombreuil. J'avais prié ma mère d'envoyer demander
de leurs nouvelles et de leur faire savoir des
miennes ; mais, comme il n'est pas dans la nature
humaine d'éprouver de bonheur sans mélange, une
sombre inquiétude me faisait désirer et craindre d'être

éclairée sur la destinée de mes amies, renfermées dans la prison de la Force. Le souvenir de ce que j'avais entendu me poursuivait sans cesse, et je n'osais interroger sur leur sort. J'étais tourmentée de cette idée, lorsqu'on me remit un billet. Je reconnus l'écriture de Mme de Tourzel et mon cœur tressaillit. Mon œil en parcourait les lignes avec la rapidité de l'éclair. Elle m'apprenait sa délivrance miraculeuse, celle de sa fille, et j'allais respirer librement, lorsque j'achevai de lire : « Que n'en puis-je dire autant de mon infortunée compagne[1] ! »

⁂

MARDI, 4 SEPTEMBRE
JUSQU'AU LUNDI 17, JOUR DE MON ARRIVÉE
EN ANGLETERRE.

Ma mère ne voulut plus me perdre de vue ; elle m'avait ramenée chez elle, où j'ai continué à loger jusqu'à mon départ de Paris. Je tombais de fatigue et de sommeil ; je dormis jusqu'au moment où je fus doucement éveillée, le lendemain, par Mlle de Som-

1. Mort de la princesse de Lamballe.

breuil. Nous ne pouvions, l'une et l'autre, assez
nous regarder. Après une aussi périlleuse captivité,
nous avions peine à croire que nous nous retrouvions
ensemble en liberté.

Je passais les matinées chez moi ; j'y voyais peu
de monde ; je ne sortais qu'à la nuit, en fiacre,
pour aller souper chez ma grand'mère. On m'avait
recommandé la plus grande circonspection.

C'était, disait-on, sous un autre nom que le mien
que j'avais été sauvée, et des rapports inquiétants sur
ma réputation d'aristocrate me faisaient mourir de
peur. Combien de fois me suis-je réveillée, saisie de
terreur et tremblant au point d'en imprimer le
mouvement à mon lit ! On m'avait offert de me
cacher dans Paris ; mais aurais-je pu y exister ailleurs qu'auprès de ma mère ?

M. Chancy était venu me revoir ; il m'engageait à
la prudence, et cependant il me demandait de ne
pas m'en aller. Je n'y pensais pas alors. C'était le
troisième jour après ma sortie de prison. Il me vit
fondre en larmes en lui parlant de Mme la princesse
de Lamballe. Je le priai de me faire rendre son
billet et je lui demandai ce qu'on ferait de mon
interrogatoire ; il éluda la première question et
répondit à la seconde que mon interrogatoire serait
brûlé et que ce serait une affaire finie.

Cependant mon beau-frère commençait à me tourmenter pour me faire quitter la France ; et moi, malgré ma peur, qui s'augmentait chaque jour et me rendait très malheureuse, je ne pouvais me décider à rien. Un jour, qu'il était venu me parler de ses projets et qu'il me trouva encore plus alarmée par le compte que m'avait rendu le suisse de ma mère, qu'un Marseillais, qui m'avait vue dans la prison, était venu, disait-il, pour m'embrasser avant son départ et qu'il reviendrait le lendemain, il me pressa plus fortement encore. Fatiguée du poids d'une existence à chaque instant troublée par la peur ou la contradiction : « Eh bien ! lui dis-je, je consens à partir, mais à une condition : c'est que vous ne m'en parlerez plus que pour me dire : « Tout est prêt. » Et je vous promets de vous suivre. »

Le Marseillais qui s'était annoncé ne manqua pas de venir. Je n'aurais pas osé le faire renvoyer. Je le reconnus pour l'avoir vu dans la prison s'attacher à Mme de La Fosse-Landry. Il me raconta qu'il avait aussi sauvé un homme qui n'avait contre lui que d'être dévoué au Roi (c'était M. de La Chapelle, premier commis des bureaux de la liste civile). Il me dit qu'il partait pour l'armée, mais qu'il avait voulu me voir auparavant. J'en fus quitte pour un adieu moins familier que celui dont j'étais menacée.

Cependant mon beau-frère avait fixé le jour de notre départ au jeudi 13 septembre, à 6 heures du matin. Ma mère n'avait pas approuvé ma résolution, mais elle ne l'avait pas contredite. Je ne la quittai pas d'une seule minute, pendant le jour qui précéda notre séparation. Elle devenait plus déchirante par le souvenir du bonheur que je venais d'éprouver en me retrouvant auprès d'elle. Je me reprochais comme une faiblesse de me mettre en sûreté et de la laisser à Paris. J'étais abîmée de douleur, d'inquiétude. — Enfin, le moment de partir arriva. Je m'arrachai de ses bras baignée de ses larmes et des miennes. Je sortis par la porte du jardin et traversant à pied une partie du faubourg Saint-Germain avec mon beau-frère, son valet de chambre et des gens de ma mère, nous arrivâmes au Pont-Royal, où je montai avec eux dans un véritable fiacre qui avait le numéro 6. Nous trouvâmes sur le boulevard mon homme d'affaires qui s'était proposé pour nous accompagner, et, lorsque nous eûmes dépassé la barrière, je renvoyai à ma mère celui de ses gens qui nous avait suivis. Je m'étais munie de l'extrait du décret qui dispensait des passeports jusqu'à 10 lieues en deçà des frontières. Dès le village de Sanoy, au-dessus de Saint-Denis, nous fûmes arrêtées. Le grand cachet de l'Assemblée, la

signature du président et notre air de misère favo-
risèrent notre passage. Nous arrivâmes à Luzarches
pour dîner. Je faisais une route où j'étais si connue
que je craignais d'y faire quelque fâcheuse rencontre.
Il était nuit, lorsque nous fûmes à Clermont, et le
jour ne paraissait pas encore lorsque j'en repartis.
Mon cœur se serra en passant devant le château de
Fitz-James, où j'avais fait de fréquents voyages dans
des temps si différents ! Les patriotes y avaient fait
une incursion ; ils avaient couvert le chemin de l'arrivée de tessons de bouteilles cassées. Nous nous
arrêtâmes à Bretenil et nous arrivâmes d'assez
bonne heure à Amiens, d'où nous renvoyâmes notre
fiacre.

Il s'agissait de nous avoir des passeports pour
nous rendre à Boulogne. Mon homme d'affaires tra-
vailla si bien qu'à 9 heures du soir, il vint nous
avertir pour aller les chercher à la municipalité où
ils nous furent délivrés. De son côté, mon beau-
frère nous avait déterré une espèce de cabriolet à
quatre places qui avait appartenu à un moine. C'est
dans cet équipage que nous partîmes le lendemain
pour Abbeville et, après y avoir fait viser nos passeports, nous poussâmes jusqu'à Bernay, où nous
couchâmes à la poste. La maîtresse, qui était d'une
stature colossale, avait une opinion très arrêtée sur

les événements du 10 août. « Avant cela, disait-elle,
on croyait le Roi pour nous, mais à présent, on sait
bien qu'il nous trompait. » — J'essayais doucement
de la ramener. — « Oh ! bien, continuait-elle, j'en
sais plus que vous là-dessus : j'ai une fille établie
dans la rue Saint-Honoré. Celle-là a tout vu et elle
me l'a bien mandé. » Je quittai cette impitoyable
raisonneuse et je m'en allai en pensant tristement
qu'il en était partout de même et que c'était par ces
grossières absurdités qu'on était parvenu à détacher
le malheureux peuple de son Roi, en lui cachant
tous les sacrifices qu'il avait faits et les peines qu'il
avait éprouvées.

Pour devancer quatre ou cinq voitures, qui se
trouvaient dans la cour, nous partîmes de très grand
matin. Je me reposai à Montreuil, où il fallut encore
montrer nos passeports, et, à 5 heures du soir, j'arrivai à Boulogne. Mon premier soin fut d'envoyer
mon beau-frère chercher une de mes amies qui y
était arrivée de la veille et, comme il s'était fait
conduire par un garçon de l'auberge, celui-ci, pré-
sumant qu'il n'était pas venu pour rester, se mit à
lui raconter, chemin faisant, comment il avait déjà
fait passer plusieurs personnes et lui fit entendre
que, si nous étions dans la même intention, il ne
lui serait pas difficile de nous procurer la facilité.

Mais il n'était pas prudent de s'expliquer encore, et mon beau-frère éluda par des réponses vagues.

La municipalité venait de recevoir un signalement de Paris ; elle se transporta à l'auberge où nous étions descendus, et, après nous avoir examinés, elle se retira, sans avoir l'air de nous suspecter. Cependant, nous avions eu grand'peur et, lorsque mon beau-frère me raconta la conversation qu'il venait d'avoir avec le garçon de l'auberge, je fus la première à penser qu'il n'y avait pas à hésiter et qu'il fallait à l'instant même conférer avec cet homme. Tout fut convenu entre lui et nous. Le soir même, il devait partir un paquebot ; il fut décidé que nous nous embarquerions, mais il survint quelque obstacle et notre agent nous annonça qu'il fallait attendre au lendemain, à moins que nous ne nous déterminions à passer dans une barque de pêcheurs. Je ne balançai pas et, surmontant la peur que j'ai de la mer, je me décidai sur-le-champ pour la barque. Après avoir congédié mon homme d'affaires qui nous avait été secourable, je fis mes adieux à Mme de Lévis et pendant que mon beau-frère suivait avec son valet de chambre, je sortis à minuit, conduite par le valet de l'auberge. A un signal convenu, mon conducteur me quitte, un matelot bien sale me prend par le bras et me remet à un autre, qui m'aide à passer la planche,

qui fléchit sous mes pas. J'entre dans le bateau, on
me descend dans un trou, on me dit que je suis à
fond de cale ; je m'y tapis. Mes compagnons en font
autant et nous nous éloignons à la rame. Je voyais
de ma place un ciel d'azur ; les étoiles brillaient, le
vent était bon et en six heures nous devions être à
Douvres. Mais il diminua, nous vîmes la côte de
France pendant quatre heures ; après dix de navigation, nous abordâmes celle d'Angleterre, le lundi
17 septembre, à 10 heures du matin.

Je partis le jour même pour Londres, où j'arrivai
le lendemain et sans m'y arrêter. J'allai descendre
à Richemond, chez Mme de Gand, qui me reçut avec
toute la joie qu'inspire la vue d'une amie qu'on a
pu croire assassinée. Les personnes de ma connaissance (il y en avait beaucoup à Richemond) et les
amis de Mme de Gand s'empressèrent à me donner
des témoignages d'intérêt ; mais parmi ceux dont je
fus comblée, il en fut un que je n'oublierai jamais ;
la reconnaissance a marqué dans mon cœur à
Mlle Fagnani (aujourd'hui comtesse de Yarmouth)
une place qu'elle y occupera toujours. Au départ
de Mme de Gand, elle m'offrit un asile chez elle.
C'est là que j'ai trouvé toutes les consolations, toutes
les douceurs d'une société aimable, et la seule sorte

de bonheur auquel je puisse prétendre, dans mon
exil et loin de ma famille.

C'est auprès d'elle que j'ai tracé tous ces détails ;
c'est dans le calme de la solitude, dont après
tant de secousses j'éprouvais le besoin, que j'ai
recueilli mes idées, et je n'ai pas cru pouvoir mieux
terminer un récit écrit au sein de l'amitié, qu'en
rendant hommage à celle qui m'a si sensiblement
accueillie.

MÉMOIRES

DU

DUC DE LA TRÉMOÏLLE

(Extrait)

MÉMOIRES

DU

DUC DE LA TRÉMOÏLLE

(Extrait)

Il est inutile, après tant d'autres, de reparler des causes de la Révolution de 1789 et des atrocités qu'elle a commises. J'essuyai cet orage révolutionnaire, pendant deux mois, en grinçant des dents ; puis je me décidai, avec mon père et mon frère cadet, à accompagner dans le Midi ma mère, déjà fort souffrante de la poitrine. Les médecins, dans leurs tristes prévisions, l'envoyaient à Nice, dernier asile des poitrinaires, où ils ne tardent pas à finir. En effet, dans l'été de 1790, nous enterrâmes mon excellente mère. Ce malheur profondément ressenti étendit sur ma vie une teinte de tristesse non encore effacée.

Quelque temps après ce cruel événement qui avait rappelé de France tous mes frères, Talmond, Charles, le grand doyen de Strasbourg, et le prince Louis, mort en 1837 à Aix-la-Chapelle, je laissais au soin de ce dernier mon père, sur qui veillait encore un vieil ami de la famille, l'abbé d'Arvillars. Pour faire trève à mon chagrin, j'entrepris le voyage d'Italie ; je me rendis à Turin et me mis en route, avec le chevalier de Puységur, capitaine des gardes du comte d'Artois, qui obtint un congé ; à la mode anglaise, nous étions dans un *corricolo* à deux chevaux, sorte de cabriolet à pompe, tandis que mes chevaux de selle étaient montés par mon cocher et mon valet de chambre. Mais, à notre arrivée à Rome, le

13

chevalier de Puységur dut retourner à Mantoue où les
conférences s'ouvraient entre le comte d'Artois et l'empereur Léopold ; moi-même j'apprenais que mon père avait
été frappé d'une attaque d'apoplexie ; il s'en était relevé
et ne devait succomber à la maladie qu'en mai 1792.
D'autre part, le comte d'Artois m'avait recommandé de
revenir près de lui, à l'ouverture des conférences, afin de
prendre ses ordres et ses paquets pour Nice, où s'étaient
réunies les personnalités les plus marquantes de la noblesse émigrée en Provence et en Languedoc. Je résolus
d'obéir au prince et de revoir aussi mon père ; pour faire
les deux courses dans le temps nécessaire à une seule, je
galopai sur un bidet de poste durant quatre jours et
cinq nuits, et j'arrivai à Nice, après avoir pris seulement
trois heures de repos à Mantoue, tandis qu'on préparait
mes dépêches.

Cependant la situation s'aggravait et devenait inquiétante : Louis XVI en fuite était arrêté à Varennes, l'émigration de Turin se disloquait pour aller, comme un
essaim bourdonnant, s'abattre à Coblentz ; là leur jactance,
leur forfanterie, leur inconséquence commencèrent à dé-
considérer près des puissances ces émigrés chevaleresques,
dignes d'un meilleur sort.

Malgré ma légèreté naturelle et mon caractère irréfléchi,
je fus révolté de ce désordre bruyant, de ces intrigues
inconvenantes ; pour fuir la cour de Coblentz, je demandai
un congé au comte d'Artois, dont j'étais l'aide de camp ;
mais je promis de revenir à l'armée du prince de Condé,
un mois avant l'ouverture des hostilités.

Je me rendis aux eaux de Spa, autant pour ma santé
que pour mon plaisir, et comme elles étaient fort brillantes,
je m'y amusai beaucoup. Comme les hostilités n'étaient
pas encore ouvertes, je partis pour Paris, afin de m'y
procurer de l'argent, avant de passer en Angleterre et de

retourner à mon poste. Je retrouvai ma femme, qui, à cause de son dévouement à la Reine et au Roi, détestait Coblentz et me vit avec plaisir partir pour Londres. Je fus bien accueilli à la Cour de Saint-James et dans la haute société, parce que j'étais prince et l'un des hommes les plus à la mode de Paris : le prince de Galles, depuis Georges IV, me prit en faveur, me donna deux de ses meilleurs chevaux de chasse et me mena dans Londres presque partout avec lui.

En 1796, j'étais colonel dans l'armée Napolitaine avec un commandement dans le Corps auxiliaire employé en Lombardie, je pris part à la défense du Pont de Lodi.

Je n'ai jamais vu une action de guerre si meurtrière, sur un seul point. La batterie de la tête de pont et deux autres, à droite et à gauche, faisaient un feu convergent de vingt-six pièces de canon ; à chaque décharge, c'était un ravage épouvantable, tellement qu'après la seconde on doutait que les Français pussent pousser en avant ; mais rien n'est impossible à notre enthousiasme, comme l'on sait ; ils vinrent à bout de s'emparer de toutes les batteries, après avoir tué sur leurs pièces tous les canonniers ; c'est une justice à rendre à ces braves gens. Le général que je vis à cheval sur le pont, derrière ses enfants perdus, ne m'a pas paru être Buonaparte, mais, autant que la fumée me permettait de distinguer, Augereau ; du moins cela ressemblait-il à ses portraits.

Pendant ce passage du pont qui peut-être ne dura pas vingt minutes, je fus chargé de porter l'ordre au régiment Napolitain del Principe, alors en bataille, à peu de distance, derrière les batteries, de diriger une charge dans la plaine, sur un corps de tirailleurs français, qui avait passé le gué avant la cavalerie ; je ne manquai cette occasion de charger avec eux comme volontaire et de distribuer quelques bons horions sur les têtes de ceux

qui venaient de me manquer, sans leur donner le temps de
recharger. Ce fut dans cette occasion que je passai peut-
être à moins de cent pas du général de Beaumont, qui me
dit depuis à la Chambre m'avoir reconnu, mais n'avoir
pas voulu se déranger de sa ligne pour venir m'attaquer.

Dès le lendemain, après toutes les mesures prises, pour
défendre le passage à Valeggio, si on voulait l'y tenter,
le chef d'État-major Radetzky me dit qu'il n'était pas
tranquille; qu'on n'entendait pas parler des Français,
et que cependant ils ne pouvaient pas être à plus de
quatre ou cinq lieues de nous; ces diables-là avaient
toujours le secret d'avoir de bons espions, tandis que les
Autrichiens, même en pays ami, n'en avaient que de
mauvais. Je ne pus m'empêcher de lui répondre :
« Parbleu, je le crois bien; ils les paient au poids de l'or,
mais les fusillent sans pitié, à la moindre apparence de
trahison; et vous voulez les avoir pour quelques florins,
augmentés de coups de bâton au moindre mécontentement ! »

Il se mit à rire et me demanda de faire le lendemain
une pointe en éclaireur de l'autre côté du Mincio pour
inspecter les avant-postes de troupes légères, qui devaient
se replier sur Goïto au cas de l'arrivée des Français;
en même temps je lui rendrais un compte exact des
positions et intentions de nos adversaires. Un peu avant
la pointe du jour, je montai à cheval, avec Luigi-Pinedo,
aide de camp du vieux commandant Napolitain, qui
m'avait demandé de m'accompagner dans cette reconnaissance. Comme je ne pouvais en une seule fois faire
la tournée entière, je me décidai pour le côté le plus
intéressant, celui de l'aile gauche, à Goïto, où la rivière
pouvait être guéable. En effet, à moins de deux lieues de
Valeggio existait un gué qui nous était parfaitement
inconnu, tandis que les espions des Français les en avaient

déjà informés; dans cette même matinée, une heure après mon passage, leur colonne y arriva comme un trait, effectua son passage sans obstacle, et tomba à l'improviste sur le quartier général à Valeggio; Beaulieu comptait sur les avant-postes laissés au-delà du Mincio et n'avait pas pris toutes les précautions désirables; en effet, dans la nuit, un major hongrois d'un beau nom de ce pays-là, commandant tout le cordon d'avant-poste, jugea à propos, sans aucun ordre du quartier général, de replier ses vedettes, de telle sorte que les Français arrivèrent au fleuve, sans avoir rencontré un visage autrichien.

Depuis une demi-heure j'étais à Goïto, et j'y faisais mon rapport au général Colli, quand arriva au triple galop un officier de uhlan, le comte Hardegg, il nous annonça que les Français étaient tombés sur Valeggio d'où le quartier général, avec perte de quelques hommes et prisonniers, s'étaient retirés en assez bon ordre sur Villafranca, pour regagner Gambarani, où les Autrichiens avaient jeté un pont sur l'Adige; il portait l'ordre au général Colli de se replier dans cette direction avec les troupes qu'il commandait.

Le général Colli fit à l'instant relever tous les postes et se replia en bon ordre sur Villafranca où nous arrivâmes à la nuit, accompagnés par la fusillade presque continuelle des tirailleurs français sur lesquels nous exécutâmes quelques charges individuelles, par escadron, ou demi-escadron, avec des hussards hongrois et le bon régiment napolitain des dragons du Roi, commandé par le brave prince de Hesse-Philipsthal. Un quart d'heure avant l'arrivée à Villafranca, je fus par Colli dépêché à Radetzky pour lui faire mon rapport. Là, tout était dans une grande confusion, les soldats, à peine arrêtés, essayaient de prendre leur repas, avant d'opérer le passage de l'Adige : dans un bivouac à peine simulé, des piquets étaient

plantés pour tenir les chevaux, ou suspendre quelques
marmites; la halte ne pouvait durer que deux ou
trois heures.

A peine avais-je eu le temps de manger un morceau,
ce que je n'avais pu faire depuis quatre heures du matin,
que Radetzky me donna la mission délicate et pénible de
reconnaître de nuit notre route, jusqu'à l'Adige, en
s'assurant où étaient amis et ennemis. Notre aile droite
n'avait pas encore rejoint, et le désordre était tel que les
corps étaient emmêlés les uns dans les autres; au milieu
de la nuit, on ne savait plus si les bivouacs, dont on
voyait les feux, étaient autrichiens ou français. Nous en
étions entourés; un d'entre eux attira mon attention,
à peu de distance du chemin qui menait au pont de
Gamrani. Il n'y avait plus à badiner; il fallait le reconnaître d'une manière positive. Comme je n'avais voulu
prendre avec moi que mon ordonnance, je lui fis garder
mon cheval; puis en me glissant à plat-ventre, sans le
moindre bruit, à travers des pieds de vigne, je parvins
à quinze pas d'un feu de bivouac français; ils avaient
deux ou trois blessés avec eux, juraient et sacraient contre
les Autrichiens en disant qu'ils les f... dans l'Adige.
En effet, ils n'en étaient pas loin; mais nous étions encore
de force à le passer. Cependant, comme il était important
d'opérer prudemment ce passage, en évitant une attaque
de nuit, c'est-à-dire, une terrible bagarre, l'ordre fut donné
d'observer le plus grand silence, on prit à l'instant, dans
un magasin de fourrages, de la paille pour entourer les
roues des canons et voitures; tout fut prêt en moins de
deux heures; et, grâce à la taciturnité allemande, la
colonne de neuf à dix mille hommes avec ses pièces, ses
caissons, ses voitures du train passa sans être entendue,
à moins de trois cents pas du corps d'armée ennemi;
quand le jour parut, nos derniers hommes étaient passés

et le pont de bateaux presque entièrement replié sur la rive gauche de l'Adige. C'était là une barrière derrière laquelle on pouvait dormir en repos; je ne me souviens plus du nom de l'endroit où nous retrouvâmes le quartier général de Beaulieu; Radetzky lui rendit de moi un compte très avantageux, et me cita de la manière la plus flatteuse dans ses rapports à Vienne.

La campagne était terminée : je transmis au maréchal de camp Ruitz, brave et honnête espagnol, l'ordre de conduire la cavalerie napolitaine en Tyrol, dans la vallée de Mérau et d'y prendre ses quartiers d'hiver. J'obtins moi-même un congé pour rétablir ma santé; je visitai Lausanne, Turin et Venise; puis, au mois d'avril 1797, je ralliai mon corps de cavalerie que j'accompagnai jusqu'à Naples.

LETTRES

DE LA

PRINCESSE DE TARENTE

LETTRES

DE LA

PRINCESSE DE TARENTE

I

A MADAME LA DUCHESSE DE DEVONSHIRE

29 octobre 1793.

Tout est dit ! la malheureuse Reine est immolée ! Et
elle a reçu le premier coup par l'infâme accusation faite
au nom de son fils. Quel raffinement de cruauté que celui
de préparer cet enfant depuis trois mois à devenir un
instrument de parricide ! *Et toi aussi !* aura pu dire cette
infortunée. Et elle n'aura plus regretté la vie. Je ne vous
parlerai pas de l'horrible jour ! Il a été accompagné de
toutes les indignités, de toutes les barbaries sauvages et
de toutes les acclamations de cet exécrable peuple. La
mort du roi a été douce en comparaison de celle-ci. Elle a
été tourmentée par l'horreur de la prison, par la maladie,
par la longueur des interrogatoires, et elle n'a eu ni la
consolation de voir ses enfants, ni les paroles de Males-
herbes, ni testament, ni les secours salutaires de la religion, ni même cette affluence imposante qui soutient le
courage d'un grand caractère. Je suis sûre qu'en parta-

geant l'horreur générale de ce forfait vous éprouvez aussi
toute la douleur de l'attachement, sans compter celle de
ce cœur si sensible au malheur d'autrui par l'impression
de vos propres douleurs.

Vous ne me parlez pas de vos projets ; vous attendez
des lettres de M. Tissot, qui ne vous parviennent pas ; je
suis bien aise que vous ayez le temps de vous remettre
du premier trouble de votre arrivée, de l'émotion qui
vous attire plus fortement vers vos enfants, au moment
où vous vous sentez plus près d'eux ! Je compte que ce
temps n'est pas perdu, que vos parents et vos amis en
profitent pour mesurer avec vous vos sacrifices et le fruit
que vous pouvez en espérer.

Ce que vous me dites de votre amie m'inquiète ; il me
revient de tous les côtés qu'elle est plus livrée à l'opposi-
tion que jamais. J'ai lieu de le croire par la lettre qu'elle
écrit au prince. Elle ne peut être de bonne foi en lui
disant que la guerre recule, au lieu d'avancer le rétablis-
sement de la France, et que l'ordre ne peut revenir que
par l'intérieur. Quoi ! quatre cent mille hommes qui en
emploient six cent mille n'avancent pas les choses, ne
secondent pas les insurrections de l'intérieur, ne présentent pas un appui et un refuge aux mécontents ?
Qu'est-ce que les efforts de votre amie ? Qu'est devenu
Lyon, faute de secours de l'Étranger ? La masse des sans-
culottes n'est-elle pas centuple de celle des propriétaires ?
Et cette masse peut-elle jamais être convertie ? J'éprouve
une vraie peine de la conduite de la duchesse. Comment
est-il possible qu'elle s'attache encore à un parti qui n'est
plus composé que de gens sans mœurs et sans principes,
et qu'elle n'oserait pas avouer comme *amis*, si elle ne les
avouait pas comme chefs de parti ? Que dirait le duc, et le
lord Spencer, et le duc de Portland, qui ont abandonné,
dans la question du moment, le parti qu'ils honoraient

autrefois par leurs vertus ? Mais vous, comment n'avez-vous pas, par votre raison, par votre amitié, de l'ascendant sur votre amie ? Je ne conçois pas qu'on vous résiste. Pourquoi a-t-elle déjà abandonné le doux projet de ne plus s'occuper que de ses filles, que de ses dettes ? Je ne conçois pas qu'une âme si douce que la sienne ait besoin de toutes les agitations de la politique, et des passions de l'esprit de parti. Je vois d'ici tout votre trouble à Richemond, et comme les paroles ne voulaient pas venir. Soyez sûre pourtant que, non seulement Mme d'Hénin est très aimable, mais qu'elle a d'admirables et d'excellentes qualités. Je ne m'étonne pas qu'à la première vue, elles ne s'allient pas avec les vôtres ; en la connaissant davantage, vous vous entendrez mieux. Je sais bien bon gré à Mme de Cambise de m'avoir fait honneur, et de vous avoir fait contenance de votre bonté et amitié pour moi. Si vous la revoyez, dites-le lui de ma part. Je n'ai plus aucune nouvelle de la situation de Mme de Biron, et le dernier forfait augmente mes alarmes ; il ne prouve que trop que ces monstres n'ont aucun besoin de l'utilité d'un crime pour le commettre, bien au contraire ; leurs instincts pervers les font agir contre leur propre intérêt ; ils préfèrent des victimes à des otages. Adieu, chère milady.

J'ai appris avec plaisir que lord Hervey a parlé si haut et si justement que M. Frédéric a baissé la voix et le pavillon[1].

1. Copie.

II

A MADAME LA PRINCESSE DE TALMOND[1]

Le 11 juin 1796.

Enfin, je l'ai reçue avant-hier, cette lettre charmante que vous m'aviez annoncée, ma bonne chère, et de vous dire le plaisir qu'elle m'a fait, c'est aussi impossible pour moi que de vous serrer maintenant dans mes bras. Je l'ai relue cent fois et j'ai eu le bonheur d'y retrouver la compagne chérie des plus heureux jours de ma vie, ces temps où ne connaissant point la méchanceté des hommes, je vivais contente et tranquille. Depuis notre séparation, que de maux de toutes sortes n'ai-je pas soufferts ! Que de peines ineffaçables ! Mais votre bonne amitié comme la mienne a triomphé de tout ; l'absence ne nous a rien fait perdre. Votre lettre, que je garderai soigneusement, m'en est le garant. Soyez toujours la même, ma chère, et votre amie n'aura pas tout perdu. Que je voudrais aller pleurer, m'affliger avec vous ; cette teinte de tristesse, qui ne vous quitte pas, me plaît, m'attache, et me rapproche de vous, s'il était possible que quelque chose en vous me séduisît plus que vous-même. La perte que j'ai faite dernièrement[2] a réveillé dans mon pauvre cœur bien des sentiments. Qu'elle m'a été sensible ! Vous savez, pour l'avoir vue, ce qu'elle fut pour moi.

1. Belle-sœur de la princesse de Tarente.
2. M⁰ᵉ la duchesse de La Vallière, grand'mère de la princesse de Tarente.

Pardon, ma chère amie, j'eusse dû, avant de vous parler de moi, me réjouir avec vous du bonheur d'avoir conservé madame votre mère. La Providence, qui, malgré qu'elle envoie beaucoup de peine, n'abandonne jamais, vous devait un soutien; elle vous l'a accordé. Avec vous j'adore ses décrets et la remercie que, cette fois, elle n'ait pas été sévère. Remerciez madame votre mère de son souvenir et de sa bonté pour moi; je l'envie d'être avec vous, mais je ne puis me souhaiter à la place où vous êtes toutes deux. Ma chère, je partagerai toujours vos regrets avec toute la sincérité de mon cœur; je vous remercie du sacrifice que vous me faites[1]...

Bonne Paule[2]! je suis satisfaite de la pensée qu'elle est enfin heureuse; je leur souhaite le bonheur comme il le leur faut; il est toujours relatif; chacun le trouve où son caractère le lui montre.

Ma chère, soignez bien votre fils[3]. Quoique son éducation puisse en souffrir, ne pensez qu'à lui faire une bonne santé, et vous lui rendrez un grand service. Que je serais heureuse de le voir! Pauvre enfant, il ne sait rien des malheurs de son père. En parle-t-il? Souhaite-t-il de le revoir? Lui ressemble-t-il? Je lui garde sa lettre; quelquefois je la lis. Quand je la reçus, j'étais folle de plaisir: l'objet de mon culte n'était pas anéanti[4], et le nom que je portais combattait pour elle et son fils.

Adieu, ma sœur chérie; je vous embrasse avec tout un cœur bien à vous depuis longtemps; faites des vœux pour moi; adieu.

1. Envoi du portrait de son beau-frère, le prince de Talmond.
2. Mlle de Tourzel.
3. Léopold de Talmond.
4. Marie-Antoinette.

III

A MADAME LA PRINCESSE DE TALMOND

Le 9 janvier 1797.

Il y a mille ans, mon amie, que je n'ai eu le plaisir de causer avec vous. J'en ai souffert, je vous assure, car je vous aime tendrement, vous le savez, et je compte sur vous de même. Je ne puis oublier les jours heureux que j'ai passés avec vous, près de vous. Hélas! ma chère, dans ce temps combien la vie valait mieux qu'aujourd'hui, et que la nôtre était douce, quand le matin ensemble les heures coulaient si rapidement que le dîner venait sans nous en douter! Vous ne l'avez pas oublié, ma petite, ce temps-là.

Comme je suis touchée du désir que vous avez que je me réunisse à vous; mais je vous avoue que je ne l'ai pas, ce courage : mon cœur est trop blessé, et ses blessures sont trop profondes. Si vous saviez, mon amie, que le temps ne fait que les irriter, que mes souvenirs sont plus chauds, plus vifs, à mesure que les jours passent; tout entière à ces idées, dans le lieu où vous êtes, je ne vivrais pas. Cependant celle qui partage avec vous[1] la plus grande partie de mes moments, sait bien que sa volonté est et sera la base et la règle de ma conduite. Je n'ai plus d'autre lien qu'elle, je lui dois tout, je lui donne tout. La famille chérie a aussi tous mes vœux les plus chers; je

1. Sa mère, la duchesse de Châtillon.

jouis de son nouveau bonheur[1]; je voudrais en être témoin.
Le ciel ne peut en rassembler sur ces excellentes gens
autant que je leur en souhaite ; non, assurément, il ne le
peut pas. Je vais écrire à la mère et à la fille ; elle est aussi
la mienne ; nous nous sommes trouvées ensemble à de
mauvais moments. Quel courage elle a toujours montré !
Qu'il la rende heureuse ! Dieu, qu'il la rende heureuse !

J'espère que vous êtes contente de la maison où est
votre fils[2].

Je m'intéresse à lui beaucoup. Soignez-le bien ; c'est tout
ce qui en reste ; et c'est un grand dépôt que vous avez là.
Tâchez qu'il soit bon, et comme nous le souhaitons tous.
L'éducation générale me fait peur, sous certains rapports ;
j'espère que vous êtes assurée qu'elle n'aura aucun des
inconvénients que je crains.

Une petite fille[3] que vous verrez bientôt est bien chargée
de cent mille amitiés pour vous et surtout pour lui. Je lui ai
demandé de l'embrasser beaucoup pour moi. Je vous
remercie, mon amie, du portrait de notre pauvre et
malheureux frère[4]; il m'a fait mal d'abord ; le mot qui est
écrit dessus m'a rappelé une personne qui fut là aussi,
et j'ai beaucoup souffert. Je l'ai donné à son frère[5], qui a
paru le désirer, et j'ai trouvé qu'il était plus à lui
qu'à moi.

Je vous souhaite tout ce qui peut contribuer, non à
votre bonheur, il n'en est plus pour nous, je le sais, mais
à votre repos. Notre frère se porte bien, je crois, je le vois

1. Mariage de Mlle Pauline de Tourzel avec M. de Béarn.
2. Léopold de Talmond.
3. Mlle d'Uzès.
4. Prince abbé de La Trémoïlle, guillotiné à Paris le 15 juin 1794.
5. Prince abbé Louis de La Trémoïlle, guillotiné à Paris le 15 janvier 1794.

très peu ; l'autre[1] et moi nous en sommes aux douceurs ;
j'en ai reçu une lettre vraiment tendre.

IV

A M. LE DUC DE LA TRÉMOILLE, A NAPLES

Londres, 31 janvier 1797.

J'espère que vous voudrez bien prendre part à la triste
nouvelle que j'ai apprise, il y a huit jours, par une lettre
de maman, de la perte qu'elle avait faite de ma bien-
aimée grand'mère, qui a péri le 3 de ce mois, après une
maladie de huit jours ; vous savez combien j'aimais ma
grand'mère ; vous avez vu comme elle me traitait bien.
Voilà les fruits de la révolution : vivre dans l'éloignement
et périr privée des soins qui avaient fait la consolation de
la vie. Dix jours avant de tomber malade, elle nous
écrivit à ma sœur et à moi un petit billet charmant bien
ressemblant à elle ; il avait ranimé toute mon espérance
et j'étais convaincue que je la reverrais ; ah ! je suis bien,
bien triste, je vous assure, j'ai perdu une bonne et tendre
amie, et je conserve une mère pour passer ma vie loin
d'elle, au milieu des étrangers. Cette manière d'être est
trop triste : combien je voudrais avoir plus de courage
que je n'en ai ! Je partirais tout de suite pour la France ; et
je suis sûre que j'y arriverais et y vivrais tranquille et
malheureuse comme ici, mais certainement moins malheureuse qu'ici, malgré que je serais entourée des tombeaux

1. Son mari, le duc de la Trémoille.

de tout ce que j'ai aimé ; mais ainsi, j'aurais, pour ma
consolation et pour me fortifier, le bonheur de vivre pour
ma mère, de lui consacrer tous mes moments ; enfin, de
me rapprocher du seul appui que j'ai dans ce monde, de
la seule personne sur laquelle je puis avec complaisance
reposer toutes mes affections et tout le bonheur de ma
vie, s'il y en a pour une personne qui a eu les liens que
le hasard m'a donnés et qu'une si cruelle fatalité a rompus
d'une manière si inopinée et si terrible ; car, mon cher,
tous les sentiments que vous m'avez vus pour les personnes, existent dans la même force dans mon souvenir
et leur perte m'est aussi sensible que le premier jour ; la
seule chose qui balance dans mon cœur l'envie que j'ai
d'aller en France est l'horreur d'habiter un pays où il a
été commis tant de crimes, une ville qui a vu tranquillement périr un Roi, une Reine, leur famille, et des centaines
de gens vertueux et bons ; la pensée de respirer l'air empesté
par le crime, où le crime seul est heureux, soulève mon
cœur et m'ôte tout courage. Si je finis par aller m'en-
terrer là, dans cet infâme pays, je voudrais, avant, avoir
le seul plaisir qui plaît à mon cœur, qu'il regarde comme
un soulagement à ses maux, le bonheur de voir et d'entendre sa sœur, dont j'admire et respecte le caractère
et la façon noble de penser ; elle est vraiment reine de
fait autant que de nom ; je ne la connais que par ses
lettres [1], mais ce qu'elle écrit est marqué au cachet de l'hon-

1.   Madame la princesse de Tarente,
Ma chère princesse, quoique je n'aie point l'honneur de vous
connaître, votre attachement à mon infortunée sœur vous rend à mes
yeux bien précieuse. Je ne puis me consoler de sa fin tragique et
en doute encore. Grand Dieu ! elle qui a été si aimée et qui surtout
aimait si passionnément la France et les Français ! Elle en a été si
abominablement traitée !
Mais tirons un voile sur ces horreurs, que mon cœur n'oubliera
jamais. Ses enfants, la vertueuse Mlle Élisabeth, c'est ce que je

neur et du sentiment ; que le ciel la préserve et son pays ; je
sens que tout ce qui m'attachait à sa sœur me porte vers
elle et me fait faire les vœux les plus ardents pour elle et
tout ce qui lui tient.

V

A MONSIEUR LE DUC DE LA TRÉMOÏLLE.

Londres, le 14 mars 1797.

Il y a certainement bien des mois que vous n'ayez eu de
lettres de moi, si vous êtes encore à Venise ; car ne pouvant croire la chose possible, j'ai toujours adressé mes
lettres à Naples, et même pour la dernière, j'y fus parfaitement autorisée par la Reine elle-même, qui me mandait :
« Vous pouvez maintenant adresser ici vos lettres à votre
« mari ; les troupes rentrant dans le royaume, il viendra
« à Naples. » Enfin, si vous êtes à Naples avant ou même
après, celle-ci et les autres que vous y trouverez seront,
j'espère, ma justification. Pour moi, c'était du plus loin

désirais, au prix de mon sang, pouvoir sauver, et toutes mes pensées
se réduisent à celle-là, me paraissant par là de rendre hommage et
une preuve de ma tendresse à sa mémoire.

Vous recevrez cette lettre par une amie parfaite et bien aimable
et qui vous est attachée au dernier point. Adieu, comptez que je
chéris tous ceux qui ont aimé mon infortunée sœur et qu'en toutes
les occasions je me ferai un plaisir de vous prouver que je suis
votre attachée amie.

CHARLOTTE.

Naples, ce 19 février 1794.
(Archives d'Uzès.)

que je me souvenais d'avoir eu le plaisir de voir de votre
écriture ; enfin, sûrement vous avez fait ce qui vous convenait le mieux et je suis contente. Je ne répondrai pas,
mon cher, à toute votre politique. Tout aussi noire qu'elle
peut être, tout aussi vraie elle sera. Pauvre Italie ! Malgré
que je ne la connais pas, je l'aime ; et tous mes vœux se
portent sur votre patrie adoptive et sur la mienne, et tous
mes souhaits hâtent le moment d'y aller, pour y trouver
le repos et la consolation à mes peines aux pieds de sa
sœur bien-aimée.

Pour le moment il paraît que voilà un grand changement
dans ma destinée : je suis appelée en Russie par l'Empereur. L'Impératrice me l'écrit de la manière la plus obligeante, et j'ai consenti dans ma réponse d'y aller ; moi et
la famille d'Uzès devons aller prendre un asile dans ses
États. M. et Mme d'Uzès n'y peuvent aller, j'y vais avec
mon beau-frère et son fils. C'est le sacrifice d'un an pour
assurer le bien-être de cette famille, et je le leur dois. Je
n'ai pas eu le temps de vous consulter, mon cher, il eût
fallu trop de temps ; mais j'espère que votre raison vous
guidera comme mon cœur me guide dans ce moment, et que
vous approuverez que je fasse cette démarche pour assurer l'existence de cette famille, dont la position est des
plus malheureuses. Je ne me suis conduite dans cette
affaire que d'après les conseils de mes bons et excellents
amis, M. et Mme de Circello, et ce sont eux qui m'ont tracé
mon devoir. J'ai promis à M. et Mme d'Uzès d'y aller ; et
aussitôt que la mer sera ouverte, je m'embarque. Mme de
Circello a eu la bonté d'expliquer toute cette affaire à la
Reine ; moi je lui ai écrit aussi.

Je vais en Russie sans aucunes prétentions quelconques
pour moi, ainsi je serai toujours libre ; je ne souhaite, ne
veux et n'aime que les bienfaits de la reine de Naples.
Ceux-là seuls plaisent à mon cœur ; mais il ne faut pas

se refuser à changer la position de ces vertueuses gens,
qui sont si bons pour moi et si reconnaissants de ce que
mon amitié pour eux me fait entreprendre. Voici les véri-
tables mots de sa Majesté l'Impératrice : « Votre bonheur
« fait l'objet de nos sollicitudes ; aussi suis-je chargée
« par l'Empereur de vous offrir un asile et un petit éta-
« blissement dans l'une des provinces de son empire, où
« vous et votre famille trouverez la paix et la tranquillité
« dont vous avez été si longtemps privées. » De plus, le
comte de Choiseul-Gouffier me mande qu'il ne m'a fait plus
tôt part des intentions de S. M. I., parce que l'Impératrice
a voulu elle-même m'apprendre les bontés de l'Empereur ;
qu'il aurait écrit de sa part, et par son ordre, à M. le duc
d'Uzès, s'il ne voulait me laisser le bonheur de lui annoncer
moi-même ce qu'il pouvait espérer. Je vous demande de
supplier la Reine de prier M. le duc de Serra-Capriola, son
ministre en Russie, d'avoir de l'intérêt et de la bonté pour
moi. Je ne serai pas fâchée qu'on sache là d'avance que je
suis protégée par la Reine de Naples ; ce que je connais de
lui m'assure que c'est un homme très bon et très serviable.
Écrivez-moi encore une lettre ici, après la réception de
celle-ci, et ensuite sous le couvert du duc de Serra-Capriola
à Saint-Pétersbourg. N'est-ce pas étrange, mon cher, que la
destinée me porte là ? Je crois encore rêver, mais c'est cependant bien vrai que je serai en Russie avant quatre mois.
Dites-moi que vous approuvez mes motifs et ma résolution ;
alors je partirai beaucoup plus contente, car de toutes
manières, il faut que j'aille ; l'engagement est trop pris de
tous côtés, et votre éloignement est trop grand.

Maintenant que je vous ai parlé de mes propres
affaires, ou plutôt de celles des autres, il faut que je
vous parle des vôtres. J'ai fait prévenir Trépied[1] que

1. Homme d'affaires.

vous aurez besoin de lui ; il est à Paris et se porte
bien. Dans sa dernière lettre, maman m'en parle, elle est
du 12 février. Elle me dit : « Pendant que j'étais aujour-
« d'hui à table, j'ai su que Trépied était dans la maison ;
« j'ai attendu que j'en fusse levée pour le voir, et il était
« parti. » Votre frère [1] n'est plus ici, apparemment il vous
l'aura mandé ; je n'en ai pas entendu parler depuis son
départ, et je ne suis pas sans inquiétude, surtout avec la
croyance que j'ai qu'il est allé en France. Enfin ne dites
rien à personne de ceci ; c'est peut-être une erreur de ma
part de le croire là encore, mais je suis très fondée à croire
qu'il y sera, s'il n'y est déjà ; et tout ce qui s'y passe relativement aux tentatives des amis du Roi m'effraye pour lui.
Ses motifs sont bons, je suis sûre ; j'espère que ses actions
le seront autant, et pour lui et pour celui qu'il veut servir.
Son zèle me paraît très louable, et on est bien heureux
d'inspirer tant de confiance ; s'il y a du bonheur et de la
gloire à servir son Roi heureux, il y en a encore beaucoup
plus à s'exposer pour servir son Roi malheureux et
abandonné.

Malgré que, je dois vous l'avouer, j'entrevoie beaucoup
de difficulté dans le projet que vous avez, je souhaite qu'il
réussisse ; je le souhaite du fond du cœur. Il faut vous
avertir que vous et le pauvre abbé êtes sur la liste des
Émigrés, que Talmond ni votre frère n'y sont pas. Rien
n'est vendu, il est vrai, mais je ne sais si Mme de Talmond
a réussi comme elle souhaitait ; dans sa dernière lettre,
elle me paraît très mécontente. Votre projet de voir
Trépied en Suisse avant tout me paraît le plus sage, et je
vous engage fort à y tenir ; cet homme, étant toujours
resté là, est très à portée de vous donner de bons et sûrs

1. Le prince Louis, dont il sera parlé ci-après, ainsi que le prince
de Talmond, son neveu, et l'abbé de La Trémoïlle, frère du duc.

renseignements. Je passe ma vie avec le ministre du Roi à Paris; c'est un homme tout à fait agréable et de bonne société. Il arrive de Portugal, où il était employé, et ne séjourne ici que quelques moments. Il faudrait avant de rien résoudre, il me semble, savoir par Trépied, en le faisant venir en Suisse, ce que vous pouvez raisonnablement espérer, et comment il vous serait possible de tirer un bon parti de la position où vous vous trouvez. Mais toute entreprise sera très délicate, car un homme qui vient demander ce qui est à lui ne paraîtra à leurs yeux qu'un usurpateur de leurs biens : il ne peut et ne doit être accueilli que par mille et mille difficultés. Si je sais, avant de quitter ce pays-ci, quelque chose sur votre frère, je ne manquerai pas de vous en instruire exactement.

Je puis vous dire une chose bonne, parfaitement bonne pour vous. Un Poitevin, ami de l'homme de Thouars, j'ai oublié son nom, m'a dit qu'il avait de fortes raisons de croire qu'il avait soustrait beaucoup de vos titres. Cet homme a été plusieurs fois en France, et pour la dernière fois avec le malheureux Sérens. Il est lui-même habitant de Thouars, et sa femme et ses enfants y sont restés. Ce même homme m'a amené l'autre jour un Poitevin, qui a fait toute la guerre de la Vendée avec votre trop malheureux frère le prince de Talmond et qui ne le quitta qu'après la déroute de [Savenay], que tout le monde fut obligé de se sauver, entre autres lui. S'il eût suivi ce jeune homme, il se serait sauvé; un autre le persuada qu'il connaissait mieux les côtes, il le crut et il fut pris et jeté dans les prisons de Rennes. Il a répondu comme un Dieu à son interrogatoire; il a été à la mort, qu'il a subie, à la porte de votre château de Laval, avec le plus grand courage. J'ai écouté les détails avec un grand intérêt; j'aimais Talmond de tout mon cœur et sa mémoire m'est très chère.

Adieu, mon cher, voilà une lettre immense, mais j'avais beaucoup à dire.

VI

A MADAME LA PRINCESSE DE TALMOND

Londres, le 16 mai 1797.

Dites-moi pourquoi, mon aimable petite sœur, vous n'avez jamais répondu un seul mot à la lettre que maman vous a remise de ma part? Pourquoi ne m'avez-vous jamais fait dire que vous l'avez-reçue? Pourquoi m'avez-vous privée du plaisir de voir que vous m'aimez toujours? Hélas! ma petite sœur, il faut être avare de mes plaisirs; j'en ai peu maintenant, mais, je le sais, ma sœur que j'ai connue ne peut m'avoir oubliée plus que moi je ne l'ai oubliée; je la juge au moins par mon cœur, qui garde un souvenir aussi tendre que durable de ce qu'elle fut pour moi, dans ces temps où nous étions heureuses sans nous en apercevoir; dans ces temps où, habituées à une réunion charmante, nous ne savions pas l'apprécier en comparaison de ce que nous souffrons maintenant par les privations et les peines attachées à l'absence. Savez-vous combien d'années se sont écoulées depuis que je n'ai eu le bonheur de vous voir? Pensez-vous à tout ce que j'avais alors qui m'attachait à une existence que je traîne maintenant assez misérablement, loin de la seule personne[1] sur

1. Son mari.

laquelle j'aie des droits naturels? — Sûrement, ma chère,
elle vous aura dit quels sont aujourd'hui mes projets.
J'essaie par un grand sacrifice de donner quelque prix à
mon existence, en me servant de la bonté et de la sensibilité de l'Empereur et de l'Impératrice de Russie, pour
assurer un sort favorable à la famille d'Uzès. Je vais
moi-même en Russie; nous y sommes tous appelés; moi
en étant le motif, et toute l'espérance, je suis décidée de
partir dans quelques semaines. Ce nouvel éloignement
m'afflige, mais il n'aura qu'une courte durée, et si c'est
maintenant un sacrifice, j'en serai bien récompensée, si je
réussis à sauver cette bonne et vertueuse famille des malheurs attachés à une émigration sans terme. Voilà mes
motifs; il n'y a rien de personnel; je ne voudrai ni ne
demanderai rien pour moi; je ne veux rien que ce que j'ai;
cela plaît à mon cœur, et soulage ses maux, ces maux qui
ne doivent jamais finir.

Vous recevrez, j'espère, bientôt une petite gance de mes
cheveux pour attacher le cœur que je vous ai envoyé.
Recevez-la, ma petite sœur, comme le gage d'une bien
sincère amitié, et gardez-la avec quelque intérêt... Je serais
bien charmée de vous entendre parler de Léopold.

Mon intérêt est très réel pour tout ce qui regarde la
famille et particulièrement Léopold, que je vous demande
d'embrasser pour sa tante.

Je suis fâchée qu'il soit si jeune; car j'aurais beaucoup
de plaisir à le voir devenir deux fois mon neveu[1].

Gardez soigneusement ce morceau de ruban, jusqu'à ce
que celui qui s'y joint vous soit présenté. Ecoutez cet
homme, il est parfaitement honnête et d'une province[2] qui
n'est pas sans intérêt pour votre fils; il connaissait son

1. Projet de mariage avec Mlle d'Uzès.
2. De Poitou.

père, et a chassé avec lui dans le Parc Chalons. Je vous
l'envoie, parce que je le connais et que je sais que vous
pouvez vous y fier; faites-le parler à l'homme qui m'a si
bien servie et à qui je vous prie de faire mes compli-
ments. Dites-lui que Mlle La Peyrouse va aller à Paris, et
qu'elle le tourmentera pour certain papier; qu'il fera aussi
bien, s'il l'a, de le nier, parce que dans d'autres temps on
pourra lui faire justice, sur ce qui lui est malheureusement dû; car elle ne s'est pas assez bien conduite pour
moi, pour que je n'aie pas un véritable regret d'avoir été
si bonne.

Adieu, chère amie, pensez donc quelquefois à celle qui
vous aime tendrement.

VII

A MADAME LA PRINCESSE DE TALMOND

Wideville, ce 1er septembre 1797.

Précieux moment, ma chère Talmond, puisqu'il est
employé à vous dire, à vous répéter, à vous assurer, à
vous demander, à vous conjurer, à vous supplier de croire
aux battements sentimentalement fraternels d'un cœur
qui est tout sœur pour vous, chère Talmond...

Quelle folie! En voilà assez, je suis au bout de cette
lubie, pardonnez-la à un reste de gaieté. Votre idée, plus
que celle de tout autre, peut facilement en rallumer une
obscure étincelle, si je m'y laisse aller; la voilà éteinte.

Moquez-vous de moi, de ma folie ; mais vous me rappelez tant de choses et un temps où notre plus grand bonheur, si nous voulons bien le voir ce qu'il était, était une extrême légéreté et une indifférence parfaite sur ce qui était au-delà du moment qui nous occupait uniquement ; car, dès lors, si nous y avions pensé, à part la révolution, se préparait pour nous un avenir bien obscur et bien noir, grâce aux lots, aux tristes lots, que le Ciel nous avait départis. Voyez, ma bonne amie, quel contraste ridicule : une page et demie d'une folie qui va jusqu'à la bêtise, qui est suivie d'une page et demie qui va jusqu'à la raison la plus raisonnable. Adieu...

VIII

A M. LE DUC DE LA TRÉMOÏLLE

Saint-Pétersbourg, le 20 mars 1798.

Je vous ai déjà écrit une fort longue lettre, il y a dix jours, comptant l'envoyer par la poste. J'ai appris qu'il y avait moyen de la faire sortir de Russie sans la mettre à la poste, j'en ai profité, et, depuis encore, j'apprends qu'un courrier, passant par Naples en allant à Malte, part dans trois jours ; je garde ma première lettre, et j'y ajoute celle-ci, pour vous parler plus à cœur ouvert, comptant que vous sentirez comme moi, malgré que vous n'y avez pas un intérêt direct, l'obligation d'être prudent et discret sur ce que je vais vous dire de ma position à cette cour.

J'y ai été appelée de la manière la plus flatteuse [1], reçue de la manière la plus distinguée ; j'y suis arrivée le dimanche ; j'ai passé plus d'une heure dans le cabinet de S. M. l'Impératrice, en tiers avec l'Empereur. LL. MM. II. m'ont gardée à la cour ; j'y ai dîné, soupé, jusqu'au jeudi, que je suis revenue en ville à leur suite, après avoir reçu la petite croix de l'ordre de Sainte-Catherine, et, deux jours après, le portrait de S. M. l'Impératrice, qui est la marque des Dames d'honneur et donne le premier rang à la Cour de Russie. Arrivée en ville, j'ai soupé au palais avec LL. MM. II., et le lendemain, j'ai revu LL. MM. C'était le vendredi. L'Impératrice m'a encore parlé, mais l'Empereur ne m'a pas dit un seul mot ; je n'ai pas suivi la cour à son autre campagne. Une fête, où toutes les Dames d'honneur étaient mandées, a eu lieu, quatre jours après ; j'ai écrit à l'Impératrice avant de m'y rendre ; j'étais vraiment peinée dans le fond du cœur.

J'avais attribué toute cette réception à mes liens avec la Reine [2], et j'étais très fière d'être le moyen qu'un hommage lui soit rendu publiquement et, pour perdre cette idée, il a fallu un long effort et dont mon pauvre cœur a bien souffert ; il a fallu, enfin, la perdre, cette idée consolante, et voir que je n'étais que le seul motif de cet engouement, *que cinq jours, pas plus*, ont détruit. L'Impératrice ne m'a pas répondu, m'a très mal traitée à la fête, m'a parlé une petite fois pour la forme, et voilà tout. L'Empereur a affecté de me passer, de me regarder mille fois, sans me dire un seul mot, tandis que, la semaine d'avant, il n'y en avait que pour moi. Je suis repartie pour la ville, et depuis ce jour, 15 d'août (j'étais arrivée à Pétershoff, où était la cour

---

1. Voir ci-dessous, p. 226, les lettres de l'Empereur et de l'Impératrice de Russie.

2. Marie-Antoinette.

alors, le 29 juillet) jusqu'au 15 novembre qu'elle est venue
en ville, je n'ai eu de ses nouvelles que parce que mon
beau-frère, qui était venu avec moi, ayant pris le parti de
s'en aller en Angleterre, j'ai saisi ce prétexte pour rappeler
que l'ordre de me rendre en Russie était commun à la
famille d'Uzès et à moi, et que je suppliais LL. MM. II.
d'avoir quelques égards à la position malheureuse où elle
se trouvait. LL. MM. ont accédé à ma demande, et ce
moment a décidé de mon sort à venir. LL. MM. m'ont fait
chacune une pension dont le total général est de 450 louis ;
voilà l'état le plus exact de mes immenses revenus. Il est
vrai qu'à mon arrivée à Pétershoff, j'ai trouvé sur ma
toilette une bourse remplie d'or, contenant la valeur de
4 à 5000 roubles ; j'ai vécu sur cette somme pendant
six mois, pour joindre l'époque où les pensions ont commencé de courir ; sur cette somme, il a fallu acheter une
voiture, habiller mes gens, m'habiller ; enfin, payer, mois
par mois, mon ménage, tellement petit qu'il soit. L'argent,
sans que j'en aie jeté un seul sol par la fenêtre, se trouve
mangé et celui que j'ai apporté, bien écorné.

Vous voilà au fait autant que moi ; jugez maintenant
s'il m'est possible de faire ce que vous voulez. Vous savez
quels sont mes revenus ; ma dépense les passe tous les
mois ou à peu près, si je me permets le moindre achat ;
aussi, suis-je d'une raison incroyable et je vous jure que
je ne pare pas la cour impériale, qui est la plus belle que
j'ai jamais vue. Je vis tranquillement ici ; je crois que la
plus parfaite modération est la véritable marque de la
noblesse des sentiments et du désintéressement qui m'a
conduite ici. Vous connaissez ma façon de penser, je ne
suis pas fort occupée d'une grande fortune ; pourvu que
j'aie de quoi pour n'être pas à charge, voilà tout ce qu'il
me faut, et ce que je souhaite ; si je pouvais y joindre de

quoi partager, ce serait le vrai bonheur ; mais où est-il maintenant ?

A Londres, j'avais assez pour vivre, et si la demande de venir en Russie n'avait regardé que moi, (vous vous souvenez de ce que je vous ai mandé alors), je vous jure que je n'aurais jamais osé risquer mon bonheur, ma tranquillité, pour la chimérique espérance de trouver une plus grande fortune. Bien fou serait celui qui se laisserait éblouir par un tel espoir ; mais, l'ordre étant commun à ceux qui n'avaient rien, j'ai dû leur faire le sacrifice de mon déplacement. Je ne m'en repens pas, tant que je conserve l'espoir que cette année assurera leur existence. Quant à moi, je laisse au temps ; malgré que je sois si pauvre que je ne puis vivre avec ce que j'ai, je ne demanderai rien pour moi ; je laisse, dis-je, au temps et à la justice à me donner ma récompense.

Malgré que vous avez abandonné l'idée du service ici, je veux vous en donner une petite idée : en calculant votre entrée au service le plus favorablement, vous êtes admis comme général major, vous êtes de la quatrième classe, trois au-dessous de moi ; l'Empereur vous donne le commandement d'un régiment, au Caucase, sur les frontières de la Sibérie ou bien à vingt-cinq verstes de Pétersbourg ; vous n'y pouvez venir que vingt-huit jours par an, et il y a de telles distances que le chemin emporterait le congé, témoin M. de Langeron, qui commande un régiment, à Oufa, sur les frontières de la Sibérie ; mais M. de Richelieu, qui est à Tsareskoslo, à vingt verstes, ne peut pas plus venir ici ; les appointements, soit que vous soyez employé ou que vous restiez sans régiment, sont de deux mille cinq cents roubles, au plus, autrement dit, deux cent cinquante louis ; de plus, le service est excessivement minutieux et pénible, et très peu sûr ; on est réprimandé, rayé pour très peu de chose, je vous jure.

Quant à la guerre, que vous aimez beaucoup, on est sûr

de ne la jamais faire ici : l'Empereur me paraît l'avoir en
horreur. Quant à la pension de prince d'Empire, je n'en ai
jamais entendu parler ; quant au rang, il n'existe plus : on
ne connaît que rang civil et rang militaire, qui marchent
conjointement ensemble.

En tout, mon cher, tenez-vous-en à ce proverbe : *tout ce qui
reluit n'est pas or*. Maintenant, trouvez-vous si extraordinaire
que je ne souhaite pas de vous voir ici ? De plus, le
moment est perfide pour les étrangers. Tenez-vous de
votre mieux à Naples ; faites-vous-y des amis, comme j'ai
eu la bonne fortune de m'en faire à Pétersbourg ; tout le
monde qui me connaît, m'estime et me souhaite du
bien, il n'y a au vrai, que ceux dont mon bien-être
dépend, qui n'y songent pas et qui croient avoir tout
fait pour moi, tandis que, de tous les Français qui sont
ici, je suis la seule qui n'ai pas demandé d'y venir, et
presque la seule qui n'y ait pas acquis un sort fixe par le
don d'une propriété.

Il faut ajouter aussi que ma conduite modérée, mon
silence, doit leur faire croire que je suis très bien ; car je
n'ai pas dit un seul mot qui ait pu leur donner une idée
contraire. Je confie tout ceci à votre cœur, et je vous prie
d'en garder le plus profond secret : vous gâteriez mes
affaires encore plus qu'elles ne le sont, et assurément, c'est
tout dire ; ne vous laissez aller à aucunes confidences vis-
à-vis du comte Pouschkine[1] ; sa mère me témoigne intérêt,
mais il ne faut pas parler de ses affaires, le moins qu'on
peut ; au moins est-il le mieux ; j'ai prié la comtesse
Pouschkine de vous recommander à son fils, comme le
mari d'une personne pour laquelle elle avait de la bonté ;
il est aussi obligeant que sa mère ; peut-être pourra-t-il
vous être de quelque agrément. Adieu, mon cher ; brûlez

1. Ministre de Russie à Naples.

ma lettre, je vous prie. Le hasard a disposé de nous,
courons avec courage toutes ses chances. En nous
remettant à la Providence de l'heureuse issue des choses
de ce bas monde. La cour me traite toujours de même.
L'Empereur ne m'a pas parlé depuis trois mois. L'Impératrice me parle toujours de choses indifférentes. Mme la
princesse de Condé a éprouvé les effets du caractère
changeant de S. M. l'Empereur : sa faveur a été extrême ;
sa défaveur de même. Mettez la plus grande prudence
dans votre réponse, pour que je sache si vous avez reçu
ma lettre ; écrivez que vous avez reçu la lettre de tel quan-
tième.

Lettre de l'Empereur de Russie

A Madame la Princesse de Tarente.

J'ai vu avec plaisir dans votre lettre l'expression des sentiments que vous me témoignez. J'ai cru devoir mettre en évidence ceux que je porte à une famille qui a donné à ses souverains tant de preuves de fidélité et de dévouement ; aussi peut-elle compter sur l'intérêt qu'elle m'inspire et dont je me plais à vous renouveler l'assurance, priant Dieu qu'il vous ait, Madame la Princesse de Tarente, en sa sainte et digne garde.

PAUL.

Gatschina, ce 22 septembre 1797.

Lettre de l'Impératrice de Russie

A Madame la Princesse de Tarente.

Recevez, chère Princesse, mes remerciements pour la lettre que vous m'avez fait parvenir de la part de Mme la duchesse d'Orléans. La seule consolation que je trouve dans les nouveaux troubles de la France, c'est de voir une Dame, distinguée par son mérite autant que par sa naissance, à l'abri des dangers de tout genre auxquels elle était sans cesse exposée au sein de sa malheureuse patrie. Vous ne rendez pas justice à mes sentiments si vous n'êtes parfaitement convaincue de l'estime et de la bienveillance particulière avec lesquels je n'ai jamais cessé d'être votre très affectionnée.

MARIE.

Gatschina, 20 octobre 1797.
  (*Archives d'Uzès.*)

EXTRAITS DES COMPTES

EXTRAITS DES COMPTES

*1781. — Extrait des dépenses faites pour le mariage de la
princesse de Tarente, Louise-Emmanuelle de Châtillon,
femme de Charles-Bretagne, duc de La Trémoille.*

I. — Mémoire des billets à la main et imprimés pour faire
part du mariage de Mlle de Chastillon avec M. le prince de
Tarente, et des courses faites par Lepage, courrier de l'Uni-
versité et de la Cour, pour porter lesdits billets dans le
mois de juillet 1781 :

750 billets à la main, tant de part que de signature du
contrat de mariage qu'invitations à la célébration, à 7 liv.
le cent.. 52 liv. 10 s.

Pour la cire d'Espagne qui a servi à
cacheter lesdites lettres..................... 6 liv.

2 000 billets imprimés, à 3 liv. le cent.... 60 liv.

Pour les courses du courrier............ 96 liv.

                Total.............. 214 liv. 10 s.

II. — Mémoire du marchand Daguerre, du 23 juillet 1781.

Une toilette composée de 2 grands quarrés,
2 coffrets, une vergette et le miroir, le tout en
bois d'acajou et orné de bronze doré d'or moulu. 384 liv.

Une table à thé en bois d'acajou moucheté. .. 108 liv.

Trois tasses porcelaine de France à 15 liv......   45 liv.
Quatre idem, à 12 liv... ....   48 liv.
Une idem. ....   48 liv.
Une idem ....   10 liv.
Trois idem, à 8 liv.................   24 liv.
1 théière ....   24 liv.
1 pot à sucre................   24 liv.
1 pot à lait................   15 liv.
1 jatte...................   12 liv.
Port...... ....   1 liv.

                        Total............   713 liv.

III. — Mémoire d'une toilette, pour Madame la princesse de Tarente, fournie par Le Roy, marchand orfèvre à Paris :

Savoir : un pot à l'eau ; sa jatte ; deux boîtes à poudre ; deux boîtes à pâte ; une paire de flambeaux ; leur bassinet à trois bobèches ; une gouttière ; ses porte-gobelets ; les deux gobelets ; leurs couvercles ; un coffre à racines ; une boîte à rouge ; un étui à cure dents et un à jour ; le tout ciselé en frise d'ornement avec une tête de fleuve couronnée de fleurs, et des perles sur toutes les bordures. — Pesant le tout ensemble trente-sept marcs, cinq gros, à 52 liv. le marc, fait................   1928 liv. 1 s.
Contrôle à 5 liv. le marc, fait............   185 liv. 8 s.
Façon du pot à l'eau ....   150 liv.
La jatte................   120 liv.
Les deux boîtes à poudre............   200 liv.
Les deux boîtes à pâte............   160 liv.
Les deux flambeaux ; leurs bassinets à trois bobèches................   250 liv.

La gouttière, les porte gobelets et gobelets   200 liv.
Le coffre à racines.. ....   150 liv.
La boîte à rouge . ...   9 liv.
L'étui à cure dents ....   10 liv.
L'étui à jour........................   12 liv.
Fourni deux flacons garnis en argent.. ...   48 liv.
Gravure de 26 armes....................   26 liv.

               Total............ 3448 liv. 9 s.

IV. — Mémoire des coiffures et fournitures faites à Mme la duchesse de Châtillon (pour la princesse de Tarente), par Léonard Autry (coiffeur de Marie-Antoinette); savoir :

Le 2 juillet 1781. — Fourni deux boucles..   6 liv.
Deux peignes à queue......... ....   4 liv. 16 s.
Deux peignes à deux fins.................   8 liv.
Deux peignes à démesler ....   18 liv.
Le 10 dudit. — Une coiffure pour le mariage.   48 liv.
Fourni un paquet d'épingles.............   7 liv.
Sept petites boucles à 40 s. pièce..........   14 liv.
Un chignon à l'enfant....................   12 liv.
Le 11 dudit. — Une coiffure de lendemain.   24 liv.
Le 12. — Une coiffure.................   6 liv.
Le 17. — Une coiffure.... ....   6 liv.
Le 19. — Une coiffure... ....   6 liv.
Le 22. — Une coiffure de présentation.....   72 liv.
Fourni trois plus à 10 liv. pièce.........   30 liv.
Pour avoir arrangé les diamants et fourni-
tures....................................   9 liv.

              Total............ 294 liv. 16 s.

V. — Mémoire de la dame Suzanne Bardin :

Pour des épingles noires, blanches, aiguilles à coudre et à passer ; pour du fil blanc, de couleur ; de la soie ; des lacets ; de la ganse noire ; de la faveur pour nouer le trousseau ; du ruban à numéro noir, blanc, rose, des aiguillettes.. 126 liv. 19 s.

Pour 12 cartons forts, 108 liv., et 24 s. au porteur... 109 liv. 4 s.

Pour 12 liv. de poudre............................ 7 liv. 4 s.

Pour deux bouteilles d'eau-de-vie de lavande ambrée.. 8 liv.

Pour deux paquets de cure dents forts.... 1 liv. 4 s.

Pour deux racines.................................. 1 liv. 4 s.

Pour 1 livre de poudre d'odeur................ 2 liv. 10 s.

Pour un bâton de pommade à la mille fleurs.. 1 liv. 10 s.

Pour un pot de pommade à la façon de Dulac.. 24 liv.

Pour deux pots de rouge........................ 24 liv.

Pour une paire de gants de peau de chien. 3 liv.

Pour un pot de pâte d'amande................ 4 liv. 4 s.

Pour 3 houppes de cygne........................ 6 liv. 12 s.

Pour une éponge................................... 6 liv.

Pour la robe à Marguerite....................... 48 liv.

Pour un fiacre, le jour que j'ai été porter les présents.. 4 liv.

Idem, le jour que j'ai été porter la robe de la femme de charge, à l'hôtel de La Trémoille. 3 liv.

Idem, la veille du mariage, 2 voitures pour porter les dentelles.............................. 7 liv. 4 s.

Idem, le jour du mariage, 2 voitures, une le matin, l'autre le soir.............................. 6 liv.

Pour 4 peignes de buis, pour peigner à fond. 3 liv.

Pour 1 fichu de soie pour passer les man-
ches .... 5 liv.

Pour aunes de ruban liséré pour des bra-
celets .... 2 liv.

Pour la petite brodeuse ; 7 commissions
chez la couturière et 2 chez Mme Vernier
pour porter les lévites de basin .... 5 liv. 8 s.

Pour le blanchissage et le calandrage des
6 lévites de basin, à peigner, de Madame la
princesse de Tarente ; donné à Mme Vernier. 36 liv.

Pour le blanchissage des mouchoirs chaus-
sons, frottoirs, fichus et 3 douzaines de ser-
viettes données à Gaspard .... 16 liv. 12 s.

De plus, de la part de Madame la princesse de Tarente, donné à Dugué .... 24 liv.

Total .... 485 liv. 15 s.

VI. — Fourni par le sieur La Fabrègue quatre paires de
brodequins de peau jaune pour le trousseau de Mlle de
Chastillon .... 14 liv.

VII. — Mémoire du cordonnier Rouel :

Une paire de souliers à boucles d'étoffe blanche et argent
brillant .... 14 liv.
Deux paires de souliers de droguet puce, tout
unis .... 12 liv.
Une, couleur de chair pâle, ... 6 liv.
Une, vert anglais .... 6 liv.
Plus, deux paires de souliers noirs .... 12 liv.
Une paire de mules, droguet rose .... 6 liv.

The following are generally defined as abstract data types:

- Deque
- Priority queue
- Queue
- Set
- Stack
- String

10.3 Linked Lists

In this section we will discuss linked lists implementation. Linked lists can be broadly classified into three types:

- Singly linked list   -   Only one link, can move in only one direction

- Doubly linked list   -   Two links, can move in two directions, left to right and right to left

- Circular linked list -   Single/Double links, access first data item from the last data item

Single Linked List

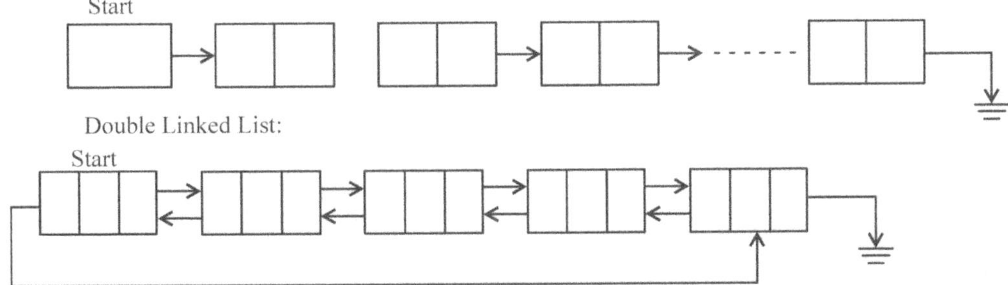

Single Linked Circular List

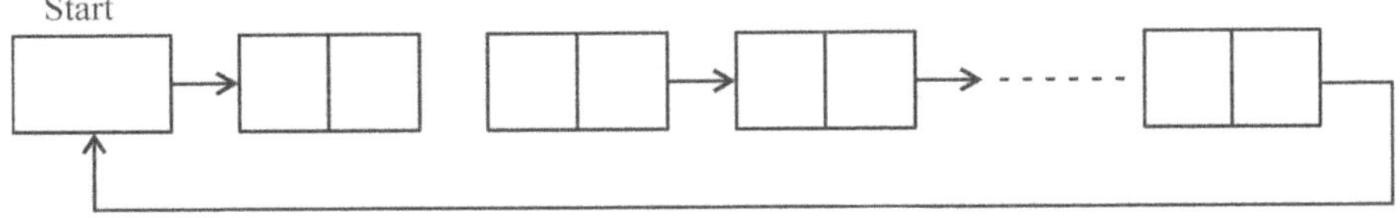

Double Linked Circular List

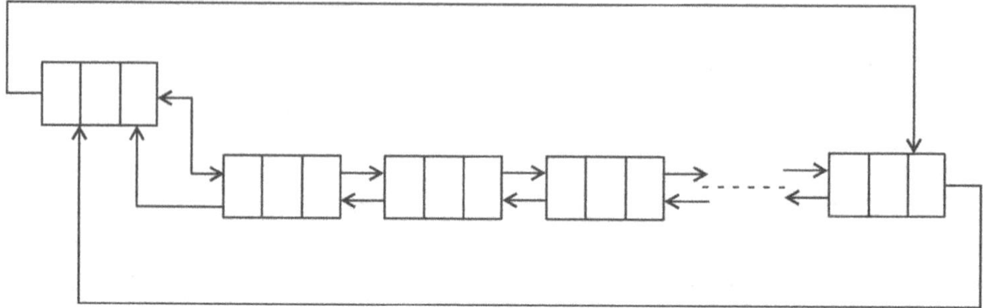

Singly Linked List

- The individual data items are represented by nodes. Each node consists of a data field and a link field. Link points to the next data item in the list or NULL. Following the links sequentially all the data items can be accessed.
- A special pointer called start can be used to indicate the beginning of the linked list. Start node is not mandatory but is convenient.

Operations: The general operations that can be performed on singly linked lists are as follows:

- Creation
- Insertion
- Deletion
- Traversing

Data structure that can be used to create a singly linked list is

```
Struct slinklist
{
        int data;
        struct slinklist *link;
};
```

typedef stuct slinklist node;

creating a special node called start

```
node *start = NULL;
```

Creating a linked list

- Create a new node and allocate the required memory.
- It the linked list is empty make start point to the newly created node.
- If the liked list is not empty, find the end of the existing linked list and adjust. pointers to append the newly created node.

Node:

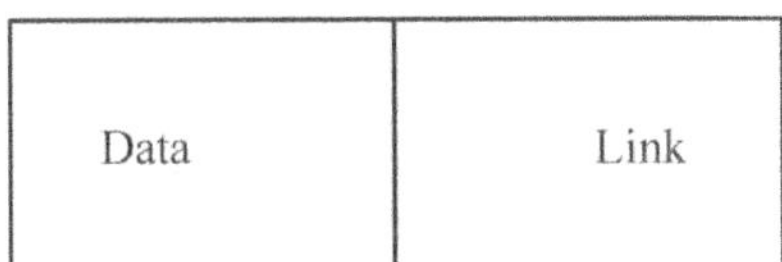

Start Initially:

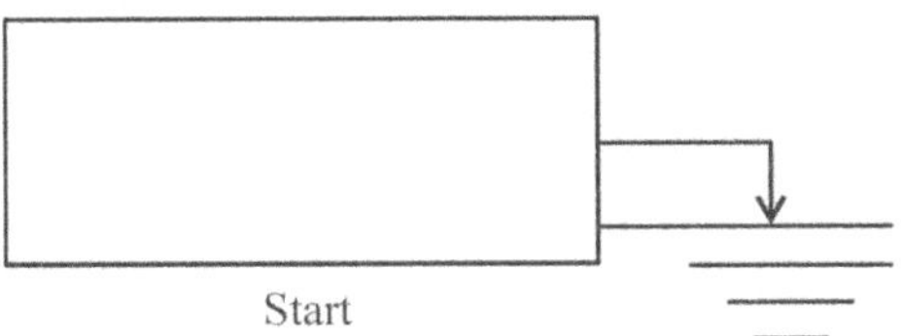

Sample Node:

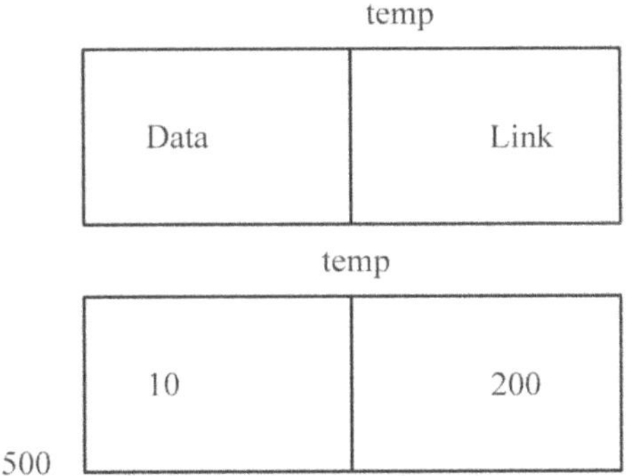

Temp mans 500
Temp. $\longrightarrow$ data means 10
Temp. $\longrightarrow$ link means 200

Creation:

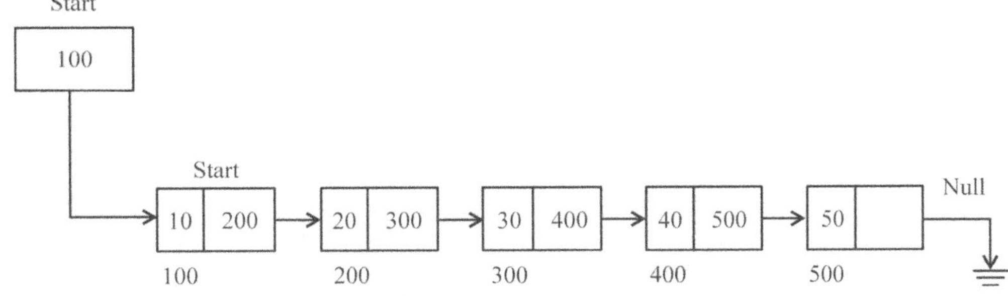

Insertion at the beginning:

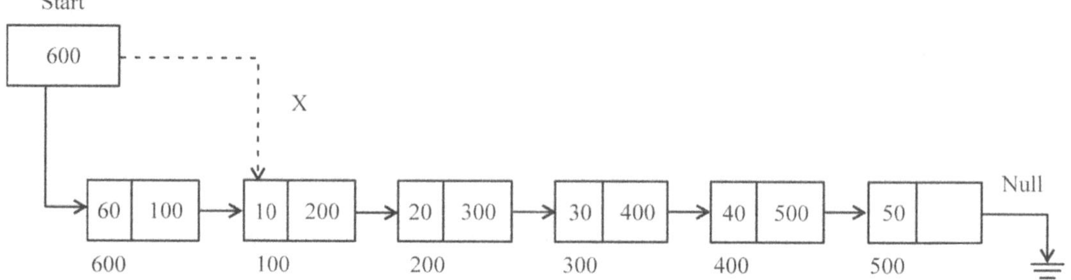

Steps in order: creating a new node, making new node point to the first node, making start point to the new node

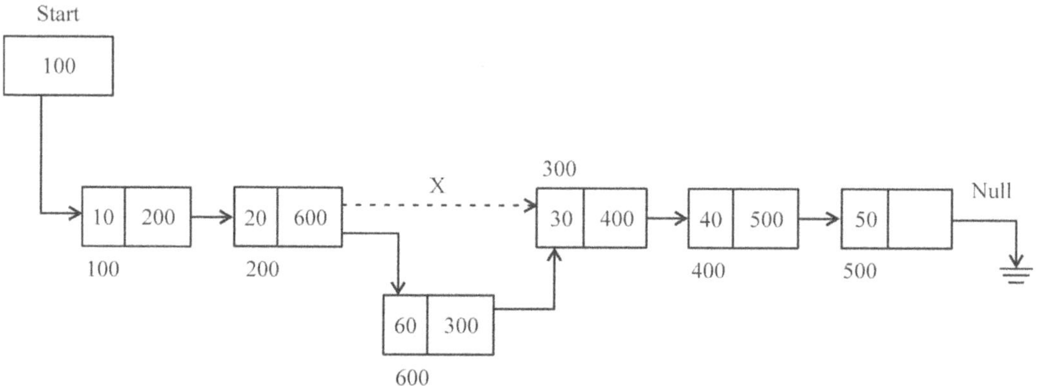

- Steps in order: Creating a new node, making the new node point to the next node in the list, making the current node point to the new node.

Deleting the first node:

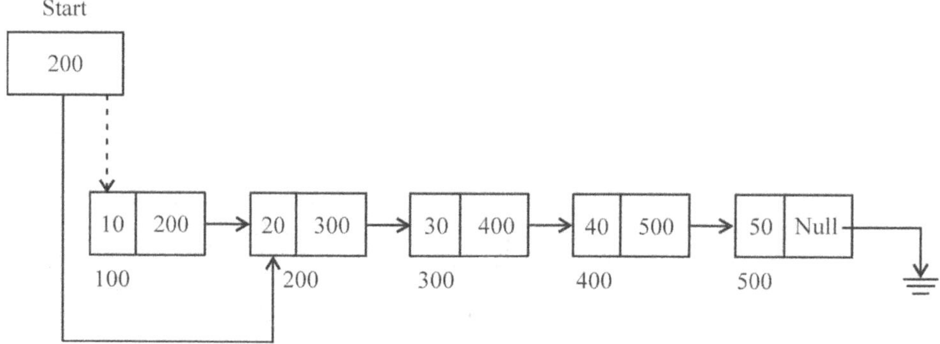

Deleting other than first node

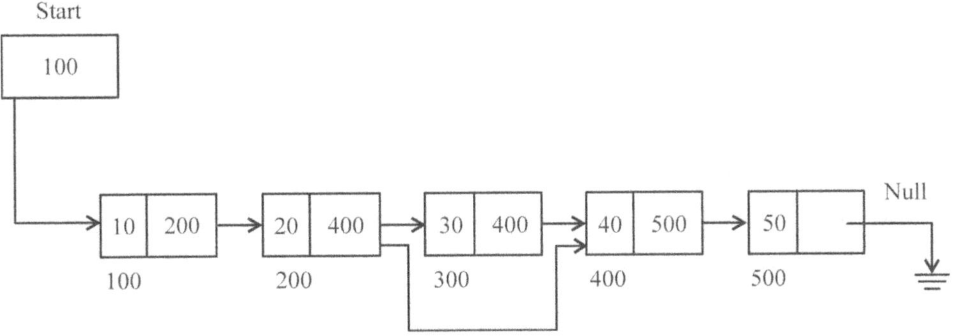

Creating a linked list

```c
int i,n;

node *newnode,*prev;

printf("enter the number of nodes");

scanf("%d",&n);

for(i=1;i<=n;++i)

    {

            newnode = (struct node*) malloc(sizeof(node));

            printf("enter the data");

            scanf("%d",&newnode->data);

            newnode->link = NULL;

            if(start == NULL)

                {

                        start = newnode;

                        prev = start;

                }

            else

                {
```

```c
                    prev->link = newnode;
                    prev = newnode;
            }
        }
```

Traversing a linked list

```c
node *temp;
temp = start;
while(temp != NULL)
 {
    printf("%d",temp->data);
    temp = temp->link;
 }
```

Inserting after a given node

```c
 int value;
 node *temp,*newnode;
 printf("enter the node after which insertion has to be made");
 scanf("%d",&value);
 temp = start;
 while(temp->data != value)
        temp = temp->link;
 newnode = (node *) malloc(sizeof(node));
 printf("enter the value to be inserted");
 scanf("%d",&newnode->data);
 newnode->link = temp->link;
 temp->link = newnode;
```

Insert at the beginning

```c
node *temp,*newnode;

newnode = (node *) malloc(sizeof(node));
printf("enter the value to be inserted");
scanf("%d",&newnode->data);
```

```c
newnode->link = start;
start = newnode;
```

Deleting a node other than the first node

```c
  node *temp,*prev;
  int value;
  prev = temp = start;
  printf("enter the node value to be deleted");
  scanf("%d",&value);
  while(temp->data != value)
    {
prev = temp;
temp = temp->link;
    }
  prev->link = temp->link;
  free(temp);
```

Deleting the first node

```c
  start = start->link;
  getch();
```

Searching and Sorting

Searching is required in various applications. The searching can be as simple as searching sequentially for a specific data item among the list of data items. Searching can make use of knowledge about the search space. Searching without the knowledge of the search space is called brute force method.

Search is performed generally on a list of data items, tree or graph. List search algorithms are the basic kind of algorithms. The problem consists of list of data items and a search data item to be searched among the data items list. Among the list based search algorithms, Linear search is the fundamental search algorithm in which data item is searched linearly or sequentially. Better search algorithm is binary search where the list of elements to be searched is reduced by half at each step. But the fundamental requirement for binary search is the list of items should be in sorted order.

Tree search algorithms are the most commonly used algorithms. They have wide range of applications. They find applications in database management systems. When the number of data items is limited they are maintained as list. When the number of data items goes beyond certain limit, the data items are generally maintained as tree. There are different types of tree structures, Binary tree, B-tree, B^+-tree, etc. All these tree structures are generally used for indexing in data bases where searching is used frequently. Hence tree searching algorithms have to be efficient. But list search algorithms are also significant because when the number of data items increases, the data items are not maintained as separate nodes in tree structure, but a group of data items are stored in a single node requiring list search. This is the case with B-tree and B^+-tree.

Many of the problems of real applications involve searching a Graph. Searching a graph is a difficult task because there are many alternatives which have to be searched. The searching in a graph is generally based on some criteria not for individual data items. The criteria can be minimum weighted path from one node to another node. Best first search, depth first search are examples of graph search algorithms.

11.1 Linear Search

Linear search also known as sequential search, searches for a specific data item among the list of data items sequentially or linearly. The search data item is compared with the first data item in the list. If there is a match then the search is successful and the search process may be stopped. If otherwise, search data item is compared with the second data item in the list and the process repeats until the search item is found or the list of data items is completed and the search data item is not found and the search is unsuccessful.

Linear search is simple and can be used on any list of data items. No constraints such as sorted list is imposed i.e., linear search can be used to search in an unordered list. It works fine when the number of data items is small and works poorly when the list length is large. Its performance is better when the data items are evenly distributed. When the search is for data items at the end of the list or for the data items not present in the list, its performance is poor.

Pseudocode:

Let list[1], list[2],.....list[n] is the list of data items

index = 1

Until the end of the list

    Begin

        Compare the search data item with list[index]

        If match is successful return index

        Else

        Increment index

    End

If all the data items are compared and if the search data item is not found, search is unsuccessful

---

11.2 Binary Search

Searching can be improved if the data items in the list are sorted. Sorted list is the necessity for performing binary search. It is called as binary search because at each step the number of data items to be compared with is reduced by half. The search data item is compared with the middle data item. If it matches then search is successful else the entire list is partitioned into two parts taking middle data item as the partitioning data item. If the search data item is less than the middle data item then further search is restricted to data items which are before the middle data item else search is restricted to data items which are after the middle data item and upto the last data item. Since the data items to be searched is reduced by half at each step, the number of data items compared is less and hence the complexity of the algorithm is less. Applications where binary search is intrinsically applied is dictionary of words and telephone directory.

The code shippet for binary search is as follows:

```
{
    low = 0
    high = N
    while (low < high) {
        mid = low + ((high - low) / 2)
        if (A[mid] = value)
                return(mid);
        else if (A[mid] < value)
                low = mid + 1;
    else
        high = mid;
    }

        return -1

}
```

(**Note:** The above code returns the position of the element if it is available otherwise it return -1)

11.3 Sorting

Sorting is arranging the data items in an order. The order can be ascending order or descending order. Technically there are two types of order: numerical order and lexicographic order. The numbers are arranged according to numerical order. The words of a dictionary are arranged according to lexicographic order. Sorting enables performance of many tasks easily. For example the binary search requires sorted list. It is difficult to search large data sets like dictionary, telephone directory, etc., without sorting.

There are many sorting algorithms. Sorting algorithms started as early as 1950's, but still they are evolving. Sorting can be classified into two types: internal sorting and external sorting. Internal sorting requires all the data items to be sorted present in main memory. External sorting enables sorting of data sets which doesn't fit in main memory.

11.3.1 Evaluation Criteria

Sorting algorithms can be evaluated based on the following criteria:

Number of Comparisons: The main operation performed in sorting is comparison of data items. Based on the number of comparisons complexity of the sorting algorithm can be computed. Best case, worst case, and average case are considered.

Extra Memory: Some sorting algorithms are "in place". This means that they need only few extra memory locations beyond the memory for data items being sorted.

Stability: The algorithm is called stable sorting algorithm if it maintains the relative order of with equal keys (i.e., values).

Adaptability: It is whether or not the presortedness of the input affects the running time. Algorithms that take this into account are known to be adaptive.

11.3.2 Illustration of Stability

Stable sorting algorithms maintain the relative order of records with equal keys. If all keys are different or if the keys are single not composite, then this distinction is not necessary. But if there are equal keys, then a sorting algorithm is stable if whenever there are two records (let's say R and S) with the same key, and R appears before S in the original list, then R will always appear before S in the sorted list.

Assume that the following pairs of numbers are to be sorted by their first component:

(4, 2) (3, 7) (3, 1) (5, 6)

In this case, two different results are possible, one which maintains the relative order of records with equal keys, and one which does not:

(3, 7) (3, 1) (4, 2) (5, 6) (order maintained)

(3, 1) (3, 7) (4, 2) (5, 6) (order changed)

11.4 Sorting Algorithms

11.4.1 Bubble Sort

Bubble sorting got its name from the way bubbles come from bottom to top of water in a pond or river. In bubble sort the first data item that is sorted is the bottom data item. Imagine data items from top to bottom i.e., vertical. The first data item that is sorted is maximum data item, then next maximum data item and so on until all the data items are sorted. The algorithm starts at the beginning of the data set. It compares the first two data items, and if the first is greater than the second, it exchanges them. It continues doing this for each pair of adjacent data items until the end of the data item set is reached. By this first pass maximum data item is sorted and is at the bottom. It then starts again with the first two data items, repeating the process. The main problem with this sort is large number of comparisons.

Eg:

Let the list of numbers be (4 3 2 8 1 9)

First pass

(**4 3** 2 8 1 9)   exchanged

(3 **4 2** 8 1 9)   exchanged

(3 2 **4 8** 1 9)   not exchanged

(3 2 4 **8 1** 9)   exchanged

(3 2 4 1 **8 9**)   not exchanged ; 9 is sorted and is in correct place

Second pass

(**3 2** 4 1 8 9)   exchanged

(2 **3 4** 1 8 9)   not exchanged

(2 3 **4 1** 8 9)   exchanged

(2 3 1 **4 8** 9)   not exchanged ; 8 is sorted and is in correct place

Third pass

(**2 3** 1 4 8 9)   not exchanged

(2 **3 1** 4 8 9)   exchanged

(2 1 **3 4** 8 9)   not exchanged ; 4 is sorted and is in correct position

Fourth pass

(**2 1** 3 4 8 9)   exchanged

(1 **2 3** 4 8 9)   not exchanged ; 3 is sorted and is in correct position

Fifth pass

(**1 2** 3 4 8 9)   not exchanged ; 2 is sorted and is in correct position

Sorted list is (1 2 3 4 8 9)

Pseudocode

Let A be the list of data items to be sorted. n be the number of items

For i $\leftarrow$ 1 to n-1

Begin

    For j $\leftarrow$ 1 to n $-$ i

    Begin

If A[j] > A[j+1]

    Exchange (A[j], A[j+1])

End

End

11.4.2 Insertion Sort

Insertion sort is a simple sorting algorithm that is relatively efficient for small lists and mostly-sorted lists, and often is used as part of more sophisticated algorithms. It works by taking data items from the list one by one and inserting them in their correct position into a new sorted list. It is expensive, requiring shifting all following data items over by one.

Eg:

Let   (2 5 1 3 4) be the list of data items to be sorted by inserting one data item at a time.

(2)	2 inserted
(*2 5*)	5 inserted ; compared ; not exchanged
(2 **5** 1)	1 inserted ; compared ; exchanged
(**2 1** 5)	compared ; exchanged
(1 2 **5 3**)	3 inserted ; compared ; exchanged
(1 **2 3** 5)	compared ; not exchanged
(1 2 3 **5 4**)	4 inserted ; compared ; exchanged
(1 2 **3 4** 5)	compared ; not exchanged

Sorted list is (1 2 3 4 5)

Pseudo code

Let A be the sorted list to be arrived by inserting one data item at a time into it. Let n be the number of data items in the list currently. Initially n value is 1.

Repeat the following until there are no more items to be inserted

Read insertitem

A[n] = insertitem

If (n > 1)

Begin

    flag = 1

    i = n

```
            While (flag and i > 1)
            Begin
                    If(A[i] < A[i-1])
                            Begin
                                        exchange(A[i], A[i-1])
                                        Flag = 1
                                        i = i − 1
                            End
                    Else
                            Flag = 0
            End
        End
        n = n + 1
```

11.4.3 Merge Sort

Merge sort achieves sorting by an operation called merging. Merge sort is not a sorting algorithm by itself. It starts by comparing every two data items (i.e., 1 with 2, then 3 with 4...) and exchanging them if they are out of order. It then merges each of the resulting lists of two into lists of four, then merges those lists of four, and so on; until at last two lists are merged into the final sorted list. This is the sorting algorithm that scales well to very large lists.

Eg:

Let (2 3 4 5 1 0 9 7) be the list of data items

The list may be divided until each sublist consists of only one data item. The sublists are shown in parenthesis.

(2) ; (3) ; (4) ; (5) ; (1) ; (0) ; (9) ; (7)

(2 3) ; (4 5) ; (0 1) ; (7 9)

(2 3 4 5) ; (0 1 7 9)

(0 1 2 3 4 5 7 9)

Pseudocode

Let A be the list of data items to be sorted. Start and end be the position of the first and last data items in the list.

Mergesort(A,start,end)

```
Begin

        If there is no data item or only one data item return
        n = end - start +1
        mid = start + (n /2) – 1
        mergesort(A,start,mid)
        mergesort(A,mid+1,end)
        merge(A,start,mid+1,end)
End
Merge(A,p,q,r)
Begin
        i = p
        j = q
        k = 0
        while(i < q and j <= r)
        begin
        if (A[i] <= A[j])
                begin
                        k = k + 1
                        temp[k] = A[i]
                        i = i + 1
                end
        else
                begin
                        k = k + 1
                        temp[k] = A[j]
                        j = j + 1
                end
        end
        if (i >= q)
                while (j <= r)
                begin
```

$$k = k + 1$$
$$temp[k] = A[j]$$
$$j = j + 1$$
$$end$$

else
while (i < q)
begin

$$k = k + 1$$
$$temp[k] = A[i]$$
$$i = i + 1$$

end

i = 1
while (i <= k)
 begin

$$A[p - 1 + i] = temp[i]$$
$$i = i + 1$$

end
end

11.4.4 Selection Sort

Selection sort is an algorithm in which sorting is done by selecting a particular data item which is generally the minimum data item. The selected data item is placed in correct position at each step.

Eg:

5 2 1 7 3	minimum data item is 1
1 2 5 7 3	1 and 5 are exchanged
1 2 5 7 3	2 is minimum data item and is in correct position
1 2 5 7 3	3 is the minimum data item
1 2 3 7 5	3 and 5 are exchanged
1 2 3 7 5	5 is the minimum data item
1 2 3 5 7	5 and 7 are exchanged

Sorted list (1 2 3 5 7)

Pseudocode

Let A be the list of data items and n be the number of data items

```
for i ← 1 to n-1
begin
       min = i
       for j ← i+1 to n
                 if (A[j] < A[min])
                         min = j
       if (i <> min)
       begin
                 temp = A[i]
                 A[i] = A[min]
                 A[min] = temp
       End
   End
```

11.4.5 Quick Sort

Quick sort is a divide and conquer algorithm which sorts the data items based on partitioning. For partitioning, a data item called pivot is chosen and data items are partitioned. The pivot data item is placed in correct position at each pass. All the data items less than the pivot are placed before the pivot and all the data items greater than the pivot are placed after the pivot. All the data items before the pivot form one partition which is sorted using quick sort and all the data items after the pivot form one partition which is sorted using quick sort. This process is repeated until all the data items are sorted. The main issue in quicksort is choosing a good pivot element. If the pivot element is chosen wrongly the performance of quick sort suffers. The experimental investigation proves that good choice of pivot element is median of the elements. The pivot element can be random element and need not be fixed element like first element in the list of elements.

*Eg***:**

[**3** 1 9 2 5 8 7 4 6]	3 is the pivot element
[**3** 1 2 9 5 8 7 4 6]	9, 2 are exchanged
[2 1] 3 [9 5 8 7 4 6]	3 is placed in correct position
1 2 3 [9 5 8 7 4 6]	First partition is sorted
1 2 3 [6 5 8 7 4] [9]	9 is placed in correct position and is sorted
1 2 3 [6 5 4 7 8] 9	8 and 4 are exchanged
1 2 3 [4 5] 6 [7 8] 9	6 and 4 are exchanged

1 2 3 4 5 6 [7 8] 9   partition 4 and 5 are exchanged

1 2 3 4 5 6 7 8 9   partition 7 and 8 are exchanged

Pseudocode

Let A be the list of data items

Quicksort(A,left,right)

If (left < right)

Begin

```
        i = left          j = right+1
        pivot  = A[left]                    //random element can be chosen
        while (i < j)
        begin
                i = i + 1
                while(A[i] < pivot)
                        i = i + 1
                j = j – 1
                while(A[j] > pivot)
                        j = j – 1
                if (i < j)
                        exchange(A[i],A[j])
        end
        exchange(A[left],A[j])
        quicksort(A,left,j-1)
        quicksort(A,j+1,right)
end
```

Stack and Queue

The two commonly used abstract data types are stack and queue. Stack and queue are used by various system programs. Stack is used during function calls and evaluation of expressions. Queue is used by operating system during scheduling of programs. Since stack and queue are defined as abstract data types, programmer can implement them in his own way and use them according to his requirement.

12.1 Stack

A stack is a Last in First Out (LIFO) data structure. The last data item that is placed on the stack is the first data item that is removed. There is no restriction on the domain of the values that can be stored on the stack. stack can hold data of any data type including structures. The two basic operations defined on the stack are: push and pop. The push operation adds a new data item on the top of the existing list of data items in the stack, hiding any data items already on the stack. The pop operation removes a data item from the top of the stack.

Stack can be visualized as stack of plates placed one above the other. Only top plate can be removed. When a new plate is added, it is added at the top of the stack. The two fundamental applications of stack are evaluation of expressions and function invocation.

Stack Implementation

A stack can be implemented by either array or linked list. The implementation is perfect only when done using object oriented programming languages because the data items of the stack and the operations push and pop are brought together. In procedure oriented programming languages data is not encapsulated. But still stack can be implemented in any programming language.

Array Implementation

```
#include<stdio.h>
void push(int);
int pop(void);

#define MAXSIZE 100
int stack[MAXSIZE];
int top = -1;
```

```c
void main()
{

int choice,item;
do
{
  printf("enter the operation to be performed 1.Push   2.Pop   3.Exit\n");

  scanf("%d",&choice);

switch(choice)
{
case 1:
        printf("Enter the data item to be pushed on to the stack");
        scanf("%d",&item);
        push(item);
        break;
case 2:
        item=pop();
        if(item != -1)
        printf("Popped item is : %d\n",item);
        break;
case 3:
        printf("Exiting from the program");
        break;
default:
        printf("Wrong Choice, enter value between 1 and 3");
        break;
}
}while(choice!=3);

return;
}

void push(int item)
{
if(top >= MAXSIZE-1)
        {
                printf("Stack Overflow");
        }
```

```
else
    {
            top++;
            stack[top] = item;

    }
}
int pop()
    {
            int temp;
             if(top != -1)
            {
                    temp = stack[top];
                    top--;
                    return temp;

            }
        else
            {
            printf("Stack is Empty");
            return(-1);    * returns if stack is empty*

            }
    }
```

Linked Implementation

The linked implementation of stack is more appropriate. The data items can be pushed on to the stack by dynamically allocating the memory and placing the data item in that memory. Push operation fails only when dynamic memory allocation fails. Popping the data item is just simple link adjustment procedure.

```
#include<stdio.h>
#include<malloc.h>

void push(int dataitem);
int pop();

struct node
{
int info;
struct node *link;
}*top=NULL, *temp,*p;
```

```c
int dataitem;
void main()
{
    int choice,a;
    do
    {
        printf("Linked implementation of stack");
        printf(" 1.Push   2.Pop    3.Exit");
        printf("\n Enter your choice : ");
        scanf("%d",&choice);

switch(choice)
{
    case 1:
                printf("enter the data item to be pushed on to the stack");

                scanf("%d",&dataitem);

                push(dataitem);
                break;

    case 2:
                dataitem=pop();

                if(dataitem != -1)

                printf("the popped item is %d",dataitem);

                break;

    case 3:
                printf("Exiting from the stack");

                break;

    default:
                printf("\nInvalid choice");
                break;
        }
    }while(choice != 3);
}
    void push(int dataitem)
    {
        temp = (struct node *)malloc(sizeof(struct node));
        if (temp == NULL)
```

```c
    {
        printf("stack is full");
        return(0);
    }
    temp->info = dataitem;
    temp->link=NULL;
    if(top == NULL)
                top = temp;
    else
    {
    temp->link = top;

    top = temp;
    }
}

int pop()
{

    int t;
    if(top==NULL)
    {
                printf("\nStack is empty");
                return(-1);

    }
    else
    {
                p = top;

                t = p->info;
                top = p->link;
                free(p);
                return(t);

    }
}
```

12.2 Queue

A queue is a First in First out (FIFO) data structure. The first data item added to the queue will be the first one to be removed. In a queue, data items are added to one end of the queue and data items are removed from the other end. The data items are added to rear of the queue and the data items are removed from front of the queue.

The applications where queue is generally used is scheduling of jobs for CPU allocation. Queue of persons waiting for a service, like tickets at a cinema is an example of the queue.

The two basic operations of the queue are insert at the rear of the queue and delete from the front of the queue.

Array Implementation

```c
#include <stdio.h>

#define MAXSIZE 100
int queue[MAXSIZE], front = -1, rear = -1,item;

void insert(int item) ;

int delete() ;

int main()
{
    int choice ;
    do
    {
        printf(" 1.Insert 2.  Delete  3.Exit\n") ;
        printf("Enter your choice [1-3] : ") ;
        scanf("%d", &choice) ;
        switch(choice)
        {
         case 1:
                printf("enter the data item to be added to the queue ");
                scanf("%d",&item);
                insert(item) ;
                break ;
         case 2 :
                item = delete();
                if(item != -1)
                printf("the removed item is %d",item);
                break ;
         case 3 :
                printf("Exiting from the queue");
```

```c
                        break;
            default :
                        printf("Invalid option\n") ;
            }
      }while(choice != 3) ;
}
void insert(int item)
{
      if(rear == MAXSIZE - 1)
      {
                  printf("Queue is full-overflow\n") ;
                  return;
      }
      rear++ ;
      queue[rear] = item ;

}

int delete()

{
   int temp;
   if(front == rear)
   {
                  printf("Queue is empty (underflow)\n");
                  return(-1) ;
   }
   front++ ;
   temp = queue[front];
   return(temp);
}
```

Linked list Implementation

```c
#include<stdio.h>
#include<malloc.h>

void insert(int item);
int deletion();
```

```c
struct node
{
    int info;
    struct node *link;
}*p,*front=NULL,*rear=NULL;
int item;

main()
{
        int choice;
        do
        {
                printf("Linked list implementation of queue");
                printf(" 1.Insertion   2.Deletion  3.Exit");
                printf("\n Enter your choice : ");
                scanf("%d",&choice);
                switch(choice)
                {
                case 1:
                        printf("enter the data item to be inserted");
                        scanf("%d",&item);
                        insert(item);
                        break;
                case 2:
                        item=deletion();
                        if (item != -1)
                        printf("deleted item is %d",item);
                        break;
                case 3
                        printf("Exiting from the queue");
                        break;
                default:
                        printf("wrong choice, enter choice 1-3");
                        break;
                }
                }while(choice != 3);
}
```

```c
void insert(int item)
{
        struct node *temp;
        temp=(struct node*)malloc(sizeof(struct node));
        if (temp == NULL)
        {
                printf("queue is full");
                return(0);
        }
    temp->info=item;
    temp->link=NULL;
    if(front != NULL)
        rear->link = temp;
    else
        front=temp;
    rear=temp;
 }
int deletion()
{
    int dataitem;
    if(front==NULL)
    {
                printf("Queue is empty");
                return(-1);
    }
    else
    {
    p=front;
    dataitem = p->info;
    front = p->link;
    free(p);
    return(dataitem);
    }
}
```

12.3 Circular Queue

There is one significant drawback of the queue. This problem occurs when queue is implemented as array. This problem is not present when queue is implemented using linked list. Assume that rear is pointing to the last data item in the queue and some of the data items in the queue are already deleted. In this case though some of the queue positions are empty we cannot add new data items to the queue. The solution to the problem is making the queue circular so that after inserting at MAXSIZE-1 position, if the starting position of the queue is empty, insertion in the starting position is made. In this case queue becomes circular and is called circular queue.

Array Implementation

** In this version only maxsize-1 total positions are filled, one position is always empty. Front always points to empty position before the first element postion **

```c
# include <stdio.h>
# define MAXSIZE 100

int queue[MAXSIZE], front = 0, rear = 0,item ;
void insert(int item) ;
int delete() ;


int main()
{
int choice ;
do
{
        printf(" 1.Insert  2.  Delete  3.Exit\n") ;
        printf("Enter your choice [1-3] : ") ;
        scanf("%d", &choice) ;
        switch(choice)
        {
        case 1:
                printf("enter the data item to be added to the queue ");
                scanf("%d",&item);
                insert(item) ;
```

```c
                        break ;
            case 2:
                        item = delete();
                        if(item != -1)
                        printf("the removed item is %d",item);
                        break;
            case 3 :
                        printf("Exiting from the circular queue");
                        break;
            default:
                        printf("Invalid option\n") ;
                }
} while(choice != 3) ;
}
void insert(int item)
{
if(rear == MAXSIZE - 1)
        rear = 0;
else
        rear = rear + 1;
if(front == rear)
 {
        printf("queue overflow");
        return;
 }
queue[rear] = item;
}

int delete()
{
int temp;
if(front == rear)
{
```

```c
        printf("Queue is empty (underflow)\n");
        return(-1) ;
}
if(front == MAXSIZE -1)
    front = 0;
else
        front = front + 1;
        temp = queue[front];
return(temp);
}
```

Note: Modify the programs to use all the Queue positions that use Tag variable.

 # Theory Questions (Chapter wise)

CHAPTER 1 : Fundamentals of Computers

1. What are the applications of computers.

2. How the Computers have evolved over the years.

3. What are the different generations of computers.

4. With the help of a diagram, explain the parts of a computer.

5. What are the different types of memory used with the computer system.

6. What are the different I/O devices that can be interfaced to a computer.

7. Give the classification of Software and briefly explain them.

8. Compare Compiler and Interpreter.

9. What are the different kinds of languages that can be used with a computer.

10. What are the steps in executing a program using a computer.

11. Compare Personal computer, Mainframe and Super Computer using various parameters.

12. How Tablet-PC, Nettop and Laptop are used.

13. What are the differences between Batch processing and Time sharing.

14. How Client/Server Computing is different from Distributed Computing.

15. What is SDLC. What are the steps in it. Explain them.

16. What is the use of Structured chart. Draw a structured chart for any application of your choice.

17. What are the steps in Powering UP a PC.

18. How BIOS can be used to identify the malfunctioning part of a computer.

19. What is Pseudo code. Write Pseudo code to find the roots of a Quadratic equation.

20. What is Algorithm. What are the essential characteristics of an algorithm. Write algorithm to find the prime numbers between 1 and N.

21. What are the different symbols for representing a Flow chart. Draw a flow chart to find the maximum of three numbers.

CHAPTER 2 : Introduction to C Language

1. Is C a high level language or low level language. Justify your answer.
2. Why C is called as strongly typed language.
3. How UNIX contributed to the development of C language.
4. Define Character set. What is the Character set of C language.
5. What are the different Escape sequences supported by C language.
6. What is identifier. How it is different from Keyword. What are the rules for forming identifiers in C language.
7. Define Constant. What are the different types of constants supported by C language.
8. With the help of examples, explain the concept of variables in C language.
9. What is Structured programming.
10. What are the steps in writing and executing a C program in LINUX environment.
11. What are the steps in writing and executing a C program in Microsoft Windows environment.

CHAPTER 3 : Fundamentals of C Language

1. What is Data type. Explain the fundamental data types supported by C language.
2. What is data type modifier in C language. What are the different data type modifiers supported by C language.
3. What are the range and size of data types in C language on a typical machine.
4. How do you create User defined data types. Illustrate with an example.
5. Define Scope and Life time of a variable. How Scope is supported by C language. Illustrate with an example.
6. When register storage class is used. What are its limitations.
7. Illustrate with the help of an example static storage class.
8. Illustrate with the help of an example external variables.
9. How Symbolic constants are different from constants. How do you define them. What are its advantages and disadvantages. Illustrate with the help of a macro.
10. Explain about type qualifiers.
11. What are the different kinds of operators supported by C language. Explain them in detail.
12. How the precedence and associativity of operators influence the evaluation of expressions. Illustrate with the help of examples.

13. How increment and decrement operators behave differently in different situations.

14. What is the use of conditional operator.

15. What are the rules for evaluating the expressions.

16. What is type conversion and type conversion. How type conversion takes place.

17. What is the support for character input and output in C language.

18. What are the statements supported by C language to read formatted input and to write formatted output.

17. How do you read and write strings in C language.

CHAPTER 4 : Control Structures

1. What is the use of control statements.

2. What are the conditional statements supported by C language. Explain them with examples.

3. How Nested-if statement works. What is Dangling else statement.

4. How Switch statement helps in choosing the alternative statements to be executed.

5. What is the use of Break and Continue statements in C language.

6. Write the general syntax of while-do and do-while statements. Illustrate the difference between them with the help of examples.

7. How a statement can be executed a fixed number of times. What is the loop statement appropriate for it.

8. What is the use of comma operator in C language.

9. Why the use of Goto statement is discouraged in C language.

CHAPTER 5 : Arrays and Functions

1. What is an array. How the array is declared. How array is initialized. Illustrate with the help of an example.

2. Write a program using C language to perform matrix addition, subtraction and matrix multiplication.

3. Write a C program to compute the transpose of a matrix.

4. What are the characteristics of a function. What are the advantages and disadvantages of using functions.

5. What is the difference between declaration and definition of function. What is the syntax for calling a function.

6. What is the difference between formal and actual parameters.

7. How a function execution takes place.

8. What is Nesting of functions.

9. How do you pass arrays to functions. Write a C program using functions to compute transpose of a matrix.

10. What is the difference between local and global variables.

11. What are the two parameter passing techniques supported by C language. What is the difference between them. Illustrate the difference with the help of a C program.

12. What is Recursion. What are the steps in recursion. How do you compute a factorial of a number using recursion.

13. Write a C program to compute GCD of two numbers using recursion.

CHAPTER 6 : Pointers

1. What is Pointer. How Pointer is different from ordinary C variable.

2. What are the different operators associated with pointers.

3. How pointers can be used to simulate arrays.

4. What is dynamic memory allocation. Why memory allocation is required. How C language supports dynamic memory allocation.

5. What are the C functions for allocating and releasing memory. Give the general syntax of them.

6. What are pointers to pointers.

7. What is the use of Generic pointers.

8. What is the use of Function pointers. Illustrate them with the help of a simple C program.

9. What are the common pointer pitfalls.

CHAPTER 7 : Strings

1. What is string. How strings are represented in C language.

2. How strings are read and written using C language.

3. What are the different library functions supported by C language for string manipulation.

4. How string comparison and string concatenation takes place. Illustrate with the help of examples.

5. What is the syntax of sscanf and sprintf.

CHAPTER 8 : Structure and Union

1. What is the difference between structure and union.
2. What is the syntax for creating structure and union.
3. How structures are initialized.
4. What are the operations that can be performed on structure variables.
5. How arrays and structures can be combined.
6. How structures and pointers can be combined.
7. What is the use of bitfields.

CHAPTER 9 : Files

1. What is a File. What are the different types of files.
2. What are the attributes of a file.
3. How C language uses the concept of streams for managing files.
4. What are the different types of streams supported by C language.
5. What are the different file modes supported by C language.
6. What are the different file handling functions supported by C language.
7. Give the general syntax of functions supported by C language for character I/O and string I/O.
8. How do you access different positions of the file.
9. What are the functions supported by C language for knowing the file status.

CHAPTER 10 : Introduction to Data Structures

1. Define data structure. What is the significance of it in programming.
2. Give the classification of the data structures.
3. What is abstract data type. Give examples of it.

CHAPTER 11 : Searching and Sorting

1. What are the applications of searching and sorting.
2. Write a C program for linear searching.
3. Write a C program for binary searching.
4. How the sorting algorithms are evaluated.
5. What is stability of a sorting algorithm. Illustrate with example.
6. Write a C program for bubble sort. Illustrate with an example.
7. Write a C program for Insertion sort. Illustrate with an example.

8. Write a C program for Merge sort. Illustrate with an example.
9. Write a C program for Quick sort. Illustrate with an example.
10. What is the significance of partitioning element in Quick sort.

CHAPTER 12 : Stack and Queue

1. Write a C program for Array implementation of stack.
2. Write a C program for Linked list implementation of stack.
3. Write a C program for Array implementation of queue.
4. Write a C program for Linked list implementation of queue.
5. How Circular queue is different from queue. Write a C program implementing the circular queue.

 # Objective Type Questions

Fill in the Blanks

1. The act of India which provides required information to its citizens is _______.

2. The revolution which has brought many changes to the lives of the people without any bloodshed is _________________.

3. _______, is the website which provides the most confidential information including the information about black money.

4. A _______ is a machine that manipulates Data/Information.

5. The first application for which computers were used is ________.

6. _________________ is an example of Distributed system.

7. The application which allows the transfer of messages without the requirement of recipient being online is ________.

8. The application which permits real-time communication is _______________.

9. The ancient device which can be used to do mathematical calculations quickly is ________.

10. _______________ is the father of the computing.

11. The mathematician who introduced Boolean algebra is ________.

12. Theoretical computer science is introduced by ________.

13. _______ is the first programmable computer.

14. _______________ introduced the concept of stored computer.

15. The famous Gordon Moore speculation is "The _______________.

16. The first commercial personal computer is ________.

17. _______ is the first fully assembled computer developed by Steve Jobs.

18. The first generation of computers are based on ________.

19. _______ is the main element of the second generation of computers.

20. The device which provides power supply to a computer is ___________.

21. DVD stands for _______________.

22. _______ displays information about the system when the computer is powered on.

23. The process of launching the operating system is known as _______.

24. C was introduced to the world by _______.

25. In C all variables are to be declared before their first use. This makes C a _______.

26. C has _______ keywords.

27. C is case _______.

28. Character combinations consisting of backslash followed by a letter or combination of digits is called _______.

29. The reserved words which can be used only for intended purpose and cannot be used for identifiers are known as _______.

30. If a programming language supports sequencing, selection and repetition then it is called _______________.

31. Among Compiler/Interpreter, C uses _______.

32. Execution of the C program starts with _______ function.

33. IDE stands for _______________.

34. The arguments which can be passed to the C program during execution are called _____________.

35. The set of permitted values is called _______.

36. The set of permitted values and the operations that can be performed on those values is called _______.

37. With 16-bit machine, signed integers range from __________.

38. The data type which can be used to indicate that function doesn't return any value is _______.

39. A pointer to which any other pointer can be assigned by casting is called _______.

40. The data type modifier which is used to increase the range is called _______.

41. _______ is used to create user defined data types.

42. _______ is a user defined data type which can be used to declare variables that have one of the values enclosed within braces.

43. In C scope and life time are determined by _______.

44. _______ is that part of the program text where all the uses of the variable are same.

45. The scope of the global variable is _______.

46. In C, block is represented by bracketing symbols _______.

47. The _________ of the variable determines the time during which the variable retains a given value, during the execution of the program.

48. The constant which permits value substitution is called _________.

49. In multiline macros _________ is placed at the end of the line.

50. The two rules that are used for evaluating the expressions are _________.

51. The arithmetic in which two operands are of different types is called _________.

52. When used in isolation, ++a and a++ result in same/Different value. _________.

53. In the assignment statement on the left hand side there should be _________.

54. In C end of line is indicated by _________.

55. In C end of the file is indicated by the character _________.

56. The control statement which results in execution of statements in the order in which they are placed physically is called _________.

57. _________ statement is used to bypass a loop.

58. _________ statement is used to come out of the loop.

59. In case of nested if, else part is associated with the _________.

60. _________ problem is the ambiguity regarding association of else part with the if part.

61. Multiple conditions can be place in the for loop using _________.

62. The statement in C that is equivalent to jump statement is _________.

63. In array indexing starts at _________.

64. When declaring the array, the size specified is _________.

65. _________ is a homogenous collection of elements.

66. A function has _________.

67. When function code is written it is called as function _________.

68. In Function _________ code part is not present.

69. When function returns anything on the left hand side there should be _________.

70. The function parameter passing technique in which the modified values in the function definition are not reflected in the calling function is called _________.

71. The function parameter passing technique in which the modified values in the function definition are reflected in the calling function is called _________.

72. Function returns the value explicitly through the _________.

73. Function returns a value implicitly by _________.

74. When a function is invoked, return address is placed on the _________.

75. Within a function if local and global variables have the same name, then preference is given to ________.

76. The scope of the variable declared in a loop is ________.

77. When a function calls itself it is called ________.

78. If the number of times a function is called repeatedly it may result in ________.

79. A ________ contains address of another variable.

80. The indirection operator in C is ________.

81. Pointer supports the parameter passing technique ________.

82. Array, which is a collection of elements can be simulated using ________.

83. Array name itself represents the ________.

84. When a pointer is incremented, the value that is added is ________ of the data type to which the pointer is pointing.

85. ________ part of the memory is used for dynamic memory allocation.

86. ________ returns a pointer of type void.

87. If memory allocation fails, the malloc returns ________.

88. The memory allocation function that can be used to reallocate the memory is ________.

89. A __________ contains the address of the function.

90. A pointer which is pointing to something which is no longer valid is called _______________.

91. In C string is terminated by ________.

92. In C language when the system encounters the character data it is automatically converted into an __________ by the system.

93. The operator that can be used to access the member fields of the structure is dot ________ operator.

94. When a pointer represents the structure, the operator that can be used to access the member fields of the structure is ________ operator.

95. The amount of memory reserved for a structure with two fields, one integer (2 bytes) and one float (4 bytes) is __________.

96. The amount of memory reserved for a union with two fields, one integer (2 bytes) and one float (4 bytes) is ________.

97. Fields which are not multiple of 8 bytes can be represented using ________.

98. The sorting method in which the relative order of the equal keys is maintained is called ________ algorithm.

99. The sorting algorithm in which the bottom element is sorted first is ________.

100. The sorting algorithm in which the next minimum (maximum) element is chosen and placed in correct position is ________.

101. The sorting algorithm in which partitioning is used to sort the elements is ________.

102. Last in firs out data structure is ________.

103. First in first out data structure is ________.

104. The increasing order of preference of arithmetic, logical and relational operators is ____________________.

105. The number of bytes occupied by near and far pointers is __ and ___bytes.

106. In C true is represented by any ________.

107. for(; ;) is an ________.

108. Array declaration results in ________ memory allocation.

109. If a is an int array with base address 65512 then address of a[2] is ________.

110. Entire array is passed by ________.

111. The default storage class of C language is ________.

112. The static variables are initialized to ________.

113. The array name itself represents the ________ address.

114. If n is the size of the character array then the number of characters that can be stored is ________.

115. If the pointer variable is pointing to float data type and current address is 6400 then incrementing it will make it point to ________.

116. The value that is stored in pointer variable is of ________ data type.

117. Bit fields are defined of type ________.

118. By default the first element of enum list has value ________.

119. A string constant is enclosed in single quotes/double quotes. ________.

120. A character constant is enclosed in single quotes/double quotes. ________.

121. External and static variables are initialized to ________ by default.

122. Automatic variables by default have ____________values.

123. The declaration const char a[] means array contents cannot be modified.

124. Arithmetic operators associate from ________.

125. % operator cannot be applied on ________ data types.

126. The parameter passing technique in which private or temporary copy is altered is called ________.

127. The parameter passing technique in which parameters are treated as local variables is called _______.

128. The variables that can be accessed by any function are called _______ variables.

129. In C return value of _______ implies normal termination and a return value of _______ implies erroneous termination.

130. In C hard-to-type and invisible characters are represented using escape _______.

131. _______ variables are created a new for each function invocation.

132. The language which doesn't support data types is called _______.

133. The increasing order of preference of arithmetic, logical and relational operators is _______________.

134. The number of bytes occupied by near and far pointers is __ and ___bytes.

Answer the following with True/False

1. It is possible to perform arithmetic operations on characters.   True/False

2. Length of the string includes the NULL character also.   True/False

3. Structures and unions are of Derived data types.   True/False

4. A structure is a heterogeneous collection of elements.   True/False

5. If statement is considered as a loop.   True/False

6. It is possible to apply relational operators to entire structure.   True/False

7. The following is valid declaration in C. int a[max];   True/False

8. If statement is a loop.   True/False

9. Switch statement is a loop.   True/False

10. C language because of its low level features is not portable.   True/False

11. Two cases in Switch statement can have identical values.   True/False

12. Case part of the Switch can contain variables.   True/False

13. In Switch statement if break statement is missing in Case clause then next statement is executed unconditionally.   True/False

14. If and b are arrays, then the statement a = b is not valid.   True/False

15. The size of a pointer variable is independent of the data type to which it points to.   True/False

16. Given multiple fields, structure occupies less space than union.   True/False

17. C doesn't provide any operations that work on entire arrays or string.   True/False

18. C supports multi threaded control flow.   True/False

19. In C parameter matching is based on the position of the parameters.   True/False

20. In C function should return atleast one value.   True/False

21. In C parameter and argument names need not match.   True/False

22. In C, 'x' and "x" are same.   True/False

23. In Switch statement if break statement is missing in Case clause then next statement is executed unconditionally.   True/False

Multiple Choice Questions

1. The framework for a computer is
   (a) Chassis   (b) CPU   (c) RAM   (d) Motherboard

2. A computer is labelled based on
   (a) Chassis   (b) CPU   (c) RAM   (d) Motherboard

3. _____________ is a volatile memory.
   (a) Hard disk   (b) ROM   (c) Flash memory   (d) RAM

4. _____________ is the printed circuit board which holds majority of parts of a computer.
   (a) Chassis   (b) Mother board   (c) RAM   (d) LAN card

5. _____________ is called the primary memory.
   (a) Hard disk   (b) ROM   (c) Flash memory   (d) RAM

6. _____________ contains the configuration information of a computer.
   (a) Hard disk   (b) BIOS   (c) Flash memory   (d) RAM

7. _________ is the memory that is present inside the processor.
   (a) Cache   (b) ROM   (c) Flash memory   (d) RAM

8. _____________ is the permanent storage of a computer.
   (a) Hard disk   (b) BIOS   (c) Flash memory   (d) RAM

9. The standard keyboard contains _____________ number of keys.
   (a) 100   (b) 225   (c) 104   (d) 127

10. _________ is a communication device.
    (a) keyboard   (b) mouse   (c) modem   (d) Pendrive

11. _____________ allows a computer to store information when the power is off.
    (a) SMPS   (b) CMOS battery
    (c) Plug   (d) CPU

12. The type of the programming language which brings together data and operations that operate on the data is called _________.
    (a) Procedure oriented   (b) Scripting
    (c) Byte code   (d) Object oriented

13. The language which is understood by a computer is called
    (a) Machine language   (b) procedure oriented
    (c) object based   (d) high level

14. Program should be present in _______________ to be executed.
    (a) Harddisk   (b) RAM   (c) CPU   (d) Pendrive

15. _______________ is an example of functional programming language.

    (a) C   (b) C++   (c) Lisp   (d) JAVA

16. _____________ is an example of logic programming language.

    (a) Lisp   (b) C   (c) JAVA   (d) Prolog

17. _____________ is the software which controls the computer.

    (a) Operating system   (b) Compiler
    (c) Editor   (d) linker

18. _______________ is a translator which acts on all instructions at a time.

    (a) Operating system   (b) Compiler
    (c) Interpreter   (d) linker

19. ___________ is a translator which acts on one instruction at a time.

    (a) Operating system   (b) Compiler
    (c) Interpreter   (d) linker

20. _____________ is a language which uses both compiler and interpreter.

    (a) C   (b) c++   (c) JAVA   (d) Fortran

21. Which of the following is programming language independent.

    (a) Pseudo code   (b) flow chart   (c) algorithm   (d) a,b and c

22. C is of the following type programming language.

    (a) High level   (b) low level   (c) middle level   (d) machine level

23. ANSI C uses the following character set

    (a) EBCDIC   (b) UNICODE
    (c) ASCII   (d) None of the above

24. Escape sequence \b stands for

    (a) Form feed   (b) character b   (c) new line   (d) backspace

25. The following is not a valid identifier.

    (a) A   (b) ab12   (c) 12ab   (d) ab

26. Array is an example of _________________ data type.

    (a) Fundamental   (b) derived   (c) user defined   (d) unstructured

27. The default storage class is

    (a) Auto   (b) register   (c) extern   (d) static

28. The storage class which permits variables to be stored close to CPU is

    (a) Auto   (b) register   (c) extern   (d) static

29. The storage class which permits global variables is

    (a) Auto   (b) register   (c) extern   (d) static

30. The storage class which permits retaining the value during function invocation is

    (a) Auto   (b) register   (c) extern   (d) static

31. Given #define mult(a,b) a * b , the result of mult(2+4,7-5) is

    (a) 12   (b) 25   (c) 32   (d) 0

32. The format specifier for reading strings is

    (a) %d   (b) %f   (c) %s   (d) %e

33. The format specifier for reading integers is

    (a) %d   (b) %f   (c) %s   (d) %e

34. The format specifier for reading floating point values is

    (a) %d   (b) %f   (c) %s   (d) %e

35. The standard input stream is

    (a) stdout   (b) stdin   (c) stderr   (d) none

36. The standard output stream is

    (a) stdout   (b) stdin   (c) stderr   (d) none

37. The standard error stream is

    (a) stdout   (b) stdin   (c) stderr   (d) none

38. The file related function that sets the file pointer to the beginning of the file is

    (a) rewind   (b) fseek   (c) ftell   (d) fscanf

39. The file related function that sets the file pointer to the desired position in the file is

    (a) rewind   (b) fseek   (c) ftell   (d) fscanf

40. The file related function that gives the file pointer current position in the file is

    (a) rewind   (b) fseek   (c) ftell   (d) fscanf 41.

41. The file mode for reading and writing the file, starting at the beginning is

    (a) R   (b) W   (c) r+   (d) w+

42. The file mode for reading and writing the file, overwrite the existing file is

    (a) R   (b) W   (c) r+   (d) w+

43. The searching method in which elements are compared in sequential fashion is

    (a) binary search   (b) linear search
    (c) Fibonacci search   (d) graph search

44. The searching method in which at each step the elements to be compared are reduced by half is

    (a) binary search   (b) linear search
    (c) Fibonacci search   (d) graph search

45. Which of the following data types cannot be used in case of switch statement.

(a) int   (b) float   (c) char   (d) enum

46. The compilation of the program identifies the following errors.

(a) syntax errors   (b) logical errors (c) runtime errors (d) all errors

47. Bitwise operators cannot be applied on the following data types.

(a) char   (b) int
(c) float   (d) can be applied on all three

48. When a function is invoked parameters are stored on

(a) queue   (b) circular queue
(c) stack   (d) heap

49. When a function is invoked return address is stored on

(a) queue   (b) circular queue
(c) stack   (d) heap

50. Dynamic memory allocation is done in __________ part of the memory.

(a) queue   (b) stack   (c) text   (d) heap

51. In C a literal represents

(a) string   (b) character
(c) integer   (d) string constant

52. C language is derived from

(a) C++   (b) Fortran   (c) Algol   (d) B

53. The operating system that helped the growth of the C initially is

(a) Windows   (b) Sun O.S.   (c) UNIX   (d) LINUX

54. The delimiter for C language statements is

(a) .   (b) ;   (c) :   (d) ::

55. Symbols used for enclosing statements in C language are

(a) ( )   (b) { }   (c) [ ]   (d) begin end

56. The following can be part of identifier in C

(a) Hyphen   (b) Underscore   (c) ;   (d) *

57. The operator that can be used to find the size of the data type is

(a) *   (b) &   (c) sizeof   (d) size

58. What is the output of the following program

```
int main()

{

        int a,b,c;
```

```
        a= 5; b= 10;
        c = a > b ? 20:30;
        printf("%d",c);
}
```

(a) 5   (b) 10   (c) 20   (d) 30

59. What is the output of the expressions   4 * 2 / 8   and   4/8 * 2

(a) 1,0   (b) 0,1   (c) 0, 0   (d) 1,1

60. What is the output of the following program

```
int main()
{
int a,b;
a = 5;  b = 10;
++a;   b++;
Printf("%d %d",a,b);
}
```

(a) 5, 10   (b) 6, 11   (c) 5,11   (d) 6,10

61. What is the output of the following program.

```
int main()
{
int a,b;
a = 5;  b = 10;
c = ++a;   d = b++;
printf("%d  %d",c,d);
}
```

(a) 5, 10   (b) 6, 11   (c) 5,11   (d) 6,10

62. What is the output of the following program

```
int main()
{
int a,b;
a = 5;  b = 10;
```

```c
c = a * b ++;
printf("%d ",c);
}
```

(a) 5   (b) 50   (c) 55   (d) 0

63. What is the output of the following program.

```c
int main()
{
int a,b;
a = 5;  b = 10;
c = a * ++b;
printf("%d ",c);
}
```

(a) 5   (b) 50   (c) 55   (d) 0

64. The default statement in Switch is executed when
   - (a) atleast one case is true
   - (b) atleast one case is false
   - (c) All cases are false
   - (d) All cases are true

65. The storage class of the variable that retains value between function invocations is
   - (a) auto
   - (b) local
   - (c) register
   - (d) static

66. C is a ________________programming language.
   - (a) General purpose
   - (b) System
   - (c) Application
   - (d) Artificial Intelligence

67. In C function cannot return
   - (a) structure
   - (b) union
   - (c) multiple values
   - (d) pointer

68. __________ performs macro substitution.
   - (a) Compiler
   - (b) pre-processor
   - (c) interpreter
   - (d) operating system

69. The use of #define is
   - (a) just an alternative to function
   - (b) decreases the size of the executable program
   - (c) makes modifications easy
   - (d) none of these

Programming Questions

1. **What is the output of the following program.**

```c
int main()
{
        int x;
        int sum = 0;
        for(x=1; x<=10; x++)
        {
            if((x % 2) == 0)
                continue;
            else
                sum = sum + x;
        }
    printf("%d",sum)
}
```

2. **What is the output of the following program.**

```c
int main()
{
        int x;
        int sum = 0;
        for(x=1; x<=10; x++)
        {
            if((x % 2) == 0)
                break;
            else
                sum = sum + x;
        }
    printf("%d",sum)
}
```

3. **What is the output of the following program.**

```c
int main()
{
        int x;
        int sum = 0;
        for(x=1; x<=10; x++)
        {
            if((x % 2) == 0)
                sum = sum + x;
        else
                continue;
        }
printf("%d",sum)
}
```

Consider the following program

```c
int main()
{
        int a,b;
if (a > 5)
if (b > 10)
        printf(("outer if");
else
printf("inner if");
printf(" outside");
```

Based on the above program what is the output based on the values of a and b

4. a = 3, b= 11

5. a= 6, b=11

6. a = 6 b = 8

7. **Find the error in the following program.**

```
int main()
{
        int x;
        scanf("%d",x);
        printf("%d",x);
}
```

8. **if (2)**

```
        statement1
else
        statement2
```
Which statement is executed

9. **if (0)**

```
        statement1
else
        statement2
```
Which statement is executed

10. **What is the output of the following program.**

```
int main()
{
        for(i=1;i<=10;++i)
        { some statements which doesn't manipulate i }
        printf("%d",i)
}
```

11. **Assume the following program. a is stored at address 6400. What is the output of the program.**

```
int *p,a;
a=10;
p = &a;
printf("%u %d",p,*p);
```

12. **What is the output of the following program.**

```
int main()
{
int a,b;
a = 5; b= 10;
modify(&a,b);
printf("%d %d",a,b);
{
void modify(*p,q)
{
*p = *p + 1;
q++;
}
```

13. **int main()**

```
{
int a,b;
a = 5; b= 10;
b = modify(&a,b);
printf("%d %d",a,b);
{
void modify(*p,q)
{
*p = *p + 1;
q++;
return(q);
}
```

14. **while (c =getchar() != EOF)**

Putchar(c)

What is the problem with the above program

15. **What is the error in the following program. A message "hello" has to be printed based on the value of c.**

```
if (c=5)
        printf("hello");
else
        printf("world");
```

16. **What is the output of the following program.**

```
int main()
{
int i=65;
char j='A';
        if(i==j)
                printf("yes");
        else
                printf("no");
}
```

17. **What is the output of the following program.**

```
int main()
{
float  a=0.7;
if(a<0.7)
        printf("yes");
else
        printf("no");
}
```

18. **What is the output of the following program.**

```
int main()
{
float  a=12.25,b=12.52;
if(a=b)
printf("\nboth are equal");
}
```

19. **What is the output of the following program.**

```
int main()
{
int  i=4,j=-1,k=0,w,x,y,z;
        w=i||j||k;
        x=i&&j&&k;
        y=i||j&&k;
        z=i&&j||k;
        printf("\nw=%d,x=%d,y=%d,z=%d",w,x,y,z);
}
```

20. **What is the output of the following program.**

```
int main()
{
int  i=1;
while(i)
{
goto  here;
}
}
Fun()
{
here:printf("\n it works");
}
```

21. **What is the output of the following program.**

```
int main()
{
int size=10;
int arr[size];
for(i=1;i<size;i++)
{
scanf("%d",&arr[i]);
printf("%d",arr[i]);
}
```

22. **What is the output of the following program.**

```c
int main()
{
int  a(24),i;
for(i=0;i<=100;i++)
{
arr(i)=100;
printf("%d",arr(i));
}
```

23. **What is the output of the following program.**

```c
int main()
{
static float a[]={13.24,1.5,1.5,5.4,3.5};
float *j,*k;
j=a;k=a+4;
j=j*2;
k=k/2;
printf("%f%f",*j,*k);
}
```

24. **What is the output of the following program.**

```c
void main()
{
printf("%d%d%d",50,100);
}
```

25. **What is the output of the following program.**

```c
void main()
{
printf("%d%d",100,200,300);
}
```

26. **What is the output of the following program.**

```c
void main()
{
int a;
a=3+5*5+3;
printf("%d",a);
}
```

27. **What is the output of the following program.**

```c
void main()
{
int a;
a=printf("cse%d",printf("good"));
printf("%d",a);
}
```

28. **What is the output of the following program.**

```c
void main()
{
printf("%d%d%d%d%d",47%5,47%-5,-47%5,-47%-5,5%7);
}
```

29. **What is the output of the following program.**

```c
void main()
{
int a,b;
a=b=100;
scanf("%d%d",a,&b);
//entered values are 40,85
printf("%d%d",a,b);
}
```

30. **What is the output of the following program.**

```c
void main()
{
int a;
a=15;
if(a=15)
printf("welcome %d",a);
else
printf("hello %d",a);
}
```

31. **What is the output of the following program.**

```c
void main()
{
printf("%d",10?0?20?35:45:55:65);
}
```

32. **What is the output of the following program.**

```c
void main()
{
int a,b;
a=15;
b=25;
a=a+b;
b=a-b;
a=a-b;
printf("%d%d",a,b);
}
```

33. **What is the output of the following program.**

```c
void main()
{
printf("%d",-2&&2);
}
```

34. What is the output of the following program.

```c
void main()
{
if(!10>-10)
printf("cse");
else
printf("CSE");
}
```

35. What is the output of the following program.

```c
void main()
{
int a=80;
if(a++>80)
printf("welcome %d",a);
else
printf("hello %d",a);
}
```

36. What is the output of the following program.

```c
void main()
{
printf("one");
if(2>1)
printf("two");
else
printf("three");
printf("four");
}
```

37. What is the output of the following program.

```c
void main()
{
```

```c
float a;
a=6.7;
if(a==6.7)
printf("yes");
else
printf("no");
}
```

38. **What is the output of the following program.**

```c
void main()
{
int a;
a=1;
while(a-->=1)
while(a-->=0)
printf("%d",a);
}
```

39. **What is the output of the following program.**

```c
void main()
{
int a;
a=10;
a*=10+2;
printf("%d",a);
}
```

40. **What is the output of the following program.**

```c
void main()
{
int a;
a=100;
printf("%d%d",++a,a++);
}
```

41. **What is the output of the following program.**

```c
void main()
 {
int a;
a=(100>90>80);
printf("%d",a);
 }
```

42. **What is the output of the following program.**

```c
void main()
 {
int a;
a=10;
while(a++<=15)
printf("%d",a);
printf("%d",a+10);
 }
```

43. **What is the output of the following program.**

```c
void main()
 {
int a,b;
a=b=10;
while(a)
 {
a=b++<=13;
printf("%d%d\n",a,b);
 }
printf("%d%d\n",a+10,b+10);
 }
```

44. **What is the output of the following program.**

```c
void main()
 {
```

```c
int a;
a=1;
a++*++a;
printf("%d",a);
}
```

45. **What is the output of the following program.**

```c
void main()
{
int a=1;
while(a++<=1)
while(a++<=2)
printf("%d",a);
}
```

46. **What is the output of the following program.**

```c
void main()
{
int a;
a=1;
while(a<=1)
if(a%2)
printf("%d",a++);
else
printf("%d",++a);
printf("%d",a+10);
}
```

47. **What is the output of the following program.**

```c
void main()
{
```

```c
int a=10;
printf("%d",a);
{
 int a=20;
 printf("%d",a);
}
printf("%d",a);
}
```

48. What is the output of the following program.

```c
void main()
 {
int a;
a=10;
do
while(a++<10);
while(a++<=11);
printf("%d",a);
}
```

49. What is the output of the following program.

```c
void main()
{
int a,b;
for(a=b=10;a;printf("\n%d%d",a,b))
a=b++<=12;
printf("\n%d%d",a+10,b+10);
}
```

50. What is the output of the following program.

```c
void main()
 {
```

```c
int a;
a='a'>'A';
printf("%d",a);
}
```

51. **What is the output of the following program.**

```c
void main()
{
printf("%d%d",sizeof(10),sizeof(5.5));
}
```

52. **What is the output of the following program.**

```c
void main()
{
int i;
for(i=1;i++<=1;i++)
i++;
printf("%d",i);
}
```

53. **What is the output of the following program.**

```c
void main()
{
int i;
for(i=1;i++<=1;i++)
for(i++;i++<=6;i++)
i++;
printf("%d",i);
}
```

54. **What is the output of the following program.**

```c
void main()
{
```

```c
printf("1");
goto XYZ;
printf("2");
XYZ:
printf("3");
}
```

55. **What is the output of the following program.**

```c
void main()
{
int a=2;
switch(a)
{
case 1:printf("a");
case 2:printf("b");
case 3:printf("c");break;
case 4:printf("d");
case 5:printf("e");break;
}
}
```

56. **What is the output of the following program.**

```c
void main()
{
int a=2;
switch(a)
{
case 1:printf("a");break;
case 2:printf("b");
continue;
case 3:printf("c");break;
case 4:printf("d");
```

```c
default:printf("e");
}
}
```

57. **What is the output of the following program.**

```c
void main()
{
int a=2;
switch(a)
{
case 4:printf("a");
break;
case 3:printf("b");
case 2:printf("c");
case 1:printf("d");
break;
 default:printf("e");
}
}
```

58. **What is the output of the following program.**

```c
void main()
{
int a=2;
switch(a)
{
case 4:printf("a");
break;
case 3:printf("b");break;
case 1:printf("d");
break;
default:printf("e");
}
}
```

59. **What is the output of the following program.**

```c
void main()
{
int a,b,c,d;
a=b=c=d=1;
a=++b>1||++c>1&&++d>1;
printf("%d%d%d%d",a,b,c,d);
}
```

60. **What is the output of the following program.**

```c
void main()
{
int a;
a=1;
while(a<=10)
{
printf("%d",a);
if(a>3)
break;
a++;
}
printf("%d",a+10);
}
```

61. **What is the output of the following program.**

```c
void main()
{
int a=-1;
printf("%d%u%o%x",a,a,a,a);
}
```

62. **What is the output of the following program.**

```
void main()
{
int a=100;
printf("%d%d%d",10<<1,10>>1,~10);
printf("%d%d%d",10^20,10|20,10&20);
}
```

63. **What is the output of the following program.**

```
void main()
{
int a=1;
a=a<<15;
printf("%d",a);
}
```

64. **What is the output of the following program.**

```
void main()
{
int a;
a=453<<16;
printf("%d",a);
}
```

65. **What is the output of the following program.**

```
void main()
{
int a;
a=453>>16;
printf("%d",a);
}
```

66. **What is the output of the following program.**

```
void main()
```

```c
{
int a;
a=~0;
printf("%d",a);
}
```

67. What is the output of the following program.

```c
void main()
{
int x=10,y=20;
while(x++<=12||y++<==22)
printf("\n%d%d",x,y);
printf("%d%d",x+10,y+10);
}
```

68. What is the output of the following program.

```c
void main()
{
int a;
a=-1;
while(a--);
printf("%d",a);
}
```

69. What is the output of the following program.

```c
void main()
{
int i;
i=1;
i=i+2*i++;
printf("%d",i);
}
```

70. **What is the output of the following program.**

```c
void main()
{
int i;
i=10;
printf("%d%d%d",++i,i++,++i);
}
```

71. **What is the output of the following program.**

```c
void main()
{
int x=10,y=20;
if(!(!x)&&x)
{
printf("x=%d",x);
}
else
printf("y=%d",y);
return 0;
}
```

72. **What is the output of the following program.**

```c
void main()
{
int x,y,z;
x=y=z=1;
z=++x||++y&&z;
printf("%d%d%d",x,y,z);
return 0;
}
```

73. What is the output of the following program.

```c
void main()
{
int i=3;
float f=3.0;
if(i==f)
printf("both are equal");
else
printf("\nnot equal");
return 0;
}
```

74. What is the output of the following program.

```c
int main()
{
int x=4,y,z;
y=--x;
z=x--;
printf("%d%d%d",x,y,z);
return 0;
}
```

75. What is the output of the following program.

```c
int main()
{
int i=1,j;
j=i++&&i++;
printf("%d%d",i,j);
return 0;
}
```

76. **What is the output of the following program.**

```c
int main()
{
int i=-3,j=2,k=0,m;
m=++i&&++j||++k;
printf("%d%d%d%d",i,j,k,m);
return 0;
}
```

77. **What is the output of the following program.**

```c
int main()
{
int i=3,j=2,k=0,m;
m=++i&&++j&&++k;
printf("%d%d%d%d",i,j,k,m);
return 0;
}
```

78. **What is the output of the following program.**

```c
int main()
{
int a=23,b=4,c;
c=a!=4||y==2;
printf("c=%d",c);
return 0;
}
```

79. **What is the output of the following program.**

```c
int main()
{
int i=60;
printf("%d%d%d",i<=60,x=20,x>=10);
return 0;
}
```

80. **What is the output of the following program.**

```c
void main(){
int x,y;
x=7;y=0;
if(x=6)
y=7;
else
y=1;
printf("%d%d",x,y);
}
```

81. **What is the output of the following program.**

```c
void main(){
char c=-64;
int i=-32;
unsigned int u=-16;
if(c>i)
printf("pass 1");
if(c<u)
printf("pass 2");
else
printf("fail");
if(i<u)
printf("pass3");
else
printf("fail2");
}
```

82. **What is the output of the following program.**

```c
int main()
{
printf("%x",-1<<3);
}
```

83. **What is the output of the following program.**

```c
int main()
{
printf("%d%d",32>>1,32>>0);
printf("\n%d%d",32<<-1,32<<0);
printf("\n%d%d",32>>1,32<<-0);
printf("\n%d%d",32>>-1,32>>-0);
}
```

84. **What is the output of the following program.**

```c
void main(){
unsigned int res;
res=(64>>(2+1-2))&(~(1<<2));
printf("%d",res);
}
```

85. **What is the output of the following program.**

```c
void main(){
int i=0;
switch(printf("k"),printf("ku"))
{
case 1:printf("%d",i);
break;
case 2:printf("%d",++i);
break;
}
}
```

86. **What is the output of the following program.**

```c
void main(){
int i=0;
for(i=0;i<20;i++)
```

```c
{
switch(i)
{
case 0:i+=5;
case 1:i+=2;
case 5:i+=5;
default:i+=4;
break;
}
printf("%d",i);
}
}
```

87. What is the output of the following program.

```c
#include<stdio.h>
main()
{
if(7);
printf("hello");
else
printf("bye");
}
```

88. What is the output of the following program.

```c
#include<stdio.h>
main()
{
if(7)
printf("hello");
else
printf("bye");
}
```

89. **What is the output of the following program.**

```c
#include<stdio.h>
main()
{
if(7)
printf("hello");
else;
printf("bye");
}
```

90. **What is the output of the following program.**

```c
#include<stdio.h>
main()
{
while ()
printf("hello");
return 0;
}
```

91. **What is the output of the following program.**

```c
#include<stdio.h>
main()
{
if("true")
printf("true");
else
printf("false");
}
```

92. **What is the output of the following program.**

```c
#include<stdio.h>
main()
{
```

```c
if("false")
printf("true");
else
printf("false");
}
```

93. **What is the output of the following program.**

```c
#include<stdio.h>
main()
{
int i=0;
for(;i;)
printf("\nfor loop");
printf("\nend");
return 0;
}
```

94. **What is the output of the following program.**

```c
#include<stdio.h>
main()
{
for(;0;)
printf("\nfor loop");
printf("\nend");
return 0;
}
```

95. **What is the output of the following program.**

```c
#include<stdio.h>
main()
{
while(0)
printf("\nwhileloop");
```

```c
printf("\nend");
return 0;
}
```

96. **What is the output of the following program.**

```c
#include<stdio.h>
main()
{
while("hi");
printf("hello");
return 0;
}
```

97. **What is the output of the following program.**

```c
#include<stdio.h>
main()
{
while("hi")
printf("hello");
return 0;
}
```

98. **What is the output of the following program.**

```c
main()
{
auto int i=1;
printf("%d",i);
{
int i=2;
printf("%d",i);
{
i+=1;
printf("%d",i);
```

```c
}
printf("%d",i);
}
printf("%d",i);
getch();
}
```

99. **What is the output of the following program.**

```c
main()
{
while(! NULL)
{
printf("%s","hello");
}
}
```

100. **What is the output of the following program.**

```c
Int main()
{
int i=3,j;
j=++i*++i*++i;
printf("%d%d",i,j);
getch();
}
```

101. **What is the output of the following program.**

```c
#include<stdio.h>
#include<conio.h>
main()
{
int arr[]={0,1,2,3,4};
int i,*ptr;
for(ptr=&arr[0],i=0;i<=4;i++)
```

```c
printf("%d",ptr[i]);
getch();
}
```

102. What is the output of the following program.

```c
#include<stdio.h>
#include<conio.h>
main()
{
printf("Result=%d",2==3?4:5);
getch();
}
```

103. What is the output of the following program.

```c
#include<stdio.h>
#include<conio.h>
main()
{
int a,z,x=10,y=20;
z=x*y++;
a=x*y;
printf("%d %d ",z,a);
getch();
}
```

104. What is the output of the following program.

```c
#include<stdio.h>
#include<conio.h>
main()
{
int i;
for(i=1;i<=5;i++)
printf("\nnumber:%5d its square:%8d",i,i*i);
getch();
}
```

105. What is the output of the following program.

```c
#include<stdio.h>
#include<conoi.h>
main()
{
int i=0;
for(;i<=15;)
{
printf("%5d",i);
i+=2;
}
getch();
}
```

106. What is the output of the following program.

```c
#include<stdio.h>
#include<conio.h>
main()
{
int m,j=3,k;
m=2*j/2;
k=2*(j/2);
printf("m=%d k=%d",m,k);
getch();
}
```

107. What is the output of the following program.

```c
main()
{
int i;
for(;scanf("%d",&i);printf("%d",i));
}
```

108. What is the output of the following program.

```
void main()
{
char *s1;
char far *s2;
char huge *s3;
Printf("%d%d%d",sizeof(s1),sizeof(s2),sizeof(s3));
}
```

109. What is the output of the following program.

```
main()
{
int x=10,y=20,z=5,i;
i=x<y<z;
printf("%d",i);
}
```

110. What is the output of the following program.

```
union {
int i;
char ch[2];
}u;
main()
{
u.ch[0]=3;
u.ch[1]=2;
printf("%d",u.i);
}
```

111. What is the value of Y after executing the following statement.

```
Y=printf("hello world");
```

112. What is the error in the following program.

```
switch(5)
```

```
{
case 2+3:
printf("2+3);
break;
case 5:
printf("5");
break;
}
```

113. **What is the output of the following program.**

```
float p=0.4;
If(0.4==p)
Printf("hi");
Printf("bye");
```

114. **What is the output of the following program.**

```
 x=1;
if(x=20)
printf("%d",x);
else
print("else");
```

115. **What is the output of the following program.**

```
void main()
{
int x;
for(x=1;x<=10;x++)
{
if(x<5)
continue;
else
break;
printf("keep it up"):
```

```
}
}
```

How many times keep it up is printed ?

116. What is the output (a[0]=?,a[1]=?,i=?) of the following program.

```
main()
{
int a[20];
i=0;
a[i]=i++;
}
```

117. What is the output of the following program.

```
x=10,y=10
printf("%d%d%d%d%d%d",x++,y--,++x,--x,--y,++y);
```

118. What is the output (j value) of the following program.

```
main()
{
int i=2,j;
j=i+(4,5,1,2,3);
j=?
```

119. What is the output of the following program.

```
#incude<stdio.h>
void f(int);
void main()
{
int a=3;
f(a);
}
void f(int n)
{
if(n>0)
```

```
{
f(--n);
printf("%d",n);
f(--n);
}
}
```

120. **What is the output of the following program.**

```
main()
{
printf("%d",f());
}
int f()
{
return(10,20);
}
```

121. **What is the output of the following program.**

```
num=5;
do(int num)
{
int f=1,i;
for(i=1;i<=num;i++)
{
f=f*i;
printf("%d,",f);
}
}
```

122. **What is the output of the following program.**

```
#define s(x) (x*x)
void main()
{
```

```
int b=3;
printf("%d",s(b+2));
}
```

123. **What is the output of the following program.**

```
#define s(x) (x*x)
void main()
{
printf("%d",(10/s(2)));
}
```

124. **What is the output of the following program.**

```
int a[5]={8,5,9,7,6};
printf("%d%d",sizeof(a),sizeof(*a));
```

125. **What is the output of the following program.**

```
int b[0]=5;
printf("%d%d",b[0],0[b]);
```

126. **What is the output of the following program.**

```
char a[]="cse";
char *p="dept";
printf("%s%s",a,p);
```

127. **What is the output of the following program.**

```
char a[]="\0";
if(printf("%s",a))
printf("not null");
else
printf("null");
```

128. **What is the output of the following program.**

```
char a[]="abcd";
char b[]="abcd";
if(a==b)
```

```
printf("equal");
else
printf("not equal");
```

129. What is the output of the following program.

```
char a[]="angel";
a[6]="d";
printf("%s",a);
```

Key to Objective Type Questions

Fill in the Blanks

1. Right to information act
2. Information revolution
3. Wikileaks
4. computer
5. Number crunching
6. WWW(World Wide Web)
7. E-mail
8. Chatting/Instant messaging
9. Abacus
10. Charles Babbage
11. George Boole
12. Alan Turing
13. ENIAC
14. John Von Neumann
15. "The number of transistors on a microprocessor would double every two years"
16. MITS Altair
17. Apple I
18. Vaccum tubes
19. Transistor
20. SMPS (Switched mode power supply)
21. Digital Video Disk
22. BIOS
23. Booting/Bootstrapping
24. Dennis Ritchie
25. strongly typed language
26. 32
27. sensitive
28. Escape sequence
29. Keywords
30. Structured programming language
31. compiler
32. main
33. Integrated Development Environment
34. command line arguments
35. domain
36. data type
37. -32768 to 32767
38. void
39. Generic pointer
40. long
41. Typedef
42. Enum
43. storage class
44. Scope
45. entire program
46. { and }
47. life time
48. symbolic constant
49. \
50. precedence rule and associativity rule
51. mixed mode arithmetic
52. Same value
53. address/reference
54. \n

55. EOF
56. Sequencing
57. Continue
58. Break
59. nearest if
60. Dangling else
61. comma operator
62. Goto
63. zero
64. maximum size
65. Array
66. interface and implementation
67. implementation/Definition
68. declaration
69. address/reference
70. Call by Value
71. Call by Reference
72. return statement
73. modifying parameters or global values
74. stack
75. local variables
76. loop
77. direct recursion
78. stack overflow
79. pointer
80. '*'
81. call by reference
82. pointers
83. starting address
84. independent
85. Heap
86. Malloc
87. realloc
88. function pointer
89. dangling pointer
90. '\0'
91. integer value
92. (.)
93.
94. arrow (->)
95. 6 bytes
96. 4 bytes
97. bit fields
98. stable sorting
99. bubble sort
100. selection sort
101. Quick sort
102. Stack
103. Queue
104. logical, relational, arithmetic
105. 2 and 4
106. positive value greater than zero
107. infinite loop
108. static
109. 65516
110. call by reference
111. auto
112. zero
113. base
114. n-1
115. 6404
116. unsigned integer
117. unsigned
118. zero
119. double quotes
120. single quotes
121. zero
122. undefined/garbage
123. left to right
124. float or double
125. float or double
126. call by value
127. call by value
128. external

129. zero   non-zero

130. escape sequences

131. Automatic

132. typeless

133. logical, relational, arithmetic

134. 2   4

True / False

1. True	**2.** False	**3.** True	**4.** True
5. False	**6.** False	**7.** False	**8.** False
9. False	**10.** False	**11.** False	**12.** False
13. True	**14.** True	**15.** True	**16.** False
17. True	**18.** False	**19.** True	**20.** False
21. True	**22.** False	**23.** True	

Multiple Choice

1. (a)	**2.** (b)	**3.** (d)	**4.** (b)	**5.** (d)	**6.** (b)	**7.** (a)
8. (a)	**9.** (c)	**10.** (c)	**11.** (b)	**12.** (d)	**13.** (a)	**14.** (b)
15. (c)	**16.** (d)	**17.** (a)	**18.** (b)	**19.** (c)	**20.** (c)	**21.** (d)
22. (a)	**23.** (c)	**24.** (d)	**25.** (c)	**26.** (b)	**27.** (a)	**28.** (b)
29. (c)	**30.** (d)	**31.** (b)	**32.** (c)	**33.** (a)	**34.** (b)	**35.** (b)
36. (a)	**37.** (c)	**38.** (a)	**39.** (b)	**40.** (c)	**41.** (c)	**42.** (d)
43. (b)	**44.** (a)	**45.** (b)	**46.** (a)	**47.** (c)	**48.** (c)	**49.** (c)
50. (d)	**51.** (d)	**52.** (d)	**53.** (c)	**54.** (b)	**55.** (b)	**56.** (b)
57. (c)	**58.** (d)	**59.** (a)	**60.** (b)	**61.** (d)	**62.** (b)	**63.** (c)
64. (c)	**65.** (d)	**66.** (a)	**67.** (c)	**68.** (b)	**69.** (c)	**70.**

Programming

1. 25
2. 1
3. 30
4. Outside
5. outerif   outside
6. innerif   outside
7. scanf("%d",x) must be replaced by scanf("%d",&x);
8. statment1

9. statment2
10. 11
11. 6400, 10
12. 6, 10
13. 6,11
14. unexpected output because != has higher precedence than =
15. c=5 must be replaced by c==5
16. yes
17. Yes
18. both are equal
19. 1010
20. Error, goto cannot take the control of a different function
21. Error, constant expression required in function main during declaration of array
22. Error, function definition out of place in function main
23. Error, illegal use of pointers in function main
24. 501006594
25. 100200
26. 31
27. goodcse44
28. 22-2-25
29. address of a and 85
30. welcome 15
31. 55
32. 2515
33. 1
34. cse
35. hello 81
36. Onetwofour
37. No
38. 1
39. 120
40. 102100
41. 0
42. 11121314151627
43. 111
44. 3

45. 3
46. 112
47. 102010
48. 13
49. 111
50. 1
51. 28
52. 5
53. 12
54. 13
55. Bc
56. Error, misplaced CONTINUE
57. Cd
58. e
59. 1211
60. 123414
61. 165535177777ffff
62. 20 5 -113 0 30 0
63. 32768
64. 0
65. 0
66. 1
67. 1120 1220 1320 1421 1522 1623 2734
68. 1
69. 4
70. 131111
71. x=10
72. 211
73. both are equal
74. 233
75. 31
76. -2301
77. 4311
78. 1
79. undfined symbol 'x'
80. 67

81. pass2pass3
82. fff8
83. 1632 032 1632 032
84. 32
85. kku1
86. 1621
87. else without a previous if(error message)
88. Hello
89. Hellobye
90. expected expression before) token(error message)
91. True
92. True
93. End
94. End
95. End
96. infinite loop, no output(empty o/p screen)
97. infinite loop printing hello
98. 12331
99. Hello
100. 6,120
101. 01234
102. result=5
103. 200 210
104. number: 1 its square: 1
     number: 2 its square: 4
     number: 3 its square: 9
     number: 4 its square: 16
     number: 5 its square: 25
105. 0 2 4 6 8 10 12 14
106. m=3 k=2
107. for loop would get executed infinite times, takes the values and prints the values. It stops when other than integer is entered as input value
108. 244 (default it is near), far & huge store both offset and base address, but near only offset.
109. 1 {because x<y that is 10<20=1(true) & then 1<5=1(true) so i=1}
110. $(515)_{10} = (0000001000000011)_2$

111. 11{printf returns the number of characters}

112. Duplicate case. {expressions are allowed in case}

113. Bye

114. 20

115. 0 times{if is not a loop, but for is a loop. Break brings control out of the loop}

116. 001

117. 10,10,10,9,10,11 {function calls in C uses stack so it fallows R←L}

118. 5{2+3(comma operator is L→R}

119. 0120

120.

121. 1,2,6,24,120

122. 11{3+2*3+2}

123. 10 {10/2 *2}

124. 10,2 {if int has 2 bytes storage}

125. 5 5   {b[0]=*(b+0)}

126. csedept

127. null

128. notequal {string can't be compare with ==}

129. angel {because it is stored as "angel\0d\0"}

www.ingramcontent.com/pod-product-compliance
Lightning Source LLC
LaVergne TN
LVHW081929170726
843514LV00012B/912